아시아신화여행

일러두기

1. 이 책은 2015년 10월부터 11월까지 경기문화재단이 진행한 '신화와 예술 맥놀이—신화, 끝없는 이야기를 창조하다'의 내용을 토대로 재구성한 것이다. 강좌의 특성상 이미지나 영상, 소리 등을 이용한 강좌가 많았는데, 이 책에서도 그림과 표, 지도 등을 활용하여 가능한 한 현장성을 살리려고 했다. 저작권 관계 등 어쩔 수 없이 생략한 이미지 자료도 있음을 밝힌다.

2. 각주를 달아 강의 내용을 보강했으며 필요에 따라 어려운 용어나 개념어는 본문에 따로 추가 설명을 달았다.

3. 각 장의 끝에 별도로 참고자료와 더 읽을 만한 자료를 소개했다.

4. 외래어 표기는 국립국어원이 정한 규칙을 최대한 따랐으나, 일부는 필자의 의견이나 관행을 따랐음을 밝힌다. 어떤 경우 그 용어가 처음 나올 때 두 가지 가능한 표기를 함께 적기도 했다. 예) 길가메쉬(길가메시), 알퍼므쉬(알파미시)

5. 신화의 특성상 원래의 신화 자체와 훗날 우리가 접하게 된 책(혹은 예술작품)을 구분하는 게 상대적으로 곤란한 경우가 많아 본문에서는 모든 경우에 동일한 괄호 〈 〉를 사용했다. 단, 각주나 참고문헌에서는 기존의 관행을 따라 책은 「　」, 논문은 「　」으로 표시했다.

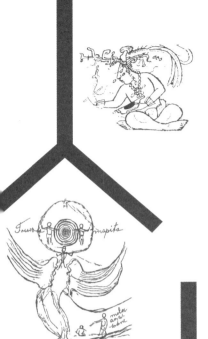

아시아신화여행

신화, 끝없는 이야기를 창조하다

강정식
김남일
김윤아
김헌선
박종성
이혜정
정진희
주호민

실천문학사

인간은 왜 사는가. 인간은 왜 죽음을 피할 수 없는가. 죽은 다음의 세상은 무엇인가. 일신교를 포함한 종교, 그리고 과학을 포함한 문명의 발달에도 도무지 해결되지 않는 존재론적 질문에 대한 답을 추구하는 과정에서, 인류는 오래도록 비합리성의 대명사처럼 간주했던 신화를 다시 불러내기에 이르렀다. 신화에서 인류의 원초적인 집단무의식을 읽어낸 심리학자 칼 융이나 원시사회의 연구를 통해 신화의 의의와 기능을 적극적으로 밝혀낸 구조주의 인류학자들도 이런 관점에서 거론될 수 있다. 나아가 저명한 비교종교학자 미르치아 엘리아데 같은 이는 좀 더 적극적으로, 살아 있는 신화가 아직도 현대인에게 행위의 모델이 되고 삶에 의미와 가치를 부여한다고 주장했다.

그렇지만 솔직히 우리는 이제 이런 식으로 신화를 '살아가는 일'이 무척 어려운 시대를 살고 있다. 예를 들어 우리 같은 현대인이 "인간이 곰이고 곰이 인간"이라는 말을 쉽게 이해하고 또 받아들일 수 있을까. 태초의 시간에는 나무와 풀이 아직 말을 하던 시절이 있었으며, 이따금 사람이 나무에서 열렸을지도 모르고, 강ㅍ이 하늘에서 추방당하고, 여자가 햇빛을 받아 임신을 하고 때가 되자 왼쪽 겨드랑이로 알을 낳고, 또 귀신과 인간이 한데 섞여 살아 혼란스럽던 시절, 그리하여 백 근이 넘는 것은 인간으로 백 근이 못 되는 것은 귀신으로 보내던 시절이 있었다면?

신화의 지층은 우리가 매일매일 살아가는 현실의 지층하고는 전혀 다른 영역인지 모른다. 그런데 20세기 후반 디지털문명의 발전은 새로운 차원에서 신화에 대해 관심을 불러일으켰다. 그 중심에 무엇보다 〈반지의 제왕〉과 〈해리 포터〉 따위 판타지 소설들이 있었다. 이 작품들은 도서 시장을 넘어서서 영화, 게임, 음악, 공연 등 문화산업의 전 영역에 걸쳐 엄청난 영향을 미쳤다. 이로 인해 신화는 이른바 '스토리텔링'이라는 차원에서도 매우 중요한 의미를 지니게 되었다.

이 책 역시 신화가 더 이상 과거와 같은 기능, 예컨대 제의^{祭儀}로서의 기능 같은 것을 담보하기 어려운 시대에도 여전히 유효할 수 있으며, 또 그것을 위해 기울이는 노력들이 충분히 의미 있다는 사실에 입각한다. 신화는 먼 과거, 죽은 이들의 봉분이나 시대에 뒤진 사람들의 케케묵은 추억 속에서나 잠들어 있는 게 아니다. 신화에 대한 새로운 이해와 접근이 우리 삶을 훨씬 풍부하게 해줄 것이란 믿음으로 이 책을 선보인다.

자매 편이라 할 〈세계신화여행〉과 마찬가지로 이 책 역시 경기문화재단이 주관한 신화강좌에 바탕을 두고 있는데, 특히 한국과 아시아의 신화, 그중에서도 흔히 남방계라고 명명하는 신화를 집중적으로 다루었다. 하지만 필자들은 그 용어의 한계를 넘어서서 훨씬 자유롭게 상상력을 전개하고 있다. 경기도 오산의 창세신화가 제주도를 거쳐 오키나와와 인도네시아로, 나아가 남태평양의 화산섬들까지 이르고, 그 과정에서 한국과 아시아의 신화는 애니메이션 〈원령공주〉, 웹툰 〈신과 함께〉 등 새로운 매체를 등에 업고 전혀 새로운 면모를 드러내기도 한다.

이 책이, 상황이 많이 나아졌다고는 하지만 여전히 그리스로마 신화라는 좁은 울타리에 집중되어 있는 관심을, 세계 다른 지역으로, 특히 우리가 사는 한국과 아시아의 신화에 대한 각별한 관심과 애정으로 이어가는 작은 디딤돌이기를 기대한다.

차례

그림 목차

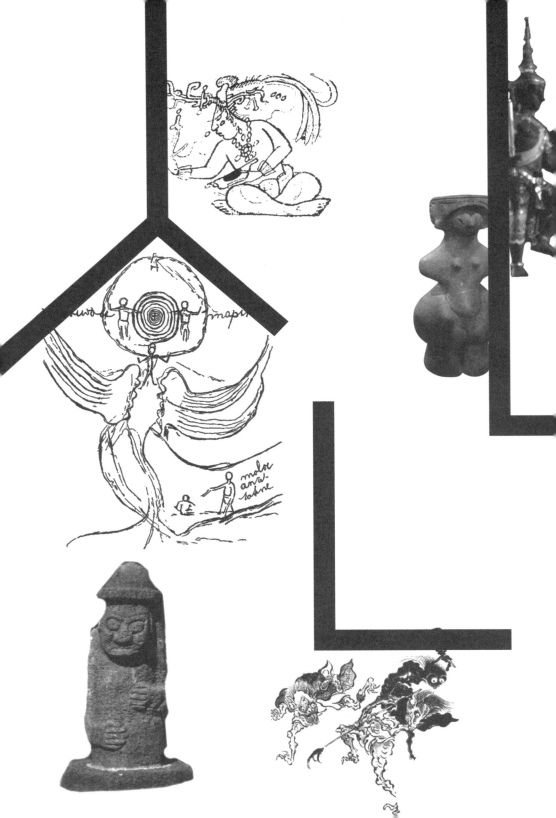

왜 지금 신화인가?

: 남방계 신화의 자료와 좌표

김헌선 (경기대 교수)

우리 시대의 신화

제가 부탁받은 강의는 "왜 지금 신화인가?" 하는 제목인데, 따지고 보면 굉장히 도발적인 질문이죠. 신화에 대해서는 워낙 다들 알고 관심도 많은데, 하필이면 지금 이 시점에서 왜 이렇게 신화가 널리 퍼지고 연구 역시 활발하게 진행되고 있는지 문제의 출발점으로 삼고자 합니다. 지금 신화는 진짜 저변이 많이 확대됐어요. 제가 처음 대학에서 공부할 때하고는 비교할 수조차 없습니다. 일반인들의 관심이 상당한데 그런 저변이 바로 우리 신화 연구에 기본적인 틀이 된다, 이렇게 말씀드릴 수 있습니다.

자, 그렇다면 "왜 지금 신화에 주목하는가?" 여기서 요구한 제목인데, 그러면서 세 가지 점에 초점을 맞춰 달라고 했습니다. 첫 번째는 당연히 왜 지금 사람들이 신화에 이목을 집중하는가 하는 질문이고, 두 번째는 좀 일반적인 의미에서 신화라고 하는 것이 도대체 무엇이고 그 실상이 어떤지 하는 개념적인 정의를 요구하고 있습니다. 세 번째 항은 좀 더 도발적인 어떤 제안이죠. 남방계 신화에 대해서 얘기를 해달라는 것입니다.

우리가 전통적인 기준으로 말한다면, 흔히 저 시베리아 대륙에서부터, 그러니까 북쪽에서 내려오는 신화를 북방계 신화라고 합니다. 거기에 짝을 대서 가령 '북방계 시베리아 신화'와 같은 말이 가능해지는 것이지요. 여기에 알타이까지 집어넣으면 더 복잡해집니다만, 알타이 신화가 대표적인 북방계 신화라고 말할 수 있습니다. '알타이'라고 하는 말은 '황금'이라는 말입니다. 우랄알타이 산맥을 거쳐서 동쪽으로 전해 오게 된 알타이 신화의 가장 핵심은 하늘에 있는 천상계의 존재가 땅으로 내려와서 특별한 부족을 이끄는 지도자가 되는 것이 공통적인 주제라고 말할 수 있어요. 그래서 그런 유형의 신화를 흔히 북방계 신화라고 지칭하는 전통이 있었습니다. 그런 것들은 누가 제안했느냐면, 사실 우리 학자들이라기보다는 일본인 학자들이 일제강점기에 많이 썼던 용어라고 말할 수 있습니다. 이런 북방계 신화에 대응하는 것이 남방계 신화입니다. 남방계 신화의 특징 중에 해안계 신화를 들 수 있습니다. 주인공이 보통 바다를 멀리 건너오는데 대표적인 인물로 흔히 허황옥許黃玉, 수로왕의 부인을 들고 있습니다. 아니면 석탈해昔脫解 같은 인물이 남방계 신화의 대표적인 인물이죠. 알로 태어나 먼 바다를 건너와서 특별하게 '해척'이란 할머니를 만나고, 그 할머니에 의해 키워지면서 특별하게 신화적 주인공이 되는 것을 남방계 신화라고 말합니다. 이처럼 남방계 신화의 가장 핵심적인 골자는 바로 '바다'가 들어 있다는 사실입니다. 바다를 통해서 이동해오는 특성이 있습니다. 일본은 섬나라여서 그들은 항상 북방에서 지배층

이 왔다고 생각하지만, 다른 편에서 피지배를 받는 쪽은 바로 남방계 계통이라고 이해를 해요. 오늘은 특히 그런 남방계 신화의 유형, 지역적 분포와 특징에 대해서 알아보고자 합니다.

전체적인 판도를 그려보면 남방계 신화는 매우 폭이 넓어요. 그래서 저는 오늘 이 강의에서는 남방계 신화를 재정의해야 한다, 그러니까 일본인 학자들, 오바야시 다료大林太良라든지 이런 학자들이 주장했던 견해와는 좀 다르게, 남방계 신화를 한국적인 관점에서 바라보고자 합니다. 이때, 그런 한국적인 관점의 가장 기준이 되는 것은 제주도입니다. 제주도는 육지의 끝에 있죠. 하지만 제주도 사람은 매우 자존심이 강해서 "서울을 내려간다" 그렇게 얘기해요. "비행기를 타고 내려간다" 이렇게 얘기합니다. 그 언중言衆이 쓰는 말이 어떻게 보면 약간 거북하죠. 우리는 보통 "서울을 올라간다" 이렇게 얘기하지 않습니까? 수원 분들도 그렇게 말씀하시잖아요. 그런데 제주도는 "내려간다" 그 말이에요. 이런 의식 속에 제주도의 독자성이 있습니다. 그 이유는 뭐냐, 바다를 기준으로 해서 보면 태평양 먼 바다까지 나아가는 시발점이 되기 때문에 그런 자존심을 이렇게 내세우는 게 아닌가, 이해해 볼 수가 있습니다. 그래서 오늘은 제주도를 근간으로 해서 특히 남방의 여러 지역의 신화들에 대해 소개를 해드리고자 합니다.

자, 처음에 "왜 지금 신화에 주목하는가" 하는 말을 했어요. 우선 저는 신화는 "종교와 다르다" 이렇게 말하고자 합니다. 하지만 종교에는 신화가 있습니까 없습니까? 있습니다. 신화가 어디에 기록되어 있느냐면 바로 경전에도 들어가 있습니다. 그러니까 우리들이 아는 종교 경전, 예를 들어 성경, 즉 바이블도 신화의 아주 큰 보고라고 말할 수 있어요. 가령, 기독교의 종교 경전에 〈창세기〉라고 하는 것이 있습니다. 구약이 있고 신약이 있잖아요? 신약은 단일화되어 있기 때문에, 신화의 관점에서는 오히려 구약이 더 좋은 전범 내지는 규범을 보인다고 하겠습니다. 그 신화의 근간이 되는 〈창세기〉 본문에서 1장 1절부터 2장 3절까지는 보통 종교학적으로 가다듬어진 경전이라 이렇게 얘기를 해요. 흔히 '야훼'라는 말을 쓰는데, 그것을 명확하게 정의할 수가 없기 때문에 '엘로힘 사제판'이라 이렇게 말합니다.[1] 보면 태초에 "빛이 있으라" 하니 빛이 있고, 그 다음에 어떤 체계입니까? 1일, 2일, 3일. 이렇게 7일 체계로 쫙 맞춰놨잖아요? 차례대로 모든 걸, 만물을 다 만들어요. 그런데 2장 4절을 지나가면 다시 또 한 번의 세상을 창조하는 이야기가 곁들여 있습니다. 이 때문에 2장 4절부터는 '수메르 신화판'이라 이렇게 얘기해요. 수메르 신화의 흔적이 거기에 들어가 있다는 뜻입니다. 가령 사람을 다 만들었는데도 불구하고 다시 한 번 더 만듭니다. 그렇게 해서 만들어진 인물이 잘 아시는 '아담', 그 다음에 '하와', 또 '에바' '이브' 이렇게 말하는 존재이지 않습니까? 그들은 다시 한 번 재창조돼요. 어찌 보면 앞뒤가 서로 생뚱맞게 연결되어 있어요. 왜 한 번 하신 일을 하나님이 두 번 하시지? 이 점 때문에, 바로 이 성경의 바탕은 본래는 신화였는데 특별한 제자들에 의해서 편집되면서 종교적인 경전으로 다시 만들어졌다 이렇게 말할 수 있겠습니다.

"빛이 있으라" 하셨으니 그렇게 되었다, 믿는 사람은 믿을 수 있는

---

[1] 엘로힘 사제판은 성서가 엘로힘 기자(記者)들에 의해서 기록된 것으로 하나님이 오로지 말씀으로 창조했다고 하는 주장이다.

거지 않습니까? 이게 바로 제도종교의 '비의성' 내지는 '신의성'이었어요. 믿어야만 그걸 믿을 수가 있는 거죠. 일반적인 신화하고는 전혀 맥락을 다르게 한다, 이렇게 말하겠습니다. 종교는 강력한 교단을 결성하고, 그 교단의 지도자가 있고, 구성원들이 믿고 따르도록 인도하는 조직적 체계가 있습니다. 그럼 신화는 뭐냐? 인간의 보편적인 사고를 신성시되는 이야기, 신성한 이야기로 접근하는 것이 기본적인 특성이라고 말할 수 있습니다. 세계 어느 민족이든 다 신화를 갖고 있죠? 태초에 세상이 어떻게 만들어졌고, 천지만물이 어떻게 만들어졌고, 신이 어떻게 만들어졌고, 인간이 어떻게 만들어졌고 하는 것들이 가장 중심에 놓이는 게 바로 신화입니다. 물론 지역마다 민족마다 그 형태와 주인공 등은 다 다르지만, 그런 것들의 핵심은 공통적이라고 말할 수 있습니다. 그래서 신화를 인간의 보편적 사고로 볼 때 신성시되는 이야기라 접근하고 정의하는 것은 타당해 보입니다.

그런데 오늘날 신화는 과잉소비시대다, 이렇게 말할 수 있습니다. 어디에나 다 붙이죠. 가령 스포츠맨도 신화, 이건희의 삼성도 신화고 그래요. 신화가 매우 이채롭게 연결되어 있는 것인데, 어떻게 보면 과용된 거죠.

제 관점에서는 신화는 반드시 현실과 긴밀한 관계를 맺어야 됩니다. 현실과 신화가 상호작용을 하지 않으면 신화라고 말할 수 없어요. 그걸 형식과 내용의 측면에서 보면, 요즘은 내용은 사라져버리고 형식만 남아있는 좀 기이한 시대다, 신화가 너무 폭넓게 오용되고 있다, 이렇게 봐도 틀리지 않습니다. 물론 저도 신화를 확장해서 우리의 사고 면적을 조정해야 한다, 그러므로 신화를 적극적으로 활용해

그림 1
일본 애니메이션 〈이웃집 토토로〉(한국어판)와 〈원령공주〉(일본어판) 포스터

야 한다, 이렇게 생각합니다. 가령 일본의 유명한 미야자키 하야오宮崎駿라고 하는 감독이 있습니다. 그가 지어낸 일련의 애니메이션들이 있어요. 그것들을 보통 "재패니메이션" 이렇게 자랑스럽게 말합니다. "가장 일본적인 애니메이션이다" 이런 뜻이에요. 몇몇 빛나는 작품들이 있습니다. 초창기부터 주목 받은 몇 개의 작품들이 있는데, 대표적으로 〈모노노케 히메〉, 즉 〈원령공주〉란 작품이 있어요. 러닝타임이 긴데, 그것을 디테일하게 보면 이채롭고 다양한 내용을 담고 있습니다. 또 〈이웃집 토토로〉 같은 것도 있지요. 제가 미야자키 하야오 감독의 모든 작품들을 보고 직접 만나본 개인적인 체험에 따르면, 그분이 일본 신화뿐만 아니라 세계 신화에도 매우 정통합니다. 가령, 〈원령공주〉의 앞에 등장하는 '아시타카'라고 하는 주인공이 있어요. 아시타카는 철저하게 홋카이도의 아이누 신화를 배경으로 삼고 있습니다. 그의 상대역을 하는 '산'이라고 하는 여성이 있어요. 늑대 무리가 키워준 소녀이지요. 그 여성은 남방계 신화에 근거하고 있는데, 특히 가고시마의 운젠산霧仙山을 신화적 기반으로 갖고 있습니다. 감독이 그런 것에 정통하니까 다소 신화적 과용을 하고 있어도 언제나 그 살결이 잘 드러나는 거 같아요. 미야자키 하야오 감독의 작품을 보면 내용 자체

가 공감할 수 있는 부분이 많이 생기잖아요? 그것은 바로 신화를 정확하게 이해해서 그렇다, 이렇게 말할 수 있습니다.

우리나라 주호민 작가가 그린 웹툰 중에서 가장 인기 있는 것이 〈신과 함께〉예요. 전작은 세 편으로 구성되어 있습니다. 저승편, 이승편, 신화편으로 구성되어 있지요. 그 작품을 책으로도 읽어보고, 네이버에서 연재할 때 웹툰으로도 본 적이 있습니다. 읽어보고, 무릎을 딱 쳤어요. 왜냐하면 우리나라 신화를 진짜 제대로 알고 있구나? 천만에 말씀입니다. 신화학자가 보면 엉터리 빵터리예요. 신화를 전혀 본질대로 알고 있지 않습니다. 그런데 재밌는 건 뭐냐, 작가가 스스로 창조를 보탰어요. 우리나라 신화의 본풀이 전통을 대략 한 20% 정도 반영하고, 나머지 80%는 완전히 자기 생각으로 밀고 나갔어요. 그러니까 신화가 읽히기 시작합니다. 그 만화가 널리 읽힙니다. 그러나 저로서는 "창조는 확실히 오해를 불러올 수 있다" 이렇게 생각합니다. 현대라는 상황에 맞게 만들지만, 아무튼 오해를 불러올 수 있는 것만은 확실해요. 아무튼 그런 〈신과 함께〉 같은 작품이 나와서 이런 이야기도 할 수 있게 된 점은 공로라고 하겠습니다. 문제는 신화가 원형대로 발굴되고 또 알려지는 바탕 위에서 일반적 이해를 넓혀가야 한다는 것입니다. 이것이 바로 오늘날 신화의 과잉시대를 올바르게 넘어서는 좋은 방법이라고 저는 생각합니다.

신화의 발생과 죽음

자, 이제 두 번째 항으로 넘어가서 '신화의 발생과 죽음'에 대해서 이야기하겠습니다. 레비스트로스라는 프랑스 학자가 있는데, 이분

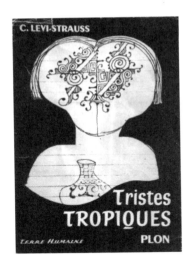

그림 2
레비스트로스의 인류학 고전
『슬픈 열대』(1955) 초판본
표지

이 1961년에 시작해서 1971년까지 썼으니까 한 10년 정도를 집중적으로 투자해서 신화학 연작을 냈습니다. 1권은 『날것과 익힌 것』, 2권은 『꿀벌에서 재까지』, 3권은 『테이블 식사법의 기원』, 4권은 『벌거벗은 인간』 이렇게 해서 네 권을 만들었어요. 레비스트로스가 젊었을 때 상파울로 대학에 초청이 돼서 남아메리카 브라질에 가는데, 판타날Pantanal이라고 하는 초원지대에서 6개월 정도 집중적으로 답사했습니다. 물론 그 후에도 방학 동안에 틈틈이 갔으니까 답사 기간은 좀 더 길 것으로 추정됩니다. 그런 경과를 잘 정리해놓은 책이 『슬픈 열대』라고 하는 기행문이자 인류학 서적이에요. 이 책은 말하자면 한 인류학자의 지적 자서전인데, 어떻게 그곳을 여행했는지 상세하게 기록해놨습니다. 가서 벌거벗은 인간들을 만나죠. 만나면 자기들이 먹는 거, 맛있는 음식이라고 해서 뭘 줘요. 구더기 같은 거 있잖아요, 나무 속에 들어있는 구더기. 쉽게 먹을 수 없잖아요. 벌써 우리 마음속에 "바이러스가 있는 것이 아니야?" "이거 먹으면 내가 병드는 거 아니야?" 이러는데, 그 사람들이 서슴없이 구더기를 꺼내서 주는데 도저히 입에다 넣지를 못해요. 자기는 항상 요리된 음식만 먹었거든요. 그때 놀라운 착상을 하나 하는 거예요. 사람의 먹거리에는 날것도 있고 익힌 것도 있고 또 그 중간 것들로 찐 것도 있다, 라고 생각을 하는 거예요. 그렇게 해서 문화를 다시 인식하는 틀을 짜게 됩니다. 그런 것들이 종족마다 다 다른 거예요. 가령 카두베오Caduveo족 다르고 남비콰라Nambiqwara족 다르죠. 그런데 종족마다 다양한 분포를 갖고 있으면서도 근본적인 사고는 일치한다는 사실을 알아냈습니다.

　레비스트로스가 대단히 재미있는 방식으로 신화에 대해 접근했습니다. 원주민들을 만나서 인터뷰를 하면 신화적인 내용을 받아 적게 되잖아요? 물론 이중역二重譯을 통해서이지만. 그러면서 깨닫게 된 것이, 카두베오족하고 남비콰라족은 지역적으로 멀리 떨어져있는데도 불구하고 신화적인 요소들이 같은 거예요. "아, 그 생각하고 약간 비슷하구나." 그리고 "지역을 움직이면서 조금조금 이 신화가 달라졌을 것이다." 이렇게 착상을 하고 여러 자료를 모아서 정리해본 결과, 남아메리카에서 북아메리카까지 신화적 내용이 점차 달라지면서 지리적 횡단을 한다는 사실을 알아내요. 그래서 아까 말씀드린 네 권의 책에다가 이러한 사실을 정리했습니다. 그러고 나서 이제 그 책에 마침표를 찍고 나서 동시에 「신화는 어떻게 죽는가」라고 하는 글을 하나 썼어요. 제4권, 즉 『벌거벗은 인간』이라는 책이 나올 때, 이 글도 동시에 쓰였는데 아주 중요하지만 널리 알려지지 않은 글 가운데 하납니다. 누가 이것도 좀 번역해서 냈으면 싶은데 아직 불어본이든 영어본이든 우리말로 번역은 안 되어 있습니다. 어쨌든 이 글은 "신화는 어떻게 죽는가" 하고 있으니까 말 그대로 신화의 죽음에 대해서 말하는 거죠. 어떻게 죽을까요? 자기 살을 다 나눠주고 형체만 남아서 죽는 것인지, 그런 부분에 대해서 우리는 역사적 이해를 많이 전제하고 있어요. 신화는 생겨나서 점점 변하다가 특정한 시대가 되면, 곧 과학의 시대가 되면 없어지는 거라고 생각하잖아요? 레비스트로스는 그런 생각의 기초 판을 아예 엎어버렸어요. 그렇지 않다. 어느 종족이 시작했는지는 모르지만 상당히 기본적인 문제들이 있어요. 그 문제 가운데 레비스트로스가 제안하는 개념으로 가장 중심에 있는 건 뭐냐면 '최초의 인간'이에요. 최초의 인간.

　보통 '최초의 인간' 하면 얼음인간 공주 루시 이런 걸 생각할 수도 있고, 레비스트로스는 '최초의 어머니'를 생각해볼 수도 있어요. 거기에 어떤 문제가 있느냐면 인류가 일정하게 진화론적으로 발달하면서 불가피하게 근친상간을 저지르게 됩니다. 근친상간, 끔찍한 얘기죠. 그러나 최초의 인간은 근친상간에서 나왔다는 거죠. 그런 모순이 신화 사고의 기본틀이 된다고 생각하고, 그런 것들을 보편성 속에서 규명하려고 애를 썼어요. 그래서 결론 내리기를 "자연의 야생 상태에서 문화적인 사고를 하게 되면 그런 문제를 불가피하게 다룰 수밖에 없다, 그것이 신화의 모순이다." 이렇게 정의하고 그런 주제들을 집중적으로 찾아보니까 전 세계 신화에 모두 그런 것이 있었어요. 오늘날 만들어진 신화에서는 그것들을 안 다루잖아요. 왜 안 다뤄요? 끔찍한 일이잖아요. 끔찍하고, 근친상간과 같은 것을 다루면 당장 윤리적인 문제에 걸리게 돼있어요. 그러니까 더 이상 그런 방향의 창조는 이어지지 않는 거죠. 레비스트로스는 그와 같은 근본적인 문제가 여러 부족에 의해서 조금씩 달라지면서 해체되고 결국 이 세상에서 자연사自然死를 한다고 하는 것을 기본적으로 전제했습니다. 매우 중요한 문제입니다. 또 이런 문제도 있어요. 사람이 사람을 먹었는가, 하는 문제, 즉 식인의 문제죠.[2] 실제 식인종이 있지 않습니까? 식인종의 사례에 대해서 말씀을 많이 전해 들었을 텐데, 그런 요소들도 아주 중요한 문제들이죠.

　레비스트로스는 근친상간이나 식인과 같은 기본적인 사안들을 정

---

[2]　가령, 오스트레일리아의 지배를 받기 전 뉴기니 지방에는 "가까운 친척의 시신을 먹는 것이 고인에 대한 사랑과 존경을 표현하는 한 방법"이라고 생각한 식인 풍습이 존재했다.

리해서 보여주는 것이 바로 신화의 기본적인 사고방식이고, 그게 해체되면 두 가지 형태로 갈라져버린다고 정의했어요. 하나는 회고적인 형태로, 과거에 이런 것들이 있어서 이렇게 흘러왔다는 역사가 되고, 다른 하나는 장차 미래가 이렇게 다시 과거를 환기하고 앞으로 나아갈 수 있다, 라는 형태, 이렇게 둘을 나눠서 설명하고 있어요. 그러니까 신화가 사라진 시대에 '역사' 하나하고 '소설' 또는 '전설' 이런 것이 나왔다고 하는 게 레비스트로스의 기본적인 정의라고 말할 수 있습니다. 신화들의 자연사는 가령 남아메리카, 북아메리카 등지의 대륙에서는 자신의 힘을 상실한 신화가 학구적 정교화의 길을 걷는데, 그리하여 한편으로는 회고적 유형의 역사, 전망적 유형의 역사가 되고, 다른 한편으로는 소설이라든지 전설적 전승, 정치학 등으로 변질되고 그 존재를 마감합니다. 특히 레비스트로스가 끔찍하게 싫어했던 것 가운데 하나는 뭐냐 하면, 소설이나 전설적 전승은 그래도 가치가 있는데, 정치학은 매우 좋지 않다고 생각했어요. 정치가 신화적 사고를 위배할 수 있는 소인이 있다 해서 비판적으로 바라본 것입니다.

신화에 대한 정의

자, 이제 신화에 대해 정의를 내려야 하는데, 신화는 세계와 인간이 어떻게 해서 현재와 같은 형태로 되었는지, 그 기원을 해명하는 신성한 이야기라고 정의할 수 있습니다. 이때 세계와 인간이 어떻게 현재와 같은 형태로 되었는지, 그 기원을 해명한다고 할 때, 우선 살펴야 하는 건 우주 천지만물의 창조인데, 이것을 '코스모고니

cosmogonie'라고 합니다. 이어 신들의 창조 '테오고니théogonie', 그 다음 인간의 창조 '엔드로보고니anthropogenie'라고 하는 내력이 가장 핵심입니다. 이것들이 신화의 기본적인 전제다, 이렇게 말할 수 있습니다.

두 번째 포인트는 신화가 신성시되는 이야기라는 것이에요. 신성하다고 믿는 거죠. 특정 집단이 그렇게 믿는다는 뜻입니다. 이것은 종교적인 집단하고는 달라요. 그런 신성한 신화를 '세이크리드 내러티브sacred narrative' 즉, '신성시되는 이야기'로 정의할 수 있습니다. 그게 두 번째 정의예요.

세 번째로는 신화가 "사회통합의 기능을 수행한다" 이렇게 말했어요. 가령 에드워드 오스본 윌슨이라고 하는 생물학자가 있는데, 그 사람의 책 가운데 『지구의 정복자』라는 책이 최근 주목을 받고 있어요.[3] 그 책은 특히 후반부가 굉장히 설득력 있게 잘 쓰였습니다. 진화생물학을 둘러싸고 학계에서는 보통 리처드 도킨스라는 사람이 논쟁을 주도했었지요. 이 사람이 저 유명한 『이기적 유전자』[4]라는 책을 쓰니까 어떤 사람이 『이타적 유전자』[5]라는 책을 쓰고, 그 다음에는 다시 종교 논쟁이 불붙어서 '만들어진 신'이라는 개념이 주목을 받았어요. 한 마디로, 신이라는 건 존재하지 않는다는 주장입니다. 그 사람이 적절하게 드는 비유 중에 하나는 이런 거예요. 달에 가면 종교 없잖아요. 달에 종교 있습니까? 달을 믿는 종교는 있어도 달에는 종교가 없어요. 왜? 사람이 살지 않기 때문이죠. 따라서 "신은 인간에 의

3   에드워드 오스본 윌슨(Edward Osborne Wilson) 저, 이한음 역, 『지구의 정복자』(The social conquest of earth, 2012), 사이언스북스, 2013.
4   리처드 도킨스(Richard Dawkins) 저, 홍영남, 이상임 역, 『이기적 유전자』(The Selfish Gene, 1976), 을유문화사, 2010.
5   매트 리들리(Matt Ridley) 저, 신좌섭 역, 『이타적 유전자』(The Origins of Virtue, 1996), 사이언스북스, 2001.

해서 만들어졌다"고 전제하는 거예요. 굉장히 설득력 있는 가설이죠. 그래서 유신론자하고 무신론자 간의 논쟁을 크게 야기시켰어요. 그래서 도킨스의 시대가 열렸는데, 도킨스를 비판하는 새로운 학자가 나타났어요. 그 사람이 누구냐면 지금 말씀드린 에드워드 오스본 윌슨이라는 사람이에요. 이 사람의 핵심적인 주 종목은 진화생물학이고, 진화생물학 가운데서도 가장 열심히 연구한 분야가 개미입니다. 개미. 개미는 인류보다 더 오래전에 세상에 나타났어요. 최소 시기가 대략 4억년 전입니다. 4억년 동안 계속 진화하면서 오늘날 지구의 점령자가 됐어요. 따지고 보면 개미 없는 데가 없지 않습니까? 그 사람은 개미 전체를 분류하면서, 개미가 문화적인 조건, 지리적인 조건에 따라서 전혀 다르게 만들어졌다고 말합니다. 개미는 수많은 개체가 모여 집단을 구성하고 있어요. 여왕개미 있다면 수개미 있고, 수개미 있다면 병정개미 있고, 또 일개미 있어요. 그들은 페로몬이라고 하는 특별한 물질을 분비해서 그걸로 의사소통을 하죠. 정확하게 거리를 알아낸다는 거죠. "5미터 옆으로 가면 사체가 있으니까 다 가서 가져와라." 그러면 일개미들이 쭉 간다는 거 아니겠습니까? 마치 벌처럼. 그런데 그런 비슷한 조직을 갖고 있는 게 인간이라는, 둘 다 사회적 진화를 완성해서 지구의 정복자가 됐다는 게 에드워드 오스본 월슨의 주장입니다. 흥미로운 것은 개미 집단하고 사람하고 다르다는 거예요. 저는 그 부분에서 감동을 받았어요. 공통점은 '사회적 정복자'라는 점이 같지만, 다른 점은 뭐냐? "사람은 성관계의 권리를 다 가지고 있다"라는 거예요. 반면 개미는 성관계할 권리를 여왕하고 수개미밖에 갖고 있지 않다는 거예요. 그래서 훨씬 효율적으로 개미들이 집단을 운영한다 이거예요. 인간은 어떤가? 누구나 다 서로 성관계할 권리를 갖고 있으니까, 누구나 다 말하자면 주권을 주장한다는 거예요. 그럼 서로 충돌하게 되잖아요? 그래서 만들어낸 게 뭐냐? 바로 창조신화라는 거예요, 창세신화. 그래서 창세신화 아래 모두 집중돼 있다. 집중돼 있어서 어떻게 되느냐? 우리 부족을 만든 것은 하늘님이었으니까 우리는 그 집단 안에 서로 모여야 한다. 이렇게 신화와 언어가 사회적으로 결정적인 기능을 했다는 것이 에드워드 오스본 윌슨의 결론입니다. 제가 이렇게 말씀드리는 건 결국 신화는 사회통합을 하는 기능이 있다는 것입니다. 에드워드 오스본 윌슨이 본인을 어떻게 소개하느냐면, 자기는 버몬트, 앨라배마, 그쪽 지역에서 태어난 독실한 크리스천이었다고 말합니다. 크리스천이면 종교를 옹호해야 되잖아요? 그런데 전혀 옹호하지 않습니다. 대신 지금 말씀드린 것처럼 '사회'라는 집단이 어떻게 고등의 어떤 종교나 아니면 신화에 의해서 통합되는가를 아주 명쾌하게 밝히고 있어요. 신화는 여러 가지잖아요? 영웅신화도 있고, 창세신화도 있고 종류가 각기 다른데, 그런 종류들을 모두 하나로 묶는다면 공통점이 바로 사회통합의 기능에 있다, 이렇게 말할 수 있습니다. 지금은 물론 "우리는 단군의 후손이야" 이렇게 말하면서 개천절 정도만 형식적으로 유지하고 있지 않습니까? 한때는 절실했어요. 왜? 민족이 큰 위기에 봉착했기 때문이죠. 일제 침략을 겪으면서 결속했어요. 자민족 중심의 신화가 크게 우세했던 적이 있습니다. 그러니까 개천절을 국경일로 정했어요. "누가 단군으로 사회통합을 한다고 해? 개천절을 국경일에서 없애야 돼." 그렇게 말하는 사람 아직 많지 않아요. 그러나 "우린 아브라함의 자손인데?" 이렇게 말하면서 반대하는 사람이 서서히 나타났습니다. 기능이 다르지만, 한쪽은 신화, 한쪽은 종교라는 것을 부정할 수 없을 거 같아요. 어쨌든 지금 말한 사회통합의 기능은 신화의 아주 중요한 몫이었다, 이렇게 말할 수 있습니다.

다시 정리하자면, 신화는 기원에 관한 얘기지만 신들에 관한 이야기다, 그들을 신성시하면서 또 사회통합의 기능을 수행하는 것이다, 이렇게 정의해볼 수 있습니다.

신화는 이제 학문적 이론의 기반이 어느 정도 다져졌습니다. 그런데 우리는 어떤 잘못을 범하느냐 하면, 자꾸 이론만 공부해요. 기능주의론이라든지 심층심리학 이론은 공부하는 것은 좋지만 그거 공부하다가 날 새버립니다. 저는 그 부분에서 크게 거부감을 갖고 있어요. 오히려 지금 우리에게 필요한 일은 자료, 이론, 방법 중에서 자료를 가장 으뜸에 세워야 한다는 것입니다. 자료를 많이 알아야 면장노릇을 합니다. "면장 노릇을 한다." 이러면 못 알아들으실 분도 있을 텐데 옛날에는 지역에서 가장 높은 사람이 면장이었어요. "알아야 면장을 하지." 그게 아주 유명한 관용어인데, 자료를 잘 알아야 진짜 면장 노릇을 할 수 있다고 생각합니다. 비록 기능주의 이론 같은 것들이 크게 유행하고 일정하게 이론적인 성취를 이루었지만, 어쨌든 자료를 더 알아야 한다는 것이 제 기본적인 관점입니다.

남방계 신화의 유형과 지역적 분포

이제 '남방계 신화의 유형과 지역적 분포'에 대해 살펴보겠습니다. 북방계 신화와 남방계 신화적 특성을 고안해 이것을 이론으로 내세웠던 가장 대표적인 학자에 미지나 아키히데[6]가 있어요. 일제강점기 학자인데, 우리나라 신화를 북방계 신화라고 하지 않고 전설이라고 해서 크게 물의를 일으킨 적이 있습니다. 어쨌든 그 학자가 신화를 크게 북방계, 남방계 신화로 얘기했어요. 이건 살짝 자존심이 상하는 대목이고, 과연 그렇게 볼 수 있는지에 대해서는 좀 더 논의가 필요하다고 생각합니다. 그러면 두 번째 대안은 뭐냐, 지역적으로 가까운 인접성을 내세우는 것입니다. 제주도하고 오키나와가 가깝잖아요? 일본하고 또 오키나와가 가깝지 않습니까? 그런 지역적 인접성과 신화적 구성의 유사성에 입각해서 남방계 신화를 재현했어요. 그 일본 학자들의 학문 후속 세대들이 이런 일을 했다고 할 수 있겠습니다. 그런데 저는 그런 관점이 아니라 세 번째로, "대양을 중심으로 세계 신화 전체의 개념과 연계시켜야 된다"라고 하는 관점을 내세우고자 하는데, 이것이 궁극적으로 오늘 제가 하고자 하는 이야기예요. 즉, 우리가 태평양, 오세아니아, 폴리네시아, 미크로네시아, 또는 인도네시아 이렇게 하면, 크게 먼 바다까지 나갈 수 있다고 생각합니다. 보통 대양을 우리가 '블루오션'이라고 말합니다. 그것이 미래에 영원히 우리 자산으로 활용될 수도 있다는 거죠. 마리아나^{Mariana} 해구 같은 데의 심해저가 1만 1034미터예요. 거기에 뭐가 들어 있는지 아무도 조사해본 바가 없죠. 대충은 알아요. 그게 우리의 미래의 자산인데, 그 자산의 중심이 되는 것이 이제는 세계 신화다, 이렇게 생각하고 대양을 중심으로 해서 새롭게 생각할 필요가 있다고 봅니다. 이렇게 하면 신화를 세계적인 범주에서 확인할 수 있는 계기가 마련된다, 이렇게 생각합니다. 이런 식으로 남방계 신화에 대해 착상하면

6　三品彰英(1902~1971): 일본의 역사학자, 신화학자. 주요저서로 『建国神話論考』, 『朝鮮史槪說』, 『新羅花郞の硏究』, 『日鮮神話伝説の硏究』, 『北鮮と南鮮』, 『日本書紀朝鮮関係記事考証』, 『三国遺事考証』(전5권) 등이 있다.

신화의 외연적 확장이 가능하죠. 제주도, 일본, 대만, 오키나와, 그 다음에 필리핀, 인도네시아, 하와이 등으로 나아가고, 거기서 더 쭉 나아가면 이제 대륙까지 확장할 수 있겠습니다만, 우선은 바다를 중심으로 해서 이렇게 확장할 수 있는 거죠.

이제 지역별로 좀 더 구체적으로 살펴보겠습니다. 일단 대강을 훑고 나서, 뒤에 다시 각 지역별로 좀 더 상세하게 들어가도록 하겠습니다.

일본신화에 대해 보통 우리가 알고 있는 것은 『니혼쇼키일본서기, 日本書紀』, 『고지키고사기, 古事記』 정도입니다. 그러나 일본 본토에 아직도 연구되지 않은 구전신화, 이제는 '사이몬さいもん'이라고 하는데 제문祭文들이 굉장히 많이 구전되고 있어요. 그런 것들을 좀 찾아내서 정리할 필요가 있다고 생각합니다.

그 다음에 대만이 있어요. 대만에 해발 2, 3천 미터 고산지대가 있습니다. 그곳에 수많은 소수민족들이 있어요. 거의 열세 개 소수민족이 있는데, 특히 그들이 풍부한 신화를 전승하고 있습니다. 네덜란드 사람들이 배를 타고 지나가다가 멀리서 대만을 망원경으로 보니 푸른빛이 나요. 아름다운 비취빛이었지요. 그래서 대만을 '포모사포르모사'라고 얘기했어요.[7] 자두 품종 가운데 포모사가 있어요. 이 자두가 익을 때 푸른빛녹색빛이 나요. 그래서 대만 이름을 그렇게 붙였어요. 지금 우리가 포모사 품종 자두를 먹으면서도 그 이름이 어디서 왔는지 잘 모르는데, 바로 대만을 지칭하는 것입니다.

그 다음, 오키나와가 있습니다. "오키나와는 일본이다." 이렇게 생

---

[7] Formosa, 포르투갈어로 '아름다운 섬(美麗島)'이라는 뜻.

각하시는 분들이 있는데, 현재는 물론 일본 국적이지만, 오키나와에는 유구국琉球國, 류큐이라고 하는 독자적인 나라가 있었습니다. 홋카이도, 즉 북해도에는 아이누라는 소수민족이 살고 있었듯이 말입니다. 그 유구국이 불행하게 일본에 편입됐어요. 메이지유신 때입니다. 사쓰마번薩摩藩에 의한 본격적인 침공은 1592년으로 거슬러 올라가요. 그때 유구국이라고 하는 나라의 수도가 슈리首里에 있었는데 나중에 '나하那覇'로 옮겼지요. 인구가 한 만 명 정도밖에 안 됐었어요. 여러분들이 잘 아시는 도요토미 히데요시가 정명가도征明假道, 즉 "명을 치기 위해서 길을 빌려 달라" 이렇게 얘기했잖아요, 우리한테? 그리고는 오키나와 유구국 왕조의 상왕들한테 정병 만 명을 달라 했습니다. 오키나와 나하 정부의 인구가 만 명이었어요. 여자 빼고 힘없는 사람 빼면 어떻게 되죠? 그런데 만 명을 달라니까 터무니없는 부탁이었던 거죠. 그걸 들어주지 않았다고 나중에 임진왜란 다 끝나고 나서 유구국 왕자를 잡아다가 죽이는 비참한 일이 벌어졌어요. 그때부터 일본의 지배를 받기 시작했습니다. 그래서 오늘날까지 왔는데, 또 제2차 세계대전 이후 그 지역에 후텐마普天間라고 하는 공군기지가 들어섰어요. 그것 때문에 미국에서 양보할 수가 없을 거 같습니다. 거기서 비행기 띄우면 한국까지 빨리 와요. 미국 본토에서 뜰 수도 없고, 괌 기지와 같은 곳도 멀어서 안 되잖아요. 그러니까 형식적으로 지금 미국이 공생관계를 일본하고 갖고 있는데요. 이따금 오키나와 사람들이 미군들에게 성폭행을 당하는 등 여러 가지 사회문제가 발생합니다. 그래도 일본 입장에서는 그 기지를 폐쇄할 수 없는 것이죠. 1972년에 독립의 기회가 있었는데, 오키나와를 독립시키지 않았어요. 오키나와 사람들 입장에서는 그때 했어야 했던 것이죠. 제일 처음에는 맥아더가 독립시켜주려다가 안 됐고, 1972년에도 해주려다가 안 됐어요. 그 오키나와는 일본 본토와 전혀 다르게 독자적인 신화를 갖고 있다, 일본 입장에서 보면 소수민족의 신화를 갖고 있는 셈인데, 그런 지역이라는 것을 우리가 재인식할 필요가 있습니다.

이제 필리핀이죠. "필리핀은 문제가 많은 지역이다" 이렇게 알고 계시겠지만 전혀 그렇지 않습니다. 필리핀에는 섬이 7천 개가 있어요. 거기에 120만 명의 소수민족이 살고, 제각기 다른 언어를 쓰죠. 타갈로그어Tagalog라든지 이푸가오 족Ifugao 언어라든지 그런 언어들을 쓰는데, 거기에 풍부한 신화가 전해오고 있습니다.

또 인도네시아가 있습니다. 인도네시아도 굉장히 다양하지만 특히 자바 섬에 신화가 풍부하게 전해오고 있습니다.

하와이 신화를 같이 보겠습니다. 필리핀하고 인도네시아, 하와이는 신화가 비슷해요. 유전적 형질도 많이 비슷하고, 그래서 이런 신화들 간에 외연적 확장이 필요하다고 생각합니다. 우리는 우리만 알고 일본만 알았지 이런 나라에 대해서는 너무 몰랐죠. 재인식해야 될 부분입니다. 주최 측에서 굳이 남방계 신화에 대해 들려달라고 한 것은 우선 자료를 넓혀 달라는 뜻으로 저는 이해하고, 나름대로 그 자료를 넓히려고 애를 썼습니다. 필리핀의 신화와 서사시, 인도네시아의 하이누웰레, 그 다음에 태평양 하와이의 히나Hina 신화 등을 구체적 증거로 삼을 수 있다고 생각합니다.

제주도, 일본, 오키나와 신화의유사성

자 이제 제주도입니다. 제주도는 '본풀이'가 가장 부유한 곳입니다. 본풀이는 본本을 푼다는 뜻에서 나온 말인데, 제주도에서는 무당, 곧 '샤먼'을 '심방'이라 그래요. 그 심방들이 본을 풉니다. 그 본풀이 내용에 따라서 일반신본풀이, 당신본풀이, 조상신본풀이 이렇게 구분합니다. 일반신본풀이는 주로 하늘의 해와 달이 어떻게 만들어졌는가, 사람이 죽으면 어떻게 되는가, 이런 것들을 주요 내용으로 해요. 이 것은 육지하고 많이 겹쳐 있어요. 추정컨대, 육지의 지도자들이 이쪽 제주도를 정벌할 때 가지고 들어간 신화일 가능성이 있어요. 그 개연성을 부인할 수 없습니다. 다음으로 당신본풀이가 있어요. 일반신본풀이에서는 주인공들이 주로 하늘에서 땅으로 내려와요. 흔히 이를 '천손강림天孫降臨'이라 그러는데, 그런 요소들을 일부 갖고 있습니다. 반면 당신본풀이 주인공들은 어떻게 되느냐? 보통 "땅에서 솟아났다" 그렇게 말해요. '솟아났다', 이 말은 제주도 말로는 "태어났다"는 말이에요. 그런데 땅에서 솟아났어요. 왜 그랬을까요? 물이 땅에서 솟아나잖아요? 그런 것들이 당신본풀이의 핵심적인 내용이에요. 또 재미있게도, 문화적으로 외지의 여성 주인공이 제주도로 이주해 와요. 바다를 건너서. 그 여성 주인공과 땅에서 솟아난 인물이 만나 태어난 후손이 이렇게 손지방상⁸ 갈라져서 자손이 번창하는 것이 당신본풀이이고, 특히 마을에 당신으로 좌정하게 된 과정 같은 것들이 가장 핵심적이죠.

---

8   손지방상[孫子親戚]. '손자 친척'이라는 뜻의 제주도 말.

신화의 측면에서 볼 때, 제
주도 구좌읍 송당리 일대의
본풀이를 송당松堂본풀이 계
통이라고 하는데, 여기에 가
장 풍부한 당신 문화가 전해
지고 있습니다. 물론 마을마
다 조금씩 달라져요. 앞에서
말씀드렸다시피 신화가 지
리적으로 횡단하면서 전승

그림 3
제주시 구좌읍 송당리의 송
당 본향당

이 달라진다고 그랬잖아요? 그 형국을 잘 볼 수 있습니다.

거기서 살짝 넘어가면 이제 알당下堂하고 웃당上堂, 토산리 웃당 알
당이 돼요. 그럼 내용이 살짝 또 달라집니다. 토산리 알당은 뱀신을
섬기는 곳이에요.[9] 이리 나오면 동흥리, 서흥리가 있고, 이리 가면 하
예리가 있는 여리 열리 계통입니다. 여긴 이제 축술일당丑戌日堂이라
고 해서 독특한 당입니다. 문화적으로 보면 어떤 의미에서는 좀 더
선진문화와 결합되는 지점이에요. 여기는 토착적이고, 여기는 변형
된 거고, 여기는 제주도의 아주 다른 형태들이죠.(지도 생략) 여기 신화
에서 가장 중심이 되는 것 중 하나는 보통 "한라산 서쪽 어깨에서 사
람이 태어났다." 그렇게 삼신인三神人이 내려와서 지배하게 되었다는
겁니다. 한라산에서 솟아났다는 게 매우 독특하죠. 물에서 알로 탄생
했다고 하는 거하고 전혀 대비되는 시도라고 말할 수 있습니다. 그들
은 태어난 후 산에서 내려와 남녀가 사랑하고 마을을 수호하는 신으

---

[9] 제주도 남제주군 표선면 토산리에는 웃당본풀이와 알당본풀이가 전승된다. 김헌선, 「제주도 토산당
     웃당본풀이와 알당본풀이의 비교」, 『한국사상과 문화』 19권, 한국사상문화학회, 2003.

로 된 것이 기본적인 특성입니다. 동홍리 신화는 훨씬 더 재밌습니다.[10] 압축해서 말씀드리면, 고산국하고 지산국이라는 자매가 있었어요. 남자 바람웃또가 지나가다가 아름다운 미인을 봤는데 그 미인이 탐이 났어요. 그래서 그 집에 들어가서 같이 잠을 자게 됐습니다. 그쪽 아버지가 딸을 시집보낼 요량으로 바둑을 둡니다. 남자 바람웃또가 바둑에서 이겼어요. "자 이제 내 딸 가져가게" 했는데 지나갈 때 봤던 그 여자가 아니에요. 알고 보니까 처형이에요. 큰딸은 아주 못생겼어요. 못생긴 걸 팔아먹은 거죠. 둘은 남다르게 연정을 갖고 계속 만날 수밖에 없죠. 그저 허구적인 건 아니고, 보름달이 뜨게 되면 아름답게 얼굴이 빛나잖아요? 처제 손을 잡고 놓을 수가 없어요. 둘이서 이제 함께 작당을 해서 한라산 서쪽으로 도망을 왔어요. 이 여자 처제는 안개를 뿌리는 게 특징입니다. 한라산에 안개를 쭉 뿌려가지고 자기들을 찾을 수 없게 했어요. 언니는 고산국이라 하는데 활을 잘 쏴요. "이 연놈을 죽여야 되겠다." 하고 활을 들고 쫓아왔습니다. 깊은 산속에 가니까 잘 먹고 잘 살잖아요. 죽여 뭐하겠어요? "그래 잘 먹고 잘 살아라." 다만 동홍리와 서홍리는 사람들끼리 혼인을 못하고 각자 물 가르고 곱 가르고 경계를 갈라서 나무도 하지 않게끔 갈라졌다는 내용입니다. 아주 오래된 시원적인 신화 가운데 하나로서 동홍리 당신본풀이를 소개했습니다.

다음으로는 〈천지왕본풀이〉가 있는데, 이것은 육지에서 들어왔을 개연성이 있습니다. 이 신화는 고구려 계통의 신화예요. 고구려신화와 아주 유사합니다. 이렇게 돼있어요. 천지왕이 하늘에 있다가 지상

---

[10] 서귀리, 동홍리, 서홍리에서 바람웃또(바람운)와 지산국, 고산국의 세 신을 중심으로 전개되는 당신본풀이를 흔히 서귀본향계 본풀이라고도 한다.

으로 내려와서 총맹부인과 결연했어요. 내려온 이유는 하늘에 해가 둘이 뜨고 달이 두 개가 떠서 낮에는 사람들이 타서 죽고, 밤에는 곱아 죽었기 때문이죠. 얼어 죽는 것이죠. 그래서 이곳에 내려와 총맹부인과 결연해서 자식을 둘 낳을 예언을 하게 됩니다. 천지왕이 밥을 달라는데 쌀이 없어서 총맹부인이 쌀을 빌려오는데, 쌀 빌려주던 수명장자가 악행을 일삼는다는 것을 알고 징치합니다. 그런 후 총맹부인이 두 아들 대별왕하고 소별왕을 낳았어요. "아들을 낳거들랑 당신을 어떻게 찾아갑니까?" 묻자, 각씨, 박씨 하나씩하고, 그 다음에 하늘에 올라갈 수 있는 날짜를 지정해 주고, 본메 본 자하고, 빗 있죠? 영얼래기 빗, 얼래빗이죠. 이걸 딱 잘라줬어요. 이것들을 가지고 찾아오라 그랬어요. 나중에 아들들이 하늘에 올라가서 아비를 찾고, 그 후 둘이서 해와 달이 둘씩 있는 걸 하나씩 쏴서 없애 오늘날처럼 해와 달을 하나로 만들었습니다. 그런 다음 이승과 저승을 차지할 곱 가르기를 하는데, '곱(금)'은 경계란 뜻이에요. 경계를 차지했죠. 그래서 이승과 저승을 갈랐어요. 근데 재미있게도 이승과 저승을 차지할 때 내기를 세 번씩 하기로 해요. 여기서는 예숙제끼, 수수께끼만 하게 되는데, 마지막 내기는 좀 달라서 서로 무릎에 꽃 피우는 경쟁을 했어요. 그 꽃 피우는 경쟁에서 소별왕이 형의 꽃을 훔쳐다가 자기 무릎에 놔서 결국은 자기가 이승을 차지합니다. 대신 저승 어두운 데는 대별왕이 차지하게 됐습니다. 그런데 저승은 누구나 다 평등하게 가요. 나이 많은 사람이든 적은 사람이든 수명이 되면 다 데리고 갑니다. 저승은 맑아요. 아주 공정한 법이 있는 데입니다. 이승에서는 어떠냐? 부정한 방법으로 차지했기 때문에 강간, 살인, 범죄 이런 것들이 많이 생기고 이승에는 법이 밝지 못하게 됐다고 해요. 신화를 공

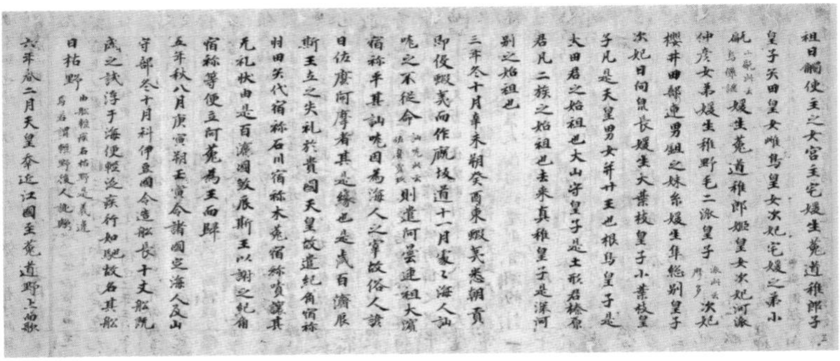

부하는 사람들에게는 매우 익숙한 신화인데, 여기 지금 계신 객석에서는 어느 정도 익숙하게 생각하시는지 잘 모르겠습니다.

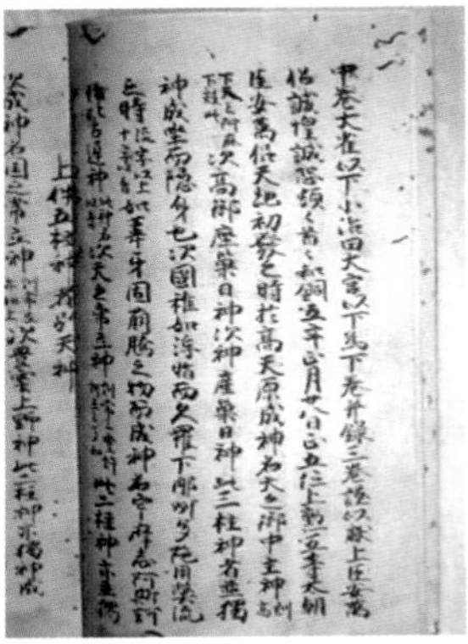

다음에 이제 일본 본토 신화가 있습니다. 일본 본토 주고쿠中國 지방을 기준으로 전혀 다른 신화들이 분포해요. 일본 본토 신화는 대표적인『고사기』,『일본서기』와 함께 구전신화와 구전서사시에도 주목할 만한 전통이 있다고 봅니다. 『고사기』,『일본서기』는 문헌신화이고, 좀 과장되게 말한다면 아직도 그 전모가 완전히 밝혀지지 않았어요. 지금도 쓰이고 있습니다. 신화적 전통도 그래요. 그러니까 언제 이것이 완간돼서 공간이 될지는 아무도 장담할 수 없어요. 학자들은 다 보지 않았겠는가 하겠지만, 학자들도 예외적인 자료만 보고 있습니다. 또 이런 원판본들은 보통 관람불가로 처리해 놓습니다. 그래서 볼 수가 없어요. 그 모습의 일부 정도가 나와 있다고 할 수 있습니다. 번역자마다 연구자마다 판본이 다 달라요. 그래서 완전한 정본이 없다, 이렇게 말하는 것도 틀리지 않습니다. 다음에 구전신화하고 구전서사시가 있는데, 구전으로 전해지는 이야기가 굉장히 많습니다. 이제 자료를 하나 소개하는데, 이와테岩手의 신화입니다. 지난 2011년 3월에 도호쿠東北 대지진으로 쓰나미가 발생했었지요. 그 지역이라고 이해

그림 4
『일본서기』(위)와 『고사기』

하시면 됩니다. 토오노遠野 시의 육각년산六角年山, 석신산石神山, 조지봉산早池峯山을 세 명의 자매가 나누려고 합니다. 아까 우리는 대별왕 소별왕 이렇게 얘기했잖아요? 여기선 세 명의 자매입니다. 자고 있을 때 하늘에서 연꽃이 내려온 사람이 가장 수려한 조지봉산을 갖기로 했습니다. 막내 여동생이 밤늦게까지 자지 않고 있다가 큰언니의 위에 내려온 꽃을 훔쳐서 자기 가슴 위에 올려놓아 내기에서 이깁니다. 그렇게 해서 산을 차지했다는 겁니다. 주체가 달라졌죠? 우리는 저 제주도 자료에서 대별왕 소별왕으로 남자인데, 여기는 여자로 바뀌어 있어요. 그게 구전신화로 전해지고 있어요. 일본하고 우리하고 비슷하죠. 더군다나 『일본서기』, 『고사기』까지 합치면, 세 명의 삼신인이 있어요. 삼신인 가운데 아마테라스あまてらす, 츠쿠요미つくよみ, 그리고 스사노오노미코토すさのおのみこと, 즉 스사노오すさのお라고 하는 인물이 있는데, 그들이 각자 어디를 차지할지 내기하는 대목이 있어요. 물론 여기서는 신이 지정을 해주지만, 그런 것도 사실은 이렇게 구전되던 것을 옮겨 적었을 개연성이 있다, 바로 『일본서기』, 『고사기』가 그러한 역할을 하고 있다는 것을 알 수 있습니다.

하나 더 소개하겠습니다. 예전봉刈田峯 신사의 제신은 여신이었습니다. 옛날 어떤 신에게 두 딸이 있었는데, 둘 다 월산月山의 신이 되고 싶어 했어요. 아버지 신이 두 딸을 불러서 둘 중에 더 아름다운 연꽃을 꺾어온 사람이 월산의 주인이 되라고 명했어요. 자매가 연꽃을 꺾어서 돌아가는데, 도중에 동생이 언니의 꽃을 보니 자신의 꽃보다 더 예쁘기 때문에 계략을 세워 언니의 꽃과 바꿔치기했어요. 앞서 꽃 훔쳐가는 거하고 똑같죠. 아버지 신은 그런 줄도 모르고 약속대로 여동생을 월산으로, 언니를 예전刈田으로 보내게 됐습니다. 그 때문에 월

산에서는 도둑도 한 번의 참배를 용서하지만, 예전봉에서는 도둑은 절대 들여보내주지 않는다, 하는 소위 신사 기원담으로 살짝 바뀌어 있어요. 이처럼 구전신화를 보면, 일본도 우리와 크게 다르지 않습니다. 그런데 『일본서기』, 『고사기』와 같은 문헌자료로 가서 천황이니 이렇게 강조하기 시작하면 신화가 뒤틀리고 바뀌어버리는 것을 볼 수가 있습니다.

다음에 오키나와 신화에 대해 말씀드리겠습니다. 오키나와는 3천 여 개 섬으로 구성되어 있고 독자적인 문화를 자랑합니다.

본토 쪽에서 보면, 차례로 오키나와충승, 沖繩, 미야코宮古島, 야에야마 八重山 열도로 구성되어 있어요. 현청 소재지 나하那覇는 오키나와 열도 에 있지요. 요걸 총칭해서 '오키나와'라고 합니다. 오키나와 위로 올 라가면 일본 본토에서 규슈 남단의 가고시마鹿児島가 나오죠. 가고시 마와 같은 섬들을 가보시면 우리 문화하고 아주 비슷해요. 오키나와 문화가 그만큼 우리하고 가깝다는 말씀입니다. 이런 주장에 대해 너 무 아전인수 격으로 해석하는 것이 아니냐고 비난하실지 모르지만, 이런 주장의 이면에는 신화적인 정체성에 대한 연구가 있었어요. 그 런 걸 다시 규명해야 한다는 뜻입니다.

일본의 후쿠다 아키라[11]라는 저명한 민속학자가 『일본전설대계』를 냈습니다. 그 안에 옛날 미륵불과 석가불이 세상을 빼앗는 싸움 이야 기가 있는데[12], 앞서 말한 제주도의 대별왕 소별왕이 이승 저승 내기 했던 거하고 똑같은 거죠. 서로 양보하지 않았습니다. 그러다가 잠잘

---

[11] 福田晃(1932~). 일본의 국문학자이자 민속학자. 전공은 설화문학.
[12] 福田晃, 『日本傳説大系』 제15권, みずうみ書房, 平成元年(1989), 117~118쪽. 이 신화에 대한 해 석은, 김헌선, 「한국과 유구의 창세신화 비교 연구」, 『고전문학연구』 21권, 한국고전문학회, 2002. 참고할 것.

때 머리맡에 꽃병을 두고 거기서 꽃이 빨리 피는 쪽이 자기 세상으로 삼자고 의견을 모았어요. 둘이 꽃병을 머리맡에 두고 잠을 잤습니다. 한밤중에 석가가 눈을 떠보니 자기 머리맡에 있는 꽃병이 아직 꽃을 피우지 않았어요. 미륵의 꽃병에는 꽃이 아름답게 피어 만발했습니다. 석가는 꽃이 피지 않은 자기 꽃병을 아름답게 피어 있는 미륵의 꽃병과 몰래 바꿔치기했어요. 그래서 약속대로 석가가 세상의 주인이 됐습니다. 석가에게 세상을 빼앗긴 미륵은 하는 수 없어서 인류, 짐승류, 곤충류 등에 이르기까지 만물에게 눈을 감게한 다음 '불씨'를 숨기고 용궁으로 가버렸어요. 이 신화 뒤로는 그렇게 사라진 불씨를 어떻게 되찾을 것인지 하는 내용이 이어지기도 합니다. 수많은 변이형들이 오키나와에 있는 것을 볼 수 있습니다. 우리 육지의 함경도에도 똑같은 신화가 있어요.[13] 그래서 서로 깊은 영향관계 또는 연맥관계를 갖고 있다, 이렇게 말할 수 있습니다.

다시 한 번 제 얘기를 요약해보겠습니다. 남방계 신화의 일정한 부분에 있어서 일본 본토, 오키나와, 제주도는 일정하게 신화가 공유되고 있어요. 이 동질성이 어떤 시기에 파생됐을까, 생성된 원인이 뭘까 생각해봤을 때 그 핵심에 뭐가 있냐면 대승불교가 있습니다. 대승불교가 특별하게 매개가 돼서, 신앙집단이 이질화되고 달라지면서, '꽃 피우기 경쟁'과 같은 신화소神話素가 이어졌을 개연성이 있다, 이렇게 말할 수 있습니다.

---

13 창세가.

대만신화의 특징

다음에 이제 그런 신화와는 전혀 다른 신화들이 새롭게 돌출하게
되는데, 그것이 대만의 신화입니다. 동고서저東高西低 섬으로 마치 고
구마처럼 생겼어요. 동쪽은 산맥지대, 서쪽은 평야지대입니다. 중국
명나라 때 정성공鄭成功이라는 장수가 와서 네덜란드 세력을 물리치
고 정벌을 했는데, 그 과정에서 저지대에 살던 여러 소수민족들이 쫓
겨서 고산지대로 올라갔어요. 그래서 대만의 소수민족을 흔히 고산
족高山族이라 부릅니다. 열세 개의 소수민족이 존재하고 있습니다. 그
들이 사는 곳들이 대개 지진도 극심하고 살기가 열악한데, 반면 이
고산족들의 신화가 아주 풍부하고 다양합니다. 그중 화련花連이라고
하는 곳에, 한자로 쓰니까 포농布農이라고 하는데, 원래 그들 소수민
족 발음으로는 '부농'이라 합니다. 부농이라는 소수민족이 있어요. 그
들이 〈사일射日신화〉, 즉 태양을 쏘는 신화가 있어요. 그 가운데 '리
푸칭이복청, 李福淸'이라고 하는 선생이 채록한 자료가 있어서 소개합니
다.[14] 예전에 태양이 두 개였다. 땅은 매우 건조했다. 두 개인 게 중요
한 거죠. 아까 제주도의 〈천지왕본풀이〉에는 해와 달이 두 개라고 돼
있지 않았습니까? 여기는 태양만 두 개입니다. 그 정도의 차별성인
거죠. 어느 날 어른들이 밭에서 일을 하면서 아이들을 나무 그늘 아
래에 두고 산양 가죽을 덮어주었어요. 이 산양 가죽이라는 모티프는
아주 오래된 다른 신화와 또 연결되어 있어요. 어쨌든 나무 그늘 아
래에 있던 아이들이 심하게 울어서 가보니, 덮어주었던 산양 가죽이

---

[14] 김헌선, 「대만 포농족·제주도·궁고도의 서사시와 신화 비교」, 『탐라문화』 제36호, 제주대학교 탐라
문화연구소, 2010.

벗겨지고 아이들이 도마뱀으로 변해 있었어요. 도마뱀의 기원이 산양 가죽이 벗겨지면서 꺼끌꺼끌한 그런 표피지 같은 게 형성이 돼서 그렇게 됐다고 말합니다. 이 도마뱀들이 사방으로 흩어졌습니다. 사람들은 태양이 사람을 자꾸 다른 걸로 변하게 만들기 때문에 정벌하러 가야 한다고 했어요. 이렇게 뜨거운 날씨에 어떻게 농작물을 경작할 건가? 그들은 정말 태양을 정벌하러 갔습니다. 태양이 있는 곳은 아주 멉니다. 그들은 출발하기 전에 어린 귤나무를 심었습니다. 그들이 돌아왔을 때에는 귤나무가 다 자라 주렁주렁 열매가 열려 있었어요. 그들은 음식으로 좁쌀을 손톱 틈에 넣기도 했습니다. 어쨌든 그들은 태양을 쏘기 위해서 산 정상에 이르렀습니다. 태양이 너무 뜨거웠습니다. 어떻게 태양과 서로 맞설 수 있을지도 몰랐습니다. 그들은 먼저 모시풀 잎으로 태양을 가렸지만 잎이 바로 말라버렸고, 또 다시 다른 잎으로 태양을 가렸지만 마찬가지로 바로 말라버렸어요. 그래서 그들은 아식asik이라고 하는 잎을 찾았는데, 그제야 태양의 뜨거운 빛을 막을 수 있었어요. 그들은 태양을 향해 활을 쏴서 한 태양의 눈을 멀게 했죠. 눈이 멀게 된 태양은 그때 달이 됐다고 했습니다. 해와 달이 두 개였던 것이 아니라 태양 하나가 눈이 멀어 달이 되었죠. 이 얘기 어딘가 익숙하죠? 바로 〈해와 달이 된 오누이〉 이야기입니다. 그러니까 이런 얘기들이 특정한 종족에 자리 잡고 있다가, 조금씩 이동해가서 각기 달라진다고 볼 수 있습니다.

대만 쪽의 소수민족 신화에 또 〈남매혼 신화〉가 있습니다. 근친상간 신화의 가장 정점에 있는 신화가 남매혼이에요. 오빠와 여동생이 혼인하는 얘기. 유래는 이렇습니다. 세상에 커다란 홍수가 일어나서 남매만 남게 됐어요. 나머지 종족은 다 죽었습니다. 이제 둘이서 어떻게 해야 될지 막막할 때 후손을 이어야 되니까 신의를 점치기 위해 높은 산에 올라가서 각기 모닥불을 피우거나 횃불을 피우는데, 나중에 보니까 하늘에 올라가서 두 연기가 합쳐집니다. 그래서 오빠가 너하고 나하고 결혼하자, 이렇게 말한다는 얘기입니다. 그래도 미진한지 다시 신의 뜻을 묻습니다. 두 번째 신호는 뭐냐면 각기 맷돌을 암짝 수짝을 들고 올라가서 다른 방향으로 굴렸는데 내려가니까 합쳐졌어요. "봐라, 결혼하라는 얘기 아니냐?" "아니, 오라버니, 그래도 난 결혼할 수 없습니다." 이렇게 말하니까 세 번째 내기를 하는데 각자 피를 조금씩 내 그 피가 합쳐지면서 바로 인류의 시조가 됐고, 우리들이 바로 그들의 후손이다, 이런 것인데, 우리나라 남매혼 신화의 핵심도 마찬가지입니다. 이 신화는 중국에도 그대로 있죠. 복희伏羲여와女媧 신화 같은 데에도 똑같은 이야기가 있는 걸 볼 수 있습니다. 유형적으로 본다면 그게 가장 우세해요. 대만의 13개 소수민족에 다 이런 유형의 신화가 존재합니다. 그런데 아까 말씀드린 태양 정벌 신화, 태양을 활로 쏴서 없애는 〈사일신화〉는 지금 특별한 소수민족에만 전하고 있는 것을 볼 수 있어요.

필리핀의 신화

이제 필리핀으로 왔습니다. 필리핀은 7천여 개의 섬으로 구성되어 있습니다. 당연히 소수민족이 많을 수밖에 없는 지리적 특색이 있습니다. 그에 따라 소수민족의 신화 역시 다양합니다. 특히 루손Luzon 지역에는 이푸가오Ifugao족의 신화와 서사시가 풍부하게 전해지고 있습니다. 이푸가오족의 창세신화는 세 가지 유형이 있습니다. 첫째,

성경의 아담 이브 얘기 있잖아요? 필리핀은 잘 아시다시피 일찍부터 여러 차례 외침을 당했죠. 에스파냐의 침략[1565~1989]을 당했고, 미국[1898~1946]과 일본의 침략을 당했어요. 에스파냐 선교사들이 와서 성경을 전파하니까 소수민족들이 그 성경을 가지고 가서 외워 버렸어요. 그래서 자기들 신앙으로 만들면서 〈아담 이브〉 얘기를 만들어 내놨어요. 이것이 한 가지 유형이고, 두 번째로는 〈나무꾼과 선녀〉 이야기. 〈나무꾼과 선녀〉는 제가 말씀 안 드려도 아시리라 생각합니다. 우리 이야기하고 거의 동일합니다. 세 번째로는 〈남매혼 신화〉 유형이 있습니다. 이런 신화 내용들이 창세신화로 존재합니다. 특이하게도 이 지역에서는 서사시의 내용하고 신화의 내용이 서로 달라요. 우리는 신화나 본풀이를 읽고 있으면 민담이라든지 이런 것하고 서로 겹쳐 있다는 걸 알게 됩니다, 내용에. 그런데 이 지역에서는 각기 다른 것을 볼 수 있어요. 제가 알라구이완[Aliguyon]이 주인공으로 알려진 〈후드후드[Hudhud] 서사시〉를 찾아내고는 진짜 기뻤습니다.[15] 〈후드후드 서사시〉는 영웅서사시인데, 특정한 부족들이 어떻게 전쟁을 마무리하고 각자의 여자를 취하면서 주인공이 되었는가 하는 내용을 전하고 있습니다. 그런 신화가 필리핀에 풍부하게 전승되고 있습니다. 필리핀 지도를 보시면, 알라구이완이라는 서사시는 루손 가운데에서도 가장 아름다운 팔라완[Palawan]이라고 하는 해변이 있어요. 여기는 용천수들이 풍부한 호수를 이루고 있는데 그런 곳들이 지상의 낙원입니다. 너무 아름다워요.

이제 알라구이완 얘기를 하겠습니다. 알라구이완은 아버지의 모험

---

[15] 이푸가오족의 〈후드후드 서사시〉를 구연하는 노래는 2008년 유네스코 인류무형문화유산으로 지정되었다.

제1강 왜 지금 신화인가?

그림 5
〈후드후드서사시〉의 무대,
이푸가오 족의 라이스테라스

담을 듣고 나서 스스로 여러 가지 기능을 연마하기 시작합니다. 무기를 다루고 팽이를 돌립니다. 팽이 돌리는 게 뭐 그리 대단하냐 싶지만, 영웅으로서 무언가를 익히는 게 중요하지요. 청년이 된 그는 아버지의 원수의 아들과 3년에 걸친 전쟁을 전개합니다. 둘이 아주 팽팽합니다. 그러다가 싸우다 정이 든다고, 상대방의 능력을 인정하고 결국 화해를 하게 되는데, 알라구이완과 원수의 아들은 각기 상대방의 누이를 아내로 맞이하면서 겹혼인을 하는 거죠. 그래서 완전히 행복한 결말을 맺습니다. 서사시는 이제 이들이 모여서 잔치를 하고 제사를 지내고 축제를 하는 것들의 기원을 쭉 설명하고 있습니다. 비유적인 표현과 반복이 많고, 환유, 은유, 제유 등을 사용합니다. 주된 화자는 나이 든 여성이며, 제1화자와 합창단은 교환창의 방식으로 노래를 합니다. 하지만 여기서도 가톨릭과 농기계의 유입으로 전승이 약화되고 있습니다. 이 알라구이완의 마을, 즉 루손의 이푸가오족 지역에 세계적으로 유명한 게 있어요. 우리나라 남해 지역에 가면 다랑이논이 있잖아요? 영어로는 라이스테라스Rice Terraces라고 하는데, 필리핀 이푸가오족 마을에도 굉장히 오래된 게 있어요. 신석기시대의 유산이라고도 합니다. 지금은 세계 8대 불가사의로 간주될 정도입니다. 거기에서 벼를 수확하면서 삼일 밤낮으로 이 〈후드후드 서사시〉

를 불렀다는 것입니다. 마을의 축제, 혼인식 있을 때나 장례식 같은 때 이 서사시를 불렀습니다. 또 중요한 건 이렇게 여러 가지 행사는 물론, 곡식 같은 것을 다랑이논에서 수확할 때도 이 서사시를 불렀다고들 얘기합니다.

인도네시아의 하이누웰레 신화

이제 인도네시아에서 서세람^{Ceram}이라는 섬을 주목해야 합니다. 서세람 섬의 전승에는 다양한 신화가 존재합니다. 세람 섬은 말루쿠 ^{Maluku} 제도에 포함되는데, 여기에 수많은 소수민족이 존재합니다. 이 소수민족 가운데 베말레 종족, 알루네 종족 이런 소수민족들이 전하는 신화를 우리는 하이누웰레 신화라고 말할 수 있어요. 독일의 아돌프 옌젠과 헤르만 니게마이어라는 인류학자들이 『세람의 하이누웰레 신화』라는 자료집을 1939년에 출간했습니다.[16] 이 신화에 대해서는 차후에 진행될 강연에서 이혜정 선생님이 자세하게 소개드릴 예정입니다. 저는 개요만 말씀드리겠습니다. 이 신화에서는 나무하고

---

[16] Adolf Ellegard Jensen, H. Niggemeyer, Hainuwele: Volkserzählungen von der Molukken-Insel Ceram, Klostermann, Frankfurt am Main, 1939.

사람 피가 섞여서 여자가 태어났어요. 근데 이 여자는 가장 핵심적인 모티브가 뭐냐면 배설입니다. 정상적으로 음식을 먹어도 나중에 변으로 나오는 게 값진 은금보화예요. 신화에서는 먹는 거하고 싸는 것이 굉장히 중요한 모티브입니다. 제가 우리 대학에 교양강좌로 '신화의 사생활'이라는 강의를 만들었어요. 거기에 '배설'이라는 항목을 하나 넣었습니다. 배설에서 천지만물이 형성되는 지역들이 있기도 하거든요. 여기서는 나무하고 사람의 피가 섞인 데서 나온 것이 '하이누웰레'라고 하는 여성이고, 그 여성의 배설물에서 귀한 것들이 나와요. 이것은 한 시대의 징표를 암시하는 것이라고 말할 수 있어요. 이 여성 하이누웰레가 무엇을 하느냐면 마로춤을 추는 축제에 가서 남자들한테 배설을 해서 무언가를 줘요. 남자들이 처음에 보고는 굉장히 기뻐해요. 값진 거다. 그러나 날이 경과할수록 두려워졌어요. 여성이 만든 배설의 문화가 뭐예요? 여성 신화의 시대를 남성들이 기이하게 봅니다. 그리고 두려워해요. 특히 여성들이 배설하는 가운데 몸에서 피가 나옵니다. 그럼 굉장히 무섭겠지요? 그러니까 여성 신화의 시대를 배척하는 거죠. 남자들이 그 여성을 칼로 잘라서 죽여버렸어요. 살해해서 땅에다 묻어버렸습니다. 아버지 아메타가 아무리 기다려도 자기 딸 하이누웰레는 돌아오지 않아요. 그녀를 찾으러 갑니다. 가서 이렇게 잘려져서 나눠진 몸에서 두 손만 가지고 오고, 몸체는 따로따로 넓은 마로광장에다 묻었어요. 거기서부터 먹을거리가 비롯됐습니다. 그 먹을거리가 바로 오늘날의 감자라든지 고구마와 같은 것이 됩니다. 그때까지 수렵과 채취 이런 걸 주로 하고 살다가 이제 비로소 감자를 심으면 다시 감자가 나온다는 사실을 알게 되면서 농경 시대로 접어 들어갔어요. 제가 생각하기에는 신석기시대

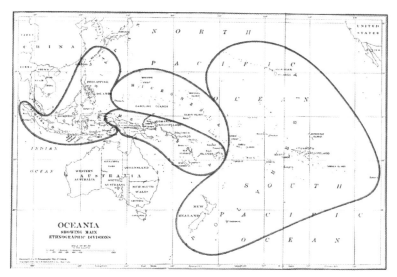

그림 6
오세아니아의 민족지적 영역
구분도

의 전 단계 정도가 되리라 생각합니다. 그 다음에는 쌀이 나와야 합
니다. 그래서 쌀이 나오기 전 단계의 신화가 바로 하이누웰레 신화라
고 얘기할 수 있습니다.

하와이의 여신 신화

이제 한 단계 더 나아가서 하와이 신화에 대해 해석을 시도하겠습
니다. 태평양에는 필리핀, 인도네시아, 파퓨아뉴기니가 있고 그 너머
에 멜라네시아가 있습니다. 멜라네시아라는 말은 '검은 바다'라는 뜻
이에요. 수심이 깊으니까 검게 보이는 거죠. 깊은 바다. 그 옆에는 미
크로네시아가 있는데, 거기에도 풍부한 신화가 전승되고 있어요. 뉴
질랜드와 이스터 섬이 있는 지역들을 크게 하나로 묶어서는 폴리네
시아라고 말합니다. 여기에도 수많은 종족들이 있습니다. 하와이도

여기에 속합니다. 호주는 오세아니아에 속하는데, 거기에도 다양한 신화가 풍부하게 전하고 있습니다. 우린 지금 제주도에서 시작해 오키나와를 거쳐서 대만으로 갔다가 필리핀 인도네시아를 거쳐서, 지금 이렇게 태평양 지역을 다루고자 하는 거예요.

하와이 지역 신화에서도 〈히나Hina 신화〉라고 하는 특별한 신화가 전승되는 것을 볼 수 있어요. 히나는 아름다운 여신이었는데 남편은 방랑자인 아이카나카였습니다. 그녀의 남편이 집에 올 때 상식적으로는 히나가 행복해야 하는데 그녀는 그렇지 않아요. 그녀는 혼자 있는 것을 선호했어요. 왜 그랬을까요? 남자가 오면 이것저것 시키잖아요? 밥 먹다가 물 가져오라 뭐 가져오라 그러고, 남자처럼 불성실한 인간들이 어디 있어요? 마침내 히나라는 여신하고 그 남편인 방랑자 아이카나카의 싸움이 벌어집니다. 그러니까 히나를 거세하고 아이카나카와 남성 중심의 신화로 자리 잡은 그런 핵심적인 대립이 하와이의 〈히나 신화〉에 들어 있는 것을 볼 수 있습니다. 재미있게도 이 〈히나 신화〉는 보통 요리하는 논쟁, 그 다음에 이 여신이 달나라로 가는 문제, 무지개를 타고 올라가는 것들을 잘 묘사하고 있어요. 여성하고 달이 밀접한 관련이 있는 것은 잘 아시죠? 올해 '슈퍼문' 현상이 발생했다고 합니다. 달하고 지구하고 평균 거리가 보통 38만 4000킬로미터이에요. 가장 가까워지면 35만 7000킬로미터까지 가까워집니다. 보통은 1년에 딱 두 번 가깝게 뜨지요. 정월 보름달하고 8월 대보름달이에요. 근데 이번에는 훨씬 더 지구와 달 사이가 가까웠다는 거죠. 이것을 슈퍼문이라 합니다. 슈퍼문 현상 이후부터는 대보름의 의미가 없어져버렸어요. 우리는 대보름이라 그랬거든요. 그래서 정월 대보름, 8월 대보름 이렇게 얘기했습니다. 자, 거기에 뭐

가 있어요? 여성이 살고 있고, 여신이 존재한다는 건 동아시아 전체, 세계 신화의 보편적인 현상입니다. 남자가 있다고 되어 있지 않아요. 여신은 어떻게 하느냐? 차면 내놓고, 모자라면 이울죠. 없다가 생겨났다가 없다가 생겨났다가 그래요. 여성의 생리주기를 비유로 든다면 딱 그 원리를 따라가요. 그러니까 달이라고 하는 생명주기하고 잘 맞아 떨어지는 것이 바로 여성입니다. 여신이 등장할 땐 항상 달과 연계돼 있어요. 아까 우리가 다루었던 달과 해, 그런 관계는 여기 와선 전혀 다른 모습으로 자리 잡고 있는 것을 볼 수 있습니다. 히나가 남성에게 짓밟히고 결국 달로 돌아갔다는 것은 뭐냐, 달로 환원했다는 뜻이에요. 달에 가서 생명주기를 관장하는 여신이 된다는 거죠. 남신이 지배하자 여신이 쫓겨나는 형국을 갖고 있습니다. 그런 신화가 하와이에만 있지 않고 일본에도 있습니다. 일본에서는 이 여신을 가구야 히메かぐや姫라 그래요.[17] 그 가구야라고 하는 여신을 통해 서로 일치하는 점을 살펴볼 수 있습니다.

마무리와 질의응답

이렇게 보면 신화가 지역별로 각양각색으로 다양하게 존재하는 거예요. 그렇지만 그런 신화들이 신화적인 여러 모티프들을 공유하면서 점차적으로 움직였다는 사실을 확인할 수 있습니다.

이제 정리해서 말씀을 드리겠습니다. 처음에 남방계 신화를 새롭게 정의하자, 그렇게 얘기했습니다. 이어 이론보다는 자료가 소중하

---

[17] 일본 헤이안 시대의 문학작품인 『다케토리모노가타리(竹取物語)』의 여주인공으로 대나무에서 태어난 미인이다.

다고 했습니다. 그 자료로부터 뭐가 나와야 돼요? 그 자료에 대한 해석을, 외연을 확장해서 진행하는 것이 더 소중하다고 이렇게 말씀드렸습니다. 그런 전체상을 가지고 오늘 강의를 꾸며봤는데, 좋은 신화적 자료들이 많지만 여기에서 보여드린 것은 극히 일부분입니다. 어쨌든 저 역시 남방계 신화라는 것을 강의 제목으로 주서서 큰 공부를 한 거 같습니다.

질문을 받겠습니다.

질문 제주 신화에 대해 질문을 드리고 싶은데요. 제주 신화가 일반신본풀이와 당신본풀이로 나뉘어져 있다고 말씀해주셨습니다. 실제 제주의 신들은 남방계 신화이고, 북방계 신화는 이제 천손하강 신화라고 봤을 때, 지금 제주 신화 중에 천자또와 백주또에 관한 이야기들을 보면, 천자또는 일정 기간에 한 번씩 상제에게 올라가서 보고를 한다는 내용이 들어 있습니다. 이렇게 보면 제주가 남방계 신화를 중심으로 하지만, 일반신본풀이를 보면 사실 북방계 쪽에서 들어와 남방계 신화에 대한 어떤 억압이 작용해서, 제주에 있는 남방계 신화들이 사실은 하위계층으로 남게 된 것은 아닌가, 이 점에 대해서는 어떻게 생각하시는지 궁금합니다.

답변 아주 중요한 질문을 하셨습니다. 제주 신화 곧 일반신본풀이하고 당신본풀이의 상호관련성에 대해서, 접점에 대한 갈등을 어떻게 해석할 것인가 하는 제 견해를 말씀드리지요. 일반신본풀이에서는 천지왕이 밑으로 내려왔잖아요? 당신본풀이에서는 솟아났다고 하는 남방계 신화 계통이 있다, 이렇게 말할 수 있어요. 그런데 질문하신 내용 중에 '또'라는 말이 있지 않습니까? '또'는 뭐냐면 제주도 고

유어예요. 가운데 또, 천자 또. 이렇게 보면, 그 '또'는 '신'에 해당하는 의미입니다. 다음에 강정식 선생이 직접 강의를 하실 때 자세히 여쭤보세요. 그런데 질문의 요지인즉슨, 육지에서 들어간 특정한 권력계층들이 있어요. 그들은 그냥 가지 않고 자기들의 신화를 가지고 들어갔을 겁니다. 그것들이 대부분 천손강림의 북방계 신화의 형태예요. 아까 제가 당신본풀이에서는 "솟아났다" 이렇게 말했는데, 질문하신 내용 중에 육지에서 들어간 세력하고 이 "솟아난" 세력들이 위계적으로 놓고 보면 들어간 쪽이 지배자가 되고 솟아난 쪽이 짓눌렸다 이렇게 말씀해주셨어요. 타당합니다.

문제는 〈천지왕본풀이〉와 같은 일반신본풀이하고 당신본풀이 같은 것이 양상이 약간 달라요. 가지고 들어간 일반신본풀이는 고구려 계통의 신화와 매우 밀접하죠. 그래서 천손강림이라 하는 형태를 갖고 있습니다. 당신본풀이에서는 때로는 우월한 쪽도 있고, 때로는 그런 위에서 내려오는 세력보다 저열한 쪽도 있어요. 그 양상이 매우 이채롭습니다. 그리고 거기다 하나를 더 보태야 하는데, 먼 대양으로 나아가는 주인공의 모험 같은 게 있어요. 〈궤눼깃또〉 같은 경우입니다. 주인공이 멀리 갑니다. 가서 그쪽 세력과 연대해서 강남천자국가 같은 육지를 쳐요. 그런 다음 되돌아와서 이쪽 주인공이 된다는 것이 당신본풀이 〈궤눼깃당 당신본풀이〉 같은 데서 존재합니다. 그러니까 양상을 단일화할 수는 없되, 지금 말씀하신 그런 천손강림형 계통의 신화가 우위를 점한 유형도 있고, 이쪽이 우위를 점하는 유형도 있고, 둘이 적절하게 복합된 유형도 있고, 전혀 다른 쪽에서 새로운 생명의 원천을 가지고 오는 그런 계통도 있다는 것을 다양하게 이해해야 하지 않을까 싶습니다. 문제를 단일한 유형으로 획일화하지 않는

그림 7
〈가구야 공주 이야기〉애니
메이션 포스터

게 좋은 거 같아요. 어쨌든 앞으로는 당신본풀이를 가지고 제주도 역사를 다시 써야 된다, 이렇게 생각합니다.

질문 좀전에 하와이의 〈히나 신화〉가 일본의 〈가구야 히메 신화〉하고 같은 맥락으로 가는 내용이라고 하셨는데, 일본 가구야 히메에서 처음 시작하는 부분은 대나무 속에서 태어났다고 알고 있거든요. 근데 지금 말씀하신 히나는 어디서부터 출발이 되었는지 궁금합니다.

답변 가구야 히메라고 하는 이야기는『다케토리 모노가타리竹取物語』라고 하는 설화집 속에 들어 있어요. 다케토리는 지금 말씀하신 대로 '대나무에서 태어난 여자'라는 뜻입니다. 근데 그 가구야 히메는 혼인 적령기에 이르러서 스스로 어려운 문제를 내요. 그 어려운 문제를 내는 사람을 신화학에서 유형적으로 어떻게 정의를 하냐면, '혼인하고 싶지 않은 여자'라고 합니다. 왜냐하면 이 세상에서 구할 수 없는 것들을 구해오라 하니까요. 여러분이 잘 아시는『신화, 인류 최고의 철학』을 쓴 나카자와 신이치[18]가 얘기했던 것입니다만, 가령 자패석紫貝石의 모티프를 좀 더 확장해서 말씀을 드리면, 제비들이 새끼를 키우는데 새끼가 밑으로 떨어져요. 이제 죽게 되잖아요? 그럼 물고 와서 어떻게 되나 올려놓고 3~4일간 암컷하고 수컷이 돌아오지 않습니

18 나카자와 신이치 (中沢新一): 1950년생. 일본의 인류학자.『신화, 인류 최고의 철학』은 그의 신화이론을 정리한 카이에 소바주 총서의 하나『대칭성 인류학』,『곰에서 왕으로 - 국가, 그리고 야만의 탄생』등도 포함한다.

그림 8
달로 돌아가고 있는 가구야
공주

다. 그러다가 돌아올 때 붉은 빛깔이 나는 자패를 물고 와요. 그걸 '자패석'이라고 합니다. 그것을 갖다놓으면 죽었던 제비가 살아나요. 가구야 공주가 그런 것을 가져오라 그래요. 사실 구할 수 없거든요, 사람으로서는. 그래서 혼인하고 싶어 하지 않는 공주예요. 이런 모티프들이 가령 푸치니의 오페라 〈투란도트〉 같은 데에도 있습니다. 어쨌든 다섯 명의 구혼자들한테 각기 다른 다섯 개의 난제를 줬잖아요? 아무도 해결하지 못했습니다. 8월 15일이 됐어요. 대보름날입니다. 그때 황제가 "나하고 혼인하자" 해서 거마 행렬을 이끌고 와서 혼인하려고 해요. 그러니까 가구야 히메가 "나는 달로 돌아가야 되겠습니다" 그리고 달로 날아 올라가는 것이 결말입니다. 천황이 이 때문에 크게 좌절합니다. 그 좌절 끝에 가구야 히메가 남긴 불사약을 높은 산에 올라가 태우도록 합니다. 그 사건과 관련해서 오늘날의 후지산이 형성됐다고 하는 기원담으로 바뀐 것도 볼 수 있습니다.

그림 9
히나 여신

　지금 질문의 핵심은 "히나는 어디서부터 왔느냐"죠. 명확하지 않아요. 다만 혼인하는 것부터 시작합니다. 그래서 자식을 많이 낳았는데 자식이 징징대고 자꾸 울어요. 남자들이 밖에 나갔다 들어왔는데 애가 울면 "그동안 집에서 뭐하고 있어. 애나 울리고 말이지" 이렇게 헐뜯잖아요? 신화에는 그런 모티프들이 수두룩하게 있어요. 때로는 그 아이들이 울다가 지쳐가지고 어머니를 떼어먹는 얘기도 있어요. 마치 하이누웰레 신화 비슷합니다. 히나가 남자의 지청구에 못 이겨서 하늘로 올라가려고 해요. 이제 무지개가 솟아가지고 달까지 연결됐습니다. 그때 남편이 뒤에서 막 떠들며 종아리를 탁 잡으려고 합니다. 그러자 펄쩍 뜁니다. 탁 뛰어서 달로 갔다, 그게 히나 여신이다, 그런 이야기입니다. 한쪽은 혼인하고자 하는데 할 수 없고, 한쪽은 혼인하고 싶어서 생긴 문제죠? 각각 하나는 혼인 긍정형이라 할 수 있고, 하나는 혼인 부정형이라 할 수 있습니다. 〈히나 신화〉는 굉장히 중요한 신화인데 한국 학자들이 아직 접근도 하지 않았어요. 그거 해서 뭐하겠어요? 돈 나오는 것도 아니고. 그러나 외연적으로 크게 확장해야 합니다. 내가 아는 게 뭔가 반성하면서 확대해야 한다고 생각합니다.

　질문　신화의 기능 중 하나가 사회통합의 기능이라고 하셨는데, 제가 보기에는 종교가 정당성을 획득하는 방식이 믿음에 의해서거든요. 신화도 마찬가지가 아닌가 생각합니다. 그런데 아까 신화가 합리적 사고에 의해서 죽어간다는 건 제가 좀 이해가 안 되는 부분이라 질문을 드려봅니다.

답변 종교하고 신화하고 무슨 관계인가? 애초 종교 최초의 것은 신화였어요. 종교 경전의 저변에 신화가 있었다는 것이지요. "아니 선생님, 그러면 『성경』만 그런 거 아닌가요?" 이렇게 물어보실지 모르겠지만, 제가 읽어본 『쿠란』이라든지 불교 경전, 특히 불교 경전 가운데서 『본생경本生經』 같은 게 있어요. 〈자타카Jātaka〉라는 거 읽어보면, 수많은 신화적 비유로 넘쳐나요. 그러니까 경전의 한 형태로 제도화되면서 신화는 소외됩니다. 예를 들어 『성경』에 들어가지 못하는 것은 '위경僞經'이라고 말하잖아요. 그때부터는 더 이상의 재창조나 새롭게 첨가해서 버무릴 수 있는 것이 제한되어버려요. 그것이 특정 종단의 귀속물이 돼버립니다. 넘쳐나는 비유들은 어떻게 됩니까? 더 이상 처리 곤란해요. 이제는 말씀으로 믿어야 됩니다. 가령 〈마태복음〉 7장 3절에 보면 "내 눈 속에 있는 들보는 보지 못하고 남의 눈에 있는 티끌을 보나니", 이건 역설이거든요. 『노자老子』에서나 나올 법한 훌륭한 구절이에요. 그런데 신화적 사고와 인식이 자유롭고 풍부하게 교류하고 전승되던 것이 그렇게 굳어지니까, 어떻게 되느냐면 더 이상 변경 불가능하게 됩니다. 잘못하면 정통 교리로부터 해석이 어긋난다든지 하는 비판을 받잖아요? 신화는 잘했든 잘못했든, 전승을 온전하게 하든 못하든, 자율성을 지니고 신성성을 일부 인정하고 자기 해설을 보태면서 창조적 전승을 이어갑니다. 종교는 그런 것을 부정적으로 보며, 신화적 사고가 고착되어 굳어지게 되죠. 가령 근세기에 창제된 종교들을 봅시다. 대표적으로 대순진리회에서 강증산이 서른아홉 살에 화생해서 죽었다는 거예요. 화천化天했다 그럽니다.

"하늘로 올라가서 하늘이 됐대, 강증산이란 인물이." 말도 안 돼요. 그러나 교단이 경전화되면서 어떻게 돼요? "화천하셨다"고 말합니다. 어마어마한 얘기예요. 그런 얘기들의 가장 대표적인 것이 이런 거예요. 일곱 살 때 김제에서 마을의 농악대들이 농악 치는 걸 보고 상제께서 다른 음악을 듣자 이르시되 농악을 보고 즐거워하셨다, 농악이 유일한 음악이라고 말했다, 따라서 악귀를 내쫓는 등 농악이 가장 좋은 음악이다, 이렇게 경전에 딱 써놨어요. 그때 농악은 우리가 아는 농악하고 전혀 달라져버려요. 이렇게 볼 때 경전화되는 것은 신화적인 사고에 의존하면서도, 대체로 생명력이 고착되어 버린다, 이렇게 말씀드릴 수 있습니다. 그래서 종교적 비의성을 훨씬 강화하는 것으로 바뀌는 게 아닌가, 이런 생각이 듭니다.

질문 제주도 〈천지왕본풀이〉하고 고구려신화하고 연관시켜서 말씀하셨는데 거기에 대해서 좀 더 자세히 알고 싶습니다.

답변 고구려신화는 자료가 여러 가지이지만 비교적 원형을 잘 갈무리해서 보여주는 것은 『동명왕편東明王篇』이라고 이해돼요. 왜 『동명왕편』이 그렇게 소중하냐 하면, 바로 『구삼국사舊三國史』라는 책을 그대로 옮긴 대목이 있기 때문에 그렇습니다. 제일 처음에 하늘에 계신 신, 그 신을 보고 '천제'라고 했어요. 천제의 자식이 해모수입니다. 해모수의 자식이 주몽이에요. 동명왕이라고 하는 존재입니다. 해모수는 우발수라는 데에서 소위 유화와 결혼했습니다. 〈천지왕본풀이〉와 비교한다면 천지왕하고 지상의 총맹부인이 결합하는 대목은 바로 유화하고 해모수가 결혼한 대목과 같습니다. 한쪽은 하늘에서 내려왔고 한쪽은 물가에 있다가 만나지 않습니까? 그런 발상과 신격 설정이 비슷하다, 이렇게 말할 수 있어요. 또 하나는 그 다음에 부자관계를 형성하잖아요. 천지왕과 대별왕 소별왕이 있듯이 고구려『동명왕편』에는 주몽이 자식을 낳았잖아요, 유리라고. 그렇게 이어지는 게 특징이죠. 유리하고 뭐하고 비슷하냐면, 대별왕 소별왕이 아버지를 찾아가는, 그것을 전문적인 용어로는 심부尋父, 즉 '아버지를 찾아가는 이야기'라고 하는데, 이것이 비슷합니다. 아버지를 찾아가는 유리태자 얘기는 매우 감동적입니다. 아이가 작은 활을 만들어달라고, 그래서 눈가에 어릿어릿하는 파리 이런 것들 잘 쐈어요. 아버지 주몽이 선사善射, 활을 잘 쐈잖아요. 유리도 나중에 크니까 큰 활을 갖고 밖에 나가서 물동이를 이고 오는 아주머니의 물동이를 쐈어요. 물이 주르르 흘렀어요. 그때 뭐라고 하느냐면 "아비 없는 호로자식이다" 그렇게 얘기했어요. 아버지라는 존재를 전혀 모르고 있다가 자기 아버지가 없다 그러니까 얼마나 화가 나요, 당장 집에 가서 어머니한테 조그만 아이가 칼을 딱 꺼내 자기 이제 죽겠다고 목에 칼을 대면서 "우리 아버지가 누구냐" 그러니까 "너는 아버지가 없어" 그랬어요. 아이가 칼을 그으려고 해요. 그러자 "너의 아버지는 바로 주몽이고, 그 주몽이 저 남쪽에 가서 고구려라는 나라를 세워서 왕 노릇을 하고 있다." "그럼 아버지가 갈 때 나에게 남긴 물건이 없습니까?" "있다." 그래서 부러진 칼 반 토막을 주면서 그 다음에 수수께끼를 냈어요. 그 수수께끼가 어디 있냐면 일곱 봉우리가 있고 일곱 골짜기가 있는 데를 찾아보고 모가 난 데를 찾아보면 찾을 수 있다고 그랬어요. 한쪽은 부러진 칼 반 토막의 증거물, 아까 〈천지왕본풀이〉에서 말한 본메본 자하고 똑같아요. 얼레빗이 반 쪼개져 있는 거하고, 부러진 칼과 서로 일치하지요. 그 다음에 수수께끼를 냈잖아요? 찾으니까 그런

골짜기 형상이 없어요. 집에 가서 가만히 앉아 있는데 주춧돌 위 소나무가 그런 형국을 하고 있다는 것을 알아냅니다. 그래서 마침내 부러진 칼 반 토막을 들고 아버지를 찾아가니 아버지가 다 잊어먹었죠. 그때 그 부러진 칼 반 토막을 보여주며 둘을 합치니까 피가 쫙 나면서 연결이 됐어요. 굉장히 상징적인 모티프이죠. 청동검 같은 걸 놓고 부러졌다가 붙는데 피가 났다, 이렇게 하면 그 어떤 생명력, 군사적 권능의 연속, 부권의 계승 이런 것을 상징하는 대목이 아닌가 생각이 됩니다. 이제 주몽이 내 자식이 맞다면 내 자식은 특별한 능력이 있다, 다시 한 번 얘기해요. 그러자 유리가 그 능력을 보여줍니다. 벽장 틈으로 햇빛이 흘러들고 있는데, 거기를 날아서 올라가게 됩니다. 하늘을 날아 올라갈 수 있는 신비한 비상술이라고 말할 수 있어요. 그렇게 해서 유리가 아들임을 입증 받고 마침내 아버지의 왕위를 잇는다는 얘깁니다. 그러니까 하늘에 올라가서 옥좌에서 자기 아버지의 후계를 잇는 소위 천지왕의 후계자가 되는 대별왕 소별왕 이야기와 같다, 이렇게 말할 수 있습니다. 다만 다른 점이 있다면, 대별왕 소별왕처럼 복수 형제 관계가 아닌 점, 그리고 형제의 갈등이 매우 이례적이고 그게 이승과 저승의 기원이 되는 것도 다른 점이다, 이렇게 말할 수 있습니다. 아무튼 〈천지왕본풀이〉하고 고구려신화는 그 정도의 상호 연관성을 갖고 있다, 이렇게 말할 수 있을 것 같습니다.

　오늘 강의는 여기서 마치도록 하겠습니다.

참고
자료

김헌선,「태평양 신화의 구조적 지형적 소묘: 제주도에서 오세아니아까지, 그리고
    환태평양의 신화 총체적 판도 조망」,『탐라문화』제37호, 제주대학교 탐라문화
    연구소, 2010.
김헌선, 김선자, 박종성 공저,『석가와 미륵의 경쟁담』, CIR, 2013.
김헌선,『한국의 창세신화』, 길벗, 1994.

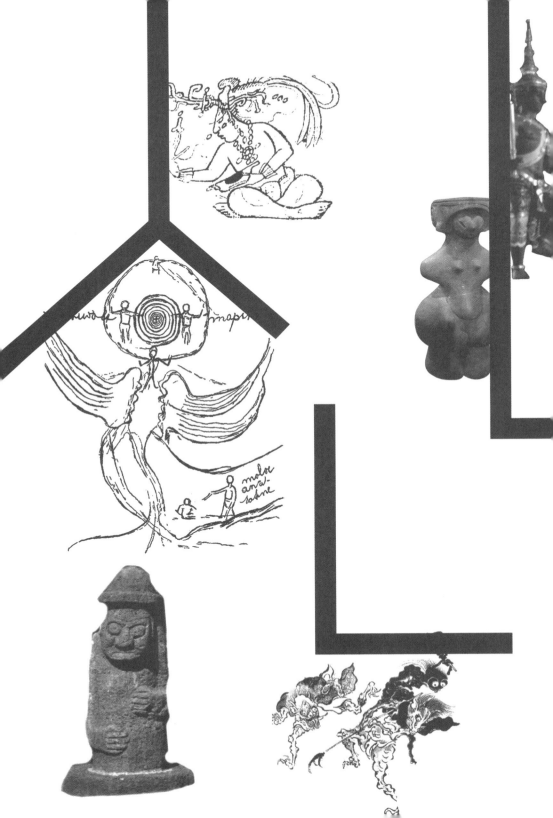

경기도의 창세신화 〈시루말〉

박종성 (방송통신대 교수)

우리나라의 창세신화 〈창세가〉[1]

　오늘은 창세신화, 그 중 경기도의 창세신화에 대해 말씀드리겠습니다. 먼저 질문을 하나 드리지요. 우리나라에는 과연 창세신화가 전승될까요? 무슨 얘기냐 하면, "창세신화는 우리나라에 없다"라고 이야기하는 분들이 대단히 많았어요. 왜 그런고 하니, 우리나라에서는 뭐 천지만물이 어떻게 만들어지고 문화는 어떻게 생겨나고 하는, 그런 내용들을 어떤 문헌 기록에서도 찾아보기가 어려웠기 때문이었습니다. 실제로 역사서라든지 다른 어떤 문헌에도 창세신화는 나타나 있지 않아요. 그럼 창세신화는 어디에 있느냐? 언제부터인지 모르지만, 대단히 오랜 내력을 가지고 오늘날까지도 의례와 더불어서

1　박종성, 『한국창세서사시연구』, 태학사, 1999. ; 박종성, 「한국·만주·몽골의 창세신화 변천의 의미」, 『구비문학연구』 제11집, 한국구비문학회, 2000. ; 박종성, 「동아시아의 창세신화연구 : 만족·몽골· 한국창세신화의 양상과 변천」, 『구비문학연구』 제12집, 한국구비문학회, 2001. ; 박종성, 「중·동부 유럽과 한국의 창세신화 그리고 변주」, 『비교민속학』 제35집, 비교민속학회, 2008. 등 참고.

그림 10
시루

함께 전승되기도 하고, 혹은 의례와 분리되어 구비전승되는, 즉 입에서 입으로 전승되는 그러한 형태로 남아있습니다. 예전에, 한 20년은 좀 안 됐는데, 고려대학교에서 연락이 왔어요. 한국 중국 일본 세 나라의 신화, 그리고 창세신화를 포함해서 종합적으로 글을 하나 써달라고 청탁이 왔는데, 그때 한국의 창세신화 분야의 글을 쓰신 분이 "한국에는 창세신화가 없어서 유감이다" 이렇게 쓰신 거예요. 제가 아주 경악했죠. 전국적으로 얼마나 많이 전승됐는데 왜 한국에는 창세신화가 없다고 단박에, 그것도 제일 첫머리에 그렇게 썼을까 하고 말이지요. 역으로 말씀드리면 이것은 구비전승되는 창세신화가 우리나라 많은 국민들에게 널리 알려지지 못했다고 하는 사실을 반증하는 사례가 되겠죠. 그래서 오늘은 우리나라에도 당연히 창세신화가 많다는 점을 밝히고, 그중에서도 특히 경기도에서 전승되는 〈시루말〉이라고 하는 특이한 이름의 무속신화 얘기를 해볼까 합니다.

이 〈시루말〉이라는 신화는 경기도 지역에서 집굿이나 도당굿 같은 무속의례에서 전승되었던 것입니다. 그런데 이 '시루말'이라는 이름에서 '시루'는 뭐지요? 떡시루, 그렇죠? 시루는 우리나라에서 아주 오랜 옛날부터 유물로도 발굴이 되고 있습니다. 시루는 밑에 구멍이 뚫려 있어요. 보통 구멍을 어떻게 뚫느냐 하면 밖에서 안으로 뚫는 게 아니라 안에서 밖으로 뚫고, 구멍의 숫자도 5개, 7개, 9개, 12개 등

각기 다 다릅니다. 둥그런 시루를 엎어놓았을 때 그 형상이 하늘 모양과 같고, 뚫린 구멍은 각각 오천五天, 칠천七天, 구천九天을 의미한다고 하는데요. 이 해석을 따르면 〈시루말〉은 곧 천신을 모시는 굿이 되겠지요. 한편으로 시루 하단의 구멍은 하늘의 별자리로도 인식되고 칠성七星신앙과 연계되어 그 성격을 다층화한 것으로 이해할 여지도 있어요. 신화의 내용에 천신의 명칭이 '천하궁 당칠성'이어서 더욱 그렇기도 하지요. 이 〈시루말〉은 일제강점기에 오산의 세습 남무男巫인 이종만이 구연한 자료가 아카마쓰 지조赤松智城와 아키바 다카시秋葉隆의 채록에 의하여 지금까지 전해오고 있습니다.[2] 현재 〈시루말〉은 제의만 전승되고 사설은 전승되지 않아 안타깝습니다. 어쨌든 이 '시루말'이란 명칭은 시루를 앞에 놓고 굿을 행하기 때문에 붙여진 이름으로 이해하면 될 것입니다. 오늘 저는 여러분하고 의례라든지 이런 차원보다는 이 〈시루말〉이 신화적 차원에서 어떤 서사나 내용을 지니고 있으며, 그 의의는 무엇인지 함께 살펴보고자 합니다.

첫 시간에 아마 김헌선 선생님이 말씀하셨을 것도 같은데, 우리나라에도 북부지역에서 창세신화가 전승된다는 건 알고 계시죠? 그 다음에 동해안지역에도 창세신화가 전승이 되고 있어요. 그 다음에 제주도 전역에 전승이 됩니다. 경기 오산은 〈시루말〉이라 하고, 제주의 그것은 〈천지왕본풀이〉라고 부르죠. 북부지역은 여러 가지 이름으로 불립니다만, 대체로 손진태 선생이 조사한 자료를 우리가 통칭해서 〈창세가〉라고 그냥 이름을 붙였습니다. 편의상 붙인 이름이었죠. 동해안지역은 어떻게 전승이 되느냐 하면 주로 〈제석본풀이〉라고 하

---

[2]   초판은 赤松智城, 秋葉隆, 『朝鮮巫俗の硏究』, 大阪: 屋號書店, 1938.

그림 11
창세가

는 게 있어요. 이게 다른 말로 하면 〈당금애기〉라고도 하는데 들어 보셨어요? 이 본풀이, 그러니까 이 신화 안에는 여자주인공 당금애기가 태몽을 하는데, 그 태몽 안에 바로 창세신화가 들어가 있어요. 아주 특이한 형태죠. 북부지역의 〈창세가〉[3]는, 이건 특정 종교하고는 상관없습니다만, 두 거인신이 등장해요. 미륵님과 석가님이 등장해요. 제일 먼저 누가 나타나느냐? 미륵님이 나타나요. 그때는 하늘과 땅도 붙어 있고 그러다가 이 하늘과 땅에 복개꼭지 좀 도드라졌다 하는데, 이게 무슨 얘기냐 하면, 하늘과 땅이 딱히 분리되어 있지 않았다가 가마솥 그 솥뚜껑에 틈이 벌어지니까 그때 이제 미륵님이 나타나서 네 귀퉁이에 구리 기둥을 세워가지고 천지를 분리했다는 겁니다. 천지를 분리했다. 자, 실제적으로 천지를 분리한 주역신은 미륵이 되죠, 그렇죠? 거인신입니다. 엄청난 거인이죠.

그러면 인간은 어떻게 만들었을까요? 손진태 선생의 〈창세가〉에서는 인간을 어떻게 만들었을까? 이걸 다시 말하면 우리는 누구 조상의 후손이냐 그 얘기입니다. 〈단군신화〉에서 우리는 곰의 후예들이지요. 그런데 북부지역 〈창세가〉에서는 달라요. 미륵님이 하늘에

---

[3] 함경도 함흥 지역의 무녀 김쌍돌이[金雙石伊]가 구연한 무가 속에 나오는 창세신화. 손진태가 1923년에 채록하여 1930년 일본에서 간행된 『조선신가유편朝鮮神歌遺篇』이라는 책에 그 내용을 소개한 것이 전해온다.

축수를 해요. 한 손에는 금쟁반 들고 다른 한 손에는 은쟁반 들고 하늘에 축수를 하니까 하늘에서 금벌레 다섯 마리가 금쟁반에 떨어지고 은벌레 다섯 마리가 은쟁반에 떨어졌어요. 그러고는 그 금벌레 자라나서 사나이 되고 은벌레 자라나서 계집이 되었더라. 다시 말하면 금벌레가 남자가 되고, 은벌레는 여자가 되더라. 그러니까 우리는 누구의 후손입니까? 그냥 벌레 그러면 기분이 상하죠. 앞에 뭐가 붙어야 돼요?

청중　금은.

그렇죠, 뭔가 값나가는 것이 붙어야 된다 그 말이죠. 그래서 금벌레 은벌레라고 했어요. 그래도 기분이 썩 유쾌하지는 않을지 모르겠습니다. 그럼 과연 진짜 벌레인가? 그때 그것을 진화론의 관점에서 볼 필요는 없습니다. 저는 이것을 진화론이 아니라 환생했다고 생각해요. 변한 거죠. 점점 자라면서 남자가 되고 여자가 되었다. 그런데 다섯 다섯이라고 하면, 그 남자 다섯과 여자 다섯이 결혼을 해가지고 인간이 시작되었다는 얘기죠. 그러면 다섯 다섯으로 시작되는 다섯 개의 부족 아니겠어요? 다섯 개의 집단으로 형성됐던 우리 옛날의 고대국가는 과연 어디였을까? 고구려가 바로 5부족 연합체였죠. 그런데 희한하게 북부지역 〈창세가〉가 함경도 함흥지방에서 당시 김쌍돌이라고 하는 여자 만신이 구연한 자료거든요. 그분의 고향, 그 지역이 옛날에 고구려 옛 땅이죠. 어쨌든 왜 인간의 시작을 다섯 쌍의 남녀로 설정했을까 궁금해져요. 이 자료가 전승되고 있는 지역의 옛날 역사적인 어떤 신화, 다시 말하면 고구려신화와 직접적인 증거는 없지만 어느 정도 영향관계를 가지고 있던 것은 아니었을까, 이렇게 우리가 미루어 짐작할 수는 있다 그 얘기죠. 하늘에서 해모수가 수레 타고 내려올 때 그 수레 이름이 뭐예요? 고구려 건국신화에 하늘에서 해모수가 수레를 타고 내려오는데, 그 수레를 다섯 마리의 용이 끌고 오기 때문에 오룡거五龍車라고 하지요. 고구려 같은 경우에는 대체로 이 5부족 연합체라든지 오룡거라든지 이런 거 때문에 보통 '다섯'이라고 하는 숫자를 신성하게 여기지 않았을까, 미루어 짐작하기도 합니다.

어쨌든 우리가 금벌레 은벌레 다섯 쌍의 후예들인데, 저쪽 중앙아시아 쪽으로 가서 벌레와 관련한 단서들을 찾아보니까 재미있는 사실이 확인됩니다. 금쟁반 은쟁반은 해와 달의 상징적 표현으로 보는 것이 일반적인데요. 그렇게 보면 금벌레 은벌레는 곧 해벌레 달벌레가 될 것이고, 벌레가 이미 해와 달의 정기를 받아 하늘에서 내려왔으니 그저 인간세상에 널린 하찮은 벌레가 아니라 신이한 성격을 덧입고 있는 존재로 이해할 수 있겠지요. 특별한 사정이 있어서 벌레와 같은 형상을 지닌 신이한 존재가 하강하여 인간이 되었다고 하는 설정이 아닐까 궁금하기도 해요. 그렇다면 해와 달과 관련이 있으면서 인간세상의 벌레와 상통할 수 있는 존재는 무엇일까. 벌레의 본래적 의미가 무엇인지 추론하는 데에 동북아시아 고대민족의 관념이 활용될 수 있을 듯합니다. 기원후 6~8세기에 남러시아와 유럽에서 큰 세력을 형성하였던 유목민족인 아바스아바르, Avars는 유연柔然의 후예로 인정되는 민족입니다. 그런데 돌궐이나 페르시아는 아바스를 Kerm, 곧 벌레라고 부른다는 사실이 눈길을 끌어요. 특히 하우지히H. W. Haussig[4]라는 학자는 벌레를 늑대의 은어로 간주하여 연연蠕蠕:

---

4   H. W. Haussig, 1916~1994. 비잔틴 학자.

柔然은 늑대토템을 지닌 유연을 빗대는 말로 해석하기도 합니다. 576년 사산조 페르시아의 견제를 위해 동로마에서 서돌궐로 파견된 왈렌티노스Qualentinos의 보고서 가운데 늑대의 토템을 가지고 있는 서돌궐의 달두가한達頭可汗: Tardus Khagan의 아우가 유연을 벌레라고 부르고 있습니다. 이 점은 벌레가 늑대가 아닌 다른 동물을 상징하고 있을 가능성이 큽니다. 이는 아바스Avars가 뱀aburgu 〉авраra의 음역일 가능성이 크다는 쉐더Schaeder의 견해와 이어져 다른 해석을 가능하게도 합니다. 쉐더의 견해는 동몽골 지역의 샤머니즘과 연관시켜 볼 때 매우 흥미를 끌고 있는데요. 오늘날 몽골인들은 뱀을 아브르가Aburga, Aburgu 〉авраra라 부르며 지방신이나 용왕을 대표하는 성물로 간주하여 죽이지 않는 습속이 있다는 것입니다. 이렇게 보면, 우리의 경우 금벌레 은벌레가 특별한 성수聖獸를 다르게 표현하였을 가능성이 있다고 생각해볼 수 있지요. 벌레가 가지고 있었던 원래적 의미가 전승의 과정에서 잊혀지고 오늘날 누구나 생각하는 그런 벌레로 인식하게 되었던 것은 아닌가 하는 의구심이 드는 거지요. 그렇다면 우리네 창세신화에 등장하는 금벌레와 은벌레가 사신류蛇神類 혹은 용사류龍蛇類의 성스러운 동물과 밀접한 관련이 있을 것이라고 해석할 수 있는 여지가 있지 않겠어요?[5]

다시 신화의 내용으로 돌아가서, 이 땅의 사람들은 하늘에서 떨어진 금벌레 은벌레가 사람이 되었으니 모두 같다고 할 수 있겠으나, 다섯 쌍의 부부를 마련하여 그 후손이라고 설정했으므로 다섯 개 부족의 뿌리가 있다는 뜻이 됩니다.

---

[5] 박종성, 「한국창세신화에 나타난 고구려 신화적 요소」, 『덕성어문학』 10호, 2000에서 관련 논의를 상세하게 펼쳤다.

이 지점에서 신화적 상상력을 발휘해봅시다. 고대 한반도의 삼국 가운데 다섯이라는 숫자를 특별하게 인식한 것은 고구려였지요. 건 국시조인 주몽의 아버지 해모수가 지상에 강림하는 과정에서 이용 하는 수레를 다섯 마리의 용이 끈다 하여 오룡거五龍車라 칭했던 것과, 고구려를 구성하고 있었던 연맹체가 오부五部였다는 점을 기억해봅 시다. 다섯 쌍의 금벌레 은벌레를 다섯 쌍의 용과 연계시켜 보면 오 룡거와 상통하는 점을 지적하는 데에 큰 불편함은 없어요. 또 나라 를 구성하고 있는 부족들이 다섯이어서 나라의 백성들이 일개 국가 의 구성원이면서 동시에 다섯 족단族團의 후손들이라는 사실은 이 신 화소와 관련되는 점이 있다고 볼 수 있습니다. 더욱이 하늘에서 떨어 져 인간으로 화생한 금벌레 은벌레가 용과 같은 부류의 것임을 고려 하면, 해모수가 탄강할 때 등장하는 오룡과 상통하게 되어 김쌍돌이 본 〈창세가〉가 고구려의 신화의식을 반영하고 있다는 해석의 여지 를 열어두고 있어요. 단순히 벌레가 아니라 뱀이나 용과 같은 신령한 짐승의 속성을 지닌 존재로 설정되면 좋은 거겠지요.

이렇게 신화는 우리가 엄밀하게 증명하기에는 여러 가지 자료의 부족이라든지 시간적인 가늠이 정말 어렵습니다. 중요한 것은 그것 을 입증하는 것보다는 마음껏 상상의 나래를 펴면서 우리가 왜 이런 신화들을 지금까지도 잊지 않으면서 계속해서 전승해오느냐 하는 점입니다. 그래서 오늘날에도 그런 신화들을 바탕으로 가공도 하고 해서 소설로도 만들고 뮤지컬로도 만들고 여러 가지 애니메이션으 로도 만들고 있는 것입니다.

어쨌든 여기 〈창세가〉에서는 아버지 어머니가 없어요. 미륵님이 있던 이때는 다 생식生食하던 시기예요. 생식. 있는 그대로, 날것 그대로 먹던 시기라고 돼있단 말이에요. 그런데 미륵님이 인간세상을 이렇게 만들어놓고 나니까 갑자기 석가님이 나타나서 "미륵님아 미륵님아 네 세월 다 지났다", "이 세상을 나 달라" 뒤늦게 나타나가지고 이렇게 요구합니다. 그러면 그냥 주겠어요? 당연히 안 주겠죠. 그래서 둘 사이에 인간세상을 누가 차지할 것인가 하는 대결이 벌어져요. 오늘날 우리의 상식으로는 정말 이해하기 어려운 시합을 벌입니다. 그런데 미륵님이 계속 이겨요. 석가님이 도저히 안 되니까 마지막에 "그러면 우리 잠자면서 무르팍에다가 모란꽃을 피우기로 하자" 그렇게 제안했어요. 그래서 미륵님이 알았다고 해서, 이제 잠자면서 꽃을 피우기 시작하는데, 미륵님은 원잠 자고 석가님은 반잠 자더라는 거죠. 아니면 한쪽 눈 요렇게 뜨고 보는 거죠. 보고 있다가 미륵님 무르팍에는 모란꽃이 무럭무럭 자라는데, 석가님이 자기 무르팍을 보니까 꽃이 시들시들 자란단 말이에요. 그러니까 몰래 뽑아가지고 바꿔치기해서 내기에 이기고 결국 인간세상을 차지해요. 그래서 미륵님이 뭐라고 하느냐면, 석가 너 때문에 이 땅에 백정 나고 무당 나고 그런 얘기를 막 해요. 속임수를 쓴 걸 비난하는 거죠.

우리가 왜 속임수를 쓰느냐 그러는데, 고대신화에서는 속임수까지도 지혜의 산물이에요. 윤리도덕적으로 이 신이 옳으냐 그르냐를 판단하기보다는 누가 승리자가 되었느냐에 더 초점을 맞추고 있기 때문에 승리자의 관점에서 그 신의 위대함을 인정한 거죠. 신에 대해 윤리도덕적인 판단기준이 개입하는 것은 중세시대에 들어와서입니다. 원래 고대의 신은 그냥 거짓말도 하고 속임수도 써가지고 승리를 차지하면 되는데, 중세의 신은 이미 보편적인 종교가 있기 때문에 도덕적으로 윤리적으로 여러 덕목들을 갖추어야 됩니다. 그런 차이가 있습니다.

어쨌든 북부지역 〈창세가〉를 정리하면, 거인신이 나타나 세상을 만들었고, 그 다음에는 인간세상을 차지하기 위해서 다툼을 벌였다고 하는 것이 핵심입니다. 그리고 그 창세의 시절에는 해도 둘이고 달도 둘이다, 이 점은 공통적입니다.

경기도 오산의 창세신화 〈시루말〉

그런데 이게 경기도 지역의 오산에 오면 어떤 식으로 바뀌느냐? 참 재밌어요. 실제로 전승되고 있는 전국의 창세신화 자료들을 보게 되면 오산 지역이 가장 소략해요. 하지만 우리가 놓칠 수 없는 오산 〈시루말〉의 가치가 있어요. 이 짧고 소략한 것에 말이지요. 오산 〈시루말〉의 특징은 북부 지역이나 제주도처럼 인간세상이나 천지가 어떻게 개벽하고 분리되고 하는 그런 내용이 없습니다. 그런데도 왜 창세신화냐? 내용을 자세히 보게 되면 창세신화의 요소를 꽤나 오롯하게 가지고 있거든요. 창세의 시작과정은 존재하지 않아요. 두 번째, 여기서는 천하궁 당칠성님, 하늘에 있는 천신이 인간세상에 내려옵니다. 왜 내려오느냐? 자기 배필 찾으려고요. 그것을 인간세상에 내려와서 인물추심 다닌다 그럽니다. 인물추심을 쭉 다니는데, 어디 사는 어떤 여자가 내 파트너가 될 것인가, 해가지고 다녀요. 그러다가 어느 마을에 가서 불이 켜진 데 들어가 보니까, 매화부인이 거기 딱 있단 말이에요. 당칠성님이 거기 들어가서 하룻밤 본품을 합니다. 결연을 맺죠. 그 다음 매화부인이 꿈을 꾸니까 그게 태몽인데, 아들 그것도 쌍둥이가 태어날 꿈이라고 합니다. 천하궁 당칠성이라고 하는 이 아버지는, 우리나라 신화뿐 아니라 외국 신화도 대체로 그렇습니다만, 남자 신이 여성과 결연을 맺고 나서 애만 덜렁 낳게 하고 다 도망가요. 다 사라져버려요. 애가 생겨나면 소임을 다했다는 식으로 없어져요. 어쨌든 그렇게 해서 해몽대로 선문이하고 후문이라고 하는 쌍둥이 형제가 태어나요. 자, 그러면 이 형태는 북부지역의 창세신화하고는 뭐가 달라졌어요? 결혼! 결혼했다는 사실이 달라졌습니다. 김쌍돌이 〈창세가〉에서는 미륵님이 결혼하고 석가님이 결혼한 게 아니었습니다. 여기 〈시루말〉에서는 하늘에 있던 천하궁 당칠성님이, 창세의 어떤 과정과 연관이 있는 신임에는 분명한데, 하늘에 있다가 이 땅에 내려옵니다. 인간세상에 내려왔다고 하는 것은 이때 인간은 이미 만들어져 있는 상황으로 내려온다는 말입니다. 여기서는 부모의 결연이라든지 아버지의 혈통 등이 부각되는데, 창세신화에 부모의 혈통이 문제가 되는 게 있습니까? 그건 없죠. 창세신화에는 거의 없단 말이죠. 물론 예외적으로 헝가리 같은 데는 좀 나타납니다만[6], 대개 문제가 되지 않습니다. 어쨌든 여기서는 이제 아버지와 어머니의 혈통이 확정되었어요.

　선문이하고 후문이라고 이 쌍둥이 형제가 있는데, 해가 둘이고 달이 둘이어서 해 쌍둥이 달 쌍둥이에요. 해가 둘이고 달이 둘이면 왜 사람이 못 살까? 이 신화에서는 뭐라고 얘기하느냐면 해가 둘이면 낮에는 더워서 죽고, 달이 둘이면 밤에 추워서 얼어 죽는다고 해요. 자연의 재해죠. 그래서 하나를 조정해야 되겠죠. 북부지역 자료에서도 석가님이 나중에 인간세상을 차지하고 나서 일월의 수를 조정해

---

[6]　박종성, 「헝가리의 창세신화 및 민족기원신화의 재편 양상」, 『동유럽발칸연구』 제12권 1호, 한국외국어대학교 동유럽발칸연구소, 2003. 참고.

요. 여기서 역시 선문이하고 후문이라고 하는 쌍둥이 형제가 각각 해 하나 달 하나를 조정합니다. 사실 동북아시아부터 동남아시아까지 해와 달을 조정하는 신화는 굉장히 많아요. 물론 내용은 조금씩 달라요. 우리나라 창세신화에서는 해와 달을 조정할 때 중국하고도 다릅니다. 중국은 해와 달 각각 하나를 제외한 나머지를 전부 다 제거해버립니다. 그런데 우리 쪽은 어디를 보더라도 하나만 남겨놓고 없애버리지 않고 그것을 그냥 딴 데다 갖다놔요. 각각 어디든 딴 곳에다가 말입니다. 가령 오산의 〈시루말〉에서는 선문이가 하나 조정하면 해는 제석궁에 걸어두고, 그 다음에 후문이가 조정한 달 하나는 명모궁에 걸어두고, 뭐 이런 식으로 보존을 해요. 제주도에 가게 되면 동해바다 어디에다가 뭐 이런 식으로 놔두지요. 다른 나라는 전부 다 제거해서 없애버리는데 우리 쪽은 이게 혹시 어찌 될지 모르니까 어디 멀리 가져다 다시 보관해둔 거죠. 그래서 우리는 해와 달의 '제거'가 아니라 '조정'이라는 말을 씁니다.

아까 미륵님하고 석가님은 서로 인간세상을 누가 차지할 것인가를 두고 대결을 벌이고 다퉜다고 했어요. 그런데 전국에서 유일하게 경기도 오산의 〈시루말〉은 선문이와 후문이가 다투지 않아요. 유일한 현상이에요. 이게 대단히 흥미롭습니다. 다투지 않아요. 인간세상은 하나니까 그걸 차지하려면 다툼이 있어야 되는데, 요 둘은 형제에 다투질 않아요. 대신 선문이는 대한국을 지녀먹고, 후문이는 소한국을 지녀먹었다, 그렇게 한단 말이에요. 각각 영토를 나누어가지죠. 인간세상 차지가 아니라 나라 차지로 변한 거죠. 나라야 여럿 있을 수 있으니까 나눠가지고, 합의해가지고 맡아 다스렸다 하는 것이 다른 지역에서는 볼 수 없는 경기도 오산 창세가의 특징입니다.

〈시루말〉의 창세신화로서의 특징과 의미

이때 질문이 나오죠. 그러면 이게 도대체 무슨 창세신화냐? 이렇게 말씀드리지요. 천하궁 당칠성이 인간세상 추심 나올 때 그 시절이 어떤 시절인가를 이렇게 노래해요.

> 이때는 어는 때인고
> 떡갈남게 떡이 열고 쌀이남게 쌀이 열고
> 말머리에 뿔이 나고 쇠머리에 갈기나고
> 비금주수 말을 하고 인간은 말 못하든 시절이라

싸리나무에 쌀이 열리고 떡갈나무에 떡이 열리고 그런 시대입니다. 무슨 얘기냐면, 그냥 생식을 하는 거지요. 떡 같은 거 만들어 먹어야 되는데, 그때는 그냥 먹어요. 그런데 이제 무당이 구연하면서 떡하고 음성이 비슷하니까 떡갈나무 같은 것이 된단 말이죠. 다시 말해 그 시절은 어떤 시절이냐 하면 북부지역과 흡사하게 생식을 하듯이, 그러니까 모든 것이 자연 그대로 생겨나서 인간이 섭취할 수 있던 시절이라고 설명을 하지요. 특이한 건 비금주수는 말을 하고 인간은 말을 못하던 시절이다. 다시 말하면, 개 돼지 소 말은 전부 말을 하고, 사람은 말 못하던 시절이다, 그렇게 설명해놨어요. 이것은 무슨 얘기이겠습니까? 오늘날 우리가 살고 있는 이 세상과 예전에 태초에 처음 만들어진 세상은 역전되어 있었다는 얘기죠. 지금과 반대로 뒤집어져 있기 때문에 우리가 생각할 때 "아, 그래서 옛날 그때는 태초구나" 하는 것을 알게 되는 거죠. 그런 내용들이 여기에 들어가 있습니다. 보통 오산 〈시루말〉에서는 '시루 성신星辰'이라 그러는데, 특별하게 별이 강조가 돼요. 북부지역 〈창세가〉에서도 해와 달이 만들어지고 할 때 별자리가 매우 중요합니다. 제주도에서도 별이 굉장히 중요한 거죠. 그러니까 한국 창세신화에서 특징은 해와 달을 먼저 만들어내는 것도 중요하지만, 그런 것들이 성신, 다시 말해서 별에서부터 해와 달이 기원했다고 하는 이야기들이 훨씬 더 압도적으로 많아요. 〈시루말〉에서도 보면 천하궁 당칠성이 나오는데 이 칠성은 바로 칠성신, 즉 별자리 신하고 매우 밀접한 관련이 있는 것입니다.

그럼 별을 중요하게 생각하는 민족은 어떤 민족일까? 대체로 보면 별자리를 매우 중요하게 생각하는 사람들은 북방계 민족입니다. 기원이 어디냐고 확정적으로 말씀드리긴 어렵습니다만, 말을 타고 이동하면서 아니면 가축을 끌고 목축을 하고 유목을 하는 민족들이 대체로 별을 굉장히 중요하게 생각한다는 것은 상식이죠. 우리나라에서도 이 별자리 신앙이 아주 강합니다. 특히 제주도 같은 경우에는 별자리 신의 중요성을 더 강조하고 있어요. 제주도에서는 옛날 탐라국에서 우두머리를 부를 때 별 성星 자를 써서 성주星主라고 불렀어요. 제주도의 창세신화에서는 천지왕이라고 하는 신이 인간세상에 다시 인물추심을 내려오는데, 이것은 경기도 오산 〈시루말〉하고 동일해요. 내려와서 땅에 있는 여성들, 여러 판본에 따라서 여성의 명칭도 다양하게 나타납니다만, 박이왕도 나타나고 매화부인도 나타나고 하는데, 어쨌든 여성과 결혼을 해서 애를 낳습니다. 그게 누구냐면 대별왕과 소별왕이죠. 이를 큰별이 작은별이 이렇게 이해해도 되겠지요. 그런데 이 둘은 다퉈요. 인간세상을 누가 차지할 것인가 가지고 다퉈요. 그래서 이 부분은 다시 북부지역하고 같다는 겁니다.

　오산의 〈시루말〉이 가지고 있는 가장 중요한 특징은 무엇인가 살펴보겠습니다. 학계에서는 북부지역의 〈창세가〉가 가장 오래된 형태라고 인정합니다. 내용이 가장 옛날 형태라는 거죠. 북부지역에서 오산을 거쳐 내려오고 다시 제주도까지 훑어보면, 변한 것이 뭐냐 하면 부모의 혈통이 강조되었다는 점입니다. 그 혈통이 여기 〈시루말〉에서도 여전히 나타나요. 창세신화가 처음에는 미륵과 석가라고 하는 이 두 사람의 1대代로 그냥 끝나는 대신, 여기서는 2대까지 왔죠. 제주도도 2대까지 왔어요. 그럼 신화가 왜 이렇게 변하느냐? 혈통이 중요하지 않은 시대, 다시 말해서 창세신화에서는 그러한 것이 중요하지가 않겠죠? 그럼 굳이 혈통을 부각시킬 필요가 있을 때는 언제였을까 하는 것이지요. 국가가 형성되고 나면 달라지지요. 대체로 고대국가 건설 이전의 시기에는 아버지의 혈통이 그리 중요하게 인식되지 않았던 것이 상례입니다. 편의상 이름을 붙여본다면 창세신화는 원시신화에 속한다고 할 수 있어요. 원시신화에서 고대신화로 넘어오면서 특별하게 부모의 혈통이 중요하게 인식되기 시작해요. 우리나라의 경우 고구려 건국신화를 보면 이 점이 분명하게 드러나지 않습니까? 그런데 북부지역의 원시신화 형태로 전승되던 창세신화가 오산의 〈시루말〉에서 고대 건국신화의 기본형태로 체질변화를 일으킨 점이 중요합니다. 이것은 원시신화가 고대신화와 합쳐지는 것, 즉 신화 변천과정의 중요한 표지를 오산의 〈시루말〉이 지니고 있다는 것이고, 따라서 학계에서는 〈시루말〉을 주목하지 않을 수 없다는 겁니다. 이건 누가 바꿔서 되는 게 아니라 오랜 세월 동안 이 지역의 많은 만신들, 무당들에 의해서 전승되어오는 내력 속에서 이런 변화를 겪었다고 보는 것이 자연스럽습니다.

〈제석본풀이〉, 〈주몽신화〉와 〈시루말〉의 비교

이제 다소 뜬금없는 얘기를 해볼까요? 북부지역의 창세신화를 보게 되면 그것이 저 유명한 〈제석본풀이〉 혹은 〈당금애기〉라고 하는 무속신화와 긴밀하게 연결되어 있다는 걸 알 수 있어요.[7] 〈제석본풀이〉는 제석님이 인간세상에 보통 중으로도 나타나는데, 경기도 양평 같은 곳의 판본을 보면, 황금산 주지가 하늘에서 내려오는 것처럼, 장삼자락 나풀거리면서 마치 하늘에서 천신이 내려오는 듯 그 형상을 노래해요. 속세에 내려와 혼자 가만히 잘 있는 당금애기를 강제로 동품한 다음에 자식을 한 번에 세쌍둥이를 낳게 하잖아요. 이 세쌍둥이를 무속에서는 삼불제석이라고 얘기합니다. 재밌는 건, 이 제석신이 내려와서 당금애기와 강제로 결혼한 다음에 세쌍둥이를 낳고 자기는 사라지는데, 〈시루말〉의 당칠성과 흡사하지요? 그때, 이 세쌍둥이가 서당에 글공부 배우러 다니니까 아이들이 물어보죠. "네 아버지 누구냐?" 알 수가 없죠. 선문이 후문이도 알 수가 없고, 또 대별왕 소별왕도 알 수가 없지요. 여기서 이 삼불제석 세쌍둥이도 아버지를 알 수가 없으니 애비 없는 자식이라고 막 놀림을 당하지요. 그러니까 자기 엄마인 당금애기한테 달려가서 추궁을 하고 대들기도 하면서 아버지의 정체를 알아내서 마침내 아버지를 찾아 올라가요. 올라가는

7 제석은 원래 인도신화에 나오는 천신 인드라를 말하는데, 불교에서는 수미산 정상에 있는 도리천에 살면서 사천왕을 통솔한다고 한다. 〈제석본풀이〉는 우리나라 서사무가 가운데 가장 넓은 분포를 보이는바, 함경북도에서 제주도까지 고루 분포하고 있다. 〈셍굿〉, 〈당금애기〉 등 지역에 따라 이름을 달리하지만, 내용은 대체로 비슷하다.

데 예나 지금이나 혈통이 중요하면 뭐를 검사해야 되나요?

청중　유전자.

그렇죠, 유전자검사를 해야 한단 말이에요. 그러니까 옛날에는 유전자검사 대신 친자확인 시험을 해요. 세쌍둥이가 올라와서 "당신이 우리 아버집니다" 하니까 기가 막힐 노릇 아니에요? 아무리 신이지만. 그래서 여러 가지 시험을 해서 친자확인을 합니다. 친자확인을 한다고 하는 것은 아까 말했듯 아버지와 어머니의 혈통이 굉장히 중요하게 부각되는 시기라는 뜻입니다. 〈제석본풀이〉의 이 내용을 잘 기억해보십시오. 〈주몽신화〉하고 구조가 아주 비슷합니다. 해모수가 내려와서는 가만히 잘 놀고 있는 유화부인을 꼬드겨가지고 자기가 임시로 만든 집으로 유인해서 관계를 맺지요. 그러고는 역시 해모수는 사라지고 말아요. 그런 다음 그의 아들 주몽이 첫 부인인 예씨 부인 사이에서 유리라고 하는 아들을 낳잖아요? 그때 주몽 자신은 고구려 건국과업에 참여한다고 사라지지요. 유리라고 하는 그 아들은 어떻게 되겠어요? 서당을 다니는데 애들이 애비 없는 자식이라 놀리지요. 그래서 어머니에게 가서 친부의 정체를 탐문하고, 결국 주몽이 주고 간 수수께끼를 풀어 신물을 가지고 가서 친자확인을 받아 다음 왕이 되잖아요? 이 내용하고 〈제석본풀이〉 내용하고 거의 흡사해요. 그래서 서울대 명예교수 서대석 선생님이 이미 1979년에 〈제석본풀이〉의 전국적인 분포 양상을 소재로 학위논문을 쓰시면서, 〈제석본풀이〉는 고대의 고구려 건국신화하고 거의 닮은꼴이다 하는 사실을 구체적으로 밝혀냈어요.[8]

예전에 경기도 안성에 송기철이라고 하는 유명한 만신이 계셨는데, 무계巫系를 따져보니까 일제강점기 때 〈시루말〉의 구연자인 이

그림 12
제석본풀이

종만 가계와 연결되어 있더라는 거죠. 그래서 그분한테 〈주몽신화〉를 아시나 했더니만 잘 모른대요. 자기가 학교를 다닌 적이 없어서. 그래서 우리가 질문을 던졌어요. "선생님, 이 자료^{주몽신화}를 읽고 본풀이를 구현하실 수 있겠나요?" "본풀이는 뭐죠? 신의 근본을 풀이하다 그 뜻인가요?" "예, 신의 근본을 풀이한다 그거지요." 그래서 하실 수 있겠느냐 하니까 그때 송기철 선생님이 "한 세 시간만 주면 가능하다" 그랬어요. 왜 그럴까요? 〈제석본풀이〉에다가 〈주몽신화〉 내용을 가져다 넣으면 되니까 가능하다는 겁니다. 실제로 그런 조사를 해봤어요. 〈주몽신화〉에 대하여 아무것도 모르는 무속인이 이 내용을 보더니 한 세 시간만 주면 자기가 본풀이로 노래할 수 있다는 거예요. 이른바 〈주몽본풀이〉를 할 수 있다는 거죠. 이처럼 이 둘은 대단히 밀접한 관련이 있다는 거죠.

이 과정에서 우리는 창세의 내력만 이야기하고 끝내도 되는데 고구려 건국신화와 거의 비슷한 유형으로 전해져오는 〈제석본풀이〉가 북부지역 창세신화에 연결되어 변화를 일으키는 사정을 확인하게 되지요. 아버지와 어머니의 존재와 혈통만 있고 아비 없는 자식이라 놀림 받는 선문이 후문이가 〈시루말〉에 또 있잖아요? 제주도도 마찬가지로 대별왕 소별왕이 그런 식으로 등장합니다. 이것들은 창세신화가 고대 건국신화의 형태로 바뀌어나가는 사실로서 대단히 흥미롭습니다. 창세신화가 왜 그렇게 바뀌었느냐? 제주도의 창세신화는

---

⁸ 서대석, 「서사무가 〈제석본풀이〉 연구」, 서울대학교 박사학위 논문, 1979.

서두에 창세의 과정도 나타나고, 천지왕 혹은 천주왕이라는 신이 내려와 지상의 여인과 결혼해서 쌍둥이 아들을 낳는 내용이 함께 전승됐습니다. 다시 한 번 부연하면, 왜 아버지와 어머니의 혈통을 중요하게 생각하는 신화로 변해가느냐 하는 것이지요. 그런데 우리 창세신화에서는 경기도 오산 〈시루말〉이 그 변천과정을 여실하게 보여줬다는 겁니다. 말하자면 창세신화적인 요소는 조금 탈락되고, 대신에 흔적을 남기고 있는 것입니다. 그러면서 창세신화에 특별한 변화를 일으킨 거죠. 또 그것이 굿이라고 하는 전통적인 신앙의례 속에서 함께 불렸다는 사실, 이런 것들이 대단히 소중하다고 할 수 있습니다.

창세신화는 그냥 일대기로 끝나면 되는데, 이것이 어떻게 변했지요? 거인신에서 인간신으로 바뀌었죠? 네, 전부 다, 인간신으로 바뀌었습니다. 인간신의 경우에는 인간으로 태어난 쌍둥이 형제가 신으로 거듭난다는 것입니다. 다만 여기에서 두 형제 사이에 대결이 있느냐 없느냐가 제주도하고 오산하고 다른 점이다, 이렇게 말씀드릴 수 있습니다.

〈비류 온조 신화〉와 〈시루말〉

여기서 또 역사적 사실과 견주어가지고 상상을 해볼 수 있어요. 고대 삼국에서 형제가 같이 나라를 연 지역은 어디예요? 바로 백제입니다. 비류하고 온조라는 두 형제가 원래 주몽 밑에 있던 우태에게 시집을 간 소서노召西奴의 자식이었지요. 나중에 소서노가 주몽하고 다시 결혼하는데, 비류와 온조는 주몽이 부여에서 낳은 유리가 오니까 내려가요. 내려가서 각기 나라를 세우게 됩니다. 한 사람은 미추홀에, 한 사람은 위례에 구역을 정해가지고 각각 나라를 세워 다스립니다. 닮았죠? 과연 이게 역사적 사실과 관련이 있는지 없는지는 잘 모르겠어요. 그걸 증명할 수는 없습니다. 그런데 신화가 변해오는 형태가 반드시 인간세상을 누가 맡아 다스리는 데 대한 다툼이 있어야 되는데, 그것이 경기도 오산 〈시루말〉에서는 사라지고 각각 사이좋게 대한국과 소한국을 맡아 치소를 정했다고 했어요. 그것도 이승과 저승이 아니라 대한국 소한국 했어요. 이것을 막연하게 그냥 지역을 나타내는 어떤 고유명사를 쓸 수도 있었겠지만, 대한국 소한국 하니 이건 나라 이름이죠. 왜 여기서는 이런 식으로 변했을까? 그래서 우리가 조금 더 상상력을 발휘해서, 경기도 지역 특히 오산이나 평택이라든지 안성이라든지 붙어 있잖아요. 이런 지역에서 시루 성신에 대한 이 제차祭次에서 전승되었던 〈시루말〉이 고대 백제의 역사적 사건 하나와 조응될 수 있는 개연성을 열어두자는 것이지요.

비류와 온조 형제가 미추홀과 위례에 각기 도읍하여 두 나라를 차지한 역사적 사실이 있다. 건국의 과정에서 형제간의 대립이나 갈등이 없었다고 했다. 창세신화가 이 지역에 와서 구조적으로 변모하고 내용에 있어서 인세차지 경쟁이 탈락되었으며, 서로 다른 두 나라를 차지했다고 노래하는 양상은 비류와 온조의 건국시조 전승과 여러 모로 유사한 점이 있다. 북부지역과 동해안지역에서 창세신화의 변천이 주몽 전승과의 관련성을 드러내고 있다면, 이 지역 창세신화 변천의 양상은 비류 온조 전승과 특별한 관계를 맺고 있다는 추정이 가능하다. 이렇게 정리할 수 있겠습니다.

대한국과 소한국이라는 나라가 등장하는 것은 경기도지역 본풀이의 특징으로도 이해할 수 있어요. 경기도와 서울지역의 〈바리공주〉라는 본풀이에는 거의 예외 없이 대한국과 소한국 혹은 대한국과 조선국이 등장하는데 "우리나라는 소한국이요 저 나라는 대한국인데"라거나 "국으로는 강남은 대한국이요 우리나라 소한국이라" 하는 식이지요.

대한국이 어느 나라인지 분명하지 않아요. 중국일 것도 같지만 강남의 대한국이니 강남 천자국과 비슷한 의미로 쓰인 것 같기도 합니다. 반면에 소한국은 우리나라 곧 해동 조선국이라 분명히 밝혔어요. 이 점을 〈시루말〉에 연결하면 우리나라를 차지한 자는 후문이가 되는 셈이지요. 나라 차지로 바뀌었으니 선문이는 강남의 대한국을, 후문이는 우리나라를 차지한 것이 되고, 북부지역이나 동해안지역에서 인세차지 경쟁에서 승리한 석가가 조선국 배포를 나온다고 노래한 사실과도 흥미롭게 연결되기도 하지요. 인세차지 경쟁이 사라졌으나 이 땅을 차지하여 신으로 좌정한 이는 후문이여서 창세신화의 흔적을 여전히 지속시킨다고 할 수 있어요. 우리나라의 창세신화이기에 이 땅을 다스리는 이가 누구인가 하는 점이 중요하다고 한다면, 후발 주자인 석가가 이승을 차지한 것과 후발 주자인 동생 후문이가 소한국/조선국을 차지한 것은 같은 맥락이 아닌가 싶어요. 인간의 입장에서는 이승이, 우리나라 사람의 입장에서는 소한국/조선국이 가까우니 더욱 그렇지요.

이런 양상을 온조가 비류를 통합하여 나라를 세웠다고 한 건국시조 전승과 연결시킬 수 있을까 논리적 비약을 거듭해봅니다. 비류와 온조가 처음에는 대결 없이 두 나라를 나누어 세웠으나 이후에 비류가 스스로 온조에게 나라를 넘겼다고 한 기록이『삼국사기』에 전합니다. "비류가 미추는 땅이 습하고 물이 짜서 편히 살 수 없다 하여 위례로 돌아와서 도읍이 안정되어 갖추어져 있고 백성들이 안락하고 태평한 것을 보고 그만 부끄러이 여겨 죽으니 그 신하와 백성이 모두 위례로 귀속하였다. 후에 처음 위례로 올 때의 백성들이 즐겁게 따랐다 하여 이름을 백제로 고쳤다. 그의 조상이 고구려와 함께 부여에서 같이 나왔기에 부여로써 성을 삼았다" 하는 것이 그것이지요.

〈시루말〉에서 해와 달을 조정하는 양상을 보면 선문이가 해를 조정하고 후문이가 달을 조정하는 것으로 이해할 수 있어요. 그렇다면 선문이는 일신日神의 면모를, 후문이는 월신月神의 면모를 지녔다고 할 수 있습니다. 대체로 달이 농경의 원리와 조응한다는 신화적 속성에 기대면 달을 조정한 후문이는 농경적 원리를 구현하는 존재로 추론해 볼 수 있을 것 같아요. 이 점을 비류와 온조가 택한 생활방식의 차이로 조심스럽게 연결해볼 수도 있겠지요. 온조가 도읍한 위례성은 비옥한 충적평야가 펼쳐져 있어 농업생산력을 보장받을 수 있는 장점이 있어서 선사시대부터 농경에 적합한 지역으로 알려져 있습니다. 특히 벼농사는 위도나 기온, 강수량 등의 자연조건에 제약을 받기 때문에 청동기시대에는 한강 유역과 같은 낮은 구릉지대를 중심으로 농경이 이루어져 왔다고들 하는데, 온조가 처음 도읍한 위례성은 농경에 대단히 적합한 지역이라 할 수 있지요. 반면 비류가 도읍한 미추홀은 기록에 물이 짜고 땅이 습하다 했으니 온조의 경우와 달리 농경에 대단히 불리한 입지 조건이었음을 알 수 있지요. 그렇다면 비류가 이런 곳에 도읍한 연유가 무엇인지 궁금하지 않을 수 없습니다. 이는 백제의 터전으로 인정되는 비류수 유역의 생활환경 가운데 유목과 농경의 이원적 구분에서 비류가 비농경적 생활방식을 영위하여 나라의 기틀을 다지고자 했던 것에서 그 연유를 찾을 수 있을거라 생각합니다. 다시 말하면 온조는 농경적 생활방식을 택했고 비류는 이와 다른 쪽을 택했다고 볼 여지도 있다는 것이지요.

비류와 온조, 선문이와 후문이의 성격에 상통하는 면을 짚어보면 이런 도식이 가능할지도 모르겠습니다.

> 선문이 : 해의 원리 ─ 비류 : 비농경적 원리_{유목}
> 후문이 : 달의 원리 ─ 온조 : 농경적 원리

비류와 온조의 이런 성격이 그대로 창세신화의 농경과 비농경의 대립과 일치한다고 단언할 수는 없어요. 다만 〈시루말〉이 고대 건국신화의 면모를 간직한 형태로서의 창세신화의 변모이기에, 〈당금애기〉와 주몽 전승의 상관성을 고려하여 〈시루말〉과 비류 온조 전승과의 상관관계도 한번쯤 흥미롭게 고려해보자는 것이지요. 둘이 같다고 주장할 게 아니라 비류 온조 얘기와 선문이 후문이 얘기를 함께 보여주면서 뭔가를 만들어낼 수 있는 가능성, 이런 것들이 바로 오산의 〈시루말〉과 연결되지 않을까 하는 착상 말입니다.

〈칠성본풀이〉와 〈시루말〉

오산의 〈시루말〉에서 아버지 이름은 칠성이었습니다. 칠성은 칠성신이죠. 우리나라에는 〈칠성본풀이〉도 있어요.[9] 칠성신의 근본을 푸는 신화입니다. 그러니까 여기서는 칠성이니까 아들이 일곱이어야지요. 칠성님하고 매화부인하고 결혼을 했는데 자식이 없다가 태기가 있어서 임신을 했는데 한 번에 일곱 명을 낳은 거예요. 한 번에. 그러니까 칠성님은 뭐라 그러냐면 개나 돼지도 한 번에 일곱을 낳지 아니하거늘 어찌 사람 부모가 일곱을 낳느냐, 그러면서 하늘로 사라져버려요. 일곱을 놔두고. 그러니까 이 일곱 형제가 또 서당 다니다가 역시 아비 없는 자식이라 놀림을 당하지요. 그래 와서 따져보니까 칠성님은 하늘로 올라가서 거기서 재혼을 했어요. 원래는 사라지면 안 나타나거든요. 재혼하고 그러지도 않는단 말이죠, 그런데 칠성님은 옥녀부인하고 재혼을 해가지고 있어요. 일곱 아들이 올라가니까 옥녀부인이 전처의 아들들을 죽이려고 합니다. 그런데 죽이는 데 실패하고 오히려 벼락을 맞아서 피를 두 동이나 토하고 죽어버립니다. 일곱 아들이 칠성님 자기 아버지를 끌고 내려와보니까 자기 어머니가 이미 집 앞에 있는 연못에 빠져 죽어 있어요. 그래서 다시 건져내서 살려냅니다. 그 후 칠성님으로부터 비롯된 일곱 쌍둥이 형제가 각각 칠성신이 됩니다. 이 〈칠성본풀이〉가 〈제석본풀이〉하고 비슷해요. 아버지 어머니 이름이며, 쌍둥이가 셋이냐 일곱이냐 차이는 있습니다만. 어쨌든 〈제석본풀이〉에서는 구박 받다가 올라가서 아버지 찾고 친자확인하고 거기서 끝났는데, 〈칠성본풀이〉에서는 다시 모시고 내려왔어요.

희한한 건 말이죠. 오산의 〈시루말〉은 현재 칠성님으로 딱 정해져 있어요. 가령 '시루 성신'이 그래요. 그런데 이 지역, 백제의 고토에

---

[9] 집안의 부를 이루게 해주는 사신(蛇神)인 칠성이 태어나서 칠성신으로 좌정하기까지의 내력을 담은 이야기. 지금도 구연 기회가 빈번한 본풀이 가운데 하나이다. 큰굿에서라면 예외 없이 구연된다. 국립민속박물관 편, 『한국민속신앙사전』 초감제항목(강정식 집필), 2011. 참고.

해당하는 이 지역은 〈제석본풀이〉보다 〈칠성본풀이〉가 상대적으로 강하게 전승돼요. 다시 말하면 아버지의 권한이나 능력이 다소간 약화되어 있는 〈칠성본풀이〉가 활발하게 전승되는 특징이 있다는 말이지요. 다소 특이한 현상이라 할 수도 있겠어요. 나머지 지역에는 대체로 〈제석본풀이〉가 강하게 전승되는 것과 대비되지요. 흥미로운 현상이지만 옛날 백제 땅 지역에서는 〈제석본풀이〉의 기능을 〈칠성본풀이〉가 대신하며 더 강하게 전승력을 가지고 있다는 게 특징적이에요.

이제 조금 더 들어가 보면, 오산의 〈시루말〉은 고구려와 관련되는 〈제석본풀이〉의 형태와 근사하게 신화가 변화한 모습을 보입니다. 다른 한편으로는 〈칠성본풀이〉와 연관되는 칠성신앙의 속성도 지니고 있는 거예요. 칠성신에 대한 제의니까. 그래서 이 〈시루말〉은 〈제석본풀이〉의 삼불제석신과 칠성신, 그리고 일곱 아들의 내적인 성격도 함께 가지고 있는 무척 독특한 형태를 보인다는 점이 주목됩니다. 〈시루말〉에서는 창세신화의 내용이 소략해졌만, 그 소략해진 신화의 형태 안에서 정말 비밀스러운 코드와 같은 것을 내포하고 있다고 거칠게 말씀드릴 수가 있겠죠. 〈시루말〉의 의의는 바로 여기에 있죠.

여담입니다만, 백제의 경우에 비류하고 온조가 주몽을 아버지로 모셔가지고 제향을 지냈다고 하는 기사나 기록이 『삼국사기』나 『삼국유사』에 있냐면 전혀 없어요. 비류 온조가 자기 아버지로 알려진 주몽에 대한 제사를 지냈다는 기록은 없어요. 그럼 누구를 모셨느냐? 여러분, 드라마 〈주몽〉 보셨죠? 구대 혹은 우태라는 남자, 들어보셨죠? 이 사람을 제향하는 기록이 우세해요. 고대사는 제 전공이 아닙니다만 비류 온조의 실제 생부는 누구냐 할 때 우태라고 합니다.

그러다보니까 〈제석본풀이〉는 아버지의 권한이 막강하고, 〈칠성본풀이〉는 아버지의 권한이 아들 일곱에 의해 존재감이 확연히 사라진 힘없는 아버지의 모습입니다. 그러면 비류 온조의 입장에서 주몽을 아버지로 설정했을 때, 과연 〈제석본풀이〉가 나을까 〈칠성본풀이〉가 나을까요? 도움을 받지 못한 아버지와 스스로 이탈하여 나라를 세운 비류와 온조의 입장에서 말입니다. 그런데 이야기의 형태는 〈제석본풀이〉를 가져오고 신명은 〈칠성본풀이〉와 연계성을 강화시키고 있다는 점에서 우리가 눈길을 주어야 하지 않을까 싶어요. 그래서 이 아들 일곱 칠형제가 각각 칠성신이 되는 거예요. 그러니까 당칠성이라는 아버지의 이름을 칠성 아들들이 다 가져가요.

어쨌든 정리하면 당칠성이라고 하는 이 〈시루말〉의 선문이 후문이의 아버지인 당칠성님은 제석신과 칠성신의 속성을 절묘하게 지니고 있는 점에서 특징적이지요. 당칠성님이 친자확인을 하고 각기 나라 하나씩 지녀먹게 만들어버리니까 〈제석본풀이〉의 제석신과 근사하지만, 신명 자체로서는 칠성신앙과 관련되는 〈칠성본풀이〉의 흔적을 가지고 있다, 일단 이렇게 정리할 수 있겠습니다.

경기도 오산 〈시루말〉이 가지고 있는 몇 가지 특징들이 나타났어요. 원래 창세신화에서 창세의 내용이 좀 탈락되는 대신에 고대 건국 신화의 형태로 변모해갔다, 그리고 특히 중요한 점 하나는 다른 데는 다 인간세상을 차지하기 위해서 다투었는데, 유독 이 지역만 다투지 아니하고 인간세상도 차지하지 않고 대한국이랑 소한국이라고 하는 두 나라를 각각 나눠 맡아 다스렸다고 하는 점을 기억을 해두시면 좋겠습니다. 그래서 오산 〈시루말〉이 가지고 있는 의의는 그 내용이 가치가 있고 창세신화적 요소가 많이 있어서 그런 것이 아니라, 창세신화가 변모하고 변천해나가는 과정에서 대단히 중요한 하나의 과정을 보여주는 결정적 자료이기 때문이다. 이렇게 이해를 하시면 되겠어요.

이제 조금 더 세부적으로 들어가봅시다. 보통 해와 달을 무엇으로 조정을 할까요? 가장 쉬운 게 옛날 무기 중에서 활입니다. 보통 활로 쏴가지고 하는데, 이 점이 특이해요. 중국 소수민족 신화에서도 잘 안 나타나요. 그런데 우리 쪽은 부모의 혈통이 설정된 창세신화인 〈시루말〉이나 〈천지왕본풀이〉에서는 그 쌍둥이 아들인 선문이 후문이나 대별왕 소별왕이나 다들 쇳덩어리로 만든 활로 일월을 조정해요. 다른 데는 이에 대해 그냥 활로 쏴가지고 없앴다 이렇게 나오지만, 제주도는 물론이고 여기 오산 〈시루말〉에서도 '쇠로 만든 화살'을 활용한다고 분명히 나오지요.

중국의 다른 소수민족들의 경우를 보면 그냥 활이라고 하지만, 우리는 꼭 쇠로 만든 활, 그것도 천근 되고 만근 되는 엄청나게 무거운 철궁을 가지고 일월을 조정했다고 합니다. 예부터 우리나라에서는 활을 대단히 중요하게 생각했잖아요. 우리나라를 동이족이라고 했고 특히 고구려는 활이 굉장히 유명해서 중국에서 배워갈 정도였다고 했지요. 그 다음에 철이라고 하는 게 중요하죠. 쇠라고 하는 것. 어쨌든 이 철을 가지고 활을 만들었다고 하는 것은 철을 잘 다루는 특별한 어떤 존재에 대한 상징적 코드도 여기 들어있을 가능성이 있다는 거죠. 이런 요소들도 우리가 한번 눈여겨볼 필요가 있겠다, 말씀을 드립니다.

〈시루말〉과 한국 창세신화의 전승방식

그럼 다른 부분을 한 번 볼까요? 한국의 창세신화는 왜 문헌에 기록되지 않았을까요? 우리도 그렇고 또 유럽의 여러 나라를 가봐도, 공식 역사서에 창세신화가 들어가는 경우는 거의 없습니다. 유럽 같은 데는 당연히 그럴 수밖에 없어요. 왜? 기독교 문명이 들어갔기 때문에. 인류의 창조과정은 『성경』의 〈창세기〉에서 나타나니까, 공식적 역사 첫머리에 각 민족들이 창세신화를 공식화해서 성경과 어긋나게 할 수는 없거든요. 그래서 어느 나라이든 대부분 그 나라의 공식 역사서는 자기네 나라가 처음에 시작한 게 언제고 하는, 영웅의 건국신화만 나타나지 창세신화를 공식화하지는 않아요. 우리나라에서도 마찬가지로 『삼국사기』나 이런 공식 역사서들을 보면 창세신화가 없어요. 고조선 건국신화에도 환인이 있고 환웅이 있지만, 환웅이 삼위태백에 나라를 열었다고 하는 내용들만 나타나지 환인이 인간세상을 창조하고 뭐하고 했다는 내용은 나타나지 않아요. 그게 역사서의 아주 기본적인 서술 방식이지요.

그럼 창세신화는 어디서 전승되느냐? 보편적인 경전을 통해서 전승되었는가? 아니지요. 구비전승을 통해서 계속 이어져온다는 겁니다. 그러니까 당연히 소개되고 알려지기 전까지는 한국에는 창세신화가 존재하지 않는다고 단적으로 말할 수밖에 없게 되는 거죠. 우리는 이게 어디서 전승됐느냐 하면, 일반 민간인들이 그냥 말로써 전승한 게 아니라, 함경도도 그렇고 오산의 〈시루말〉도 그렇고, 우리나라의 창세신화는 대개 굿에서 전승된다는 점이 중요합니다. 다시 말하면 다른 지역의 창세신화는 입에서 입으로 전승돼요. 특히 노래의 형식으로 말입니다. 이건 우리가 흔히 구비서사시라는 이름으로 부르는데요, 영어식으로 하면 Narrative Poetry라고 씁니다. 구비전승되는 서사시가 노래로 불리거나 아니면 산문화되어서 사람들 입에서 입으로 전승이 돼. 반면 우리의 경우에는 구비서사시가 의례와 긴밀하게 결합되어 있습니다. 대한민국이 그래서 대단히 중요합니다. 북부지역은 사정이 어떤지 몰라요. 하지만 현재 제주도하고 오산의 〈시루말〉은 의례와 긴밀히 결합되어 전승되었습니다. 〈시루말〉은, 물론 지금은 의례와 긴밀하게 전승이 잘 안 됩니다마는, 어쨌든 시루성신 모시고 그 앞에 앉아서 노래를 했단 말이지요.

이 점에서 우리가 다시 주목해야 할 것이 있어요. 신화라고 하는 것은 대개 어느 민족이거나 처음에 시작할 때는 그냥 이야기로 시작하는 게 아니에요. 신화는 그 주인공으로 신이 등장하기 때문에 그 신을 모시고 찬양하고 하려면 의례가 있어야 됩니다. 그런데 대한민국의 창세신화는 예외 없이 전부 의례와 결합되어서, 신화의 형태가 바로 노래의 형태로 전승된다고 하는 점을 높이 평가해야 합니다.

옛날 기록에 보면 고대국가 시기에 국중대회[10]를 행하잖아요. 그때 누가 등장하느냐 하면 국무國巫, 곧 나라 무당이 등장해요. 『삼국사기』의 〈고구려 본기〉에 보면 이런 게 나와요. 당나라가 요동성을 막 공격해요. 이제 요동성이 막 떨어지게 생겼어요. 워낙 군사가 많으니까요. 당나라 군대는 한 번 군사를 일으키면 최소 30만에서 100만이죠. 요동성이 위기에 처하자 성 안에 있던 무당이 시집가지 않은 처자 하나를 고르라고 합니다. 그래서 어떻게 하느냐, 요동성에 있는

10   부여·고구려의 대규모 제천행사인 영고(迎鼓)·동맹(東盟) 등을 두루 일컫는 말.

주몽 사당 안에 이 여자를 신부의 복장으로 갖추어가지고 주몽신과 결혼을 시키는 거예요. 주몽을 사후에 신으로 좌정했다는 말이겠지요. 그 의례를 무당이 굿의 형태로 한 것입니다. 그러고는 주몽이 무당 자기한테 얘기를 했다는 거예요. 성은 안전할 것이다, 걱정하지 말라고 말입니다. 그 기록이 『삼국사기』에 나타나요. 다시 말하면, 주몽이라고 하는 역사적인 건국시조가 이제 신의 반열에 올라갔지만, 그 신을 모시는 무당이 요동성에도 있고 다른 성에도 있었을 가능성을 우리가 생각해볼 수 있죠. 그때 그 사람들이 불렀을 노래, 무당들이 불렀을 노래라면 아마도 오늘날에는 〈주몽본풀이〉 같은 이름으로 부를 수 있겠죠. 그러한 것들이 오랫동안 내려오면서, 정말 이게 비밀스러우면서도 신기하기도 한 게, 사소한 여러 가지 것들은 변화를 일으키지만 결코 변하지 않는 부분들은 오랜 세월 동안 그대로 제 모습을 간직하며 구비전승된다는 사실입니다. 그것도 의례와 결합해서 전승되는 모습을 보인다고 하는 것이 대단히 중요합니다. 〈제석본풀이〉와 〈주몽신화〉가 매우 친연성이 있다는 말씀을 드렸는데 다시 상기해보시기 바랍니다.

역사기록과 창세신화

얘기를 꺼낸 김에 더 말씀드립니다. 공식 역사서에 창세신화가 딱 들어가 있는 나라가 어딘지 아세요? 이스라엘입니다. 『성경』은 종교의 경전이면서 유대민족의 역사이기 때문에 그렇지요. 경전이 역사서 구실을 함께 하니 『성경』에 〈창세기〉가 있는 건 당연하겠지요. 그런데 결론적으로 말씀드리면, 이른 시기에 나라를 온전하게 구성하지 못했던 민족들은 대체로 창세신화에서부터 자기네 민족 기원의 신화를 같이 붙여놔요. 왜? 우리 민족이 이렇게 오래됐다는 겁니다. 국가를 일찍 건국해서 일찍 문명권에 들어온 민족일수록 건국신화는 있지만 창세신화는 없어요. 왜냐하면 그 창세신화는 보편적인 종교의 경전이 되지 않기 때문에 사라지고 마는 거예요. 그런데 특이하게도 공식 역사서에 창세신화를 제일 첫머리에 넣고, 그래서 창세신도 있고 그걸 공식화시켜 놓은 나라가 있어요. 그게 어디냐?

청중　이스라엘.

아니, 일본입니다. 『일본서기』나 『고사기』에 보면 그것이 정말 특이해요. 『일본서기』가 공식 역사서인데, 제일 먼저 나오는 게 뭐냐면 이자나기 이자나미라고 하는 두 오누이 신, 그것도 남매 신이에요. 창세신이지요. 그 두 신이 나타나서 너는 왼쪽으로 몇 번 돌고 나는 오른쪽으로 몇 번 돌고 하면서 결국 남매혼을 통해서 땅을 만들어내거든요. 왜 이런 서술이 필요했을까요? 일본은 상대적으로 온전한 국가의 성립을 늦게 경험하여 한국과 중국을 의식한 역사찬술이 필요했다고 봐요. 그 결과 창세신화가 일본의 관찬官撰 역사서인 『일본서기』나 『고사기』의 첫머리에 등장하게 되었다고 보는 것이죠. 창세신의 내력을 근본으로 삼아야 자기네 민족과 국가의 연원이 대단히 오래되었다고 자랑할 수 있었기에 택할 수밖에 없었던 불가피한 방책입니다. 이자나기와 이자나미라고 하는 창세신의 계보를 천조대신天照大神이라 하는 일왕가日王家의 직계 선조신으로 견인하여 자기네의 긍지를 드높이는 전략을 구사한 겁니다. 한국의 창세신화와 중국의 〈반고신화〉는 거인신적인 면모를 간직한 창세신의 신체에서 일월성신日月星辰이 생겨났다고 하는 동일한 인식을 드러내지만, 일본신화에서는 일본열도를 만들어낸 창세신의 신체 각 부위에서 일월성신이 아니라 천조대신 아마테라스와 쓰쿠요미月讀命, 스사노오須佐之男命의 삼귀자三貴子가 생겨났다고 설정을 함으로써 이런 전략을 구체화했어요.

창세신화는 원시신화적 성격을 지니고, 국조신화는 고대신화적 면모를 갖추고 있다고 했어요. 둘 사이에 형성의 선후관계가 분명하다는 의미가 아니라, 신화의 내용과 의미, 그리고 구성 자체가 원시적이고 고대적이라는 뜻이지요. 두 신화가 직접적으로 연결되어 하나의 신화체계를 이루고 있는 양상은 신화의 체계상 완벽하게 보일 수 있겠으나, 그 이면에는 원시신화와 고대신화를 관찬 역사서에 공식적으로 연결시키지 않으면 안 되는 특별한 사정이 있다는 겁니다. 인간세상을 창조한 창세신에서부터 일왕가의 직계 선조신을 단일한 계보로 연결하는 신화적 발상은 온전한 국가를 건설한 시기가 이웃민족보다 늦거나 온전한 국가를 건설한 경험이 없는 민족들에게서 흔히 나타나는 현상입니다. 헝가리의 신화 재편양상은 전자에 해당하고, 중국 내 소수민족들의 신화전승은 후자에 해당합니다. 온전한 체제를 갖춘 나라를 건설한 내력이 자체로 오래되었고 국조國祖의 혈통이 절대적으로 신성하다는 인식이 견고하게 자리 잡고 있으면, 굳이 멀리 가서 창세신의 후예를 왕실의 선조신으로 견인하는 무리수를 범하지 않아도 된다는 말이지요.

일본의 경우는 신화적 발상 자체를 관찬 역사서의 첫머리에 두었으니 참으로 독특한 역사인식을 드러낸 셈입니다. 오래된 연원을 유별나게 강조하는 일본의 성향은 한국과 지나支那, 즉 중국을 통하여 고대와 중세의 문화를 받아들인 역사적 사실이 불편했기 때문일 수 있으나, 따지고 보면 그런 인식은 공동문명권의 문화사적 의의를 제대로 이해하지 못한 결과이니 시정이 필요합니다. 기원을 소급하는 전략이 요령을 갖춘 탓에 효과를 거둘 수 있었겠으나, 결과적으로는 일본 민족의 콤플렉스를 대외적으로 널리 알리는 역효과를 가져왔으니 아이러니가 아닐 수 없어요.[11]

일본의 창세신의 직계 후손인 천조대신이라고 하는 아마테라스오오카미는 지금 현재 일왕가의 직계 시조이기도 하죠. 자, 그러면 지금 현재 일본의 왕가는 어디까지 올라가 있다는 거지요?

청중　창세까지.

이제 아시겠어요? 왜 일본이 그렇게 일왕에 대해서 집착하는지, 그렇게 연원이 오래되었다고 집착하면서, '만세오계'라 그러죠, 일왕가는 지금까지 단 한 번도 핏줄이 섞이거나 바뀐 적 없이 이어져내려왔다고 하는 논리를 펴나가는 것이죠. 요상하기도 하고 흥미롭기도 합니다.

청중　그런데『일본서기』는 많이 조작됐다고 하던데요?

지금도『일본서기』는 쓰이고 있다는 말도 있어요. 유럽에서도 비슷한 나라가 어디 있느냐? 헝가리가 그렇습니다. 헝가리의 마자르 민족은 아시아에서 유럽으로 들어가서 896년에 나라를 세웠거든요. 하지만 주변에서 이상한 집단이 와서 나라를 세우니까 계속 주목하고 공격을 해요. 그러니까 헝가리는 금방 기독교로 개종해서는 자기네 민족적인 신화에『성경』앞부분을 갖다놓고, 그리고 그 앞에 창세신화를 딱 얹어봐요. 헝가리도 유럽의 주변 민족들이나 국가에 비하여 상대적으로 국가성립의 시기가 늦고 또한 이민족이어서 별도의

11　박종성, 「일본의 이상한 역사인식」, 국민일보 2014년 7월 18일자.

장치가 필요했던 것이지요.[12] 더불어, 나라를 건국한 경험이 일천하거나 전혀 없는 소수민족들의 경우에는 예외 없이 창세신화에서부터 민족기원신화가 곧바로 함께 이어져 있어요. 그런데 우리는 그렇지 않죠. 오산 〈시루말〉처럼 창세신화가 그대로 민족기원신화로 오는 게 아니라, 창세신화의 기본적인 형태가 고대국가 건국신화의 기본적인 구성으로 변모하면서 살아남았다, 그 말이죠. 그리고 기록이 아니라 구비전승을 통해서 지속과 변천을 거듭해온 것이지요. 이런 점들을 여러분들이 기억하시면 좋겠습니다.

이제 강의를 마무리해야 할 시간이 되었네요.

질의응답

질문 앞에서 선생님께서는 〈시루말〉에는 쌍둥이 아들 사이에 다툼이 없다 하셨어요. 제주도에서는 대별왕과 소별왕이 속임수를 활용하면서 다툼을 벌이지요. 그 과정에서 아버지의 존재와 권위가 갑자기 사라지는 특징이 있는 거 같아요.

답변 제주도의 대별왕 소별왕 같은 경우는 아버지가 "대별왕이는 이승을 지녀먹고 소별왕이는 저승을 지녀먹어라" 그러는데 "예, 알았습니다" 하고는 아들이 반란을 일으켜요. 소별왕이 아버지 명령을 무시하지요. 그러면 아버지 천지왕은 중간에서 조정을 해야 될 거 아니에요? 그러나 아버지는 그때부터 사라져요. 어떤 판본에 보면 대별왕하고 소별왕이 하늘로 아버지 찾아 올라가 보니까 용상이 있더라

---

12 박종성, 「헝가리의 창세 및 민족기원신화의 재편 양상」, 『동유럽연구』 제12호 1호, 한국외국어대학교 동유럽발칸연구소, 2003에서 이와 관련하여 상세하게 논의했다.

는 거예요. 아버지 자리가 있으니까. 그런데 갑자기 아버지의 존재는 사라지고 둘이서 서로 용상을 차지하려고 하다가 뿔 하나 무너뜨리고 하는 내용들이 나타나기도 합니다. 제주도 지역에서 우리가 특별하게 추정을 해볼 수 있는 경우는 후대의 신은 자기 아버지 신을 살해하거나, 아니면 추방하거나 제거하는 것이 아닌가 하는 점이지요.

청중 신들의 권력다툼인가요?

답변 그렇죠. 세계 신화에서 이런 경우를 종종 찾아볼 수 있어요. 제우스는 크로노스의 아들이지요. 그런데 아버지 크로노스는 이미 자기 아버지 우라노스를 제거했어요. 그 다음에 제우스는 똑같이 자기 아버지 크로노스를 제거해요. 그래서 최고의 통치자가 되더라는 것이지요. 성경에서 야훼가 싫어하는 신이 어떤 신이에요? 교회 다니시는 분 말씀해주시죠.

청중 바알이요?

답변 그렇죠. 바알^{Baal}입니다. 소로 형상화돼 있죠. 바알의 아버지가 누구냐 하면 엘^{El}이에요. 물론 친아버지는 아니고 의붓아들로 설정되어 있는데 아버지 신을 제거하고 자신이 최고신으로 좌정해요. 이런 신화적인 보편원리에 기대고 있는 제주도 지역에서 대별왕과 소별왕 같은 경우에는 아버지가 너는 여기를 맡고 너는 저기를 맡으라고 했는데, 갑자기 아버지 신은 사라지고 아들끼리 다툼을 벌이지요. 쌍둥이 아들이 아버지의 존재를 어떻게 한 것이 아닌가 하는 점을 의심해볼 수도 있겠습니다. 이런 경우 우리가 흔히 이야기하는 아버지 대에 사라지는 신의 형상을 제주도도 간직하고 있을 가능성이 있어요. 그 중간과정에서 아버지가 존재하고 또 부권도 존재하는 거 같은데 있는지 없는지 모호한 형태가 오산의 〈시루말〉에서 아버지 신인 당칠성님이 보여주는 것이지요. 이런 면에서, 북부지역 창세신화에서 제주도의 〈천지왕본풀이〉에 이르는 창세신화의 변천에서 경기도 오산의 〈시루말〉은 그 중간과정에 위치해 있다는 추정을 하게 되는 겁니다. 따라서 〈시루말〉이라고 하는 이 짧은 신화가 가지고 있는 가치는 무척 소중하다고 할 수 있습니다.

![참고자료]

박종성, 『한국창세서사시연구』, 태학사, 1999.

박종성, 『구비문학, 분석과 해석의 실제』, 도서출판 월인, 2001.

박종성, 「헝가리 창세 및 민족기원신화의 재편 양상」, 『동유럽연구』 제12호 1호, 2003, 한국외국어대학교 동유럽발칸연구소.

박종성, 「한국창세신화에 나타난 고구려 신화적 요소」, 『덕성어문학』 10호, 2000.

서대석, 『한국신화연구』, 집문당, 2001.

김헌선, 『한국의 창세신화』, 길벗, 1994.

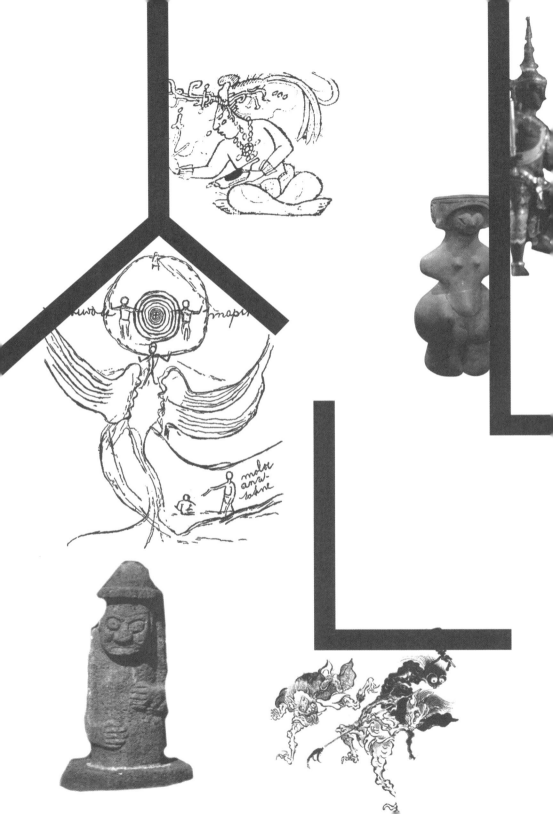

제주도 신화의 세계

강정식 (제주학연구소 소장)

제주 본풀이의 종류와 특징

오늘 저는 제주도 신화를 전반적으로 소개하고 그 가운데 특히 '당^堂신화'라는 것을 중심으로 말씀드릴 것입니다. 또 앞선 강의들과 연속성을 고려해서 창세신화도 함께 말씀드리고자 합니다. 본격적인 강의에 앞서 먼저 짚고 갈 것이 있습니다. 제주도에서는 신화라고 하지 않고 '본풀이'라고 합니다. 본풀이. 본풀이에서 '본'이 근본이라는 뜻입니다. 근본을 풀이한다. 근본내력, 시초始初. 가장 시원적인 내력을 풀이한다. 그래서 제주도에서는 본풀이라고 합니다. 사실 이제 우리 국문학계에서는 공용어처럼 쓰고 있습니다. 구비口碑, 즉 말로 전하는 신화인 경우에는 대개 무당들이 굿판에서 풀어내는 것입니다. 그래서 서사무가敍事巫歌라고 말하는데, 제주도에서는 달리 그것을 본풀이라고 한다는 것입니다.

제주도 신화를 말할 때, 전반적으로 내세울 만한 거리가 이런 것들입니다. 우선 문헌신화文獻神話가 있는데, 그중 대표적인 것으로 〈삼성신화三姓神話〉가 있습니다. 그 다음에 구전신화가 아주 다양하게 아주 풍부하게 전승됩니다. 또 그것이 여전히 옛날과 같은 방식으로 굿이라고 하는 의례에서 구연이 됩니다. 신화가 여전히 규범으로 기능합니다. 신화가 재미있는 이야기, 옛날이야기로서만 가치를 지니고 의미를 부여받는 것이 아니고, 아직도 어떤 사람들의 행동양식을 규정하는 규범으로서 기능을 하고 있다는 것이죠. 그런가 하면 신화는 신성한 이야기이고 의례의 규범이기 때문에 영 재미없는 이야기일 수 있습니다만, 그렇지 않고 재미있는 이야깃거리로 이야기판에서도 대단히 중요한 기능을 해왔다, 그 덕택에 제주도 사람들의 삶, 제주도 사람들의 생각도 반영할 수 있었다는 사정을 말씀드립니다. 전반적으로 이렇게 정리할 수 있습니다.

　　문헌신화는 많지 않아요. 그중 〈삼성신화〉는, 제주도에 제주 고씨高氏, 제주 양씨梁氏, 제주 부씨夫氏라는 세 성씨가 있는데 그 성씨들의 시조에 관한 이야기입니다. 이 고씨, 양씨, 부씨의 시조, 흔히 삼을나三乙那라고 하는데, 삼을나가 탐라耽羅라고 하는 고대국가를 건설하는 이야기를 담고 있습니다.

　　구전신화에는 조상신본풀이, 당신본풀이, 일반신본풀이라고 하는 세 유형이 있습니다. 구전신화가 많다고 말씀드리지 않고 다양하다고 했던 것은 사실 이렇게 유형이 다양하기 때문입니다. 여기 이것 말고도 이 범주에 들어가지 않는 것이 있어서 그것을 달리 특수본풀이라고 학자들은 이야기합니다만, 그렇게 하면 네 가지 유형이 되죠. 이것은 모시는 신이 어떤 신인가에 따라서 달라지기도 하고, 이 본풀이를 전승하는 집단이 어떤 성격을 지녔는가에 따라서 나눠지기도 합니다.

조상신본풀이는 특정한 가문을 수호해주는 신의 이야기입니다. 어느 동네의 김해 김씨집안이라고 그러면 그 동네의 김해김씨 집안을 수호해주는 신이 따로 있고 그 신을 조상신이라고 합니다. 혈연적인 조상은 아니죠. 그 조상신이라고 하는 신이 별도로 있다, 가문마다 별도로 있는 조상신의 내력을 담은 신화가 따로 있다고 보시면 됩니다. 그리고 당신본풀이라고 있습니다. 마을을 수호해주는 신을 당신堂神이라고 하는데, 그 당신의 신화가 곳곳에 있습니다. 제주도 마을마다 있습니다. 리 단위를 기준으로 하면 당堂이 열 개 이상 있는 경우도 있어요. 물론 없는 경우도 있습니다. 평균적으로는 셋 정도 당이 있는 것으로 볼 수 있습니다. 그렇다고 하면 제주도에 당이 무수히 많은 것이죠. 어떤 조사결과에 따르면, 사백 몇십 개 있다고 하는데 이론상 그 당마다 본풀이가 있었다고 볼 수 있습니다. 물론 조사결과에 따르면 지금 그렇게 본풀이가 많이 남아있지는 않습니다만, 그래도 최소한 이백 여 종류의 본풀이가 있다고 볼 수 있습니다. 경기도에 여러분들이 알고 있는 신화가 몇 개가 되죠? 이런 식으로 따지면 숫자가 엄청나죠. 일반신본풀이에서 일반신이이라고 하는 것은 제주도 사람이라면 누구나 다 모시는 신을 말합니다. 제한되지 않아요. 제주도 어디에서나. 그러니 이것은 사람들의 삶에 있어서 보편적인 일들을 돌보아주는 신들입니다. 우리가 태어나는 것, 죽는 것 이런 것들이죠. 그리고 생업 가운데 가장 중요한 농사짓는 것. 이런 것들을 돌봐주는 신들을 특별히 뭐라고 지칭하기가 곤란하니까 일반신이라고 합니다. 그 일반신본풀이가 있어요. 이것을 이제 그림으

그림 13
제주도 본풀이의 전승범위

로 그려보면 이렇게 되겠죠. 조상신본풀이가 가장 전승의 범위가 좁아요. 그렇죠. 당신본풀이가 마을이니까 조금 넓죠. 그 다음에 일반신본풀이가 제주도 전역에서 전승이 되니까 가장 넓습니다. 여기에 삼성신화까지 하면 범위가 더 확장됩니다. 삼성신화는 뭐죠? 나라죠. 제주도 섬 전체만이 아니고 하나의 나라로서 나라의 신화가 또 있다는 말이죠. 쭉 정리해보면 이게 순서가 좀 애매한데 보기 좋게 정리하면 나라, 제주도 전체 섬, 그 다음 마을, 가문. 이렇게 전승되는 범위가 다 다르게 신화가 전승이 되고 있다. 이런 사례는 아마 한국은 물론이고 전 세계적으로도 없을 겁니다.

그런데 다른 지역과 견줄 필요 없이 제주도 내의 사정을 말씀드리면 이렇습니다. 과연 신화가 어느 정도 비중이 되느냐, 이야기가 어느 정도 풍부한가를 나타낸 것이 바로 이것입니다. 문헌신화는 아까 말씀드렸던 〈삼성신화〉 딱 하나니깐 그림을 그려봐야 잘 보이지 않죠. 그런데 보이게 하느라고 있는 것처럼 그렸습니다. 일반신본풀이는 흔히 열두 본풀이라고 합니다. 열두 가지의 이야기인 셈이죠. 확실히 열두 가지, 딱 그렇게 되지는 않습니다. 사정에 따라서는 열세 가지, 열네 가지가 될 수도 있습니다. 열둘은 사실 제주도 무속에서는 차고 넘친다는 뜻이죠. 우리가 흔히 꽉 찬 것을 열이라고 하지 않습니까. 열, 백 이렇게 치는데 열보다 넘어서는 열둘은 차고도 넘치는 것이죠. 열두 본풀이도 그런 정도의 의미겠죠. 그러나 어쨌든 아

그림 14
삼성혈

까 말씀드렸던 당신본풀이만큼 많지는 않잖아요. 조상신본풀이는 현재 조사된 게 한 삼십 가지 정도. 그래도 숫자가 꽤 많죠.

우선 삼성신화에 대해 말씀드리겠습니다. 이 그림을 보시죠. 삼성혈三姓穴이라고 하는 곳인데요, '혈'은 구멍 혈穴입니다. 그래서 구멍이 세 곳이 있습니다. 그 세 구멍에서 신들이 솟아났다고 말합니다. 제주도에서 무당들을 심방이라고 합니다. 굿을 할 때 이렇게 말해요. "영평 팔년 을축년 을축시, 모인골에서 고이왕, 양이왕, 부이왕 삼성친 솟아나서 도업하였다"라고 제주도 역사를 언급합니다. 여기 보시면 모인골이라고 합니다만, 기록에는 모흥혈毛興穴이라고 되어 있습니다. 이 그림을 잘 보아 두셔야 하는데 나중에 설명드릴 것과 긴밀한 관련이 있기 때문입니다. 왜냐하면 제주도 고유의 신화 속에서는 신들을 땅에서 솟아났다라고 한단 말이죠.

이것이 당의 모습인데, 당에 제물을 담아놓은 것입니다. 집안에서 각각 제물을 싸와서 굿을 합니다. 당, 여기서는 신당이라고도 하겠습니다만, 그 당마다 신화가 얽혀 있다고 하는 것입니다. 그리고 이것은 본향당本鄕堂인데요(그림 생략), 마을사람 전체가 함께 모여서 정기적

인 의례를 행하는 곳입니다. 그러니까 본풀이, 당신화라고 하는 것은 바로 그 마을 사람들 전체가 모인 자리에서 일정한 기회에 반복적으로 풀어내는 것을 가리키고 하는 것이죠. 옛 전통대로 지금도 그렇게 하고 있습니다. 제주도 당신본풀이가 아주 많다고 했습니다. 앞서 제주도 당신본풀이를 연구하고자 하는 학자들이 보기에도 자료가 너무 많아요. 제주도 말을 잘 알아보기도 어려운데 자료가 많아서 자료를 몇 줄, 몇 페이지 걸어보다가 포기하는 사람이 많습니다. 도무지 이해할 수 없을 뿐더러 양도 무척 많아요. 그런데 제주도 사람, 제주도 학자들이 보기에는 사실 많아 봐야 실제로 이야기 내용이 크게 다른 것은 그다지 많지 않다고 이야기할 수 있습니다. 가장 대표적인 줄거리는 이런 것들입니다.

(1) 남신은 제주에서 솟아나고 여신은 다른 곳에서 제주를 찾아온다.
(2) 제각기 좌정처를 찾아다니다가 한곳에서 만나 혼인한다.
(3) 여신이 임신한 상태에서 돼지털을 그을려 냄새를 맡는다.
(4) 남신이 여신을 부정하다고 하며 내쫓는다.
(5) 남신은 바람 위에 좌정하고 여신은 바람 아래 좌정하여 제각기 제향을 받는다.

남신은 제주도 땅에서 솟아나는데 대개는 한라산에서 솟아나고, 여신은 제주도 밖의 어떤 세계, 원래는 가상의 공간이었겠죠, 가상의 공간에서 솟아나서 제주도로 들어옵니다. 그런 다음에 서로 자리 잡은 곳을 찾아서 돌아다니다가 둘이 만납니다. 그러면 남녀가 만났으니까 뭐가 되겠습니까? 둘이 혼인을 합니다. 혼인을 해서 살면 당연히 이제 여신이 잉태를 하게 됩니다. 임신을 하게 되면 별 이상한 것이 먹고 싶잖아요. 평소에는 먹고 싶지 않았던 것들도 먹고 싶은데 이 여신이 돼지고기를 그렇게 먹고 싶어 해요. 그런데 돼지고기는 신의 세계에서 부정한 음식으로 취급되는 것입니다. 대놓고 먹을 수가 없어요. 그런데 길을 가다 보니까 빗물이 고여 있습니다. 그 빗물에 산돼지가 자기도 길을 지나가다가 목이 마르니 물을 마시고 갔어요. 여신이 거기 오니 돼지털 하나가 딱 떨어져 있어요. 이것을 주워가지고 불에 그슬려서 살짝 냄새를 맡습니다. 여러분이 잘 아시는 제주도 흑돼지 고기 구울 때 그 냄새죠. 돼지고기 먹은 듯해요. 그것만으로 만족했어요. 집에 갔는데 남편이 사냥 갔다가 돌아와서 "더러운 냄새가 난다. 웬일이냐?" 따졌어요. 자초지종을 말했더니 "더러운 너랑 같이 살 수 없다. 살림 갈라라. 나는 너의 그 부정한 냄새도 맡기 싫다. 너는 저 바람 아래쪽에 가서 살아라. 나는 저 바람 위쪽에 가서 살겠다." 그래서 이런 줄거리를 가진 본풀이에서 남신의 신명, 신의 이름은 대개 '바람웃도'라고 합니다.[1] 바람 위에서 노는 신을 지칭하는 말입니다. 바람웃도. 바람 위에서 있기 때문에 그런 것이죠. 그런데 여자들은 좀 억울할 수가 있죠. 그런데 다 그렇지는 않아요. 남녀가 바

---

[1]   실제로는 '부름웃도'라고 한다. '부름'은 바람이고, '웃'은 위를 뜻하고 '도'(또)는 신을 의미한다. 바람 위쪽에 자리 잡은 신이라는 뜻이다.

뀌는 사례도 있습니다. 더 원초적인 이야기는 여신이 남신일 수도 있다는 것입니다.

제주도에 당이 많다고 했습니다. 한 마을을 기준으로 하면 그것이 하나의 신앙권信仰圈을 이루는 경우가 많습니다. 물론 많아서 그 신앙권의 개념을 이해하셔야 되는데요. 본향당이라는 것을 중심으로 해서 대개 일뤳당七日堂, 개당浦堂이 모여서 하나의 신앙권을 이룹니다. 본향당은 본향신本鄕神이라고 하는 신앙권에서 중심이 되는 마을의 수호신입니다. 그 마을 사람들로부터 땅세 물세 격으로 의례를 받아요. 그리고 요즘으로 치면 읍·면·동장의 구실을 합니다. 호적문서를 관리해요. 사람을 죽이고 살리는 역할을 하진 않지만, 이를테면 사람이 수명이 다하면 염라대왕이 차사差使를 보냅니다. "저놈 잡아와라. 저놈이 삼십 살 되면 죽을 거니까. 데려와라." 그 문서를 가지고 차사가 각 마을을 돌아다니면서 이 본향신에게 "호적 꺼내봐라." 대조를 해서 맞는 사람이 있으면 "너, 안내해라" 그래서 그 집을 찾아가서 영혼을 저승으로 데리고 갑니다. 이런 구실을 합니다, 본향신이. 이 본향신은 한 신앙권 내에는 홀로 존재해요. 같은 기능을 하는 신이 복수로 존재하지 않습니다. 아주 배타적인 기능을 한다고 볼 수 있죠. 일뤳당은 제주도말인데 이레, 즉 칠일당七日堂입니다. 어떻게 해서 칠일당이냐 하면 거기에 가서 기원하는 날이 매달 7일, 17일, 27일이라서 그렇습니다. 이레당이라고 이해하시면 됩니다. 이 일뤳당신은 뭘 하냐면 아이들이 아프면 가서 기원하고 아이들 병을 낫게 해줍니다. 아이들을 위한 당입니다. 개당은 '개'가 갯벌, 바다, 포구 이럴 때 쓰이지 않습니까? 그 개입니다. 바다와 관련된 당입니다. 물론 제주도에서도 바닷가마을이 아닌 곳이 있죠. 그럴 때는 개당 대신에 뭐가 들어서냐면 산신당山神堂이 그 자리에 들어갑니다. 개당이나 산신당은 생업을 담당합니다. 그 마을 사람들이 가장 중심으로 삼는 생업을 돌봐주는 신을 모신 당이죠. 본향신은 그 신앙권에 홀로 존재한다고 했습니다. 일뤳당 같은 경우에는 일뤳당신이 따로 있는데 '일뤠할망'이니 '일뤠중저'니 이런 신을 모신 당이 마을도 크면 동네도 여러 동네가 있을 수 있지 않습니까?[2] 웃마을, 아랫동네, 그러면 또 따로 일뤳당이 있을 수 있습니다. 개당은 포구마다 있을 수 있습니다. 한 마을에 해안선이 길면 포구가 여럿 있을 수 있습니다. 그 포구를 이용하는 뱃사람들이 또 따로 있을 수 있지 않겠습니까? 그러면 거기마다 따로 또 있을 수 있습니다. 무슨 말이냐 하면 일뤳당이나 개당은 한 신앙권에도 복수로 존재할 수 있다 이런 뜻입니다. 이렇게 해서 신앙권을 이루는데요, 본향당은 공동체 전체가 함께 모여서 기원하는 당입니다. 개별적인 기원은 거의 허용되지 않아요. 1년에 네다섯 차례밖에 굿을 안 합니다. 그때 참여해서 기원을 해야 돼요. 마을 사람 전체가 참여해야 하는 의무를 가집니다. 참석하지 않으면 "불성실

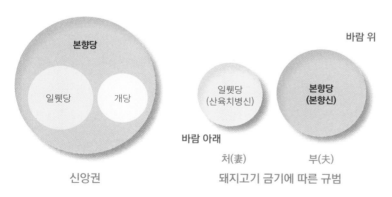

신앙권 · 돼지고기 금기에 따른 규범

그림 16
제주도의 당(堂) 구조

---

[2] '일뤠중저'의 '중저'는 할머니라는 뜻이다.

하다, 정성이 모자라다" 이렇게 말해요. 일뤳당은 매달 7일, 17일이라고 했습니다. 아주 빈번하게 있죠. 아이가 아파요. 그럼 어떻게 하죠? 본향당이면 1년에 몇 차례밖에 못하는데 찾아갈 수 없잖아요. 본향당은 어차피 못 찾아가는 곳이지만, 일뤳당은 당장 찾아갈 수 있어야 돼요. 그래서 일뤳당은 동네마다 있을 수 있어요. 급하면 언제든지 찾아갈 수 있어야 되니까. 개당은 대개 초하루, 보름에 찾습니다. 주로 뱃일하는 사람들, 해녀들이 찾는 곳이지요. 한 달에 한두 번 정도 가서 기원하면 되는 것입니다.

아까 신화 관련해서 다시 말씀드리는 것인데요. 돼지고기 때문에 살림을 가르고 위와 아래에 자리를 나누었다고 그랬습니다. 그 나누는 기준이 바람이라고 했는데, 오른쪽 그림에 나타냈듯이, 본향당의 주신인 본향신과 일뤳당의 신이 부부관계를 이룹니다. 당을 나누는데 그 기준이 뭐냐면 돼지고기 금기였습니다. 그런데 돼지고기 금기를 어겨서 쫓겨난 일뤳당신이 아이들을 돌보는 신이 되었습니다. 돼지고기를 먹었다고 임신한 아내를 모질게 내쫓은 저 남신이 본향신이 되면, 사람들은 저 본향당에 갈 때가 되면 절대 돼지고기를 만져서도 안 되고 먹어서도 안 됩니다. 신들의 어떤 이야기 속에 들어간 규범이지만 사람들의 생활에서도 마찬가지입니다. 의례를 행할 때는 반드시 돼지고기를 금기해야 돼요. 저희들도 저런 조사를 할 때는 참 괴롭습니다. 돼지고기를 못 먹어요. 요새는 최소 사흘입니다. 사흘 동안 먹으면 안 돼요. 그런데 일뤳당은 애초에 돼지고기가 허용되는 당입니다. 그렇잖아요? 돼지고기를 먹어서 쫓겨났으니까. 아이가 아파서 당장 달려가야 돼요. 돼지고기를 먹었는데 어떡해요? 일뤳당신은 그런 것에 관대합니다. 그래서 이런 식의 기원이 설정된 것이라

그림 17
동복본향당. 하르방신(왼쪽)
과 할망신(오른쪽)의 제단.

고 이해하시면 되겠습니다.

　당의 모습인데요, 왼쪽에 있는 것이 남신을 모시는 제단입니다. 돌로 이렇게 쌓아서 만들었죠. 오른쪽 것도 제단인데 여신의 제단입니다. 제주도식으로 하면 각기 하르방신, 할망신입니다. 부부인데 가운데 담을 쌓아놨어요. 사정을 따져보면 이렇습니다. 본풀이에 따르면 저 할망과 하르방은 한곳에 있을 수 없죠. 본향당과 일뤳당도 별도로 있어야 합니다. 그런데 사람들이 살다 보니까 둘로 나눠놓고 뭐 하기가 번거로워요. 그러면 하나로 합칩니다. 그냥 합칠 수는 없어요. 둘은 아직도 사이가 안 좋아요. 각방 쓰는 정도로 해결이 안 돼요. 별채 정도는 써야 돼요. 저 당은 일부러 쌓아놓은 것입니다. 일부러 둘 사이를 가르기 위해서.

　이것도 당의 모습인데요. 기와지붕으로 번듯하게 지어놓은 것이 하르방을 모시는 곳입니다. 본향신이죠. 여기도 뒤에 제단이 있어요. 초라하죠. 할망신을 모신 곳입니다. 이 마을은 이전에 조사된 자료를 보면 할망, 하르방이 살다가 할망이 돼지고기를 먹어가지고 하르방

그림 18
북촌본향당

이 쫓아냈다는 내용은 없어요. 하지만 이 모양을 보면 원래의 신화가 어떤 것이었는지 우리는 알 수 있습니다. 전승과정에서 잊힌 거예요. 분명히 누가 돼지고기를 먹어서 쫓겨난 것일까요? 당연히 할머니죠. 실제로 동네 할머니들에게 물어보면, "어, 그런 이야기가 있었어, 예전에." "할망이 돼지고기를 먹어서 쫓겨났다"고 합니다. 이렇게 당의 모습도 제주도 당신본풀이를 연구할 때 소중한 단서가 됩니다. 보통 사람은 가서 보면 "아, 이런 것이 있구나" 하고 말 것이지만, 저희들이 볼 때는 아주 소중한 단서가 되는 것이죠.

그런데 의례 준비과정을 보시면 조금 섬뜩할 수도 있습니다. 돼지고기를 사용합니다. 돼지고기를 아예 통째로 바쳐서 의례를 행해야 하는 경우도 있어요. 이것은 돗제라고 하는 것입니다. 제주도에서는 돼지를 '돗'이라고 합니다. 그래서 돗제豚祭예요. 돼지고기가 부정하다고 하는 것은 이상한 말이에요. 그 부정한 것을 받는 신이 따로 있습니다. 이들 신에게는 돼지고기가 그냥 허용되는 것이 아니라 제물로 반드시 바쳐야 해요. 돼지고기는 의례적으로는 금기라고 설명이 되고 있습니다만, 실제로는 다른 의미가 있어요. 뒤집어볼 필요가

있습니다. 앞서 사람들이 본향당에는 꼭 참여할 의무가 있다고 했어요. 그런데 사정이 있어서 참여를 못하는 사람들이 있습니다. 집안에 제사가 있으면 반드시 제물로 돼지고기 적炙 같은 것을 해야 합니다. 그러면 어떡해요? 못 간단 말이죠. 그래서 이런 사람들에게 "너 부정하니까. 너처럼 부정한 사람이 찾아오면 온 마을이 탈이 나." 이렇게 이야기합니다만, 결국은 그 말을 뒤집어보면 면죄부를 주는 것입니다. 불참해도 좋다는 면죄부를 주는 것이에요. 다양한 사례를 통해서 이 점을 확인할 수 있습니다. 옛날에 우리나라 어디서나 마찬가지였죠. 온 동네 사람이 덤벼들어야만 해결되는 문제가 하나 있었습니다. 장례葬禮입니다. 장례는 누가 언제 죽을지 모르잖아요. 이것이 흉사라고 하지만 흉사이건 뭐건 사람들이 온갖 것 다 팽개치고 사람들이 그 문제를 해결해야 합니다. 그래서 마을에 어떤 제사, 예를 들면 제주에서는 아직도 정월에 유교식으로 마을제를 합니다. 사흘 동안 제관들이 정성하면서 합숙하고 그렇습니다. 그런데 마을에 상喪이 나면 마을제를 연기합니다. 어떻게 할 수 없어요. 사람들이 다 덤벼들어서 장례를 해결해야 하기 때문입니다. 옛날에는 하도 삶이 어려워서 마을제를 지내는데 필요한 제상하고 제기 같은 것도 따로 없었거든요. 잘 사는 사람의 집의 것을 빌렸거든요. 그런데 장사를 지내려

고 하면은 그 물건들이 그리로 가야 됩니다. 마을제고 뭐고 없어요. 그래서 의례의 순서를 달리 정할 필요가 있었어요. 그 기준이 뭐냐, 그게 돼지고기가 된 것입니다. 마을에 장사가 나면 그게 흉사지만, 다른 지역도 그렇습니다만, 그 장사에는 돼지고기가 가장 중요한 음식입니다. 손님을 접대할 때, 돼지고기를 가장 기본적인 음식으로 대접하죠. 제주도에 요즘 관광객들에게 널리 알려진 '몸 국'이라고 있습니다, 몸 국. 제주도에서는 '돗국물'이라고 합니다. 돼지고기를 삶았는데 사실은 국물이 남죠. 그 국물만은 먹을 방법이 없어요. 거기에 모자반이라고 하는 바다풀을 풀어 넣어서, 그것을 다시 국처럼 떠내는 것입니다. 그게 요즘 나오는 몸 국입니다. 그런 식으로 해야 동네사람을 다 대접할 수 있어요. 그게 아니면 감당할 길이 없습니다. 옛날에 물자도 없고 돈도 없을 때. 돼지고기를 이렇게 마을 전체가 함께 먹는 경우가 생겨버리면 나머지 것들은 아무것도 못하죠. 본향당의 당굿이 중요한 것이지만 못합니다. 사실상 아무도 못 가죠. 그러니까 연기할 수밖에 없고, 가장 부정하다 어쩌다 하는 돼지고기를 내세울 수밖에 없습니다. 이렇게 이해할 수 있다는 것입니다. 돗제는 뭐냐 하면 신 가운데 돼지고기를 좋아하는 신이 있어요. 이런 신은 아무리 훌륭해도 본향신이 될 수는 없습니다. 앞 그림에서 보이는 돗제를 받는 신은 구좌읍 김녕리라고 하는 마을의 '궤네깃도'라고 하는 신입니다. 제주도 전역에서 당신앙의 원조라고 치는 곳이 송향본향당이라는 곳인데요. 송향본향당의 부모에게서 태어난 자식들 중 남자 자식들이 제주도 전 지역에 흩어져서 본향신이 됩니다. 그 아들 가운데 하나가 궤네깃도예요. 그 똑같은 신화를 가지고 있는 형제들 가운데 본향신이 안 된 유일한 사례가 궤네깃도입니다. 왜냐하면 돼지고

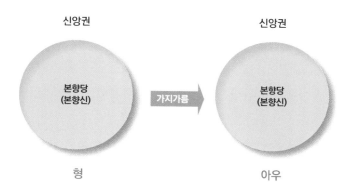

그림 20
신앙권 가지가름

신앙권　　　　　　　　　　신앙권

본향당
(본향신)　　가지가름　　본향당
(본향신)

형　　　　　　　　　　아우

기를 제물로 받으니까요. 그러면 본향신이 될 수 없습니다. 이게 아주 중요한 규범으로 작동이 되고 있다는 것이 확인되죠.

　제주도 당신본풀이라고 하는 것이 아주 많다고 했습니다. 저 많은 것이 이처럼 오랜 세월동안 전승이 중단되지 않고 남아있을 수 있었는가? 궁금하단 말이죠. 이게 참 불가사의한 일일 수 있어요. 아무리 이것을 열심히 전승한다고 해도 여러 가지 사정으로 어려울 수가 있는데, 그럼에도 불구하고 전승이 끊이지 않고 이뤄져왔다는 것이죠. 아까 신앙권이라고 했는데 하나의 신앙권을 이루다가 점차 사람이 늘어나고 그러면 어떻게 됩니까? 하나의 마을이 분리가 됩니다, 두 개로. 그런 사례들이 많지 않습니까? 원래 한동네였다가 분리되는 사례도 있어요. 그러면 신앙권도 나뉩니다. 이렇게 신앙권이 둘로 바로 쪼개지느냐? 바로 쪼개질 수 없는 이유가 있죠. 한 신앙권 안에 본향당이 있는 동네가 있고, 일뤳당만 있는 동네가 있고, 개당만 있는 동네가 있을 수 있어요. 신앙권을 바로 쪼갤 수 없는 이유는 본향당이 있는 동네면 괜찮은데, 없는 동네도 쪼개지면 그것을 어떻게 처리하느냐 하는 문제가 남죠. 왜냐하면 본향당은 반드시 있어야 하니까요. 물론 마을의 규모가 작으면 대여섯 개 마을이 하나의 본향당을 모십니다. 대여섯 개 마을이 하나의 본향당을 함께 모시면, 그것이 하나의 신앙권이 되죠. 그런 사정을 살펴보면 그 동네가 과거 사람들의 삶이 어땠는지 짐작할 수 있어요. 한 마을이 하나의 신앙권을 이루느냐, 여러 마을이 모여서 하나의 신앙권을 이루느냐, 그리고 본향당이 어느 마을에 있느냐. 이런 것들을 따져보면 과거 사람들이 어떤 정도의 공동체 관계를 이루었는가를 확인할 수 있습니다. 신앙권이 분리되면 이런 문제가 따른다는 말이죠. 본향당이라는 것을 갖춰야 되는데 그것이 어렵습니다. 그러면 본래의 본향당에 있는 본향신을 복사해가듯이 가져갑니다. 이것을 "가지가른다"고 해요. 복사해가는 것입니다. 신앙도 그대로 가져갑니다. 신도 신념도 그대로 가져가고, 굿하는 날짜까지 다 그대로 가져갑니다. 그렇다고 해서 신이 똑같은 신이라고 할 수는 없어요. 나중에 생긴 당, 복사해간 당은 솔직하게 우리는 저기서 가지가름한 당이라고 말합니다. 그러면서 신들의 관계를 형제관계로 설정합니다. "저기는 첫째 형이고 우리는 둘째 형이에요." 이렇게 합니다. 이렇게 해서 당이 나뉘어갈 때 신앙만이 아니라 신화도 그대로 가지고 온다, 그러면 어떻게 됩니까? 같은 신화가 여러 마을에 존재하게 되는 거죠.

그렇게 되면 이런 경우가 생깁니다. 이런 마을들 가운데 한 마을에서 사정이 있어가지고 저 당신본풀이라고 하는 것을 전승하기 어려워져요. 사실 아무나 그 본향당이라는 곳에 가서 굿을 할 수 있는 것이 아니고, 책임을 맡은 무당이 있습니다. 제주도에서는 그것을 '당맨신방', '매인신방'이라고 합니다. 매여 있다는 말이죠. 결코 좋은 말은 아닙니다. '전속'이라는 뜻이지, 영어로 메인^{main}이 아닙니다. 매인

심방이라는 심방만 저 당신본풀이를 할 수 있어요. 그런데 매인심방이 대가 끊어지면 갑자기 황당하게도 당신본풀이 전승이 중단되게 됩니다. 위험하죠. 그럼에도 불구하고 몇 년 있다가 매인심방을 다시 구하게 되면 어떻게 하냐? 새로 구한 매인심방이 기존의 당신본풀이가 어떤 것이었다는 것을 전혀 몰라도 그것을 살려낼 수 있습니다. 살려낸 사례들이 있어요. 어떻게 하면 되느냐? 형네 것을 갖다 쓰면 돼요. 거기다가 아우라고 하면 되죠. 그리고 살짝 그 마을의 사정에 맞게 고치면 됩니다. 이렇게 하니까 제주도 당신본풀이는 그야말로 전승하는 데 있어서만큼은 아주 강력한 힘을 지니게 됩니다. 우리들이 연구하기도 좋아요. 이 마을의 사정을 잘 모르겠다 싶으면 어떻게 합니까? 당연히 이웃마을로 가면 돼요. 이웃마을에서 저것을 어떻게 하고 있지 하고 견주어 보면 본래 어떤 것이었는데 변화가 이루어졌구나 하는 점을 알 수 있다는 것이죠. 당신본풀이가 워낙 많아서 연구하기가 좀 까다롭다고 생각하는 경우도 있지만, 저는 오히려 반대로 그것들이 많은 덕택에 견주어 보면서 전승해온 내력을 소상히 파악할 수 있다고 봅니다.

사실, 제주도 당신화라는 것, 그게 많으면 뭐하나, 그저 그런 것이겠거니 할 수도 있겠습니다만, 이게 사실은 건국신화의 비밀 몇 가지를 풀어낼 수 있는 단서를 가지고 있습니다. 사실 그 비밀은 우리가 모르는 것은 아닌데요, 학자들이 답은 다 찾았지만 실질적인 근거 같은 것은 잘 모르는 경우가 있었죠. 여러분이 『삼국유사』나 이런 것을 보면 북부여北扶餘, 동부여東扶餘가 있다고 합니다. 그런데 동부여가 부여 자리에 있었단 말이죠. 지금 북부여라고 하는 곳에. 해모수解慕漱라고 하는 신이 내려와서 나라를 세웠습니다. 이어 아들 해부루解夫婁가

왕이 되었어요. 나라가 문제가 없어요. 그런데 어느 날 옥황상제가 재상 아란불阿蘭弗의 꿈에 나타나서 "내 자손으로 하여금 그곳에 나라를 세우려고 하니까 다른 곳으로 옮겨라. 저 동쪽에 가면 가섭원迦葉原이라고 하는 곳이 나라를 세울 만하다." 그랬어요. 해부루가 할 수 없이 동쪽 가섭원으로 나라를 옮겼습니다. 그게 동부여죠. 그리고 나중에 알아보니 자기네들이 도읍을 삼고 있던 북부여 자리에 어디선가 이상한 인간이 나타나서 자칭 해모수라고 하면서 나라를 다스리더라, 합니다. 이게 뭐예요? 여러분이 잘 알다시피 고구려 신화에도 해모수가 등장합니다. 기록이 뭔가 잘못됐나요? 아니지요. 그건 저 나라들의 신화의 조각들이죠. 둘 다 똑같은 신, 해모수라는 신을 내세우고 있을 뿐이지요. 왜 그러죠? 실은 저 집단은 생활권을 함께하던 집단에서 갈라나온 것이죠. 무슨 이야기냐 하면, 제주도의 마을들처럼, 해모수라고 하는 신을 내세워서 자기네들 집단의 자부심을 드러내는 신화를 공유하고 있었다는 겁니다. 기록의 잘못이 아니에요. 이것의 실질적인 근거를 제주도 당신본풀이를 통해서 확인할 수 있다는 것입니다. 신화라고 하는 것은 요즘처럼 창의적인 어떤 것이 아닙니다. 신화는 꾸며내는 것이 아니라, 예전에 사람들에게 익숙하게 전해오던, 거의 같은 맥락의 이야기를 토대로 해서 전승된다는 사실을 확인할 수 있다는 것이죠.

『삼국유사』에 이런 기록도 있어요. 신라 6부가 있다고 그랬죠? 6부가 있는데 이제 나라를 이루자고 하지만 이루기가 어렵다. 왕이 필요하다. 그런 찰나에 하늘에서 빛이 내려와서 찾아 가봤더니 알을 깨고 혁거세가 나타났다. 이렇게 씌어 있어요. 그런데 신화 내용이 아니고 일연이라는 분이 이렇게 적어놨어요. 지금 풍속에, 기록할 당시 풍속에, 중흥부를 어머니라 하고 장복부를 아버지, 임천부를 아들, 가덕부를 딸이라 한다. 여섯 부족이 있는데 각각을 가족관계로 설정한다. 자세한 이유는 알 수 없다. 이랬거든요.[3] 저는 알겠는데요. 신화가 일반적으로 공동체의 유대를 강화하는 기능을 한다고 하는데, 신화가 특히 자랑스러울만한 자기네 조상의 내력을 담고 있기 때문이죠. 그런데 그것만이 아니죠. 신화를 전승하는 것 자체가 결속을 유지하는 기능을 하는데, 그것을 신화 속에서 여러 가지 방식으로 가능하도록 해요. 이를테면 역사의 일부분인 것처럼 보이는 부분들이 있죠. 고구려신화에 주몽이 나라를 세우려고 가보니 거기에 이미 나라가 있어요. 송양왕이라고 하는 사람이 왕 노릇을 하고 있어요. 그래서 "나한테 이것을 내놓으시오" 했습니다. 그걸 내놓을 사람이 어디 있습니까? "안돼" 했더니 "활쏘기 내기를 합시다" 해요. 좀 불공정하죠. 자신이 가장 자신 있는 것을 내기로 했어요. 활쏘기 내기를 해서 결국 주몽이 이겨서 고구려라고 하는 나라의 기틀을 다지게 되었습니다. 이게 현실이라면 가능할까요? 아마 피비린내 나는 전쟁이었겠죠? 어쨌든 그 터전에 함께 살게 되었어요, 후손들이. 그러면 어떻게 되겠어요? 신화에서는 "정복해서 이겼다"라고 하지는 않겠죠. 그럴 수 없잖아요. "우리는 적이었어." 이렇게 쓸 수는 없으니까, 그것을 평화적인 방식으로 어떻게 됐다, 적게 되는 것입니다.

　제주도 당신본풀이에서 마을과 마을의 관계, 형·아우 신들의 관계를 이렇게 설정했어요. 사실 어떤 경우에는 생업이 유사해서 다툼이

---

3 "노례왕 9년(132년)에 처음으로 여섯 부의 명칭을 고쳤고, 또 여섯 성(姓)을 주었다. 지금 풍속에 중흥부를 어머니, 장복부를 아버지, 임천부를 아들, 가덕부를 딸이라 하는데 그 실상은 자세하지 않다.": 일연 저, 김원중 역, 『삼국유사』, 민음사, 2008, 58쪽.

제3강 제주도 신화의 세계 **125**

있을 수 있잖아요. 바다에서 뭐, "너희들이 왜 우리 바다에 와서 잡아가느냐?" 이런 다툼 말입니다. 물론 많은 경우에 실제로 문제가 돼서 원수가 되기도 합니다. 신화에서도 서로의 경계를 확실히 가르고 혼인도 하지 못하도록 규범화해 놓은 사례도 있습니다. 그렇지만 기본적으로 이웃한 마을끼리 가족관계 혹은 형제관계로 설정해 놓는 것은 그런대로 서로 공동체의 유대관계가 예전부터 있었다는 것을 인정하는 것이고, 차후에도 그런 유대관계를 인정하려는 뜻이 담겨 있는 것이죠. 특히 제주도처럼 좁은 공간을 터전으로 삼고 있는 지역에서는 이런 것들이 매우 중요합니다. 공동체끼리 서로 알력이 있으면 곤란하죠. 일연은 그런 사정, 즉 6부가 가족처럼 된 풍습에 대해 자세한 이유는 알 수 없다고 했지만, 우리는 제주도 당신본풀이를 토대로 하면 답을 알듯하다, 이렇게 말씀드릴 수 있습니다.

창세신화: 〈천지왕본풀이〉와 〈베포도업침〉

이제 창세신화로 넘어가 보겠습니다. 기본적으로 창세신화는 세상을 창조하는 이야기죠. 그런데 제주도의 창세신화로 알려진 〈천지왕본풀이〉에는 사실 창세와 관련된 내용은 없습니다. 이 장면이 〈천지왕본풀이〉를 풀어내는 장면입니다. 제상에 꽃이 둘 있죠. 꽃이 아니라 멀리서 보기에는 나뭇잎 꽂아놓은 것이죠. 동백입니다. 〈천지왕본풀이〉에 저 꽃과 관련된 내용이 있어요. 형제가 누가 이승을 차지할 것이냐로 내기를 합니다. 누가 꽃을 잘 가꾸느냐로 내기를 해요.

그림 21
초감제 장면

바로 그 대목을 풀어낼 때가 되면, 소미⁴가 심부름을 하면서 저 꽃을 실제로 바꿔놔요. 본풀이 신화가 신화로서 이야기되는 것만이 아니고 의례 속에서 행위를 함께 한다는 것이죠. 이것도 흥미로운 현상입니다. 아까 〈천지왕본풀이〉 그 자체에는 창세와 관련된 내용이 없다고 했습니다. 그렇지만 천지가 혼합된 상태에서 하늘과 땅이 열리고 하면서 세상이 만들어진 내력, 그런 내력이라도 들어있는 것이 뭐냐 하면 〈베포도업침〉이라고 하는 것이 있습니다.⁵ 〈천지왕본풀이〉를 풀어내기 전에, 원래 세상은 아무것도 분리되지 않는 상태였는데 천지개벽이 이루어지고, 하늘과 땅이 갈리고 하늘에서 이슬이 떨어져서 그것이 내가 되고 바다가 되고 산이 생기고, 이렇게 해서 인간 세상이 이루어졌다라고 합니다. 그 대목을 〈베포도업침〉이라고 하는데, 이것은 그냥 그렇다는 내용만 갖춘 것이죠. 거기에 천지개벽과 인간세상이 이루어진 내용이 풀이가 됩니다. 어떤 특정한 신이 있어서 세상을 만들어냈다고는 하지 않아요. 그냥 세상이 자연히 그렇

---

⁴   원래는 소무(小巫).

⁵   제주도에서 굿을 할 때는 먼저 신을 청하는 초감제라는 것을 하는데, 이 초감제의 첫 부분이 바로 〈베포도업침〉이다. 〈베포도업침〉은 세상이 이루어진 내력을 설명하는 대목이다. 그 뒤에 굿하는 장소에 대하여 설명하고, 이어 굿하는 연유를 풀이하는 순서로 나아간다.

게 됐다라고 하지요. 〈천지왕본풀이〉는 그 가운데 어떤 대목에서 풀이하느냐 하면, 해와 달, 별과 해와 달이 생긴 대목에서 풉니다. 처음에는 해도 둘이고 달도 둘이었단 말이죠. 해도 둘, 달도 둘. 이것은 우리 창세신화에서 공유하는 요소입니다. 낮에는 너무 뜨거워서 타죽어가요. 밤에는 추워서 얼어 죽어가요. 세상에 달이 두 개라고 얼어 죽는다는 것은 어떤 것인지 알 수 없지만 하여튼 얼어 죽어가요. 사람이 살 수 없단 말이죠. 이 문제를 풀이해야 하는데 〈천지왕본풀이〉는 그 문제가 어떻게 해결되었는가 하는 것을 설명하는 신화입니다. 〈베포도업침〉에는 천지개벽이 들어가 있고, 〈천지왕본풀이〉는 일월日月을 조정하는 내용입니다. 해와 달을 오늘날과 같이 만드는 과정이 들어가 있다고 할 수 있습니다. 천지창조는 없어졌거나 매우 약화되어 있습니다. 간혹 가다가 제주도 심방들이 워낙 많으니까 그 가운데 한두 심방들은 그래도 간혹 어떤 신이 만들어냈다고 하는 사례가 있다는 것이죠. 그런데 보편적인 사례가 아니어서 일단 천지창조와 관련된 전승은 없다시피 하다고 말씀드린 것입니다.

〈천지왕본풀이〉의 내용은 대체로 이렇습니다.

(1) 천지왕이 지상으로 내려온다.

(2) 천지왕이 악한 수명장자를 징치한다.

(3) 천지왕이 총명부인과 인연을 맺고 홀로 돌아간다.

(4) 대·소별왕이 탄생한다.

(5) 대·소별왕이 부친을 찾아 상봉한다.

(6) 대·소별왕이 이승, 저승차지 내기를 한다.

(7) 대·소별왕이 활을 쏘아 일월을 조정한다.

지난번에 강의를 들으신 〈시루말〉에서도 〈천지왕본풀이〉가 언급됐을 것입니다만, 천지왕이라는 신은 하늘의 신입니다. 그 신이 지상으로 내려오는 이유는 분분해요. 그래도 맥락을 찾아서 이야기하는 심방은 해와 달이 둘씩 있는 문제를 해결하는 데 있어서, 천지왕이 스스로 해결하지 못하고 인간세상에 영웅이 필요하다, 그렇게 생각하고 그 영웅을 탄생시키기 위해서 지상으로 내려오는 것이라고 풀이합니다. 어쨌든 천지왕이 내려왔어요. 내려와봤더니 수명장자라고 하는 부자가 아주 나쁜 짓을 해요. 수명장자가 사람들을 못살게 굴어요. 사실은 내려와서 총명부인이라고 하는 처녀와 배필을 맺었단 말이죠. 총명부인이 자기 남편에게 처음으로 밥을 해줘야 되는데 쌀이 없어요. 가난하거든요. 그래서 수명장자에게 쌀을 꾸러 갔습니다. 그런데 수명장자가 쌀에다가 모래를 섞어줘요. 물론 받을 때는 깨끗한 쌀만 받죠. 총명부인이 그 쌀을 받아가지고 아무리 여러 번 깨끗이 씻으려고 해도 제대로 될 리가 없죠. 어쩔 수 없이 밥을 지었는데 천지왕이 첫술을 떴을 때 그만 모래가 씹히고 말아요. "이게 웬일이냐?" 그래서 수명장자의 악행이 알려지고, 결국 천지왕이 수명장자를 징치하게 됩니다. 사실 수명장자를 징치하고 하는 것이 창세신화에 들어갈 만한 내용은 아닙니다. 그런데 천지왕은 총명부인과 배필을 맺어놓고 하늘로 가버립니다. 여자분들이 보기에 요즘 남자들과 비슷한가요? 우리 신화에서 하늘의 신은 다 그렇죠. 하늘의 신이 지상에 머무는 것을 봤나요? 딱 한 가지 사례가 있어요. 〈단군신화〉의 환웅이죠. 나머지는 무책임하기 이를 데 없어요. 반면 자기 아들은 꼭 지상에 남겨놓으려고 해요. 고구려 해모수가 그렇죠. 유화하고 정을 나누다가 장인에게 발각되어서 쫓겨났단 말이지요. 그때는 유화가 임신을 안 한 상태예요. 해모수가 하늘로 올라가서 뭘 했냐 하면 유화가 금와왕에게 갇혀 있는데 빛을 내려쬐어서 유화가 자꾸 도망가도 쫓아가서 잉태를 시킵니다. 꼭 자기 자식을 만들어야 됩니다. 그러면 여신은 혼자 온갖 고생을 하면서 그 자식을 키워서 한 나라의 왕으로 만들어야 합니다. 제주도 당신본풀이에서는 여신이 돼지털 냄새 좀 맡았다고 쫓겨나는데, 그 여신이 나중에 스스로 일곱 아이를 낳습니다. 혼자 일곱 아이를 낳아서 길러요. 그런 신이기 때문에 사람들이 집안에 누가 아플 때 가서 기원하면 들어줍니다. 그 신 자체가 아이들을 돌보아주는 신이기 때문이죠. 자, 어쨌든 총명부인이 두 아이를 낳습니다. 대·소별왕이 탄생합니다. 한꺼번에 낳았으니까 쌍둥이죠. 그래도 어쨌든 우리는 형제를 가르기 때문에 맏이를 대별왕, 둘째를 소별왕이라고 부릅니다. 별왕이라는 이름이 그냥 지어진 것은 아니죠. 이것이 별과 관련된 내용이니까요. 대소별왕이 자라서 서당에 갑니다. 글공부를 아주 잘해요. 그런데 글공부하는 선비들이 놀립니다. 애비 없는 자식이라고 놀려요. 그러자 어머니에게 가서 따집니다. "아버지가 누구입니까?" 어머니가 자초지종을 말합니다. "저 하늘나라 천지왕이다." 사실은 헤어질 때, 천지왕이 나를 찾으려면 어떻게 해야 한다고 알려주고 갔어요. 박씨를 심으라고 했지요. 제주도식으로는 콕 씨를 심으라고 했습니다만, 어쨌든 박씨를 심었더니 줄기가 보통 박씨는 안 그런데 이게 하늘로 올라가요. 대별왕 소별왕이 그 줄기를 타고 하늘로 올라갑니다. 아버지를 만나요. 아버지가 큰놈은 이승을 차지하고 작은놈은 저승을 차지하거라 그랬어요. 하지만 소별왕이 욕심이 생겼어요. 자기가 이승을 차지하고 싶은 것이에요. 그래서 형에게 제안을 합니다. 수수께끼 내기를 해요.

못 이기죠. 그 다음에는 꽃 가꾸기 내기를 합니다. 역시 못 이겨요. 형 꽃은 잘 자라는데 자기 것은 시들기만 해요. 그래서 "꽃 피우기 내기를 합시다." 그래서 형이 자는 동안 동생 소별왕이 살짝 꽃을 바꿔치기 합니다. 형이 눈을 떠서 그 사실을 알고 "네가 그렇게 욕심을 내니깐 네가 이승을 차지해라. 하지만 네가 다스리는 이승은 앞으로도 무질서한 사회가 될 것이다. 네가 그런 악행을 저질렀기 때문에 남자는 열다섯만 넘어가면 자기 각시 버리고 이웃집 여자를 볼 것이고 또 도둑, 사기꾼 이런 놈들이 끊이질 않을 것이다." 이랬어요. 오늘날 우리가 사는 세상과 다를 바 없죠. 이게 다 소별왕 때문인가요? 그 둘이 사실은 이승차지, 저승차지도 중요하지만, 남은 문제가 있죠. 해와 달이 둘씩 떠있는 문제를 해결해야 되거든요. 형이 마지막으로 동생을 도와줍니다. 이 둘이 힘을 합쳐서 해와 달을 하나씩 떨어뜨립니다.

〈시루말〉의 경우에 천부지모를 이야기하는 대목이 여러 지역에서 내려오는 창세신화 가운데 특히 제주도의 〈천지왕본풀이〉랑 일치합니다. 그러니까 천하궁 칠성이 지하궁당의 매화부인을 찾아올 때, 그 내려오는 이유가 뭐냐면 가구적간家口摘奸 인물추심人物推尋을 하기 위해서 내려온다 했습니다. 이게 무슨 이야기냐? 가구적간은 집집마다 돌아다니면서 죄인을 찾아내는 것입니다. 인물추심도 마찬가지죠. 죄인들을 추적해서 찾아내는 것입니다. 그러니 악인을 징치하기 위해서 내려왔다는 이야기죠. 저는 이 대목을 허술하게 넘겨 볼 수 없었습니다. 왜냐하면 한국 창세신화 가운데 경기도의 〈시루말〉 하필 거기에 〈천지왕본풀이〉에만 들어있는 것으로 우리가 이야기하는 악인징치와 유사한 것이 들어있다는 것이죠. 바로 가구적간 인물추심

이것입니다. 이 두 줄 때문에, 경기도 〈시루말〉하고 제주도의 〈천지왕본풀이〉가 대단히 유사하다는 것을 확인할 수 있습니다. 물론 인세차지 경쟁6은 〈시루말〉에는 없지만, 이것도 원래는 있었던 것이 아닌가 그렇게 추정이 됩니다. 어쨌든 제주도의 〈천지왕본풀이〉는 여러 지역의 창세신화 가운데 〈시루말〉과 가장 관련성이 깊다고 볼 수 있습니다. 〈시루말〉과 〈천지왕본풀이〉 둘 다 아버지와 아들로 이어지는 두 세대 이야기이면서, 악인징치화소 또한 유사하다고 말씀드릴 수 있습니다. 물론 〈시루말〉만 아니고 북한지역에 전승되던 창세신화와도 대단히 유사하죠. 그러니까 〈천지왕본풀이〉는 한국 창세신화의 주요한 요소를 다 물려받은 신화라고 말씀드릴 수도 있습니다.

〈삼성신화〉의 수평적 세계관

제주도 신화를 이야기할 때 누구나 짐작하는 것이지만 제주도라고 하는 환경조건을 먼저 이해해야 합니다. 제주도는 섬입니다. 섬이되 뭍과 가까운 섬이 아니고 아주 멀리 떨어져 있습니다. 먼 옛날 제주사람은 제주 섬이 세상의 전부인 줄 알았던 거죠. 제주가 소우주였던 것이죠. 제주에는 산과 바다라는 공간이 주된 생활공간입니다. 드넓은 땅이 없어요. 그래서 드넓은 땅, 끝과 끝, 아무리 찾아도 안 없어지는 게 또 하나 있습니다. 저 만주대륙 같은 데는 하늘이죠. 그쪽 사람들은 하늘을 대단히 중시하고 하늘신을 아주 많이 섬깁니다. 그런데 먼 옛날 제주 사람들의 고유한 전승이라고 볼 수 있는 당신본풀

---

6   인간세상을 누가 차지하는가 내기를 하는 것. 함흥 〈김쌍돌이 창세가〉에서는 미륵과 석가가, 제주도 〈천지왕본풀이〉에서는 대별왕 소별왕이 꽃 피우기 내기를 통해 인간세상의 주인을 가린다.

이 같은 곳에는 하늘이 없습니다. 신이 어디서 "솟아난다"고 그랬죠? 땅에서 솟아난다고 그랬습니다. 그리고 저 바다. 먼 옛날에는 바다가 다른 세계를 가로막는 장벽이었습니다. 그런데 점차 그 장벽이 어떻게 보면 의외의 소통의 길이 됩니다. 의도하지 않았지만 배를 타고 왔다가 표류하거나 해요. 다른 민족들도 배를 타고 왔다가 표류합니다. 교통이 발달하게 되면서 배를 타고 이동하다가 풍랑을 피하기 위해서 서로 접하게 돼요. 그래서 이것이 오히려 열린 길, 소통의 길이 되어버렸죠. 그 변화되는 과정이 신화 속에서 확인됩니다. 그런 사정을 살펴보겠습니다.

아까 천부지모의 이야기에서 나타나듯이 한국의 신화가 보통 천상세계와 지상세계, 그런 세계관을 바탕으로 이루어지고 있다고 하면, 제주도 고유의 신화는 수평적인 세계관 즉, 세상이 땅, 바다, 산으로만 구성되어 있습니다. 하늘이 보이지 않아요. 〈삼성신화〉라고 하는 문헌신화도 그런 신화입니다.

(1) 태초 탐라에는 인물人物이 없었다.

(2) 땅속에서 3을나가 솟아난다.

(3) 3을나는 벽랑국 3공주를 맞아 혼인한다.

(4) 3공주가 가져온 씨앗으로 농경을 시작한다.

(5) 인구가 늘고 물산이 갖추어지자 나라를 세운다.

태초 탐라에는 인물이 없었다는 말이죠太初無人物. 그런데 땅속, 즉아까 봤던 삼성혈, 거기에서 세 성인이 솟아났어요. 그 세 성인을 삼을나三乙那라고 합니다. 그 삼을나는 벽랑국碧浪國이라고 하는 곳에서 온

세 공주를 맞이해서 혼인합니다. 벽랑국에서 어떻게 해서 온 것이냐면, 벽랑국은 어떤 섬나라인데 거기 왕이 하루는 저 서쪽 한라산 쪽을 보니깐 상서로운 구름이 서려 있어요. "아 저기에 영웅이 탄생했는데 배필이 없어서 나라를 못 세우고 있구나." 그래서 사자에게 명하지요. "세 공주를 너에게 보낼 테니까 저 섬으로 데리고 가서 배필로 삼고 대업을 이루거라" 합니다. 그 세 공주가 제주도 올 때 송아지, 망아지, 오곡의 씨까지 가지고 왔습니다. 그래서 삼을나가 세 공주와 나이 차례로 배필을 맺습니다. 그 당시까지만 해도 이들은 수렵생활이니 사냥하면서 돌아다니는 생활을 했는데 이제 정착생활을 하게 됩니다. 세 공주가 곡식을 가져와 농경생활을 하게 되니까 당연히 정착생활인 거죠. 그러면 당연히 뭐가 생깁니까? 땅을 가르는 것이 중요한 문제가 됩니다. 이때 활을 쏘아서 땅을 정합니다, 살 곳을. 그것을 차례대로 일도, 이도, 삼도라고 합니다. 제주시에 가면 일도동, 이도동, 삼도동이 있어요. 이것이 그때 나뉘었다고 이야기하죠. 그렇게 해서 살기 시작하니까 인구가 늘어나고 또 물산이 갖춰집니다. 태초에 인물이 없었다고 하는데 인물人物이라는 것이 사람이 아니고 사람과 물산을 말하는 것이죠. 그것이 결핍된 상태였는데 채워져서 나라를 이루는 데까지 도달한다고 이야기합니다. 이것이 〈삼성신화〉의 내용입니다.

간단히 말해 삼을나가 땅에서 솟아났고 바다 건너 가상의 공간에서 건너온 여신과 만난다, 이렇게 이야기하는 것이죠. 어떻게 보면 비슷한 신화가 없지 않아요. 〈수로신화〉랑 비슷하죠? 거기서는 허황옥許黃玉이 벽랑국에서 건너온 세 공주와 유사한 그런 역할을 하죠.[7] 수로왕이 허황옥이 가져온 온갖 보물을 보고 "별것 아니구나" 하지는 않았을 것 같아요. 오히려 나라의 기틀을 다지는데 대단한 도움이 됐겠죠. 이처럼 바깥에서 들어온 여신이 가져온 새로운 문물로 인해서 한 단계 성숙한 문화를 이루고, 나라를 세우는 데까지 나아갔다라고 의미를 부여할 수 있는 신화입니다.

〈송당본향당본풀이〉

〈송당본향당본풀이〉는 제주도 당신본풀이를 대표하는 이야기예요. 아까 돼지고기 돗제에 대해 이야기 드린 것은 그 가운데 핵심만 추린 것이었습니다. 〈송당본향당본풀이〉는 아까 말씀드렸다시피 제주도 당신의 원조를 모시는 신당을 이야기합니다.[8] 한라산에서 솟아난 소천국이라는 남신과 강남천자국이라는 곳에서 건너온 백줏도百主또가 만나서 혼인을 합니다. 자식을 잉태했는데, 이제 자식이 생기게 되면 사냥하거나 나물을 캐먹는 것만으로는 살기가 어렵잖아요. 그래서 백줏도가 소천국 남편을 밖으로 보냅니다. 그리고 점심을 준비해서 갖다놓고 와요. 소천국이 밭을 갈다가 보니까 어떤 중이 지나가면서 "먹을 것 없냐?" 있으면 달라고 했어요. "저기 점심이 있으니까 당신이 먹을 수 있을 만큼 먹고 가시오." 이렇게 인심 좋게 허락합니다. 밭갈이를 하다 보니 배가 고프죠? 그런데 점심이 하나도 없어

---

7   허황후(許皇后)라고도 하며, 김해김씨와 김해허씨의 시조모이다. 『삼국유사』의 〈가락국기(駕洛國記)〉에는 허황옥이 원래 아유타국(阿踰陁國)의 공주인데 부왕과 왕후가 꿈에 상제의 명을 받아 공주를 가락국 수로왕의 배필이 되게 하였다고 전한다.
8   달리 〈백주할망본풀이〉라고도 한다.

요. 중이 다 먹고 갔어요. 배가 고파요. 그래서 어떻게 했느냐, 밭 갈
던 소를 잡아먹습니다. 처음에는 배고픔만 어떻게 해결할 생각이었
죠. 그래서 가죽 벗겨가지고 조금씩 뜯어서 고기를 구워요. 익었는가
해서 뜯어먹어보고 이게 설익었는가 해서 뜯어먹어보고 하다 보니
다 먹었어요. 그래도 배가 고파요. 남의 밭 옆에 또 소가 있어요. 그
것도 잡아먹었어요. 아, 이제 좀 먹은 것 같아요. 황당하죠? 특히 여
자분들. 왜냐하면 아까 우리 일뤳당신은 살짝 냄새만 맡았는데, 소천
국은 소를 두 마리나 잡아먹네요. 나중에 백줏도가 찾아왔는데 이상
한 광경을 목격했어요. 남편이 소가 끄는 쟁기를 잡고 가는 것이 아
니고 자기 배때기로 쟁기를 밀고 있다는 것이죠. "웬일이냐?" 물었더
니 자초지종을 이야기했어요. 그 말을 듣고 백줏도가 크게 화를 내며
"자기 집 소야 그렇다 치고 어떻게 남의 집 소까지 잡아먹느냐? 당신
하고 살 수 없다, 나가라." 그래서 여신이 남신을 쫓아냈습니다. 이렇
게 해서 갈라섰어요. 그런데 뱃속에 있던 아기가 컸어요. 자랐습니
다. 이름을 문국성이라고 했어요. 아버지가 누구인지 찾아요. "아, 네
아버지는 저기 옆 동네 사는 소천국이라고, 거기 새로 살림을 차리고
있어"라고 얘기해줬어요. 이 아이가 아버지를 처음 보니까 반갑잖아
요. 달려들어서 품에 안기고 무릎에서 놀고 해요. 턱 밑에 이상한 것
도 달려 있잖아요. 잡아 댕겨보고. 예전에는 기저귀도 없잖아요. 오
줌 누면 다 흐르죠. 아버지 무릎에 오줌을 흘려요. 아버지가 화가 났
어요. "이 불효막심한 놈아!" 무쇠상자를 만들어가지고 거기 애를 집
어넣고 단단히 잠가서 바다에 던져버립니다. 죽으라고 하는 것이죠.
그런데 이 문국성은 죽어야 될 텐데 죽지 않아요. 신화니까 그렇죠.
용왕국으로 갑니다.[9] 바다 속에도 세상이 있죠. 바로 용왕국으로 가

요. 거기 가서 셋째 딸하고 혼인해서 사위가 됩니다. 행복한 결말이죠? 그런데 끝이 아니에요. 문제가 생깁니다. 이 문국성이 너무 많이 먹어요. 도대체 너무 많이 먹어요. 영웅의 한 속성이 뭐죠? 힘이 센 것이고, 힘이 센 만큼 많이 먹는 거잖아요. 술도 말술을 먹는다든지 하지요. 제주도에서는 장사를 표현할 때 달리 뭐라고 하냐면 그 주인공 배가 크다고 합니다. 많이 먹는다는 뜻이죠. 그런 모습이 신화 속에서도 나타나는 겁니다. 이 문국성이 식성이 과다해서 쫓겨나요. 처가에서 부부가 쫓겨납니다. 할 수 없이 천자국으로 가는데, 세상이 난리가 났어요. 그것을 평정해줍니다. 그런 다음에 다시 천자가 군사를 좀 내주니 그 군사를 이끌고 제주로 돌아옵니다. 자식을 죽으라고 했던 소천국이 보니까 이거 큰일 났어요. 그래서 도망가다가 죽어서 그 아랫동네에 신이 됩니다. 문국성은 와서 그 자리를 차지하고, 자기 동생들을 제주도 각 마을로 보내서 본향신이 되게 한다는 것이 이 신화의 결말입니다.

〈삼성신화〉와 유사한 점이 보이죠? 바깥에서 온 여신, 그리고 농사를 시도하는 것 등등. 물론 여기서는 농사짓기에 실패하지만, 어쨌든 땅에서 솟아난 남신이 바깥에서 들어온 여신과 만나서 대업을 이룬다는 것은 같다고 볼 수 있습니다. 여기서는 아까 봤던 것과 달리 여신이 남신을 쫓아내요. 앞서 돼지고기라고 이야기했지만 원래는 육식 일반입니다. 육식. 네 다리가 달린 짐승의 고기를 원래 금기시해요. 그러니까 이게 원래의 원초적인 양상을 담고 있다고 말할 수 있습니다. 어쨌든 이렇게 해서 부부가 살림을 가르고, 여신이 본향신이

9   흔히 '요왕황제국'이라고 한다. '요왕'은 곧 용왕(龍王)으로 바다를 이르기도 한다.

됩니다. 남신이 쫓겨나고요. 여신이 쫓겨나면 일뤳당신이 되고, 남신이 쫓겨나면 산신이 됩니다. 산신이 뭐냐면 뫼 산자 쓰는 산신입니다. 여기서는 사냥 그리고 목축을 돌봐주는 신입니다.

조상신본풀이

그 다음에 또 있어요. 조상신본풀이. 앞서서 말씀드렸다시피 가문을 돌봐주는 신에 관한 이야기입니다. 조상신본풀이도 여럿 있다고 그랬는데 그 가운데 여러 본풀이가 이런 내용을 공통적으로 담고 있어요. 이것이 가장 대표적인 줄거리입니다. 한 남자가 서울을 방문하게 됩니다. 제주도 사람이 서울 방문하는 것만큼 특별한 것이 없죠. 보통 사람은 올 일이 없죠. 그러니까 온다면 진상품을 바치러 오거나, 아니면 아주 귀한 물건을 팔고사고 하기 위해서 오는 거죠. 서울 왔다가 한 아가씨를 만나서 사랑에 빠집니다. 사랑을 나눌 때는 단단히 약속하죠. "내 제주도 갈 때는 널 반드시 데리고 가마" 했는데, 이 남자가 귀향할 때가 되니 그냥 자기만 도망가버렸어요. 이 여자가 그 사실을 알고 따라갑니다, 몰래. 그러다가 죽어요. 죽으면 어떻게 하느냐. 포기할 수 없어요. 이 여자가 남자에게 딸이 있는 것을 알고 옷감을 선물로 준 적이 있어요. 거기에 영혼이 위탁해가요. 묻어간다는 말입니다. 이 남자가 딸들에게 선물이다 하고 그 옷을 입혔어요. 그런데 딸들이 병이 납니다. 굿을 해야죠. 굿을 하니 이 신이 그 딸들의 입을 빌려서 자기 사정을 이야기합니다. "내가 이러저러해서 이러저러하게 죽었으니 너희들이 나를 지속적으로 제사를 지내서 모셔라. 너희들이 굿을 크게 하면 큰 밭을 사게 해주고, 굿을 작게 하면 작은 밭을 사게 해준다." 자손들이 그 말을 듣고 여신을 조상신으로 받들 게 했다는 것이 조상신본풀이의 가장 대표적인 줄거리입니다. 조금 비극적인 이야기죠. 어쨌든 바깥의 여자가 제주에 들어와서 제주 사람을 돌봐준다는 이야기입니다. 그 바깥이 어떻게 바뀌었느냐 하면 '서울'이라는 것이죠. 이것은 사람들의 생각이, 지리적인 인식이 바뀜에 따라서 본풀이의 바깥세상이라는 것이 점차 구체화되고 우리가 아는 그런 세상으로 바뀐다는 것을 의미합니다. 처음에는 동이용왕, 바다 속 세상이에요. 그냥 상상에 기반한 거죠. 제주도 해녀들이 물질도 하고 그러니까 그 세상은 어떻게 보면 자연스러운 상상의 공간이었을 겁니다. 나중에는 벽랑국이라고 하는 섬, 그것도 가상의 공간입니다. 어쨌든 섬. 강남천자국이라고 했는데 그 강남이라는 곳은 강남 갔던 제비가 할 때 그 강남이잖아요. 나중에는 천자가 붙어가면서 중국으로 인식하게 됐어요. 처음에는 그냥 남쪽 어떤 나라였을 텐데, 중국으로 바뀌고, 그 다음에 뭍, 이렇게 바뀌어가는 양상이죠. 어쨌든 바깥에서 새로운 여신이 들어오고, 그 여신들이 무엇인가 제주 사람을 이롭게 할 어떤 좋은 것들을 가지고 와서 도와준다. 그런 공통적인 요소를 뽑아낼 수 있습니다.

이렇게 용왕국 - 벽랑국 - 강남천자국, 그 다음 뭍. 이 뭍^{서울}을 육지라고 합니다. 제주도 사람들이 좀 폄하해서 말할 때 "육지 것들" 이렇게 이야기하는데, 이 바깥세상을 새로운 힘과 문물을 얻을 수 있는 곳으로 인식했다는 것이지요. 후대에는 제주 사람들이 뭍을 동경하고 선망의 대상으로 봤는데, 온갖 좋은 것이 뭍에서 들어온다는 것을 알았거든요. 제주에 없는 쌀 같은 것들이 들어와요. 그런 것들을 알았기 때문에 특히나 동경했습니다.

제주 여성신의 적극성

그 다음 제주 신화에서 굉장히 중요한 것이, 신의 이야기, 규범을 담은 이야기는 재미없다는 사실입니다. 아까 당신본풀이 보셨죠? 남녀가 만나서 혼인하는데 어떻게 연애했다는 이야기도 없고, 그 다음에 살림을 갈랐는데 그 이유가 황당하게도 돼지고기를 먹었다고 하는 것이에요. 부정을 저질렀는데 다른 남자를 사귄 게 아니에요. 냄새에 끌려 돼지고기를 먹었을 뿐이에요. 이게 재미있어요? 재미 하나도 없어요. 사실 제주도 뭍과 다르게 옛날사람들이 재미를 즐길 것이 하나도 없었어요. 여기는(육지는) 재미있는 것들 많잖아요. 무슨 탈춤이니 판소리니 즐길 것들이 많았어요. 제주는 그런 것이 흥행이 안돼요. 워낙 세상이 좁아지고. 오로지 굿밖에 없습니다. 사람들이 굿 구경하는 것이 최고의 재미였지요. 그 다음 또 하나가 굿판에서 풀어내는 이야기, 즉 본풀이, 이런 것들을 듣기를 좋아했습니다. 일하다가 이웃집에서 굿을 하면, 저녁에 심방이 조용히 장구 치면서 저 이야기를 풀어가요. 이야기라고 하는 것 자체에 사람들이 빠져드는 것이죠. 사람들이 자꾸 다가와서 재밌게 들어요. 그러면 심방이 "아, 이거는 신화니까 원래대로 해야 돼." 이렇게 할 수가 없어요. 사람들이 무엇을 흥미 있어 하는지 자꾸 관심을 기울이고, 그것을 곁들이게 됩니다. 요즘 우리나라 연속극들이 망해가는 이유가 그거잖아요. "아이거 사귀어서 잘되는데 헤어지게 만들지 마!" 혹은 누가 죽으면 "살려내" 막 이러잖아요. 그러면 드라마가 엉성하게 되잖아요. 시청률은 오를지 몰라도 말입니다. 어쨌든 사람들이 관심을 갖는 쪽으로 가게 되어있어요, 문화는. 이렇게 해서 신의 이야기에 사람의 냄새가 배어

들게 됩니다. 자연스러운 일이지요. 신이 인간적인 면모를 보이기도 합니다. 또 한 가지 중요한 점은 이 굿판에서 이야기를 듣는 사람이 대개 여자들입니다. 그래서 이야기가 점차 흥미를 갖춰갑니다. 오락적인 요소를 갖춰가는 거죠.

> 천지왕이 내려섰을 때 총명부인은 가난해서 저녁 지을 쌀이 없었다. 수명장자에게 쌀을 꾸러가니, 쌀에 모래를 섞어서 주었다. 총명부인이 아홉 번 열 번을 씻어 진지를 지어 천지왕께 올렸다. 천지왕이 첫 술을 드니 모래가 씹혔다. 천지왕이,
> "총명부인, 어떤 일로 첫 술에 모래가 씹힙니까?"
> "쌀이 없어서 수명장자에게 쌀을 꾸러갔더니, 모래를 섞어주었습니다. 그래서 열 번을 씻어서 진지를 지었지만 첫 술에 모래가 씹힙니다."

〈천지왕본풀이〉, 아까 소개해 드렸죠. 신이 가난해요. 천지왕을 대접하려는데 쌀이 없어요. 며칠을 대접한 게 아니에요. 딱 처음 한 끼인데도 쌀을 꾸러갑니다. 그 모양인 거죠. 주목해야 할 것은 신들이 가난하다는 내용이 여기에만 있는 게 아니에요. 제주의 어떤 고유성을 간직하고 있는 당신본풀이에 들어있는 것이 아니고 육지와 공유하는 이야기 속에 들어있는 겁니다. 그래서 더 주목돼요.

(1) 원진국 대감과 김진국 대감은 함께 아기를 얻기 위하여 불공을 드린다.
(2) 원진국은 딸 원강아미를 얻고 김진국은 아들 사라도령을 얻는다.
(3) 둘은 원강아미와 사라도령을 구덕혼사시키기로 한다.

그림 22
세경본풀이 공연

(4) 자식들이 혼기가 찼으나 원진국 대감은 사라도령이 가난한 집
안의 자식이라는 이유로 혼인을 허락하지 않는다.

이것은 〈이공본풀이〉라고 하는 건데요.[10] 〈이공본풀이〉도 육지와
공유하는 거죠. 이렇게 둘이 친구인데 밑으로 자식이 없어요. 불공을
드리자 해요. 그런데 김진국은 하도 가난해서 불공드리려고 해도 드
릴 수가 없어요. 친구인 원진국이 "그러면 내가 대신 준비해줄 테니
깐 하자." 해서 불공을 드려가지고 아들딸을 낳았습니다. 그런 다음
서로 좋아가지고 애들 자라면 혼인시키자 했어요. 구덕혼사라고 있
죠? 제주도에서는 아기들이 구덕이라고 하는 대나무로 만든 바구니
있잖아요, 거기서 큰단 말이죠. 요람이죠. 그러니까 아기가 아직 구
덕에 있을 때 혼인약속을 하는 것을 구덕혼사라고 합니다. 구덕혼사

10　〈이공본풀이〉는 서천꽃밭이라고 하는 곳에서 주화(呪花)를 관장하는 이공신의 내력을 담은 신화이다.

했어요. 이제 자라나서 혼인시킬 때가 됐어요. 원진국이 보니까 김진국네가 아직도 지지리 가난한 거예요. 그래서 약속을 안 지켜요. 김진국이 여러 차례 와서 약속 지키라고 이야기해도 도무지 들을 수가 없어요. 자식 생각하면 왜 안 그렇겠어요? 이때 딸이 평강공주처럼 약속을 지키라 해서 결국 혼인하게 됩니다. 어쨌든 이렇게 가난 때문에 신화 속 주인공이 고난을 겪습니다. 그 다음, 여성들의 입김이 어떻게 작용되느냐 하면 대단히 적극적이에요.

〈세경본풀이〉도 공통의 이야기입니다.[11] 그 이야기에도 여성의 적극적인 의도가 보입니다. 자청비라고 하는 여신이 나옵니다. 하늘에서 내려와 공부하러 가는 문국성을 만나는데 한눈에 반했어요. 그래서 남장을 해가지고 그 사람을 쫓아가서 함께 공부를 합니다. 나중에 공부를 끝내고 돌아와서 문국성은 다시 하늘로 올라가고 자청비는 지상에 남았는데 어떻게 해서든 문국성을 만나러 가요. 하늘로 올라갑니다. 우리 이야기 중에서 여자가 하늘로 올라가는 이야기는 거의 없죠. 하늘에서 내려오고 올라가는 것은 오로지 남자들의 일이니까. 그게 좀 달라지는 것이 〈선녀와 나무꾼〉인 거죠. 그런데 자청비는 인세의 존재, 지상의 존재이면서 하늘을 오르락내리락해요. 하늘로 올라가서 문도령을 만나고 드디어 혼인을 합니다. 혼인을 하여 살면서도 여러 가지 일이 벌어집니다. 예를 들자면 이런 것이죠. 하늘에 난리가 났어요. 장수로 누군가는 가야 되는데 거기에 선택된 것이 시아버지입니다. 시아버지가 두려우니까 아들더러 대신 나가라고 해서 문도령이 나가게 됐어요. 문도령이 가는 것도 시아버지가 보기에

11 〈세경본풀이〉는 농경신 자청비의 내력을 담은 신화이다.

는 아들이 죽으면 큰일이잖아요. 그게 걱정이 되는데 자청비가 자청해가지고 일거에 난리를 평정해버립니다. 여성이 대단하지요. 남성보다 대단히 적극적이고 우월합니다. 여기 제주도 신화에 사랑이야기는 드뭅니다. 자청비와 문도령의 관계를 보면, 문도령은 자청비에 비하면 적극적인 데가 하나도 없어요. 서로 헤어져 있을 때 문도령은 아예 상사병에 걸려 있었습니다. 죽어가요. 아무것도 못하고. 그래서 뭐라고 했냐면 "저 지상에 자청비가 발 씻은 물이라도 한번 마셔보고 죽었으면" 이렇게 말할 정도였습니다. 그래서 선녀들을 내려 보냈어요. 선녀들이 내려왔는데 자청비가 어디서 사는지도 모르고 자청비가 발 씻은 물이 무엇인지도 몰라요. 울 수밖에 없겠죠. 자청비가 돌아다니다 보니까 그렇게 하고 있거든요. 그래서 "내가 자청비다. 나를 데려다주면 다 해결해주겠다." 해서 하늘로 올라갈 수 있었던 거죠. 문도령이 이래요. 자청비 때문에 죽어가지만 그냥 상사병만 앓고 있지요. 반면, 자청비는 적극적으로 찾아가잖아요, 하늘까지. 이런 식으로 되어 있습니다.

이런 이야기가 당신본풀이에도 들어갑니다. 〈금악본향당본풀이〉라고 하는 것이 있는데요.[12] 줄거리가 〈송당본향당본풀이〉와 유사합니다. 정좌수 따님아기라는 여자가 있고 최지국의 아들이라는 남자가 있는데, 여자는 나물 캐고 남자는 사냥을 하다가 서로 만났어요. 최지국의 아들이 보니까 아주 잘생겼어요, 이 여자가. 남자의 기질에 그냥 볼 수가 없다 해서 "나랑 삽시다." 손을 잡았어요. 다른 신화에도 이런 장면이 있는데, 여기서는 아주 심각하게 결말이 납니다.

---

[12] 〈금악본향당본풀이〉는 제주시 한림읍 금악리의 본향당에서 모시는 신들의 내력을 담은 신화이다. 정좌수따님과 최지국이 아들의 자녀들이 한림읍 곳곳의 당신으로 좌정하였다고 한다.

정좌수 따님아기가 "이런 버릇없는 자식이 있느냐" 하고 아예 힘으로 제압해서 나무에 그냥 매달아버리고 말았어요. 집에 갔더니 난리가 났어요. 혼처를 정해줬으니까 얼른 시집가라 그랬어요. 정좌수 따님아기가 "나는 싫다" 하니까 부모가 그러면 나가라고 해서 쫓겨났어요. 이 여자가 어디 갔느냐. 거기 갔습니다, 나무에. 그 남자가 마음에 들어서 풀어놓고 혼인했어요. 부모고 뭐고 없어요. 내 뜻이지.

〈서귀본향당본풀이〉

(1) 바람운은 여행 중 미모의 처녀에게 반하여 장가든다.
(2) 바람운은 첫날밤 신부가 자신이 바라던 처녀의 언니임을 안다.
(3) 바람운은 신부의 처제인 지산국을 데리고 도망한다.
(4) 고산국은 이 사실을 알고 추격하여 만났으나 결국 살 곳을 가르기로 한다.
(5) 서로 일체의 교류를 금하기로 한다.

드디어 돼지고기가 사라지고 애정갈등이 문제가 되는 당신본풀이가 등장합니다. 이 이야기가 〈서귀본향당본풀이〉라고 하는 것인데요. 우리 신화를 연구하는 학자들이 대단히 관심을 많이 가지는 이야기입니다. 바람운이라고 하는 신이 돌아다니다 보니까 아주 예쁜 아가씨가 있는 거예요. 반했어요. 수소문했더니 어느 집의 딸이래요. 드디어 장가를 들었어요. 첫날밤에 보니까 아주 못생긴 여자가 들어와요. "야, 뭔가 잘못됐구나." 그래서 살짝 밖을 봤더니 자기가 봤던 그 미모의 아가씨가 지나가요. 알고 봤더니 자기가 봤던 여자는 자기

그림 23
서귀본향당본풀이

신부의 처제인 거예요. 자기 신부로 들어온 여자는 고산국이라고 하고, 자기가 봤던 여자는 지산국이라고 합니다. 그날 밤으로 이 남자가 처제를 꼬여가지고 달아났습니다. 고산국이 화가 났어요. 첫날밤부터 이 모양이니까. 쫓아갔어요. 이 죽일 놈 살릴 놈 하면서. 그러다가 만났는데 어쩌겠어요? 그냥 각기 살 곳을 정하고 서로 자손들을 일체 교류를 못하게 하자. 혼인도 못하게 하고 소, 돼지도 못 팔게 하고, 서로 그렇게 하자 하고 살 곳을 나눴다는 이야기입니다.

이 이야기는 사실 당신본풀이 가운데 부부살림 가른 이야기이면서 돼지고기 금기가 이유가 아닌 유일한 사례입니다. 애정갈등이 문제가 되는 유일한 사례라는 것이죠. 돼지고기 부정, 금기를 어기는 부정이 아닌 남녀 간의 애정 부정으로 인해서 문제가 되는 유일한 사례라는 것입니다. 앞서 말씀드렸다시피 어떻게 보면 제주도 당신본풀이는 대단히 보편적인 전승이라고 할 수 있어요. 유사한 것들이 대부분이고, 유사해야만 정상입니다. 뭔가 특별하면 이상한 것이라고 볼 수 있어요. 〈서귀본향당본풀이〉는 많이 홀로 웃자란 신화라고 볼 수 있어요. 어떻게 된 이야기인가 알 수는 있어요. 본래 이야기는 돼지고기가 문제되는 보통의 이야기하고 똑같은 이야기입니다. 근거가 있어요. 남신이 바람운이라고 했죠. 원래는 바람웃도였겠죠. 바람웃도는 바람의 신이 아니고, 각시가 돼지고기 부정을 저질렀다고 해서 바람 아래로 내쫓고 자기는 바람 위에 자리 잡은 신입니다. 원래 그런 이야기예요. 그런 이야기가 애정갈등으로 바뀐 것입니다. 돼지고기 금기보다 재미있죠. 사실은 앞서 설명한 많은 것들과 연관 지으면 복잡한 이야기가 되는 건데요. 부부가 살림을 가르면 어디에 자리 잡느냐 하면 하나의 신앙권 안에 자리 잡습니다. 그런데 〈서귀본향당본풀이〉에서는 서로 교류를 금한다고 했어요. 무슨 일이죠? 신앙권이 나뉜다는 것입니다. 지금까지 이뤄진 연구 가운데 이런 점까지 지적한 사람은 없어요.

결론: 제주도 신화의 특징들

제주도 신화의 많은 내용들에 대해서 두서없이 말씀드렸는데요. 보충할 부분들을 포함해서 정리를 해보죠. 제주도는 그야말로 절도絕島였다, 다른 곳과 아주 갈려 있는 섬이죠. 닫힌 공간이면서 바다로 열린 세상이었다. 이것이 점차 다양한 문화를 수용하는 방식으로 문화가 이어진다. 다양한 문화라고 하는 것 가운데 신화를 중심으로 하면 제주도는 당신본풀이라고 하는 것이 중심이었는데 나중에 본토의 것들, 일반신풀이라고 하는 것을 받아들인 거죠. 그러니까 굿의 세계도 처음에는 수평적 세계관이 중심이다가 온갖 신을 다 받아들여요. 제주도 사람들이 배타적이라고 하죠. 요즘 뭐 제주도에 이주하는 사람들 많잖습니까. 경고하는 소리 가운데 대표적인 말 하나가 "제주도 사람들이 배타적이다" 하는 것입니다. 사실, 어울리기 어려운데요. 제주도에서는 일만 팔천 신을 모신다고 그럽니다. 그만큼 많은 신을 모신다고 하죠. 온갖 신이 다 들어와 있어요. 유교적인 신, 불교적인 신, 무속적인 신……. 절을 차지한 신이 아주 상위에 속합니다. 그런데 절 차지한 신이 어떤 신이냐? 서산대사西山大師. 사명당四溟堂. 실제 인물들이에요. 또 육관대사六觀大師라고 있습니다. 육관대사는 누구죠? 구운몽九雲夢에 등장하는 신입니다. 이렇게 별 신들을 다 모시죠. 적어도 문화적으로는 배타적이라기보다 뭐든지 받아들이는 경향을 보입니다. 그래야 무속이 살잖아요. 다 끌어들일 수 있어요.

그 다음, 바다를 주요 생업공간으로 삼는 지역에서는 특히 동이용궁이 중심입니다. 아까 일뤳당신이 사실은 많은 경우에 어디서 오느냐? 동이용궁에서 옵니다. 동이용궁 말잿딸. 〈송당본향당본풀이〉에서 문국성이 가서 얻어온 각시가 여기서 온 거예요. 동이용궁은 우리 본토와 공유하고 있는 것이 있죠. 용궁과 어떤 관련이 있잖아요. 바람과 비를 통해서 농사를 도와주기도 하고 그런 신비한 능력이 있어요. 동이용궁에 그 여자가 와서 일뤳당신이 되면서 아이들이 병날 때 치유해주는 능력, 이것이 거기서 온 것입니다.

제주도에서 돼지가 아주 중요한데요. 물론 어디나 중요하겠지만, 제주도에서는 특히 더 중요해요. 집안에서 생기는 온갖 부산물을 먹이로 하고, 사람 인분도 거기서 처리하고, 그것을 퇴비로 해서 농사 짓는 데 쓰고, 대소사에 그것을 중요한 제물로 삼고, 이렇듯 돼지가 대단히 중요합니다. 따라서 의례에서도 중요하고 신화에서도 역시 중시됩니다.

그 다음에 공동체 이야기가 중요합니다. 공동체적 관계. 거기서 유대감을 강조합니다. 그러다 보니까 더러 개인의 희생을 요구하는 것이 있어요. 신화 가운데 특히 처녀당이라는 것이 더러 있습니다. 소개는 안했지만, 어떤 당은 공동체에 의해서 희생된 처녀를 모셔요. 대표적인 사례가 마라도 아기업개당입니다. 모슬포 이쪽 해녀들이 물질하는 곳이 거기인 거죠. 어린애가 있는 해녀가 여자애를 업저지[13]로 데려 갔어요. 그리고 나올 때는 풍랑 때문에 못 나가요. 꿈에 신이 나타나서 누구 하나를 내려두고 가라. 그래서 자기들끼리 살짝 왔어요. 처녀를 남겨두고. 나중에 갔더니 뼈만 남아 있어요. 그 영혼을 모셨습니다. 성산 수산 보면 진성鎭城이 있던 곳이거든요. 성을 쌓는데 자꾸 무너져요. 그래서 그 마을 처녀 하나를 희생시켜서 거기다가 놓고 담을 쌓았더니 안 무너졌다. 그 처녀의 영혼을 모시기 위해서 제를 지낸다 이런 식입니다.

그 다음에, 가난한 사회여서 먹을거리가 문제가 된다는 점을 특징으로 볼 수 있습니다. 아까 신화에서도 나왔죠. 남자는 많이 먹어서 문제가 되고, 여자는 돼지고기를 먹은 게 죄가 됩니다. 제주도 장사 전설에서는 많이 먹는 것을 영웅의 근거로 내세워요. 영웅이 비극적인 최후를 맞아요. 왜 최후를 맞느냐? 배고픔을 해결하지 못해서 쓰러져 최후를 맞습니다.

그 다음에, 독립하고 분가하는 이야기가 나옵니다. 제주도는 혼인하고 나면 무조건 분가시킵니다. 형, 아우하면서 계속해서 공존할 수

---

13   어린아이를 업어주며 돌보는 하녀.

없죠. 부모세대는 함께 공존할 수 없죠. 왜냐하면 아버지하고 아들은 성격이 같아요. 신화 속에서는 함께 존재할 수 없어요. 같은 일을 맡기 때문에 철저히 나눠줘야 합니다.

그 다음에, 제주도는 일부다처사회인데요. 아까 남자신이 쫓겨나면 어떻게 된다고 그랬죠? 다시 새로운 각시를 맞아들입니다. 그래 가지고 대개 일부다처를 이루는 경우가 많아요. 그러니까 제주도 사람들의 가족관계가 신화에 반영되는 거죠.

그 다음에, 여성들의 생활력, 생산력이 요구되는 사회였다는 것도 말씀드렸습니다.

그 다음에, 신화를 통한 교육, 신화를 중심으로 한 이야기판의 형성. 이렇게 신화의 재미있는 이야기를 듣고 난 사람들이 자기들끼리 이야기를 할 때도 그렇게 꾸며서 이야기를 합니다. 전설, 설화를 조사하다 보면 신화 속에서 나온 것들이 많이 있어요. 신화를 통한 교육은 뭐냐 하면 신화 속에 무슨 평계만 있으면 우리가 이렇게 이렇게 하는 법이 여기서 나왔다고 그래요. 〈이공본풀이〉에 할락궁이가 종 생활을 하고 있었거든요. 어머니가 수청을 들지 않는다고 재인장자가 벌을 막 시켜요. 좁쌀을 하나하나 손으로 까래요. 그렇게 하다가 지쳐서 잠들었는데 새가 와서 다 까주었어요. 새가 너무 많아서 쫓아냈더니 다 까져 있거든요. 그렇게 갖다 바쳤더니 한 톨이 없대요. 다 세어보고 나서 한 톨이 없다고 해서 찾아오래요. 찾아봤더니 개미가 물고 도망갔습니다. "이놈의 자식" 하고 발로 딱 밟았더니 그 이후로 개미허리가 잘록하게 되었다. 이런 우스운 기원담도 있습니다. 말하자면 민담의 뿌리가 신화에 있었던 것입니다. 그런데 민담뿐만 아니라 일상생활에서 중요한 유래와 관련된 것들, 장례절차니 이런 것들도 다 거기 신화에 있다고 이야기합니다.

제주도 신화를 다양하게 소개하려고 욕심을 부리다 보니 하나로 꿰지 못하고 두서없는 이야기가 되었습니다.

참고 자료

강정식, 「제주도 당신본풀이의 전승과 변이 연구」, 한국학중앙연구원 한국학대학 원 박사학위 논문, 2002.

강정식, 「서귀포시 동부지역의 당신망 연구」, 『한국무속학』 제6집, 한국무속학회, 2003.

김헌선, 「제주도 당신본풀이의 계보 구성과 지역적 정체성 연구」, 『비교민속학』 제 29집, 비교민속학회, 2005.

현용준, 『제주도 신화』, 서문당, 1996.

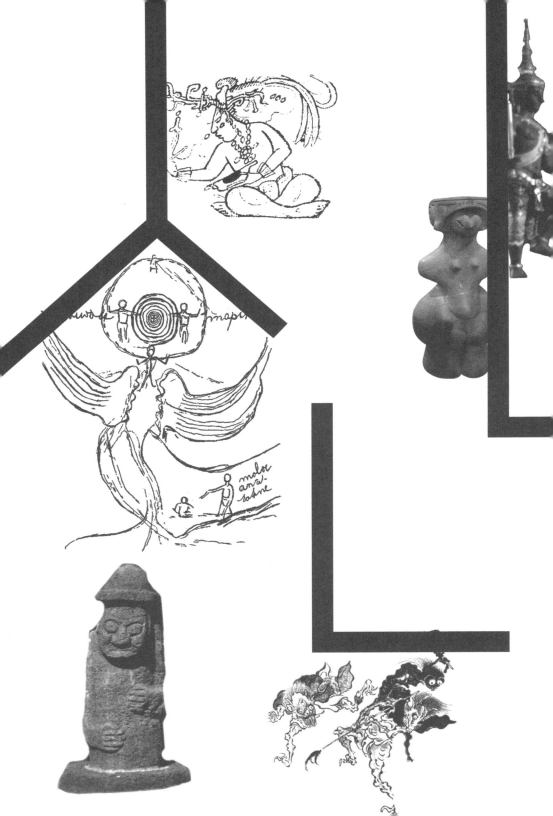

오키나와 신화를 읽는 법

정진희 (아주대 교수)

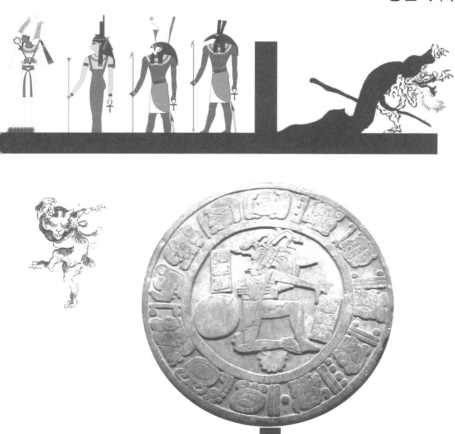

제주에서 오키나와로

　오늘 우리의 화제는 오키나와 신화입니다. 잘 알고 계시다시피, 오키나와는 현재 일본의 한 지방이지요. 현재 상황으로 보면 오키나와의 신화는 일본신화의 일부라고 말할 수 있을지도 모르겠습니다. 굳이 영역을 가르자면, 오키나와 신화는 일본 신화학의 대상인 셈이지요. 그런데 오늘 오키나와 신화에 대해 말씀드리겠다고 하는 저는, 사실 정확히 말씀드리자면 일본의 신화나 문학, 문화를 전공하는 사람이 아닙니다. 제 전공은 한국의 구비문학이고, 저는 구비문학 가운데에서도 특히 신화를 공부하고 있습니다.

　대학원에 진학해서 제가 처음 공부했던 것은, 지난 시간에도 강정식 선생님이 오셔서 강의를 해주셨다고 들었습니다만, 제주도의 신화입니다. 제주도의 본풀이, 제주도의 설화, 제주도의 문화에 나타나 있는 제주도의 신화적 관념에 대한 것을 공부했습니다. 제주도에서

나고 자라 줄곧 제주도에 있다가 대학에 가면서 처음으로 서울에서 살게 됐는데, 서울에 오고 나서 제주도와 좀 '다르다'는 생각을 하게 되었어요. 감각도 다르고, 주위 환경도 제가 살았던 곳과 다르고요. 그 다름의 정체가 무엇인가 하는 생각을 좀 많이 하곤 했는데, 제주도와 육지하고의 차이가 혹시 그런 낯섦을 느끼게 한 것은 아니었나 생각을 하곤 했습니다. 고향을 떠나서 대학에 왔지만, 그럼에도 불구하고 다시 전공을 제주도 신화로 선택한 것은 어쩔 수 없는 운명이 아니었나 싶습니다.

박사과정에 들어가서도 계속 신화를 주제로 학위논문을 쓰려는데, 대학원의 조동일 선생님께서 "자네는 제주도 출신이고 제주도 신화를 전공으로 하고 있으니, 반드시 오키나와를 공부해야 하네"라고 강조하셨어요. 제주도와 오키나와는 독립적이었다가 중앙에 복속된 지역이라는 공통점이 있습니다. 제주도에 예전에 탐라라는 나라가 있었다는 것 아시지요? 조동일 선생님은 제주도가 한반도 국가에 '복속'된 지역이라는 점을 강조하시고, 중앙에 복속된 주변부의 신화가 어떻게 발전했는가를 알려면 유사한 역사를 가지고 있는 오키나와에 대해서도 알아야 된다는 말씀을 해주셨습니다.[1] 사실 오키나와는 작은 섬들의 집합임에도 불구하고 류큐琉球라는 독자적인 왕조가 있었고 그 왕조가 일본의 일부가 된 게 시기적으로 오래되지 않습니다. 물론 일본의 영향력 하에 놓인 것은 17세기부터라고도 하지만, 그 시기에도 독자적인 왕조로서 국제관계에서 일정한 역할을 담당했습니다. 그 후 메이지 유신과 관련되는 일본 역사의 전개와 더불어

---

[1]   이런 시각에서 제주도 신화를 다룬 조동일의 논의는 조동일, 『동아시아 구비서사시의 양상과 변천』 (문학과지성사, 1997) 참조.

왕조가 멸망하고 류큐한琉球藩이 되었다가 이내 오키나와 현이 되었습니다. 독립적 왕조였다가 일본에 복속된 지역인 것이지요. 이런 유사성 때문에 제주도 신화에 천착하던 제가 오키나와 신화도 공부하게 되었습니다. 결국 제주도 신화와 오키나와 신화를 비교한 논문으로 박사학위를 받았고요. 이렇게 하다보니, 전공 지역이 일본이 아님에도 불구하고 오키나와 신화를 하는 사람이 되어버렸습니다.

오키나와 신화에 대해 말씀드리기에 저는 부족한 부분이 있습니다. 오키나와 출신의 연구자들과는 다른 시각을 가질 수도 있고요. 오키나와에 있었던 것도 박사학위 논문을 쓰기 위해 1년 정도 머물렀던 것, 그 이외에 잠깐씩 다녀온 정도밖에 없어서 신화 연구의 수준이 깊다고 하기에도 조금 그렇습니다. 부끄럽지만, 그러나 제가 알고 있는 한에서 그동안 공부해온 오키나와 신화에 대해 말씀드릴 기회를 얻게 되어 기쁘게 생각합니다.

류큐호琉球弧의 문화권과 류큐 왕국의 역사

오키나와 신화를 알기 위해서는 우선 오키나와의 역사를 알 필요가 있습니다. 물론 신화학자 가운데에는 신화는 구체적인 역사와 관계 없다고 주장하는 이들도 있습니다. 신화는 원형적인 것이고 인간의 심층적인 무의식을 기반으로 반복되기에 구체적 역사와는 관계가 없다, 인간의 역사란 원형의 무한정한 반복일 뿐이라고 하지요. 하지만 다른 한쪽에서는 신화라는 것을 지극히 정치적인 담론, 정치적인 이야기라고 보기도 합니다. 왜냐하면 신화가 전승되기 위해서는 신화를 '사실'이라고 믿는 어떤 집단이 있어야 되고, 그 집단 속에서 그 신화가 사실로 여겨진다는 것은 그 신화가 사실로서 어떤 힘을 발휘한다는 뜻이니까요. 실제로 오키나와의 신화를 보면 신화가 여러 층위에서 반복되고 다시 서술되어가는 과정에서 특정 집단의 정체성을 표현하기 위한 수단으로 활용되는 경우가 대단히 많습니다. 그래서 오키나와 신화는 인간의 무의식적인, 집단적인 원형으로서의 신화라는 점이 아니라 집단성과 관련된, 정치성과 관련된 신화라는 점에서 오히려 신화사적인 의미를 가지고 있다고 볼 수 있습니다. 그래서 오늘 여러분들께 말씀드리고 싶은 것은 오키나와의 역사 속에서 전개되어온 오키나와의 신화입니다. 오키나와의 역사 속에서 오키나와 신화가 어떻게 전개되어왔는가에 초점을 맞추어 몇 가지 이야기를 드려 보려고 합니다.

제일 먼저 [그림 24]를 확인하기로 하지요.

이 그림이 무엇인지 아시겠지요? 예, 오키나와 지도입니다. 하나의 섬이 아니라 여러 섬들이 놓여 있지요. 나중에 구글 지도 검색을 한번 해보시기 바랍니다. 처음에는 바다밖에 안 나와요. 그걸 확대하고 또 확대하다 보면 이 섬들이 나타날 겁니다. 이 그림은 제가『오키나와 옛이야기』라는 책에서 사용했던 것인데요, 오키나와 제도가 있고, 그 위에 아마미 제도奄美諸島, 오키나와 제도 아래로 미야코 제도宮古諸島, 야에야마 제도八重山諸島가 연이어 있습니다. 이 제도들을 일컬어 보통 '류큐호琉球弧'라고 합니다. 이때 '호'는 호수 호湖가 아닙니다. 이 제도들이 무슨 모양으로 생겼는지 아시겠지요? 여기서 '호弧'라는 것은 활이란 뜻입니다. 활 모양으로 이렇게 분포되어 있는 이 지역이 류큐호입니다.

오키나와에 가려면 비행기를 타고 나하 공항에 내리셔야 하지요.

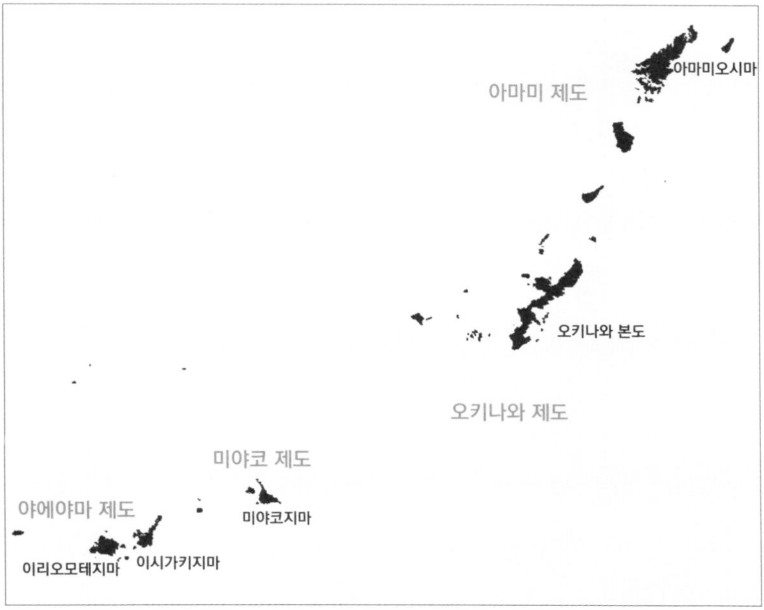

그림 24
류큐호 약도

나하 공항이 어느 섬에 있는지 아시지요? 오키나와 본도沖繩本島라고
하는 곳에 있습니다. 여러 가지로 중심지 역할을 하는 섬입니다. 오
키나와 본도를 중심으로 하는 여러 섬들을 오키나와 제도라고 부릅
니다. 오키나와 제도와 한참 떨어져서 비행기로 한 두어 시간 가야
되는 곳에 미야코지마宮古島를 중심으로 하는 몇 개 섬들로 이루어진
미야코 제도라는 곳이 있습니다. 그 밑으로 또 내려가면 큰 섬이 두
개 있지요? 이시가키지마石垣島와 이리오모테지마西表島라고 하는데,
이 섬을 포함한 또 몇 개의 섬들로 이루어진 곳을 야에야마八重山 제
도라고 합니다. 여기 지도 제일 왼쪽에 보이는 요나구니지마與那國島
에서 좀더 내려가면 대만이 있습니다. 요나구니지마에서 날씨가 좋
을 때는 대만이 보인다고 하죠. 부산에서 날씨가 좋으면 대마도가 보

인다고 하는 것처럼 말입니다.

이처럼 오키나와는 여러 섬들로 이루어진 제도, 또 그 제도들로 이루어진 지역의 총칭입니다. 구글 지도로 보면 처음에는 눈에 뜨이지도 않는 좁은 열도이지만, 그 안에서 여러 제도들은 독자적 문화를 형성하고 있었습니다. 류큐호를 이루는 여러 제도가 다시 세부적 문화권역으로 나뉜다는 것이지요.

이것은 류큐호의 역사와 밀접한 관련이 있습니다. 제일 위쪽의 아마미 제도는 류큐 왕조가 사쓰마의 침입을 받아 일본에도 속하고 중국에도 조공을 바치던 소위 양속兩屬 체제 시기에 류큐 왕국에서 떨어져 나갑니다. 류큐 왕국의 지배 하에 있던 아마미 제도가 사쓰마 관할이 되지요. 류큐 왕국에의 복속과 분리를 경험한 아마미 제도의 여러 섬들은 오키나와 제도와는 구분되는 독자적 문화를 형성하고 있습니다.

오키나와 제도도 하나의 문화권을 형성한다고 말할 수 있습니다. 오키나와 역사에 삼산三山 시대라고 하는 시기가 있습니다. 오키나와 본도 북쪽의 북산北山, 가운데의 중산中山, 아래쪽의 남산南山이 정립鼎立했던 시기입니다. 이 삼산이 결국은 중산을 중심으로 통일됩니다. 이것이 슈리首里라는 지역을 수도로 하여 세워졌던 류큐 왕국입니다.

오키나와 사람들이 사키시마先島라고 하는 미야코 제도와 야에야마 제도 또한 각기 독자적 문화권을 이룹니다. 삼산 통일 시기, 미야코 제도는 나카소네토요미야仲宗根豊見親라고2 하는 사람에 의해서 어느 정도 통일이 되어가는 상황이었고, 야에야마 제도는 여러 추장들

---

2   '토요미야'는 권위와 능력이 있는 사람에 대한 미칭(美稱)으로, '투유먀', '튜먀'가 미야코 발음에 가깝다. '나카소네토요미야'는 미야코의 통일을 이룩한 나카소네 겐가(仲宗根玄雅)를 가리킨다.

이 분립해 있는 상황이었습니다. 삼산 통일로 성립한 류큐 왕국은 나카소네토요미야의 협력으로 미야코 제도를 복속하고 야에야마 제도를 정벌합니다. 또, 아마미 제도도 복속하면서 왕국의 영역을 완성해 나갔습니다. 서로 다른 문화권을 이루던 여러 제도가, 류큐 왕국의 성립 이후 왕조의 판도에 포함된 것이지요. 그러다가 사쓰마의 침입으로 아마미 제도에 대한 지배권을 빼앗겼고, 이런 상태에서 지속되던 류큐 왕국이 일본에 의해 패망을 맞으면서 왕국의 영토가 오키나와 현이 된 것이지요.

혹시 '우치난추^{ウチナンチュー}'라는 말을 들어보신 적 있으신지요? 오키나와 사람들은 자기들을 스스로 우치난추라고 불러요. '우치나'는 '오키나와'라는 뜻이고요, '추'는 '어떤어떤 사람들'이라는 뜻입니다. '우치난추'는 '오키나와의 사람', '오키나와 사람'이라는 뜻이지요. 오키나와에서는 일본 사람들을 따로 '야마톤추'라고 불러요. '야마토', 즉 '일본의 사람'이라는 뜻이지요. 그런데 뜻밖에도 미야코 제도나 야에야마 제도 사람들은 자기들이 '우치난추'가 아니라고들 합니다. 우리가 보기에는 좀 당황스럽죠. 제가 류큐대학에 있을 때 야에야마에서 온 친구한테 "너 우치난추니?" 하고 물어본 적이 있었어요. '우치난추'라는 말을 배운 김에 써먹어 보고 싶었거든요. 그 친구의 대답은 "아니. 나 우치난추 아니야"라는 것이었습니다. 당신 마음대로 '우치난추'라고 하지 말아달라는 이야기였습니다. 이처럼 '류큐호'는, '오키나와'만으로 한정되지 않는 여러 문화권으로 구성되어 있는 것입니다.

그래서 문제가 되는 것이, 오키나와 신화에 대해 말씀드리려고 할 때 도대체 어떤 신화를 오키나와 신화라고 할 것인가 하는 것입니다. 사실, 서로 다른 문화권의 서로 다른 지역에 발생시기를 달리하는 너무나도 많은 신화가 있습니다. 이번 시간에 어떤 신화를 중심으로 말씀드리면 좋을까, 생각을 많이 했어요.

오늘 저는 오키나와 제도의 구다카지마久高島 신화, 또 미야코 제도의 카리마타狩俣라고 하는 마을의 신화를 대표적으로 말씀드리려 합니다. 구다카지마의 신화는 오키나와 제도의 마을신화를, 카리마타의 신화는 그와는 다른 문화권인 사키시마先島의 마을신화를 대표한다고 할 수 있습니다. 류큐호 사회는 '시마 공동체'들의 사회라고 볼 수 있거든요. '시마', '스마'는 바다에 둘러싸인 섬을 가리키기도 하지만, 이 지역 사람들이 자기 마을공동체를 가리키는 말이기도 합니다. 지형적인 섬도 시마라고 하지만, 이 사람들은 자기들이 살고 있는 마을을 스마, 시마라고 이야기합니다. 시마라는 말로 자기들의 마을공동체, 촌락공동체를 지시하기도 한다는 것이죠. 구다카지마와 카리마타 마을의 신화를 통해서, 마을공동체를 단위로 전승되는 신화의 특성에 대해서 말씀드려 보려고 합니다.

한편, 시마 사회의 신화와 그 결이 다른 오키나와의 신화로 국가의 신화를 들 수 있습니다. 삼산을 통일하고 아마미 제도와 사키시마를 복속하여 성립했다가 결국에는 일본에 의해 패망한 류큐 왕국의 신화가 그것입니다. 국가의 신화와 마을의 신화, 특히 마을의 시조신화와의 차이점에 대해서 이미 많은 이야기들이 있는데요, 이런 이야기들을 염두에 두면서 류큐 왕국의 신화도 같이 말씀드려 보려고 합니다.

정리하자면, 오늘 이 자리에서는 시마의 창세신화, 류큐 왕권의 창세신화, 왕권 신화의 자장磁場, 신화의 현대적 재현을 소주제로 삼아 차례차례 이야기를 해보려 합니다. 구다카지마와 카리마타라고 하는 동네의 창세신화를 통해서 시마 창세신화의 특징을 살펴본 다음,

류큐 왕국의 창세신화를 살펴보겠습니다. 모든 국가는 창세신화가 있기 마련이죠. 일본도 그렇고 고조선도 그렇고 심지어 고려, 조선까지도 창세신화가 있다고 말할 수 있습니다. 류큐 왕국의 창세신화를 보고 나서는 시마 창세신화가 류큐 왕권의 창세신화와 어떤 차이가 있는지 같이 생각해보기로 하겠습니다. 한편, 류큐 왕권의 창세신화는 마을의 창세신화에 어떤 영향을 미치기도 합니다. 이로 인해 새로운 시마의 신화, 새로운 마을의 신화가 만들어지기도 하고요. 그 양상 또한 같이 살펴보도록 하겠습니다. 이를 통해서 신화가 얼마나 정치적인 도구인가, 집단을 위해서 복무하는 이야기 장르인가라는 것을 생각해볼 수 있을 것 같습니다. 마지막으로 신화의 현대적인 재현에 대해서, 여전히 현대사회에서도 살아있는 신화의 흔적을 더듬어보도록 하겠습니다. 벌써 말씀드리면 좀 맥이 빠질 듯도 하지만, '류진 마부야琉神マブヤー'라는 액션 히어로 이야기입니다. 류진 마부야는 파워레인저처럼 변신해서 악당들을 물리치는 영웅인데요, 몇 해 전 오키나와에서 일대 선풍을 일으켰습니다. 그것이 가지는 의미가 무엇인지까지 말씀을 드리면, 오늘 제가 전해드리고 싶은 오키나와 신화 이야기의 그림이 대략적으로 그려질 것 같습니다.

구다카지마의 마을 신화

오키나와 제도의 마을신화로 구다카지마의 신화를 살펴보겠다고 말씀드렸는데요. 오키나와 본도에서 과거 류큐 왕국의 수도였던 슈리를 기준으로 할 때, 구다카지마는 그 동쪽에 있습니다. 동쪽은 해가 뜨는 곳이죠. 이것을 기억해두시기 바랍니다. 굉장히 중요한 의미

그림 25
세화 우타키의 산구이

가 있습니다.

[그림 25]와 [그림 26]은 '세화 우타키齋場御嶽', 그 중에서 산구이三庫理라는 곳입니다.[3] 지난주 제주도 신화에 대한 강연에서 혹시 당堂에 대해 들으셨나요? 우타키란, 오키나와 지역의 당이라고 생각하시면 비슷할 겁니다. 지역마다 부르는 이름들은 조금씩 다릅니다. '이베', '이비'라고 하기도 하고요, '온'이라고 하기도 하고요. '무이'라고 하는 데도 있습니다. 지역마다 민속적 명칭이 같지 않은데, 대표적인 이름은 우타키입니다. 나무 밑이 우타키가 될 수도 있고요, 우물이나 샘이 우타키가 될 수도, 숲 전체가 우타키가 될 수도 있어요. 어떤 자연물이 우타키인 경우가 대부분입니다. [그림 25]의 사진은 세화 우타키의 가장 안쪽에 자리하고 있는 성소聖所입니다. 세화 우타키는 매우 큰 우타키라고 볼 수 있는데, 류큐 왕조와 밀접한 관련이 있습니다.

류큐 왕조에서는 국가 차원의 최고 사제가 여성이었습니다. 기코에오오기미聞得大君이라고 하지요. 류큐 왕조는 그 사제를 정점으로 해서 전국 각 마을의 여성 사제들을 피라미드 형태의 사제 조직으로 묶어냈습니다. 국왕의 동생이거나 국왕의 아내이거나 왕족의 최고 여성이 기코에오기미라는 최고 신녀의 자리에 오르게 되는데 그 신

---

3 오키나와 난조시(南城市) 지넨(知念)에 위치한 류큐 왕조시대의 우타키. 2000년 유네스코 세계유산으로 등록된 류큐 왕국의 구스쿠 및 관련 유산군(琉球王國のグスク及び関連遺産群)에 포함되어 있다.

녀가 취임식을 하는 곳, 새로 기코에오
기미가 되면 취임식을 하는 곳이 바로
세화 우타키였습니다. 일본에서는 영력
이 뛰어난 곳을 답사하는 것이 유행이
라고 하는데, 이 세화 우타키가 영력이
높기로 유명하다고 하지요.

그림 26
세화 우타키의 산구이에서
본 구다카지마

　[그림 26]의 사진을 보시면 의례를
거행하는 장소 건너편에 희미하지만
섬 하나가 보이지요. 이것이 구다카지
마입니다. 그러니까, 구다카지마는 류
큐 왕조에 있어 매우 중요한 섬이었다
는 말이지요. 민간에서도 지금껏 구다
카지마를 신성시하는 관념이 남아 있어서, 구다카지마에 들어가면
돌 하나도 함부로 가지고 나오지 못하게 합니다. 신이 노하시니까요.
구다카지마에 살고 있는 여성들은 전부 신이라는 관념도 있습니다.
구다카지마는, 오키나와에서 신들의 원향原鄕으로 불릴 정도입니다.
　구다카지마의 대표적인 창세신은 바로 '아마먀'라는 신입니다. 구
다카지마에서는 '아마먀'라고 하는데, 오키나와 본도에서 보통 '아마
미쿠'라고 하는 신의 구다카지마 지역형이라고 할 수 있습니다. '아
마먀'라는 신이 바다 위에 떠서 빨간 봉棒으로 물의 깊이를 재고 봉을
꽂아 넣은 다음 그것으로 구다카지마를 만들었다는 신화가 구다카
지마에 전해집니다. 구다카지마에는 '한자나시ハンジャナシー'라고 하는
마을의례가 있는데, 여기에서 부르는 의식요儀式謠에서 알 수 있는 내
용입니다. 아주 정제되어 있는 형태의 노래이기 때문에 그 서사적인

그림 27
구다카지마의 성소(聖所)

줄거리가 문면에 상세하게 나오지는 않지만, 그 표현 뒤에 숨어 있는 이야기를 따져보면 결국 이러한 내용입니다.[4] 어디서 많이 들어보지 않으셨어요? 널리 알려져 있는 일본의 창세신화와 퍽 비슷하지요. 일본 창세신화에서도 바다에서 새로운 섬들을 생성하는 이야기가 있는데,[5] 여기에서도 그렇습니다. 아마먀가 만들었다는 구다카지마를 보시지요.

구다카지마는 이렇게 생겼습니다. 구다카지마의 아마미쿠가 처음에 카베루자키라는 곳에 봉을 꽂고, 차근차근 아래로 내려오면서 섬을 만들었다고 하지요. 별로 크지 않은 섬이라, 자전거를 타고 쉽게 한 바퀴 도실 수 있습니다. 이 그림을 보면 '우타키', '가' 이런 것들이 많이 나옵니다. '가'는 연못, 샘, 우물 등을 뜻하는 말인데, '가'도 우타키인 경우가 많습니다. 이 그림에 표시된 장소들은 구다카지마의 대표적인 성소들입니다. 이 가운데 이시키하마伊敷浜는 하얗고 동글동글한 돌들이 펼쳐져 있는 작고 예쁜 해안인데, 아마먀가 오곡종자를 넣어 보낸 표주박이 표착한 곳이라는 전승이 있습니다. 섬 전체가 신

---

4   이런 내용의 신화가 설화형태로 전승되기도 한다. 신이 수리[鷲]를 타고 태양에서 내려와 아마미쿄를 만들었는데, 아마미쿄는 빨강, 노랑 등의 색이 칠해진 일곱 자 길이의 봉을 세워 구다카지마를 만들었다고 한다. 아마미쿄는 태양과 지상을 왕복하며, 아마미쿄가 구다카지마를 만들 때 썼던 봉은 지금도 호카마(外間) 집안에 있다는 것이다. 이 이야기는 정진희, 『오키나와 옛이야기』(보고사, 2013)의 40쪽을 참조. 아마먀가 구다카지마를 만들 때 썼던 봉은 실제로 한자나시 의례에 등장한다.

5   『고사기』라는 옛 문헌에는 일본의 국토생성에 대한 신화가 수록되어 있다. 여러 천신들이 이자나기와 이자나미 두 신에게 국토를 단단하게 고정시켜 만들라는 명령을 내렸다. 이자나기와 이자나미가 천부교(天浮橋) 위에 서서 신들에게서 받은 '아메노누보코'라는 창을 바닷물에 찔러 넣어 휘저었더니, 창 끝에서 방울방울 떨어진 것이 쌓여 '오노고로시마'라는 섬이 생겼다. 이자나기와 이자나미는 이 섬에서 시작하여 일본 국토를 이루는 여러 섬을 차례차례로 낳았다. 창을 바다에 넣어 섬을 만들었다는 이자나기와 이자나미의 국토 형성 신화는 바다에 봉을 꽂아 넣어 구다카지마를 만들었다는 아마먀의 구다카지마 창조 이야기와 닮아 있다.

과 관련되어 있는 성소라고 말할 수 있는 구다카지마에서 우리가 기억해야 할 첫번째 창세신화는 아마먀에 의한 구다카지마 창조신화라고 말씀드릴 수 있겠습니다.

두 번째로 소개해드릴 구다카지마의 신화는 이런 주제에 대한 것입니다. 구다카지마에는 언제부터 사람이 살기 시작했을까? 구다카지마에 살고 있는 우리는 누구의 후손일까? 이런 주제에 대한 구다카지마의 신화는 '남매혼 신화'로 알려져 있는 이야기 유형을 따릅니다. 최초에 남매가 있었습니다. 그 남매는 서로 육체적인 결합을 합니다. 그 결합의 결과 태어난 자손들, 그 자손의 자손들, 그 자손의 자손의 자손들이 결국 구다카지마에 살고 있는 우리들이라는, 인류기원 신화에 가까운 이야기이지요.

오키나와 다마구스쿠玉城의 햐쿠나百名에 '시라타루'와 '화가나시'라고 하는 남매가 살고 있었습니다. 하루는 바다 저편에 구다카지마가 보이더란 거예요. 남매는 구다카지마로 건너갑니다. 건너가서 둘이서 동물이 서로 교미하는 것을 보고 "우리도 저렇게 해볼까?" 해서 자식을 낳는 것을 알게 되고 그 자손들이 결국은 구다카지마의 후손들이 되었다는 거죠.[6] 구다카지마의 대표적인 노로, 즉 여성 사제는 호카마外間 노로와 구다카久高 노로입니다. 두 노로를 배출하는 집안인 '호카마둔'과 '구다카둔'은 구다카지마의 대표적 종가들입니다. '종가'라고 말씀드립니다만, '둔'은 우리나라의 종가하고는 개념이 달라서, 마을의 대표적 집안이라고 생각하시는 게 좋을 듯합니다. 결국, 다마구스쿠에 살다가 구다카지마에 건너온 남매들의 후손들이 호카

---

6   구다카지마의 시조에 대한 설화는 필자의 『오키나와 옛이야기』(보고사, 2013)의 40~45쪽 참조.

마둔과 구다카둔을 이루었다는 이야기이지요.

이처럼 구다카지마에는 아마먀에 의한 창조신화에 더해 인류기원 신화가 따로 더 있는 셈입니다. 여기에 곡물의 기원과 관련되는 신화도 또 있지요. 좀전에 말씀드렸듯 이시키하마 해변에 아마미쿠^{아마먀}가 곡물을 담은 표주박을 보내줍니다. 그래서 이 마을에 처음 살았던 시조 시라타루와 화가나시 남매가 그것을 받아 곡물을 심었다고 해요.[7] 그 표주박 안에는 보통 오곡이 들어있었다고 하는데, 나중에 변형된 것이라고 짐작됩니다만 그중에서 쌀은 구다카지마에 심지 않고 다시 다마구스쿠에 건너가서 그곳에 심었다는 이야기도 전해집니다.

정리를 해보자면, 구다카지마의 창세신화는 하나의 완결된 이야기로 전해지지는 않습니다. 부분부분 파편적으로 전해지는데 그 대표적인 것이 앞에서 말씀드린 두 가지라고 볼 수 있습니다. 아마미쿠가 구다카지마 섬을 창조했다는 신화, 그리고 남매혼 유형의 시조신화가 구다카지마 창세신화의 대표적 사례라고 말씀드릴 수 있겠습니다.

미야코지마 카리마타의 마을신화

다음으로, 미야코지마의 카리마타 마을신화를 보겠습니다. 먼저 카리마타 마을이 있는 미야코지마를 보시지요.

여기에 보이는 가장 큰 섬이 미야코지마이고요, 그 바로 위에 이케마지마^{池間島} 가 있습니다.

그림 28
미야코 제도

---

[7]　구다카지마의 곡물 기원설화는 『오키나와 옛이야기』(보고사, 2013)의 119~121쪽 참조.

또 이라부지마^{伊良部島}라는 섬이 있고요, 이라부지마 밑에 시모지지마 ^{下地島}라고 하는 곳이 있습니다. 미야코지마 아래쪽으로는 쿠리마지 마^{来間島}라고 하는 곳이 보이네요. 이만큼 떨어져서 타라마지마라고 하는 곳이 있는데, 이쪽 지역은 미야코지마와 거리가 많이 떨어져 있 는 만큼 미야코 제도에 속해 있기는 하나 약간 다른 문화권입니다.

지도에서 미야코지마 위쪽을 한 번 보시겠습니까? 해안선이 좀 희 한하게 생기지 않았나요? 무엇처럼 보이시나요? 예, 달팽이 뿔이라 고도 볼 수 있겠네요. 혹시 갈퀴처럼 보이지는 않으십니까? 바로 여 기가 카리마타^{狩俣}입니다. 이 카리마타 마을은 미야코지마 내에서도 역사가 매우 오래된 마을로 유명합니다. 그런데 이 카리마타라고 하 는 마을이 미야코지마 내에서 행정적으로 중심인 지역은 아니었어 요, 미야코지마의 정치적인 중심지, 권력의 중심지는 히라라^{平良}였습 니다. 미야코지마가 류큐 왕국의 일부가 되었을 때 류큐 왕국의 지 방행정청인 구라모토^{蔵元}가 여기에 있었습니다. 히라라에는 유명한 하리미즈^{漲水} 우타키라고 하는 곳이 있습니다. 이 하리미즈 우타키는 미야코지마를 통일한 나카소네 토요미야와도 관련되는 우타키로, 류큐 왕국의 왕조 우타키로 편제되기도 하였습니다. 지역 우타키들 중에서 가장 대표가 되는 것을 국가에 편입시킨 것이죠. 일본에서 여 러 신사들을 국가 신도^{神道}의 신사로 계열화하고 편입시킨 것처럼 류 큐 왕조에서도 그런 일이 일어났습니다. 오래된 마을인 데다 히라라 와는 달리 류큐 왕조의 직접적 영향으로부터는 다소 벗어나 있었다 는 것이, 오히려 카리마타 신화가 마을신화로 남아있을 수 있었던 좋 은 여건이 되었다고 말할 수 있을 것입니다.

[그림 27]은 카리마타 마을의 의례입니다. 이 사람들은 여자일까

그림 29
우야간 마쓰리

요, 남자일까요? 예, 여자입니다. 머리에 넝쿨을 둘러쓰고 마을 위에 있는 의례 공간으로 가고 있는 여성 사제들의 행렬입니다. 그 수가 많죠? 카리마타 마을의 여성들은 일정 연령 이상, 일정 연령 미만이라면 모두 마을 사제로서 의례에 참여합니다. 일정한 나이가 지나면 이른바 사제 졸업식을 별도로 할 정도입니다. 마을 전체가 굉장히 종교적이죠. 물론 이것은 꽤 오래전의 사진입니다. 마을 사제들이 '우야간 마쓰리', 즉 '조신제祖神祭'라고 해서 '우야간ウヤガン'이라고 하는 마을 조상을 기리는 의례를 행합니다. 이 의례를 지내는 동안만큼은 이 사제들은 보통의 인간이 아니에요. 그럼 누구일까요? 신이죠. 어떤 신일까요? 바로 조상신이 된 겁니다. 조상신으로 현현하는 것이지요. 조상신이 되었다가 다시 인간이 되는 것이지요. 굉장히 중요한 의미가 있다는 것, 잠시 후에 말씀드리겠습니다.

이 우야간 마쓰리에서 사제들이 부르는 노래 속에 카리마타 마을의 신화가 있습니다. 제주도 신화 같은 경우에는 마을사람들이 직접 굿에서 노래를 부르지는 않지요. 제주도 무속신화인 본풀이는 심방이라고 하는 전문적인 사제들이 부르는 데 비해, 카리마타에서는 마을 여성 사제들이 모두 모여 부르게 되지요. 그래서인지 가사가 굉장히 정제되어 있어요. 심방이 부르는 본풀이는 서사가 굉장히 길고 직접적이며 변형도 다양하지요. 카리마타의 경우, 의례에서 구연되는

노래는 정제되어 있는 가사 속에 그 의례를 같이 하는 사람들이 공유하는 신화가 내포되어 있습니다. 우야간 마쓰리에서 여성 사제들이 부르는 노래 중에 〈하라이구이祓い聲〉 또는 〈움마누간의 후사〉라고 하는 노래가 있습니다. '움마'는 어머니라는 뜻이에요. '엄마'와 비슷하죠. '누'는 일본어의 노の 에 해당하는, '-의'라는 뜻이구요. '간'은 '신神'이라는 뜻입니다. 그러니까 '어머니 신 후사'라는 것이죠. '하라이구이'는 무엇인가 깨끗하게 하는, 제의를 지내기 전에 장소를 정화하는 노래라는 뜻입니다.

이 노래에서 확인되는 것은 카리마타의 조신祖神 신화입니다. 내용은 이렇습니다. 움마누간이 카리마타 마을에 내려와요. 어디서 내려왔는지는 모르지만요. 이 노래의 신화적 내용을 설화적으로 전승하는 사람에 따라서 하늘에서 내려왔다고도 하고 어디서 왔는지 모르지만 그냥 왔다고도 해요. 사실 이 얘기에서 움마누간이 어디서 왔는지는 별로 중요하지 않았다는 뜻이기도 해요. 어쨌거나 움마누간은 카리마타 마을에 내려옵니다. 그런데 예로부터 미야코지마에서 정말 중요한 삶의 조건은 바로 마실 것이었습니다. 짜지 않은 깨끗하고 단물을 찾는 것이 미야코지마 사람들에게 매우 중요한 일이었습니다. 그래서 그런지 움마누간 후사를 보면 움마누간이 처음 내려와서 샘을 찾아 순행했다고 해요. 이 노래에 굉장히 많은 샘들이 나옵니다. 처음에는 어느 샘에 갔는데 이 샘은 짜서 안 되겠다, 그래서 또 다른 곳으로 옮겨요. 또 그 샘에서는 뭐가 안 좋아서 또 안 되고, 또 다시 다른 곳으로 옮깁니다. 이렇게 해서 최종적으로 낙착된 곳이 어디냐 하면 '우푸훈무이'라고 하는 곳입니다. '우푸'는 '크다'라는 뜻이고, '무이'는 일본말로 '모리森'라고 하는 것이죠. '우푸훈무이'가 바로 움마누간이 처음 좌정했던 우타키인 셈입니다. 움마누간이 와서 우푸훈무이에 좌정을 한 것까지가, 바로 〈움마누간의 후사〉의 내용입니다. 우리 마을의 조신祖神은 어떻게 우리 마을에 오게 되었나? 움마누간이 내려와 우리의 '우야간', '조상신'이 되었지. 움마누간은 내려와서 무엇을 했나? 샘을 찾아 돌아다녔지. 샘을 찾아 돌아다니다 어떻게 했나? 우푸훈무이에 좌정했지. 이것이 바로 〈움마누간의 후사〉, 〈하라이구이〉의 내용이라고 볼 수 있습니다.

그런데 움마누간의 이야기는 이것으로 끝나지 않습니다. 구다카지마에 구다카둔, 호카마둔이 있었던 것처럼 미야코지마의 카리마타에도 대표적인 집안들이 있습니다. 구다카지마에서는 그런 집안을 '둔'이라고 하는데 카리마타에서는 '무투'라고 합니다. 대표적인 무투로 네 곳이 있어서 이를 '유무투四元'라고 하는데, 그 가운데에서도 특히 '우푸구후大城 무투'와 '시다티 무투'가 큽니다. 마을에서 가장 중심이 되는 것은 우푸구후 무투입니다. 우푸구후 무투에서 전해지는 노래를 보면, 우푸구후 무투의 조상은 움마누간이에요. 우리가 아까 봤던 움마누간 말입니다. 움마누간이 하강해서 순행하는 것까지는 우리가 앞에서 봤던 후사와 비슷합니다. 똑같아요. 그 다음에 내용들이 더 이어지죠. 순행하다가 좌정을 하잖아요. 거기까지가 아까 조신제에서 부르는 노래의 내용이었지요. 그런데 우푸구후 무투에서는 거기에 다른 내용을 덧붙입니다. 움마누간이 카리마타 마을에 올 때 혼자 왔던 것이 아니라는 것이지요. 움마누간은 딸과 함께 내려옵니다. 딸과 함께 순행을 하고 우푸훈무이에 좌정해서 집을 지으려는데, 집 지을 나무를 베다가 그만 딸이 부상을 당해 죽고 맙니다. 그래서 움마누간은 '나카훈무이'라는 곳으로 옮겨 갑니다. 여기에서 새롭고 흥미로운 신화소가 등장합니다. 흔히 '야래자夜來者'라고 하는, 밤마다 찾아오는 남성이 그것이지요. 움마누간이 밤에 자는데 밤마다 누가 나타나는 거에요. 이 이야기는 어디서 많이 들어보셨지요? 우리나라의 〈견훤신화〉에도 이런 신화소가 등장합니다. 견훤이 어떻게 태어난 아이인가요? 어머니가 자는데 밤에 계속 누가 나타나요. 나중에 알고 보니까 무엇이었나요?

청중 지렁이요.

예. 원래는 지렁이가 아니었을 겁니다. 용이나 뱀이나 뭐 이런 것이었는데, 견훤이 세력을 잃는 바람에 그만 지렁이의 아들로 격하된 것이겠지요. 용에서 뱀으로, 뱀에서 다시 지렁이로, 그렇게 신성성이 약화되고 소멸되었다고 말할 수 있습니다. 밤마다 어떤 남자가 여인의 거처를 찾아와서 결국 여인이 자식을 낳게 되는데 알고 보니 그 남자가 용이더라, 뱀이더라 하는 이야기는 드물지 않은 신화소예요. 일본의 〈삼륜산三輪山 전설〉도 바로 뱀에 의해 신성한 회임을 하는 이야기이지요.[8] 움마누간은 야래자 뱀으로 인해 임신을 하게 되고, 그 결과 '티라누뿌즈'라고 하는 아들을 낳습니다. 그 아들이 바로 우푸구후 무투의 선조라는 것이지요. 여기에서부터 시작이 되어 카리마타가 번성했다는 이야기입니다.

이것은 똑같이 인류 기원신화임에도 불구하고 우리가 아까 보았던 구다카지마의 인류 기원신화하고는 성격이 다릅니다. 구다카지

---

8   나라(奈良) 현 미와야마(三輪山)의 신 '오호모노누시'와 그 후손에 대한 이야기이다. '이쿠타마요리비메'라는 미인이 살았는데, 밤마다 누가 찾아오는 바람에 임신을 하게 되었다. 이 사실을 알게 된 부모는 남자의 정체를 알아내기 위해 바늘에 실을 꿰어 남자의 옷자락에 꽂아놓게 하였다. 날이 밝아서 바늘에 꿰어두었던 실을 따라가보니, 미와산 신사까지 이어져 있었다. 삼륜산 신과 이쿠타마요리비메 사이에서 태어난 '쿠시미카타'의 후손 '오호타타네코'는 스진천황의 명에 의해 삼륜산 신을 모시는 제사를 주관하게 되었다. 『고사기』의 스진천황(崇神天皇)조 참조.

마의 인류기원은 남매혼 신화였지요. 남매가 처음에 혼인을 해서 인류를 낳았다고 하는데, 우푸구후 무투에서는 신이 신적 존재와 결합하여 낳은 자손이 우리 집안의 시조라고 하지요.

그런데 카리마타 마을신화에 남매혼 신화가 없지는 않습니다. 시다티 무투의 시조신화는 또 이 남매혼 신화 유형입니다. 시다티 무투의 시조는 원래 구메지마久米島에서 온 남매였습니다. 남매가 육체적인 결합을 맺는 바람에 그만 집에서 쫓겨나요. 이때 남매의 어머니가 먹고는 살라고 뭔가를 줘요. 오곡종자를 같이 넣어서 보내는 것이지요. 남매는 오곡종자를 가지고 구메지마에서 쫓겨납니다. 섬에서 쫓겨나면 망망대해지요. 죽으라는 것과 마찬가지입니다. 운 좋게 어디 표착이라도 하면 그것은 또 네 운명이니 운명대로 하라는 뜻이겠지요. 남매는 흘러흘러 결국에는 카리마타 마을에 들어오게 됩니다. 들어와 정착을 하고 어머니가 준 오곡종자를 잘 경작해서 카리마타가 번성했다는 내용입니다. 카리마타가 번성했다는 것은 결국 사람들이 많아졌다는 뜻이겠지요? 남매가 결합하여 남자아이, 여자아이를 낳아요. 쌍둥이이기가 쉽지요. 그 아이들이 또 혼인을 해서 자손을 낳습니다. 그렇게 또 짝들이 많아지면 또 결합하여 자손을 낳지요. 현재의 윤리로 보면 근친혼이니 무어니 하면서 문제 삼을 수 있겠지만, 이 신화는 이와는 다른 맥락의 원리와 의미를 내포하고 있습니다. 왜 남매의 혼인을 통해서 사람들이 생겨났다고 하는 것일까요? 여기에는 뭔가 다른 이유가 있다고 생각합니다. 그 이유에 대해서, 잠시만 궁금해하셔도 좋습니다.

요약하자면 카리마타의 창세신화는 마을에 강림한 수호신 우야간 신화와, 마을의 시조신화로 구분할 수 있습니다. 구다카지마의 경우와 비교해보자면, 시조신화가 있다는 점이 공통됩니다. 시조신화에 남매혼 신화가 포함되어 있다는 것도 같아요. 물론 차이도 있지요. 카리마타의 신화는 신성혼 형태가 두드러지지요. 시다티 무투의 시조신화는 남매혼 신화이지만, 마을의 핵심이 되는 우푸구후 무투에서는 신성혼, 즉 신과 신의 결합에 의해서 시조가 탄생합니다. 카리마타의 움마누간과 구다카지마의 아마미쿠도 대비해볼까요? 카리마타의 움마누간은 카리마타에 와서 마을의 우야간, 즉 조신祖神이자 수호신이 되었습니다. 우야간이나 구다카지마의 아마미쿠는 애초부터 초월적인 신적 존재였다는 점에서는 같지만, 아마미쿠는 수호신적 성격보다는 구다카지마를 만든 창조신으로서의 성격이 강합니다. 우야간이 창조신으로서의 모습을 거의 보이지 않는 것은 무엇 때문일까요? 마을공동체가 곧 섬이었던 구다카지마와는 달리 카리마타는 미야코지마의 여러 마을 공동체 중의 하나였기에, 그 물리적 공간을 우야간이 만들었다고 하기 어려웠기 때문일지도 모르겠습니다.

남매 시조신화가 의미하는 것

구다카지마와 카리마타의 신화를 비교할 때 공통적인 화소는 바로 남매 시조에 대한 것입니다. 마을의 기원을 이야기할 때 가장 핵심이 되는 것은, 그러니까 시마 사회에서 창조를 이야기할 때 빠트리지 않는 것은 바로 이것이라고 할 수 있지요. 시마 창세신화의 주된 관심은 우리 마을 땅이 어떻게 생겨났는가 하는 데 있지 않습니다. 마을신화의 주된 관심은 우리 마을 사람들은 어디에서 비롯된 사람들인가 하는 데 있습니다. 오늘 저는 구다카지마와 카리마타 지역의 마을신화만을 말씀드렸지만, 오키나와 전역에서 가장 보편적으로 발견되는 유형의 신화는 바로 다음과 같은 구성으로 정리할 수 있습니다. 바로 남매혼에 의한 시조신화입니다.

> 결합의 주체: 최초 남녀, 도래 남매, 살아남은 남매
> 결합의 계기: 신의 명령, 동물 교미 흉내
> 결합 결과: (이물 출산)->인간 출산[9]

먼저 결합의 주체입니다. 편의상 '남매'라고 말씀드렸습니다만, 실상 남매의 유형도 스펙트럼이 넓습니다. 시다티 무투의 시조처럼 다른 섬에서 건너온 남매도 있고, 전쟁에서 살아남은 남매도 있어요. 때로는 〈노아의 방주〉를 연상하게 하는 이야기도 있습니다. 옛날에 어떤 마을이 크게 번성했었는데, 인간들이 너무 못됐는지라 하늘에서 갑자기 불비火雨를 내려요. 불비가 내리거나 기름비가 내려서 사람들이 몽땅 죽고 맙니다. 쓰나미 때문에 마을이 멸절했다는 이야기도 있고요. 이런 와중에 한 착한 남매만 가마솥을 뒤집어쓰고 있다거나 동굴 안에 들어가 있다거나, 산꼭대기에 이르거나 해서 겨우 겨우 살아남아요. 그 살아남은 남매로부터 다시 마을이 번성했다는, 최후에 살아남은 남매로부터 인류가 시작됐다는 그런 이야기이지요. 경우에 따라서는 아주 드물게, 마치 아담과 하와처럼 태초의 남녀가 있었더라는 이야기도 있습니다. 최초의 남녀가 결합을 해서 자손들이 태어났다고 이야기하는 거지요. 그러나 역시 핵심은 도래渡來한 남매든

---

9   정진희, 「오키나와 창세신화의 재편 양상과 신화적 논리」, 『구비문학연구』 33호, 한국구비문학회, 2011, 169쪽.

살아남은 남매든, 어쨌든 한 쌍의 남매가 마을 인류의 시조가 된다는 것입니다.

이 둘이 결합을 하게 된 계기도 공통됩니다. 아무것도 모르잖아요. 그 어린애들이 뭘 알겠어요? 그래서 그럭저럭 지내던 남매가 급기야 육체적인 결합을 하게 된 계기는 두 가지 정도로 정리할 수 있습니다. 하나는 좀 드문 경우인데요, 드물게는 신이 개입하는 경우가 있습니다. 신이 나타나서, 또는 신의 목소리만이 이렇게 말합니다. "너의 '남는 부분'으로 너의 '부족한 부분'을 채워서 자손을 만들어라." 무슨 뜻인지 아시겠지요? 육체적인 결합을 암시하는 신의 말이 있고, 그 말대로 결합을 해서 자손이 번성하게 됩니다. 몰랐던 것을 신이 가르쳐 주는 것이죠.

가장 많이 나오는 결합의 계기는 동물 교미의 흉내입니다. 두 사람이 행복하게 살고 있어요. 뭐 딱히 할 일도 없으니까요. 둘이 이렇게 살다가 하루는 메뚜기가 서로 교미하는 것을 봤어요. 혹은 물새가 교미하는 것을 보았어요. 산새가 교미하는 것이 보여요. "어, 저게 뭐지? 우리도 한번 해볼까?" 이렇게 해서 나온 게 사람이라는 것이죠. 자연을 따라하다가 생겨난 것이 바로 사람이에요. 지금의 생각으로는 자연스럽지 않을지 모르지만, 이 신화를 향유한 사람들은 남매끼리의 결합을 자연의 동물들이, 자연의 생물들이 결합하는 것처럼 자연스럽게 이해하려고 했다는 것이지요. 신화적으로 보면 말입니다.

경우에 따라서는 동물 교미를 흉내내서 교미를 해봤더니만 인간이 아니고 이상한 이물異物이 나왔더라는 이야기도 있습니다. 지렁이가 나오기도 하고, 이상한 해산물 같은 것이 태어나기도 하지요. 왜 그런 결과가 나온 걸까요? 남매끼리 근친상간을 했기 때문에 벌을 받아서 그런 걸까요? 오키나와 신화가 내어놓는 답은 이와는 다릅니다. 왜 이물을 출산했는가? 그 원인을 '남매가 혼인'했기 때문이 아니라 남매가 결합을 할 때 '삼가지 않았기 때문'이라고 설명하는 경우가 많습니다. 조심스럽게 해야 하는데 아무 곳에서나 해서, 제대로 된 집을 짓고 그 안에서 해야 하는데 그렇게 하지 않아서, 제대로 된 절차를 지켜야 하는데 절차를 지키지 않아서 그렇게 됐다고 하는 거예요. 동물의 교미를 따라했다고 하면서도 뭔가 동물의 교미와 인간의 결합을 구분 지으려고 하는 의도가 이런 신화 안에 들어가 있는지도 모르겠습니다. 근친혼 자체가 문제가 되는 것이 아니라, 인간답게 하지 않았다는 것이 문제가 되어 이물을 출산하게 되었던 것이니까요. 그 잘못을 깨닫고 인간답게 관계를 했더니 드디어 인간을 출산할 수 있었다는 식의 이야기들이 많습니다.

이제 좀전에 남겨두었던 궁금증을 해결해 보도록 하지요. 이렇게 구성되어 있는 남매 시조신화의 의미는 무엇일까요? 그 해답의 실마리를 바로 오키나와의 '마을'에서 찾아보겠습니다. 오키나와의 마을에는 닛추根人 와 니간根神 이라고 하는 이들이 있습니다. 각 마을에는 마을 종가에 해당하는 집안이 있다고 말씀드렸지요. 구다카지마에는 호카마둔이라든가 구다카둔이라는 집안이 있고, 카리마타 지역에서는 우무구후 무투처럼 무투라고 하는 집안이 있습니다. 마을 종가에 해당하는 이런 집안을 니야根屋라고 합니다. 닛추는 이 니야를 대표하는 남자입니다. '추'가 사람을 뜻하는 말이라고 말씀드렸지요. '닛추'는 뿌리가 되는 사람이라는 뜻입니다. 니야의 남자가 대대로 닛추가 되지요. 니간은 대대로 니야의 여자가 맡습니다. 뿌리가 되는 신이라는 뜻이지요. 류큐 왕조 시기에는 이 니간이 노로라는 사제로서 국가사제 조직에 편입되었습니다. 요컨대 남자는 어떤 정치적인 실생활과 관련되는 면을 담당하고, 여자는 의례, 제사, 성聖과 관련된 부분들, 성스러운 것과 관련된 부분을 맡게 됩니다. 덧붙이자면 오키나와 지역에는 '오나리 신앙'이라고 하는 것이 있습니다. '오나리'는 '누이'라는 뜻인데, 누이의 영靈이 '에케리'라고 하는 오라비를 보호해준다는 믿음입니다. 이런 관념과 닛추, 니간의 개념이 또 밀접하게 연관됩니다. 한 마을의 구성에서 정치적인 것, 실생활과 관련되는 것, 속俗과 관련되는 것이 한 축이라면, 또 다른 한 축은 의례적인 것, 초월적인 것, 성聖과 관련되는 것입니다. 그 두 축을 한 집안의 남자와 여자가 각각 담당하게 됩니다. 그 남녀가 한 짝을 잘 이루어야, 한 쌍을 잘 이루어야 마을 우주가 제대로 돌아간다는 생각이 이런 마을 구조 속에 담겨 있습니다. 더군다나 태초의 신화로 거슬러 올라가 보면 결국 마을의 시조는 혈연적인 남매였다는 것이지요. 그 후손들로 이루어진 마을은 서로 뗄래야 뗄 수 없는 신화적 혈연공동체가 됩니다. 아주 강하고 끈끈한 '피의 디엔에이DNA'가, 신화를 통해 마을공동체성을 보증합니다.

　남매혼 신화는 마을공동체성을 보증하는 의미만 있는 것이 아닙니다. 남매혼 신화는 또 마을의 지속에 필요한 신화적 규범을 제시합니다. 남매혼 시조신화는 남매의 교합은 생물이 교합하는 것처럼, 자연이 교합하는 것처럼 그렇게 자연스러운 것이지만, 인간이기 때문에 성심으로 삼가야 된다고 말합니다. 자손을 낳는 것이 매우 성스러운 일이라는 가르침일 겁니다. 그 후손은 앞으로 조상이 될 후손입니다. 카리마타 마을의 경우에서 보았듯, 마을 사람들은 죽으면 신이 될 사람들입니다. 현재 살아있는 우리도 그냥 사람이기만 한 것은

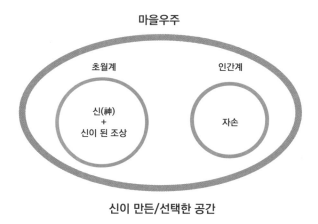

마을우주

초월계

신(神)
+
신이 된 조상

인간계

자손

신이 만든/선택한 공간

그림 30
남매 시조신화의 우주관

아니지요. 죽으면 신이 되어서 이 마을을 보호할 테니까요.

남매혼 시조신화 속에서 신의 세계와 인간의 세계는 결코 단절되어 있지 않습니다. 두 세계는 연결되어 있습니다. 신들의 세계와 인간의 세계가 하나로 묶여 있는 것처럼, 남자와 여자의 세계도 하나로 묶여 있습니다. 이렇듯 대립적인 두 세계를 하나로 묶어냄으로서 여러 측면에서 공동체성을 강화하는 것이 마을의 시조신화라고 볼 수가 있습니다. 대략적이나마 그림으로 나타내 보지요.

마을 우주는 [그림 28]처럼 구성되어 있습니다. 때로 이 마을 우주는 구다카지마의 경우처럼 신이 만든 공간이기도 하고, 카리마타의 경우처럼 신이 선택한 공간이기도 합니다. 어느 쪽이든, 이러한 공간 자체가 매우 신성한 공간이라고 할 수 있습니다. 우리 마을은 신들의 보호 아래에 있는, 신들이 호위해주는 그런 마을이라는 의미를 지니게 됩니다. 이 마을 우주를 구성하고 있는 것은 현재 자손들이 살고 있는 인간세계만은 아니지요. 마을 우주는 초월계까지도 포함합니다. 거기에는 움마누간 같은 신도 있고요, 아마먀 같은 신도 있고요, 신이 된 조상들도 있습니다. 오키나와에서는 사람이 죽어 일정 시간이 지나면 자격을 얻어 신이 된다고 믿습니다. 그 신들이 타계에 살고 있다는 것이지요. 이렇게 구성되어 있는 마을은 성과 속이 분리될 수 없습니다. 우리는 신의 자손이고 우리가 죽으면 조상이, 신이 될 거라는 믿음 위에서 마을은 하나가 됩니다. 사람이 죽어서 자손을 수호하는 조상이 된다는 관념은 어찌 보면 한국의 조상 관념과도 연관되는 부분이 있다고 생각됩니다. 제사를 성심껏 모시라는 것, 조상의 음덕, 이런 이야기들을 어른들이 많이 하시지요.

바다의 초월계, 하늘의 초월계

여기에서 '초월계'에 주목해 보겠습니다. 초월계는 인간의 공간이 아닌 신의 공간입니다. 인간이 지닐 수 없는 신성한 힘이 머무는 공간이라고도 말씀드릴 수 있겠지요. 한국신화에서 그런 신성한 공간으로서의 초월계는 어디에로 있을까요? 대부분의 초월계는 저 '위'에 있습니다. '하늘'이 절대적인 신성 공간으로 나타나는 경우가 아주 많습니다. 오키나와에서는 약간 다릅니다. 수직적인 타계他界: 다른 세상인 '하늘'은 일반적인 타계관에서 초월계를 형상하는 것 중에서 대표적인 것이죠. 오키나와에도 초월계로서의 하늘 관념이 분명히 보이기는 합니다. 그러나 우리가 더 주목해야 할 것은 수평적인 타계입니다. 오키나와에는 '니라이 카나이ニライカナイ'라고 하는 타계 관념이 있어요. 바다 건너에 있는 이상향, 바다 건너 신들이 살고 있는 곳, 바다 건너 조상들이 살고 있는 곳, 바다 건너 풍요가 존재하는 곳. 이런 초월적인 공간이 바로 '니라이 카나이'입니다. 수직적 타계로서의 '하늘'과 수평적 타계로서의 '바다 저편'. 이 둘 가운데 어떤 것이 오키나와 고유의 타계일까요?

구다카지마나 카리마타 마을의 경우를 떠올려 보십시오. 어떤 타계가 원천적인 신화 관념인 것 같으신가요? 좀 애매하지요. 아마먀

그림 31
야에야마의 의례

의 창조를 생각해봅시다. 아마먀가 와서 봉을 꽂아 구다카지마를 만들었다고 하지요. 아마먀는 어디에서 와서 봉을 꽂았을까요? 바다 건너에서 왔을까요? 하늘에서 왔을까요? 실제로 신화를 전승하는 사람들도 잘 모릅니다. 신화 전승자료를 쭉 조사해보면, 어떤 사람은 하늘에서 내려왔다고 하고 어떤 사람은 또 바다에서 왔다고도 해요. 카리마타의 움마누간 같은 경우도 어디서 왔는지는 말하지 않은 채 그냥 '왔다'라고도 하고, 또 '하늘에서 하강했다'라고도 하고, 또 '다른 마을에서 들어왔다'라고도 하지요. 즉, 신화만 가지고는 답하기가 곤란하다는 것입니다. 말로 전해지는 신화가 아닌, 다른 흔적들을 찾아봐야 할 필요가 있겠습니다.

[그림 29]는 야에야마 지역에서 행해지는 의례입니다. 탈을 쓴 신적 존재를 바닷가에 모시고 왔군요. 이 탈을 쓴 신격이 누구인지 아시겠습니까? 예, 부처입니다. 부처 중에서 누구일까요? 석가일까요? 미륵일까요? 아시아 신화는 석가를 별로 좋아하지 않는 것 같습니다. 미륵이에요. '미루쿠ミルク'라고 합니다. 우리나라 신화에서는 미륵이 창세신인데, 여기에서 미루쿠는 풍요를 전해주는 신입니다. '미루쿠유ミルクユ一'라는 말이 있어요. 미륵이 전해주는 풍요라는 뜻이지요. 혹시 제주도 신화할 때 그 이야기 들으셨나요? 미륵과 석가가 인간세상을 차지하려고 경쟁한 이야기 말입니다.[10] 참 신기한 게, 오키

---

10   미륵과 석가가 인간세상을 차지하기 위해 내기를 한다는 이야기이다. 원래대로 하면 미륵이 이겼을 터이지만, 석가가 부정한 방법을 써서 이기는 바람에 이 세상은 석가의 차지가 되었다고 한다. 제주도

나와 지역에도 미륵이 석가와 경쟁하
는 이야기가 있습니다. 오키나와에서
전해지는 미륵과 석가의 경쟁담은 한
국과 달리 창세신화는 아닙니다. 미루
쿠가 바다 건너에서 풍요를 전해주게
된 연유를 설명하는 설화로 전승되지
요.[11] 이러한 설화나 위 사진의 의례에
서 상정되는 타계는 어디일까요?

그림 32
배들의 경주

　[그림 30]을 보십시오. [그림 29]와 같은 의례에서 행해지는 배들
의 경주입니다. 미루쿠유가 오는 것처럼 두 마을을 대표하는 배 두
척이 섬으로 들어오고 있습니다. 빨리 들어오는 마을이 그해의 풍요
를 가져가게 되겠지요. 풍요를 기원하는 줄다리기에서 이기는 팀이
풍요를 얻는 것과 유사합니다. 여기에서 풍요는 어디에서 오나요?
배를 타고 바다 건너에서 옵니다. 이런 관념으로 미루어보면, 근원적
인 풍요의 원천으로서의 초월계는 아마도 수직적 타계가 아니라 바
다 저편의 수평적 공간이 아니었을까 생각해보게 됩니다.

　또 다른 흔적을 더듬어보겠습니다. 해변에 잇닿아 있는 얕은 바다
에 놓여 있는 돌입니다. '야하라즈카사ヤハラズカサ'라는 글자가 있네요.
이것은 아마미쿠와 관련되는 유적입니다. 오키나와 본도에서 아마
미쿠는 주로 곡물을 가져다준 신으로 전승이 됩니다. 때로는 거인으

무가에서는 경쟁의 주체가 미륵과 석가가 아니라 대별왕과 소별왕이라는 쌍둥이 형제다.

11　욕심 많은 사카(석가)가 "보이는 곳은 모두 나의 땅"이라고 하자, 미루쿠(미륵)는 보이지 않는 곳을 가
　　졌다. 보이는 곳은 고지대였고 보이지 않는 곳은 물이 모이는 저지대였기에, 미루쿠의 땅은 풍요로워
　　졌다. 이를 질투한 사카가 쥐와 멧돼지 등을 보내어 미루쿠 땅의 풍요를 방해하자, 미루쿠는 다른 섬
　　으로 옮겨 가버렸다. 미루쿠를 맞이하여 '미루쿠유'가 도래하게 하려는 의례가 오키나와 곳곳에 있다.
　　미루쿠에 대한 설화는 『오키나와 옛이야기』(보고사, 2013)의 〈미륵과 석가〉 항목 참조.

그림 33
야하라즈카사

로 나타나기도 해요. 힘이 센 거인이어서, 땅과 들러붙은 하늘을 밀어올려 사람들이 걸어 다닐 수 있게 한 신이기도 합니다. 굉장히 키가 컸기 때문에 섬사람들에게 가장 공포스러운 자연재해인 쓰나미를 막기도 했다고 합니다. 아마미쿠가 몸으로 해일을 막아줘서 섬이 살아남게 되었다는 그런 이야기도 있어요. 그래서 바위에 보면 그 흔적이 남아있는데, 아마미쿠가 누워서 해일을 막을 때 생긴 갈비뼈 자국이라고 말하기도 합니다.[12] 야하라즈카사는 아마미쿠가 처음 오키나와 땅을 밟은 것을 기념하는 유적입니다. 여기가 아마미쿠가 처음 밟은 땅이라는 것이지요. 그렇다면 아마미쿠는 어디에서 온 것일까요? 하늘일까요, 바다일까요? 만약 아마미쿠가 하늘에서 온 사람이었다면 처음으로 밟은 땅은 아마도 산꼭대기여야 할 거예요. 처음 밟은 땅이 여기 바닷가에 있다는 이야기는, 아마미쿠가 바다 저편에서 건너왔다는 뜻이지 않을까요?

이런 민속학적인 자료들은, 신화에서는 애매했던 타계가 하늘이 아니라 바다 건너 저편임을 보여주는 흔적이라고 할 수 있겠지요. 어쩌면 이것은 섬 지역의 일반적인 관념일 수도 있겠다는 생각을 해봅니다. 섬의 풍요는 어디에서 오는 것일까요? 바다에서 오는 것이 아

12 거인 아만추에 대한 설화는 『오키나와 옛이야기』(보고사, 2013)의 〈거인 아만추〉 항목을 참조.

널까요? 바다는 가장 공포스러운 존재이기도 하면서 가장 은혜로운 공간이기도 하지요. 바다가 없으면 섬사람들은 살아갈 수가 없으니까요. 그래서 오키나와 신화의 타계는 수직적 초월계가 아니라 바다 건너의 이상향이 아니었을까 하는 생각을 하게 됩니다.

그러나 우리는 오키나와 신화에 나타나 있는 수직적 초월계의 자취를 보았습니다. 그렇다면 그것은 어디에서 온 것일까요? 이 문제를 생각해보지 않을 수 없습니다. 그래서 우리는 이제, 시마의 신화, 마을의 신화를 떠나 류큐 '왕국'의 신화로 건너가 보려 합니다. '드디어' 말이지요.

류큐 왕국의 창세신화

기록되어 전하는 것 중 류큐 왕국의 신화로 가장 오래된 것은 『오모로소시おもろさうし』라는 책에서 찾아볼 수 있습니다. 『오모로소시』는 류큐 왕국에서 불렀던 '오모로おもろ'라고 하는 노래를 모아놓은 책입니다. 류큐 왕국의 의례가요집이라고 말할 수 있겠지요. 『오모로소시』제10권의 두 번째 노래를 보면, 류큐 왕국의 창세신화라 할만한 오모로가 전해집니다. 그 핵심적인 내용은 '데다'의 명령으로 아마미쿄가 내려와 섬을 창조하고 귀인貴人을 나타나게 했다는 것입니다. '데다てだ'가 뭘까요? 데다는 바로 태양을 가리키는 말입니다. 데다의 명을 받은 인물은 우리에게 익숙합니다. '아마미쿄'지요. '아마미쿄'라고 해도 되고 '아마미쿠'라고 해도 됩니다. 이 오모로에는 아마미쿄뿐만 아니라 '시네리쿄'라고 하는 신도 등장한다고 하는 사람들이 있는데요, 그 이유는 이 오모로에 '아마미쿄'의 대구對句로 '시네리쿄'가 등

장하기 때문인 것 같습니다. 오모로는 시적 구성 자체가 같은 내용을 반복하는 대구의 연결로 이루어져 있기 때문에, 이런 구성적 특성을 생각해봤을 때는 아마미쿄를 다른 말로 부른 것이 '시네리쿄'라고 보는 게 더 타당해 보입니다.[13] 태양이 아마미쿄를 내려보내서 섬들을 만들었고, 아마미쿄에 의해서—아마미쿄가 낳았는지 어디서 데리고 왔는지 분명치는 않지만—귀인이 출현했다, 이런 이야기이지요.

초월계와 관련해서 주목할 만한 개념이 등장합니다. 태양이라는 개념, 하늘에 있는 태양이라는 개념이 등장하는 것이지요. 아마미쿠에게 창조를 명령한 사람이 누구라는 건가요? 하늘에 있는 데다라는 것이지요. 여기에서 명확한 하늘 개념을 간취할 수 있습니다. 데다의 명령에 의해서 아마미쿄가 오키나와를 만들고 귀인을 창조시켰는데, 이 귀인이 오키나와 왕의, 즉 류큐 왕의 선조가 됩니다. 이렇게 되면 결국 류큐의 국왕은 데다의 아들, 즉 '데다코^{てだこ}'로 자리매김됩니다.

또 하나 다른 신화 자료를 볼까요. 류큐 왕국의 개벽신화로 유명한 자료가 바로 『중산세감^{中山世鑑}』이라고 하는 역사서에 있습니다. 『중산세감』은 류큐 최초의 사서이면서 기실 중산 왕조, 다시 말해 류큐 왕조의 왕들을 경계하기 위해서 쓰인 책입니다. 그 앞부분에 「류큐개벽지사^{琉球開闢之事}」라는 제목의 글이 있습니다. 여기에는 노골적으로 '천성^{天城}'이라는 말이 나옵니다. 하늘에 있는 성이지요. 또, '천제^{天帝}'가 나옵니다. 오모로에서 '데다'라고 했던 데에서 더 나아가, '하늘의 천제'가 명령을 해서 아마미쿠가 섬을 만들어냅니다. 천성에 있는 흙,

13   池宮正治, 『琉球文學論』, 沖縄タイムズ社, 1976, 101쪽 참조.

돌, 풀, 나무 등을 가지고 와서 류큐를 만들었다고 하지요. 류큐를 만들고 나서 아마미쿠는 천제에게 고합니다. "땅은 있는데 사람은 없습니다." 그래서 천제가 자기의 자식인 오누이를 내려보냅니다. 예, 그렇습니다. 또 남매이지요. 오누이가 내려와서 무엇을 했겠습니까? 결합해야죠. 결합하고 자손을 번성시켜야 되겠죠. 3남 2녀를 낳았다고 합니다. 그 세 아들이 왕, 영주, 백성의 시조가 되고 두 딸은 기미^君와 노로라는 여성 사제의 시조가 되었다고 해요. 여성은 의례 세계를, 남성은 정치 세계를 담당하는 마을신화의 구성과 유사한 동시에, 3남의 신분에 유교적 신분제가 그대로 반영이 되어 있음이 확인됩니다. 『중산세감』은 17세기에 기록된 문헌인데, 여기에는 수직적 타계관과 수직적 위계가 명확히 드러나 있습니다.

류큐 왕국의 태양왕 관념

왕을 수직적 천상과 연결 짓는 타계관은 어디에서 비롯된 것일까요? 실마리는 '데다' 개념에서 찾을 수 있습니다. 지배자를 태양으로 생각하는 관념은 류큐 왕국의 고유한 발명품이 아닙니다. 왕국 성립 이전의 오키나와에도 '아지^{按司}'라고 하는 지배자를 태양과 연결시키곤 했습니다. 오키나와에 가면 '구스쿠^{グスク, 城}'라는 것을 보게 되실 겁니다. 현재 복원이 많이 되고 있지요. 구스쿠가 도대체 어떤 역할을 하던 것인가에 대해서는 여러 가지 설들이 있는데, 구스쿠가 지역 지배자들의 거점이었다는 점은 부인하기 어렵습니다. 각 지역의 지배자들을 아지^{アジ, 按司}라고 부르거든요. 그 아지들이 구스쿠를 거점으로 해서 자기 세력을 넓혀나갔을 것입니다. 그 안에는 성스러운 공간도 있었겠지요. 물론 의례와 의례에서 부른 '오모로' 같은 노래도 있었을 것이고요. 『오모로소시』에는 왕부王府, 류큐 조정의 오모로뿐만 아니라 지역 오모로가 수록되어 있기도 합니다. 여기에서 주목할 만한 개념이 '와카데다わかてだ'라는 것입니다. '와카'는 '젊다', '어리다'는 뜻입니다. 따라서 '와카데다'는 '젊은 태양'이라는 뜻이지요. 이는 누구를 가리키는 말이냐 하면, 구스쿠를 거점으로 해서 지역을 지배했던 아지를 가리키는 말입니다. 아지를 와카데다라고 해요. 왜 늙은 태양이라고 하지 않고, 왜 중년 태양이라고 하지 않고, '젊은 태양', '어린 태양'이라고 했을까요?

류큐 종래의 관념 중에 '세지セジ'라고 하는 것이 있습니다. 신의 덕을 일컫는 말이지요. 시쳇말로 '영빨'이라고 할 수 있을까요? 신이 '세지'라는 것을 가지고 있어서 그것으로 사람들을 덮어주고 돌보아준다고 하지요. 그 세지가 지배자인 아지의 것이라고 생각해보세요. 아지가 자기의 위엄으로, 자기의 영력으로 자신이 다스리고 있는 사람들을 덮어주어야 사람들이 편안하게 살 수 있겠지요. 아지를 태양이라 했을 때, 아지의 세지는 햇볕이라고 말할 수 있을 겁니다. 따뜻하게 느껴지는 햇볕이요. 그런데 그 따뜻하게 느껴지는 햇볕은, 세지는, 매일 매일 갱신되어야 해요. 오래 묵은 것은 안 좋다는 것이죠. 왜냐하면 세지를 나누어주면 그것이 약해질 수밖에 없으니까요. 그래서 세지는 항상 새로워져야 합니다. 태양은 매일 새로워지나요? 예, 태양은 매일 새로워집니다. 어떻게요? 졌다가 떠오르죠. 하룻밤 지나면 다시 새롭게 떠오릅니다. 약해진 힘을 충전해서 말이지요. 과학적으로는 어떨지 모르겠습니다만, 우리가 보기에 태양은 매일 새롭게 떠오르지요.

이런 '와카데다'라는 관념에서 보면 태양은 하늘에 있는 것이 아니었어요. 태양은 어디에 있습니까? 바다에 있습니다. 바다에서 떠오르는 것이에요. 이런 맥락에서 류큐 왕국에서 구다카지마는 예사 공간이 아니었습니다. 류큐 왕국의 수도 슈리는 태양인 왕이 거주하는 곳이지요. 왕의 영력은 태양이 떠오르는 동쪽에서 새로워져야 합니다. 슈리의 동쪽 바다 건너의 섬, 세화 우타키에서 보이는 섬인 구다카지마가 바로 그런 공간으로 상상되었습니다. 류큐 왕조가 구다카지마를 중요하게 생각한 이유가 바로 여기에 있습니다. 옛날에는 왕이 직접 구다카지마에 건너가서 의례를 지냈다고 하지요. 물론 나중에는 요배遙拜하는 것으로 바뀌지만 말입니다. 구다카지마를 슈리 왕궁에 사는 지배자의 '데다가아나てだが穴', 태양이 새롭게 떠오르는 곳으로 생각했던 시기가 있던 것이지요. 데다가아나에서 솟아오르는 와카데다는 지역을 지배하는 아지의 상징이기도 했습니다. 매일 새롭게 태어나는 태양을 상상하는 관념 속에서, 초월적 공간은 수직의 상위에 있겠습니까, 수평의 저편에 있겠습니까? 아마도 그것은 수평의 저편에 있는 공간일 거예요. 사실은 태양조차도, 수평적 초월계를 토대로 하는 관념이었다는 것이지요.

우리가 흔히 왕권의 상징으로 생각하는 태양은 어떻습니까? 항상 하늘 위에 있으면서 우리를 위압하지요. 여기서 강조되는 것은 똑바로 쳐다볼 수 없는 '햇빛'일 겁니다. 수평적인 태양에서 수직적인 태양으로 사고하는 순간, 태양은 새롭게 태어나는 세지의 소유자가 아니라 절대유일의, 감히 범접할 수 없는 신성불가침의 존재가 되는 것이죠. 그래서 왕은 이런 태양의 하나뿐인 아들, 절대적인 존재인 '데다코'가 됩니다. '태양왕'의 의미 자체가 달라져버린 것이지요. 아지

시절에는 수평적이었던 태양이, 유교적인 천명天命의 왕권 관념 등을 수용하면서 절대유일의 태양으로 전환된 것은 아닌가 생각해볼 수 있습니다.[14] 아마도 '천天'이라는 타계 관념은 류큐의 왕조 신화가 정비되면서 부각된 것이 아닌가 하는 짐작을 해보는 것이지요.

실제로 류큐 왕국은 신화와 의례를 정비함으로써 국가적인 질서를 새롭게 재편하려는 시도를 했던 국가입니다. 류큐 왕조가 중세 왕조로 자리를 잡기까지 권력자들 사이의 쟁투가 만만치 않았지요. 불과 십 몇 년 사이에 왕조가 바뀌기도 하고 그랬습니다. 최종적으로 왕조를 안정시킨 것이 제2 상왕조尙王朝입니다. 쇼엔尙圓이라는 왕이 시조인데, 그의 아들 쇼신尙眞은 우리로 치면 세종대왕에 비견될 만한 왕입니다. 쇼신 왕이 국가적 제도를 정비하면서 류큐 왕조의 기틀이 잡히지요. 쇼신의 업적 중의 하나가 류큐 왕국을 신국神國으로 만든 것이었습니다. 쇼신은 전 영토에 걸쳐 국가적인 우타키를 지정합니다. 이런 식으로 우타키를 지정함으로써 국가 전체를 신성한 공간으로 만들어버리는 것이에요. 이 신국은 물론 신성한 존재인 왕이 지배하지요. 쇼신 왕은 또 기코에오기미라고 하는 왕국의 최고사제자를 중심으로 국가를 신정 체제로 포섭합니다. 국가적 의례 체계를 갖춘 것이지요. 각 마을의 '니간根神'들에게 국가적 노로라는 직책을 주고 기코에오기미를 정점으로 하는 국가사제 조직으로 편입시킴으로써, 각 마을에 뿌리내리고 있는 종교를 이용해서 결국은 국가 지배체제를 더 강화시켰던 것이지요. 마을에서 여성 사제인 니간은 오라비인 닛추를 수호합니다. 그렇다면 국가의 여성 사제는 누구를 보호하

---

14 정진희, 「17·18세기 류큐 사서 소재 왕통 시조신화와 왕권의 논리」, 『비교문화연구』 35호, 경희대학교 비교문화연구소, 2014, 133~136쪽 참조.

겠습니까? 예, 바로 왕을 보호합니다. 신녀神女인 기코에오기미는 신령을 왕에게 전달하지요. 류큐의 국왕은 이제 더 이상 바다를 통해서 새롭게 태어나 영력을 강화시킬 필요가 없었습니다. 하늘이라는 절대적 초월공간의 힘을 기코에오기미라는 사제를 통해 전달받기만 하면 되니까요.

왕조의례, 류큐 왕조 신화의 선전 이벤트

다른 한편으로 류큐 왕조는 농경, 특히 벼농사를 강조하는 신화를 생성하기도 합니다. 벼농사가 중요하고도 상징적인 왕의 업적이 되지요. 이런 맥락에서 아마미쿠에 의한 농경 기원신화가 확대되어간 것으로 보입니다. 아마미쿠가 오곡종자를 가지고 왔는데 구다카지마에는 잡곡만 심고 오키나와 본도에 와서 벼를 심었다는 이야기도 있고, 이외에도 아마미쿠의 벼 경작 신화와 관련되는 유적지를 신성화하기도 하였습니다.

[그림 32]는 '미후다'라는 논입니다. '우킨주'와 '하인주'라는 두 수원水源에서 흘러내린 물이 만나 이루는 작은 논이지요. 지금은 이렇게 황폐해져서 그냥 물웅덩이처럼 보이지만, 아마미쿠가 처음 벼 종자를 심었다고 하는 곳입니다.

[그림 33]은 제2 상왕조의 시조 쇼엔 왕과 관련되는 유적지인 사카다逆田라는 곳입니다. 쇼엔 왕은 원래 이제나지마伊是名島라는 섬에 살던 촌부였어요. 이 사람이 이제나지마에 살 때 경작했던 논이 바로 이 사카다입니다. 사카다에 얽힌 쇼엔 왕 신화는 이렇습니다. 가뭄이 든 어느 해였습니다. 날이 가물어서 다른 사람의 논에는 물이 다 말

그림 34
미후다

라버렸는데, 쇼엔 왕이 경작하던 논에는 물이 그득했습니다. 그런데 그 논은 또 지형상 아래가 아니라 위에 있던 논이었어요. 참 신기하지요. 쇼엔은 오히려 이 때문에 동네 사람들에게 구박을 받아요. 그래서 오키나와 본도로 건너가게 되지요. 중산왕의 신하가 되었다가, 결국 왕위에 오릅니다.

역사서에서는 다른 사람들이 추천해서 왕이 되었다고 기록되어 있습니다만, 실제로는 아마도 쿠데타였을 거라는 설이 유력하죠. 그래서 쇼엔 왕이 왕위에 오를 만한 사람이었다는 정당성과 신성성을 부여하기 위한 장치가 필요했다고 여겨집니다. 그 신화적 장치 중의 하나가 바로 이 사카다 유적과 이 유적에 대한 신화라고 볼 수 있습니다. 왕권을 보장하는 사건으로 농업과 관련되는 신통력이 제시되는 것에서, 류큐 왕조에서 벼농사가 차지하는 위상을 짐작할 수 있습니다.

이제 류큐 왕국 신화의 특성을 마을신화와 대비하여 살펴보기로 하지요. 마을신화에서는 신성성이 모두에게 편재되어 있습니다. 나도 신의 후손이고, 너도 신의 후손입니다. 나도 나중에 신이 될 거고, 너도 사후에 우리 마을의 신이 될 겁니다. 이처럼 마을신화에서는 모두가 신성을 공유하고 있었다면, 왕국에서는 신성이 왕에게 독점됩니다. 초월적 신성함이란 모두가 실감하며 공유하는 것이 아니라, 왕만이 가지고 있는 어떤 것이라는 방식으로 추상화됩니다. 왕은

세지의 형태로 그것을 우리에게 나누어
주겠지요. 이렇게 될 때 문제가 되는 것
이, 도대체 그 신성함을 어디에서 실감
할 수 있는가 하는 것입니다. 그래서 고
안해낸 것이 국가적 의례이지요. 국가
적인 의례를 정비하고 그것을 각 지역
에서 보여줌으로써 국왕의 세지를 가시
화하는 것이지요. 왕조의 신화적 성지
를 국왕이 직접 순행하는 국왕의 행행行

幸 의례 역시 이런 의미가 있었다고 생각됩니다. 쇼신 왕이 공연히 국
가의 의례 정비와 사제 조직 정비에 힘쓴 것이 아니었다는 뜻입니다.
각 마을에서 전통적으로 전해지던 마을의 신화도 지속되었겠지만,
그 신화를 국가의 신화, 국가 신화의 의례가 뒤덮기도 했음을 부인하
기는 어렵습니다.

　류큐의 국가 신화는 또 시대적 요구에 따라 조금씩 변하고 재편되
기도 했습니다.『중산세감』,『중산세보中山世譜』,『구양球陽』등 역사서의
왕조 신화들은 매번 조금씩 다르게 기록되었습니다. 어떤 의도에서
역사서를 기술했느냐에 따라 내용이 달라졌다고 말할 수 있습니다.
너무 길어질 것 같아서 그 구체적 내용을 오늘 말씀드리지는 못할 것
같습니다. 다만 이 역사서들이 모두 사쓰마의 류큐 침공 이후에 등장
한 것이고, 역사적 정세 속에서 류큐의 창세를 다시 기록함으로써 류
큐 왕조의 정체성을 확립해가려는 의도가 개입된다는 점 정도를 덧
붙여두고자 합니다.

류큐 왕조 신화의 자장

　이러한 류큐의 왕조 신화가 마을신화에 과연 어떠한 영향을 미쳤을까 하는 것도 중요한 문제입니다. 우리가 오늘 살펴본 마을은 오키나와 내에서도 그 유래가 오래된 곳입니다. 구다카지마도 그렇고, 카리마타도 미야코지마에서는 오래된 마을입니다. 그런데 그런 신화에서도 '하늘'의 존재가 조금은 드러나 있었습니다. 게다가 오키나와 본도의 어떤 마을에 가면, 그런 개념이 노골적으로 보이는 마을도 있더라는 것이지요. 이를테면 곧 살펴볼 고우리지마古宇利島의 기원신화가 그렇습니다. 그러니 그런 개념은 오래 전부터 있었던 것 아니냐고 생각해볼 수도 있겠지만, 우리가 조금 전에 보았던 여러 민속 관념으로 미루어봤을 때 의구심을 거둘 수는 없다는 것이지요. 게다가 이 신화는 고우리지마 마을 안에서만 전승되는 것이 아니라 옛날이야기처럼 다른 마을에서도 전승되는 광포 설화에 가까워요. 지역 안에서만 전승되는 비밀스러운 신화가 아니라는 뜻입니다.

그림 36
오키나와 본도 북부

　[그림 34]에서 고우리지마의 위치를 확인해 보시지요. 오키나와 본도 나하 근처에 슈리가 있다고 하면, 슈리에서 한참 위쪽으로 올라가야 고우리지마가 있지요. 가까이에 나고名護라는 곳이 있습니다. 미군기지 설치 때문에 시끄러운 헤노코辺野古가 이 나고시名護市에 있지요. 듀공이라고 하는 천연기념물도 살고 있는데, 그 헤노코 바다를 싹 메꿔서 미군기지를 만들겠다고 하고 있지요. 고우리지마는 헤노코 반대쪽 해안에 있는 작은 섬

입니다. 그런데 그 위치가 또 예사롭지 않지요. 그 위로 보면 이제나지마, 이헤야지마라는 곳이 보이시지요? 여기는 제2 상왕조의 시조 쇼엔과 관련되는 곳이지요. 일단 왕이 되고 나면 자기 조상을 신성화하는 것은 동서고금을 가리지 않지요. 이 지역도 그런 신성화 작업이 이루어진 곳입니다. 고우리지마는 류큐 왕조의 수도인 슈리에서 멀리 떨어져 있기는 하지만, 왕조 신화의 영향력에서 온전히 자유로웠다고는 말할 수 없을 것입니다.

고우리지마에서도 남녀가 결합하여 후손을 낳았다는 이야기가 전승됩니다. 낙원에 살던 아담과 하와처럼 최초의 남녀가 살았습니다. 그 남녀는 하늘에서 내려오는 떡을 먹으며 지냈지요. 굳이 일을 하지 않아도 됐어요. 그런데 어느 날 배가 불렀는지 어쨌는지 하늘에서 내려오는 음식을 다 안 먹어도 되겠다는 데 생각이 미친 거예요. 그래서 이 두 사람은 바보같이 그것을 저장했어요. 근대인의 사고방식으로는 사실 '바보같이'가 아니죠. 오히려 영리하고 근면한 셈이겠지요. 그랬더니 갑자기 하늘에서 더 이상 음식이 내려오지 않게 됩니다. "자, 너희들은 이제 음식을 저장하는 법을 알게 되었으니 더 이상 너희에게 음식을 주지 않으련다. 이제 너희들이 알아서 살아가렴." 하는 것이지요. 그래서 이 남녀는 먹고 살기 위해 일을 해야만 했습니다. 일을 하려고 바닷가에도 가고 들에도 나가고 하다보니, 뭔가 이상한 것이 눈에 들어왔습니다. 짐작이 되시지요? 동물의 교미를 목격하게 됩니다. 두 남녀도 그것을 따라서 후손을 낳았지요. 아주 일반적인 남매혼 신화와 비슷한 구조 아니겠습니까? 그런데 특이한 것이 있지요. 하늘에서 떡이 내려왔었다는 것, 그리고 인간은 음식을 저장한 것 때문에 낙원을 잃고 노동을 시작하게 됐다는 것. 왜 이런 이야기를 하게 된 걸까요?

　이 이야기에서 '하늘'은 신화의 주인공들과 단절되어 있다는 점에서 특징적입니다. 일반적으로 신화에서 초월적인 '하늘'은 신화의 주인공과 연결되어 있습니다. 그런데 고우리지마의 하늘은 결과적으로 이야기의 주인공인 최초의 남녀와 단절됩니다. 그렇다면 그 단절된 하늘은 누가 가져갔을까요? 저는 그 '누구'가 바로 '왕'이라고 생각합니다. 고우리지마의 신화는 하늘을 왕에게 독점당하여 그것과 단절된 시마 사회 사람들의 신화인 것이지요. 고우리지마의 신화에서 초월계와 인간계는 분리됩니다. 전통적인 시마 사회의 마을신화에서는 초월계와 인간이 분리되어 있지 않았지요. 초월계와 인간은 연속적으로 연결이 되고 그것이 합쳐져서 하나의 우주를 형성하게 되는데, 여기에서는 초월계인 하늘이 별도의 공간으로 분리됩니다. 초월계와 분리된 보편적인 인간의 삶의 방식은 무엇이겠습니까? 열심히 일해야 하고 열심히 낳아야 합니다. '천天'과 분리된 상황에서 하늘이 내려주는 떡을 더 이상 기대할 수 없게 된 인간은 과연 어떻게 살아야 하는가를 보여주는 이야기가 생성된 것이죠. 이 이야기가 많은 사람들의 동의를 얻었기 때문에, 고우리지마뿐만 아니고 다른 지역에서도 이 신화가 설화의 형태로 전승이 된다고 생각합니다.

　류큐 왕조 신화의 자장을 파악할 수 있는 자료가 하나 더 있습니다. 미야코지마의 창세신화라고 하는 〈도시신탁島始神託〉이라는 기록이 그것입니다. 우리가 앞에서 보았던 카리마타의 신화는 구비로 전승이 되는 것이었는데요, 이것은 문자기록입니다. 미야코지마에서 류큐 조정에 바칠 조사보고서를 만들었어요. 이러이러한 옛날이야기가 있습니다, 이러이러한 신들이 있습니다 등등의 내용이 들어가는 조사보고서를 만드는데, 그 보고서들 가운데 하나인 『궁고도기사사차宮古島記事仕次』(1748년) 서두에 있는 미야코 창세신화입니다. 사실 이 신화는 후대의 개작 분위기가 강하지요. 미야코라는 공간을 창세의 공간으로 설정하는 신화가 오래전부터 있었을 가능성은 적어요. 왜냐하면 미야코 전체를 포괄하는 정치적 공동체가 일찍부터 등장하지는 못했으니까요. 그런데 17세기에 나온 자료에서 미야코지마가 어떻게 시작되었는지를 보여주는 신화가 문자로 기록되어 있다는 것이지요. 내용을 보면 처음에 국토가 창조됐어요. 그리고 인류가 처음 생겨납니다. 농경의 풍요를 보장할 흑토가 하늘에서 내려오고요, 지배자가 어떻게 생겼는지가 나옵니다. 구성요소가 앞에서 보았던 어떤 신화와 유사하지 않습니까? 『중산세감』의 〈류큐개벽지사〉와 그 구성요소가 매우 흡사합니다.

여기에서 우리는 〈도시신탁〉이 '미야코지마'라는 정치적 공동체를 상상하는 사람들이 류큐 왕국의 개벽신화를 수용하고 그 구조를 답습해서 자신들의 창세신화를 기록한 거라는 추측을 해볼 수 있습니다. 세월이 더 흘러 류큐가 오키나와 현이 되었을 때, 미야코지마에서는 미야코지마의 창세에 대한 이야기가 다시 한 번 문자화됩니다. 1927년 기요무라 코닌慶世村恒任이라는 미야코지마 출신의 지식인이 미야코의 자료를 모아 『궁고사전宮古史傳』이라는 책을 펴내는데, 여기에도 미야코지마의 창세이야기가 있지요. 거기에서는 놀랍게도 류큐 왕국의 영향뿐만 아니라 일본 기기신화記紀神話 15의 영향까지 엿보입니다. 자기를 지배하는 상위 공동체의 개벽신화를 본따서 자신의

---

15 일본 사서 『고사기』와 『일본서기』에 기술되어 있는 태초의 이야기를 통상 '기기신화'라 일컫는다.

개벽신화를 다시 만들어내려고 하는 욕망이 보이는 신화가 있다는 것이지요. 신화는 그렇게 재편되기도 합니다.

오키나와 신화의 현재

신화라고 해서 모두 같은 신화는 아닙니다. 오키나와의 신화에는 시마의 신화도 있고, 시마의 신화를 활용해서 만든 왕조의 신화도 있고, 왕조 신화의 형성 이후에 왕조 신화의 영향을 받아서 시마 사회로 번져나간, 시마 사회에서 만들어진 신화도 있습니다.

그런데 지금, 오키나와의 신화는 어떤 모습으로 존재합니까? 류큐 왕조는 이미 멸망했습니다. 류큐 왕조의 신화는 어떻게 되었을까요? 왕조의 멸망과 함께 죽어버리고 말았나요? 시마 신화, 마을의 신화는 어떠한가요? 카리마타 마을의 신화는 의례의 노래를 통해 전승되어 왔습니다. 그런데 그 의례가 지속되고 있을까요? 사라지고 있습니다. 사람들이 없어요. 예전에는 마을 여자들이 의례의 사제가 되었어요. 옛날에는 그것이 영광이었는지 모르겠습니다만 지금은 대단히 짐스러워한다고 하지요. 1990년대에 인류학 조사를 행한 연구자들의 말을 들어보면, 너무 싫어서 빨리 벗어나고 싶어 했다더군요. 기억의 왜곡이 있는지도 모르겠습니다만, 예전에 어떤 다큐멘터리에서 마을 사제 역할을 벗어나는 졸업식 장면을 본 적이 있습니다. 그 표정이 너무너무 밝았던 것이 인상적이었습니다. 우리가 오늘 보았던 구다카지마의 경우도 예외가 아닙니다. 구다카지마의 마을 의례 가운데에는 벌써 몇십 년 전에 중단된 것도 있습니다. 신화가 살아 있는 의례 공간 속에서 전승될 가능성이 차단되었다는 것이지요.

그렇다면 오키나와 신화는 이제 죽은 걸까요? 예전에 행했던 인류학 조사나 민속학 조사 자료가 있으니, 화석으로나마 남아있는 게 다행일까요? 어떤 공동체 내에서 전승되지 않는 신화는 신화 자체로서의 생명력은 없어진다고 보아야 합니다. 신화 자체의 효용은 사라진다는 것이죠. 그래서 우리는 오키나와 신화는 이제 죽었거나 사라졌구나, 죽어가고 있거나 아니면 화석으로만 볼 수 있는 거구나 하고 생각할 수도 있겠습니다. 그러나 그렇지 않을 수도 있다는 말씀을 지금부터 드리려고 합니다.

1872년 류큐 번이 설치되면서 류큐 왕국은 일본의 '번' 체제에 편입됩니다. 이후 '폐번치현廢藩置縣'이 실시되면서 류큐 번은 사라지고 오키나와 현이 생겨납니다. 1879년의 일입니다. 류큐 왕국은 이제 없는 나라가 되었습니다. 이 오키나와 현에서, 1945년 이른바 '오키나와전'이 발발합니다. 일본이 패망할 때, 일본 본토에서는 지상전이 없었습니다. 그런데 미군이 직접 상륙해서 총탄이며 대포를 쏘면서 싸운 지역이 있습니다. 바로 오키나와이지요. 제국 일본 시절에 오키나와는 열등한 지역으로 멸시의 대상이 되곤 했습니다. '오키나와인, 조선인, 대만인 출입금지'라는 팻말이 실제로 있기도 했다니까요. 오키나와는 일본의 내부이면서도 또 외부이기도 했던 곳이었지요. 필요에 따라서는 일본 국민이기도 했지요. 전쟁에 나가라고 할 때요. 필요에 따라 황국 신민이기도 하고 또 내부적으로 차별의 대상이 되기도 했습니다. 동화와 배제가 오락가락했지요. 물론 식민지 조선은 말할 것도 없고요. 오키나와전이 끝나고, 오키나와는 미군정 하에 들어갑니다. 그러다가 류큐 정부가 만들어지는데, 이때만 해도 일본 정부는 오키나와를 실효적으로 지배하지 못했습니다. 여전히 미군 지배 하에 있었지요. 미국은 오키나와를 군사적인 거점으로 삼았습니다. 그러다가 1972년, 오키나와는 소위 '본토'로 복귀하게 됩니다. 본토라는 것이 어디겠습니까? 일본입니다. 좀 이상하지 않습니까? 원래 류큐였잖아요. 그런데 왜 '본토'에 '복귀'를 했을까요? 이에 대해 말하려면 또 얘기가 길어지니 여기서 접겠습니다. 이렇게라도 오키나와 현대사를 간략하게나마 요약한 것은, 이것이 오키나와의 '현재'를 이해하는 열쇠이기 때문입니다.

왼쪽 지도는 현재의 오키나와입니다. 보라색으로 되어 있는 지역이 미군기지입니다. "아이고"지요. 일본에 들어가 있는 미군기지의 7할 이상이 이 조그마한 오키나와 땅덩어리 안에 몰려 있습니다. 미군기지가 들어가 있는 지역에서 어떤 문제가 발생하는지는 뻔하지요. 당근은 주겠지요. 지대료 같은 것 말입니다. 일본 정부에서도 여러 가지 물질적인 지원을 하기도 하지요. 하지만 군부대가 옆에 있다는 것은 항상 전쟁의 위험이 도사리고 있는 일상을 산다는 것이지요. 실제로 몇 년 전에 멀쩡한 오키나와 대학에 미군 헬리콥터가 떨어진 적이 있습니다. 천행으로 사상자는 없었지만 말입니다. 군대 주둔 지역에서 항상 빠지지 않는 어린이와 소녀 강간 사건을 포함하여, 오키나와는 동아시아 현대사의 비극이 여전히 지속되는 지역이라고 할 수 있습니다.

그런데 참으로 아이러니하게도 2000년대 초반에 이른바 '오키나와 붐'이 일본 대중문화계를 휩쓸었습니다. 그 배경 중의 하나가 〈추라상ちゅらさん〉이라고 하는 티비 드라마입니다. 야에야마 고하마지마

출신 아가씨가 일본 본토로 나갑니다. 이 아가씨가 너무나 밝고 좋은 섬사람 에너지를 본토사람들에게 나눠주는 거예요. 물론 이 아가씨의 아름답고 행복한 고향집도 드라마의 한 부분이었지요. 이게 NHK 아침드라마로 방영이 되었습니다. NHK 아침드라마는 우리나라로 치면 KBS 주말드라마 정도 될까요? 편성이 되면 '뜨는' 것은 쉽습니다. 이게 대히트를 쳤습니다. 〈나비의 사랑 ナビィの恋〉이라는 영화도 크게 흥행했어요. 오키나와 전통민요를 하시는 할머니, 오키나와 전통악기인 산신 연주자인 할아버지가 직접 연기에 나섰지요. 오키나와 붐의 원인은 여러 가지로 분석할 수 있겠지만, 일본이 이른바 '피로사회'가 되던 시기와 잘 맞아떨어졌다는 게 하나의 원인일 수 있습니다. 일본경제의 거품이 터지고 모두들 힘들었지요. 그때 '힐링', 즉 '이야시 癒し'라는 것이 유행합니다. 마음을 편안하게 한다는 뜻이지요. 그때 발견된 이야시의 공간, 힐링의 공간이 바로 오키나와였습니다. 우리가 제주도를 힐링의 공간으로 발견 또는 발명하고 있는 것처럼 말입니다. 사실 〈추라상〉이나 〈나비의 사랑〉은 일본 본토 사람의 눈에 비친 오키나와의 모습이었고, 여기에 기지와 같은 역사적이고 정치적인 문제는 도외시되고 있습니다.

　오키나와 출신의 소설가 메도루마 슌 目取真 俊 16은 이에 대해서 대단히 비판적입니다. 메도루마 슌이 쓴 『오키나와 전후 제로 zero 년』이라는 책이 『오키나와의 눈물』이라는 제목으로 번역되어 있으니 한 번 읽어보시면 좋겠습니다. 현재를 '오키나와 전후 0년'이라고 인식하는

16　소설가. 1960년 오키나와 현 나키진 출생. 1983년 「어군기」로 등단한 후 1997년 「물방울」로 아쿠타가와 문학상, 2000년 「넋들임」으로 가와바타 야스나리 문학상과 기야마 쇼헤이 문학상을 수상했다. 오키나와의 비극적인 역사를 해박한 지식과 독특한 상상력으로 풀어내며 메시지가 강한 작품 세계를 구축했다. 오키나와의 각종 사회문제에 대해 적극적으로 참여하고 있다.

소설가의 눈에, 오키나와 붐이 과연 어떻게 비쳐졌을까요.

오키나와 붐이 지속되는 가운데, 문제적인 오키나와 현지 록그룹이 등장합니다. '몽골 800 MONGOL 800', '몽파치'라는 별명으로 불리는 그룹입니다. 오키나와 대학에 다니던 친구 세 명으로 이루어진 인디그룹입니다. 이 친구들이 어렸을 때, 미군 때문에 발생한 목불인견의 사건으

그림 37
몽파치의 앨범 〈메시지〉 표지

로 인해 큰 규모의 오키나와 현민 궐기대회가 있었습니다. 이 친구들은 똑똑히 보았지요. 자기들 세대의 친구가 죽었는데, 자신들의 부모세대가, 어른들이, 정치가들이 얼마나 비겁한 행동을 하는지를요.[17] 이 세대를 대표하는 몽파치는 전국적으로도 대단히 유명한 밴드가 되었습니다.

[그림 35]는 이 친구들이 낸 첫 앨범 〈메시지Message〉의 표지입니다. 오키나와의 과거 사진입니다. 표지뿐만 아니라 속지 사진도 다 이렇습니다. 할머니들, 낚시하는 할아버지 뒷모습, 데모의 현장 등등이지요. 수록곡은 젊은이의 감성을 건드리는 노래도 있지만, 과거를

---

[17] 1995년 오키나와에 주둔하던 미군 3인이 초등학생을 성폭행한 사건이 발생. 이를 계기로 반기지 운동이 힘을 얻는 듯했다. 그러나 미군 기지 이전 예정지인 나고 시장 및 오키나와 현 지사 선거에서 기지를 용인하는 입장에 있던 정치인들이 당선됨으로써 기지 문제 해결은 다시 요원한 것이 되고 말았다. 일본 정부와의 관계 냉각이라는 채찍과 나고에 약속된 진흥보조금, 오키나와 서미트 개최라는 당근이 작용한 결과였다.

기억하며 현재의 방향타를 찾으려는 오키나와 청년의 발언이 드러나는 노래도 있습니다. 〈류큐애가琉球愛歌〉라는 노래의 가사 중에는, "잊지 마, 류큐의 마음"이라는 표현이 있습니다. "무력을 쓰지 않고 자연을 사랑하는" 류큐의 마음을 잊지 말라고 노래했지요. 〈모순 위에 피는 꽃矛盾の上に咲く花〉이라는 제목의 노래도 있

그림 38
〈류진 마부야〉의 타이틀

는데, 이는 '국가'의 본질적 폭력을 비판하는 내용입니다. 〈류큐애가〉는 〈모순 위에 피는 꽃〉 다음에 배치되어 있는데, 국가 체제의 대안으로 제시하는 것이 바로 '류큐의 마음'이라면 몽파치를 너무 과하게 읽는 것일까요? 저로서는 과거의 것에서 자기를 다시 표현하려는 욕망을 읽어낼 수 있었습니다. 제게 몽파치는, 과거의 신화를 이용해서 자신들의 삶의 방식과 방향을 찾아내려 했던 고우리지마 사람들을 떠올리게 합니다.

한 가지 예가 더 있습니다. 바로 〈류진 마부야琉神マブヤー〉입니다.

'류진'은 말 그대로 '류큐의 신'이라는 뜻입니다. '마부이'는 '혼魂'이라는 뜻이죠. 류진 마부야는 류진의 혼을 지닌 액션 히어로입니다. 변신 전의 류진 마부야는 평범한 소년입니다. 오키나와 '야치문'이라고 하는, 오키나와 옹기를 굽는 수련공입니다. 매일 스승한테 혼나는 비리비리한 친구예요. 어느 날 바닷가에 놀러 갔다가 류진의 마부이, 류진의 혼이 이 친구의 몸에 들어갑니다. '류진 마부야!'라는 주문과

함께 평범한 오키나와 소년이 영웅으로 변신하는 것이죠. 변신한 류진 마부야는 '악의 군단'과 싸워나갑니다. 악의 군단은 '하부'라고 하는 독사毒蛇를 의인화한 하브 데빌, 오키나와 생태계를 위협하는 '망구스'라고 하는 외래 동물을 의미하는 캐릭터 등으로 구성되어 있습니다. 악의 군단은 류큐의 정신이 깃들어있는 '마부이 스톤'을 손아귀에 넣고 그것을 없애려 합니다. 류진 마부야는 오키나와의 '혼'을 없애려는 악의 군단에 맞서 마부이 스톤을 되찾아옵니다. 파워 레인저나 가면 라이더 같은 전대물 시리즈라 할 수 있는 〈류진 마부야〉는 매회 이런 전개로 이야기가 진행되었습니다.

그런데 여기에 익숙한 신화적 개념이 등장합니다. "니라이카나이에서 온 류진 마부야ニライカナイからやって来た琉神マブヤー"라는 말에서 알 수 있듯, 류진 마부야는 니라이카나이라는 신화적이고 초월적인 공간을 동원해서 구축한 캐릭터입니다. 주목해야 할 것은 〈류진 마부야〉는 몽파치처럼 오키나와 내부의 문화활동을 통해 나온 것이라는 점입니다. 오키나와 내부에서 만들어진 작품이고, 류큐 방송을 통해 방영되었습니다. 캐릭터 디자인도 헐리우드에서 활동하는 우치난추가 했지요. 역으로 일본 본토 진출이 되기도 했는데 일본에서는 별로 인기가 없었답니다. 대신 오키나와에서는 대히트를 했습니다. 영화로도 만들어지고 속편이며 외전도 계속되고요. 오키나와 부모들이 아이들에게 오키나와에 대해 이야기해주는 계기가 되었지요. 주문처럼 등장하는 오키나와 방언의 뜻을 아이들이 부모에게 묻거든요. 아이들을 찾아다니면서 류진 마부야가 가라데도 보여주고요. 류진 마부야는 류큐 왕국의 무술이었던 가라데로 악의 군단을 물리칩니다.

물론 여기에도 허점은 있습니다. 결국에는 상업적인 것들이고, 과

거의 것을 재현하는 과정에서 과연 그것이 '제대로 되살리는' 것인가 등등의 여러 문제를 지적할 수도 있겠지요. 하지만 이것은 『중산세감』에서 신화를 재편할 때도 나왔던 문제들이라고 볼 수 있습니다. 우리가 주목해서 봐야 될 것은, 과거의 신화적 유산이 의례의 공간을 잃었다고 하더라도 결코 사라지지는 않았다는 것입니다. 『메시지 Message』는 신화의 방법을, 〈류진 마부야〉는 신화의 내용을 반복하고 또 재편하고 있다고 생각합니다.

신화가 현실세계를 온전히 지배한 담론이었던 시기가 과연 얼마나 있었을까요? 그럼에도 불구하고 신화는 어떤 방식으로든 계속 재편되어 왔습니다. 제가 공부해온 것은 그 재편의 결과들이었지요. 신화는 앞으로도 또 그렇게 살아나가지 않을까 싶습니다. 신화를 공부하는 우리의 입장에서는, 신화에 대한 고정관념을 갖기보다는 역사적 맥락 속에서 변신해가는 신화에 대한 촉수를 예민하게 닦아두는 게 중요하다고 생각합니다. 오키나와에 놀러 가시면, 도대체 무엇이 오키나와의 신화인지 다시 한 번 확인해보시기 바랍니다.

참고자료

메도루마 슌(안행순 역), 『오키나와의 눈물』, 논형, 2013.
정병철 외(김용의 역), 『유로설전-오키나와 민족설화집』, 전남대학교출판부, 2010.
정진희, 『오키나와 옛이야기-류큐호의 구비 신화와 인물 전설』, 보고사, 2013.
정진희, 「오키나와 창세신화의 재편 양상과 신화적 논리」, 『구비문학연구』 제33집, 한국구비문학회, 2011.
정진희, 「제주도와 뮤구·층승 신화 비교연구의 검토와 전망」, 『탐라문화』 제37호, 제주대학교 탐라문화연구소, 2010.

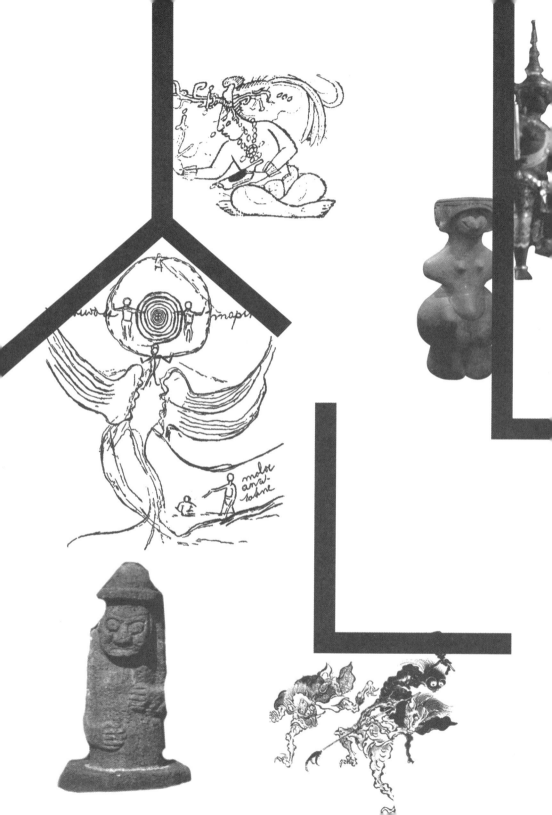

인도네시아의
하이누웰레 신화

이혜정 (성균관대 박사)

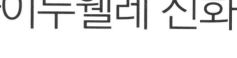

인도네시아와 〈하이누웰레〉 신화

　오늘은 여러분에게 조금은 낯선 인도네시아의 〈하이누웰레〉 신화에 대해 말씀드리겠습니다. 우선 그림 하나 보겠습니다.

　이 그림에 있는 소녀가 무엇을 하고 있는 것 같으세요? 볼일을 보고 있는 것 같지요? 네, 볼일을 보고 있는데요. 뒤에 있는 것들은 무엇일까요? 이것들은 당시 인도네시아 원시사회에서 보물처럼 여기던 물건들입니다. 밑에 있는 이 길고 둥그스름한 칼은 '파랑'이라고 하는, 관엽식물을 자르는 칼이고, 이 그릇 같은 것은 중국 도자기, 그 뒤에 있는 것은 '시리'라고 하는 씹는 담배입니다. 쉽게 말하면 이 소녀가 보물들을 싸고 있는 거죠.

그림 39
하이누웰레 소녀

　현재 인도네시아는 세계 최대의 이슬람국가예요. 대다수 국민이 이슬람교를 믿고 있어요. 그런데 그들이 이슬람교를 믿게 된 것은 13세기에 인도에서 온 상인들의 영향을 받아서입니다. 그러니까 어쩌면 인도네시아는 자신들의 고유한 원시신화를 잃어버리고 이슬람교라는 종교에 의해서 새로운 신화를 쓰고 있다고 할 수 있습니다. 예를 들어 이슬람이니까 돼지고기를 못 먹잖아요? 그런데 이 〈하이누웰레〉 신화에 가장 많이 나오는 동물은 돼지입니다. 그리고 돼지를 마치 가족처럼 대하는 이야기들이 다수 나옵니다. 우리가 오늘 공부하려고 하는 인도네시아의 〈하이누웰레〉 신화는 대부분 저 세람Saram 섬에서 채록된 신화입니다. 술라웨시Sulawesi라는 지역에 관한 이야기도 잠깐 하게 될 거예요. 여러분이 오늘 듣게 되는 이야기는 아직 우리나라 학자들도 잘 모르는 이야기예요. 들은 적은 있지만, 정확하게 알지는 못하는 이야기입니다. 제가 이 신화를 번역하면서 외대에 있는 인도네시아어과에 갔었는데 거기 선생님들도 이런 신화가 있었다는 사실조차 모르고 있었다고, 놀라워하시던 일이 생각납니다. 그러니까 오늘 이 이야기를 들으면 여러분은 인도네시아의 〈하이누웰레〉 신화를 접하는 몇 안 되는 분들이 되시는 겁니다.

본격적인 이야기로 들어가기 전에 〈하이누웰레〉 신화의 배경에 대해 먼저 설명하겠습니다. 이 신화를 발굴한 학자들은 그들의 편의에 따라서, 세람 섬을 서세람과 중세람과 동세람으로 나눴어요. 〈하이누웰레〉 신화는 주로 서세람 이야기가 대부분입니다. 서세람 섬의 이야기를 하기 전에, 선사시대의 인도네시아는 어떤 곳이었을까 생각할 수 있는 좋은 자료를 제가 발견했는데요, 그게 조금 전에 제가 말했던 슬라웨시 섬과 관련이 있어요. 인도네시아는 자바, 수마트라, 킬리만탄보르네오, 술라웨시셀레베스 같은 큰 섬과 술라웨시 동쪽 말루크 제도에 있는 반다 해 주변의 다도해로 구성되어 있어요. 그런데 2014년에 술라웨시에서 세계에서 가장 오래되었다는 스페인의 동굴벽화[1]보다 더 오래된 동굴벽화가 발견됐어요.

그림 40
인도네시아 술라웨시의 동굴벽화

최소한 9천 년에서 4만 년 사이로 연대가 추정되는 동굴에서 이런 동굴벽화가 발견된 거예요. 뭐가 보이세요? 손바닥 자국들이 보이고 거친 터치가 보이죠. 털 같은 거요. 저런 것을 가진 동물이 뭘까요? 돼지입니다. 피그 디어pig deer라는 멧돼지 종류예요. 여기에서 3만 5천4백 년 전쯤으로 추정된다는 메모가 있고, 손바닥 자국들은 3만 9천9백 년 전으로 추정된다고 써났는데, 3만 9천9백 년 전이면 어느 시대에 해당할까요? 신석기시대를 보통 기원전 6천 년에서 8천 년 전으로 계산하잖아요? 그러니까 3만 9천9백 년 전이면 구석기시대도 아주 엄청 구석기시대로 추정할 수 있지요. 특히 학자들이 놀란 것은 손바닥 그림이에요. 손바닥을 대고 스프레이를 뿌리면 손 부분이 하얗게 보이잖아요. 이런 걸 스텐실 기법이라고 한답니다. 스페인에도 2만 5천 년 전의 손그림이 있는데요, 그것은 점을 톡톡 찍어서 손의 형태를 만들었다고 합니다. 그런데 이것은 그보다 훨씬 앞선 3만 9천9백 년 전이면서도 우리가 오늘날에도 사용하고 있는 스텐실 기법을 사용한 것 같은, 굉장히 귀한 동굴벽화이

---

[1] 프랑스 남부의 라스코나 알타미라, 스페인 북부의 엘 카스티요의 동굴의 벽화를 남긴 것은 우리와 똑같은 현생인류(호모 사피엔스)였다. 그동안 제작 시기는 짧게는 1만여 년 전(알타미라)부터, 길게는 3만여 년 전(라스코)으로 추정되었는데, 2013년 연대 측정을 다시 해본 결과 엘 카스티요 동굴의 벽화가 최대 3만 7000년 전 그려진 것으로 밝혀졌다.

그림 41
인도네시아 웨스트 자바의
피라미드

기 때문에 학계가 술렁거렸어요.

게다가 이것은 인도네시아의 웨스트 자바라는 곳에서 발견된 피라미드의 흔적이라고 합니다. 피라미드 그러면 어디가 생각나시나요? 무조건 이집트죠. 메소포타미아의 지구라트도 생각이 나지요.

이집트의 피라미드는 가장 오래된 것이 지금으로부터 5천년 전 정도의 연원을 가지고 있는데, 이것은 적어도 2만 년 전 경의 기반 구조를 가지고 있다고 합니다. 지금 실제 모습은 이렇지만, 기반이라든지 돌이라든지 흔적들을 가지고 추정해 본다면, 이런 모양의 계단식 피라미드가 있었을 거라고 추정이 된답니다. 그러니까 2만 년 전쯤의 피라미드가, 4만 년 전쯤에는 손가락과 멧돼지 그림 동굴벽화가 인도네시아에 있었다는 것이죠. 이런 것들이 정말 인도네시아에서 자생적으로 생겨난 문화적 기반이라면, 인도네시아에는 우리가 지금까지 알지 못했던 어떤 찬란한 원시문화나 고대문화가 있었을 거라는 추측을 하게 합니다. 술라웨시 동쪽지역이 다 섬들인데요, 만약에 이 섬들이 그 옛날 홍수시대 이전에는 하나의 커다란 대륙으로 연결되어 있었을 거란 추측을 해보세요. 그러면 굉장히 거대한 땅이 있었는데 그것이 홍수와 더불어 물에 잠겨서 이렇게 다도해 같은 형태를 가지게 되지 않았겠느냐 생각할 수도 있겠지요. 그래서 일부 학자들은 '순다Sunda'라는 거대한 대륙이 있었다고 주장하기도 합니다.

재미있는 것은 〈하이누웰레〉
신화에도 하늘에서 큰 비가 내려
서 섬들이 마구 떠내려가고 온
종족들이 흩어졌다는 내용이 있
어요. 전 세계에 홍수신화가 다
있는데, 만일 실제로 일정시기에
엄청난 홍수가 있었다면 적도지
방이 가장 큰 홍수의 피해를 많
이 입었겠지요. 이렇게 본다면

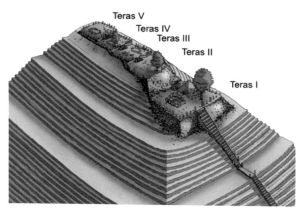

아마 이 지역에 커다란 육지가 형성되어 있었고, 따라서 거대한 원시
왕국이 있었을 가능성도 완전히 배제하기 어렵다고 생각합니다.

〈하이누웰레〉 신화의 특징과 의미

〈하이누웰레〉의 기원신화적 성격

이번 강좌 전체 제목이 '아주 많은 것들의 시작'이라고 되어 있는
데, 〈하이누웰레〉 신화는 진짜 '아주 많은 것들의 시작'에 관한 이야
기입니다. 우리가 신화하면, 그리스 신화, 로마 신화와 같은, 어떻게
보면 대부분 체계가 정리된 사회에서 신들이 어떻게 그들의 권능을
가지게 되었고, 멋지게 위대한 업적을 행했는가 하는, 위대한 신들에
관한 이야기들이 많은데요, 〈하이누웰레〉 신화의 신들은 그렇게 빡
세지 않아요. 그냥 좀 편안한 신, 소박한 신들이 등장해요. 내용도 주
로 인간들이 어떻게 어떤 문화를 어떻게 가지게 되었는지에 대한, 진

그림 43
서세람의 두 종족. 알루네족
(왼쪽)과 웨말레족(오른쪽)

짜 아주 많은 것들의 시작에 대해 이야기하고 있습니다. 이런 신화를 기원신화라고 하죠. 우리가 기원신화를 공부하는 이유는 사물의 근원이나 문화 등이 어떻게 시작되었는지, 왜 시작되었는지를 말해주고 또 생각하게 해주기 때문이겠죠. 오늘날에는 이런 것들을 과학이나 철학에서 다룹니다. 지금 과학이나 철학에서 담당하고 있는 것들을 아주 먼 과거에는 신화가 그 역할을 했어요. 신화는 처음부터 체계적인 이야기는 아니었습니다. 그들의 생활을 암기하고 그들의 생활을 전승할 어떤 직책을 가진 사람들에 의해서 이야기가 재구성되고 전승되고 의례로 재편되면서, 그러니까 사람들에 의해서 전승되고 채록, 즉 문자로 기록되면서 점차 체계적인 형태를 가지게 되었을 겁니다. 이렇게 보면, 〈하이누웰레〉 신화의 이야기들은 정말 세계 최초의 이야기들이라고 볼 수 있어요.

여기 이 두 개의 재미있는 그림은 팬티도 없었던 때의 이야기인데요, 왼편에 있는 종족과 오른편에 있는 종족이 서세람의 두 종족입니다. 왼편에 있는 종족은 알루네족인데, 카누네라는 야자나무 섬유로 짠 직조치마를 입게 된 이야기가 나오고, 오른쪽에는 웨말레 종족 여자들이 이렇게 여성의 중요한 부분만 가리는 하레네라는 음부가리개 형태의 옷을 어떻게 얻게 되었는지에 대한 이야기가 나와요. 재미있게도 오른쪽 이야기가 앞선 형태의 옷입니다. 소박한 한 신이 바나나로 인간을 만들고, 그 인간 중에서 오른쪽에 있는 옷을 입을 종족을 먼저 선택해요. 선택하는 방법이 너무 우습게도 돌 하나를 던져주고 지금의 럭비처럼 그 돌을 잡고 멀리 도망갈 수 있는 소녀에게 이 옷을 주겠다고 그랬어요. 신이 돌을 던지자, 웨말레족 소녀 하나가 앙팡지게 그 돌을 집어들고 달리기 시작했어요. 럭비를 할 때처럼 막 달리면서 뺏고 뺏기고 그러다가 그 소녀는 다른 소녀들의 가랑이 사이로 빠져나가 멀리 도망갔어요. 그래서 웨말레족은 오른쪽에 있는 이런 옷을 입게 되었어요. 다른 소녀들이 너무나 억울해서 땅을 치고 우니까, 신은 나무를 탕탕 찢고 이겨서 그 섬유로 만든 이런 옷을 만들어 입으라고 알려줬어요. 이 옷을 카누네라고 하는데, 우리가 보기에는 왼쪽 것이 훨씬 낫죠? 진 쪽이 더 좋은 것을 입게 되었어요. 그런데 이 오른쪽 옷이 그렇게 만만한 옷이 아닙니다. 지금도 뉴기니 같은 데 가면 관람객들에게 행사를 보여줄 때 저렇게 음부만 가리는 코티카Kotika라는 것을 입잖아요? 그러니까 왼쪽은 좀 더 뒤에 문화가 좀 더 발전됐을 때의 옷이고, 오른쪽 옷은 좀 더 기원적인 의미를 담고 있는 것 같아요.

〈하이누웰레〉 신화의 이야기들은 이렇게 아주 작은 것들의 시작에 관한 이야기가 주를 이룹니다. 우리가 기원신화를 말할 때, 크게 우주 기원신화, 신 기원신화, 인류 기원신화, 문화 기원신화로 나누죠. 우주 기원신화는 창세신화라고도 말하고, 신 기원신화는 신들이 어떻게 생겨났나를 말하는 것이죠. 그리스 신화에서 가이아가 태어나고 가이아가 혼자서 우라누스를 낳고, 우라노스와 결합해서 열두 티탄을 낳고, 티탄 중의 크로노스가 또 신들의 제왕 제우스를 낳는다는 이런 이야기들이 신 기원신화에 해당하죠. 인류 기원신화는 인간이 어떻게 생겨났는지를 말하고, 오늘 우리가 중요하게 할 이야기인 농경 기원신화는 문화 기원신화에 속합니다. 신 기원신화, 인류 기원신화, 문화 기원신화는 어떻게 시작되었는지를 기준으로 또 구분할 수 있습니다. 신이 만드셨다 그러면 창조설이죠. 우주가 저절로 진화가 되었다고 하면 우주진화설이에요. 그런데 오늘 우리가 관심을 가져야 되는 것은 사체화생설死體化生說입니다. 사체화생설은 자연의 순환이라든지 환생, 이런 것들을 인정하는 견해예요. 어쨌든 이 세 가지 견해 중에 어느 쪽이 맞다고 생각하는지에 따라서 여러분의 종교를 파악할 수도 있습니다. 창조설을 믿으시는 분은 종교를 갖고 있는 분들이고, 우주진화설이나 사체화생설이다 그러면 종교적으로 무신론자라고 볼 수도 있겠죠.

농경신화 중에서도 사체화생설, 이게 오늘 우리 이야기의 핵심입니다. 〈하이누웰레〉 농경신화는 사체화생형 농경신화에 속합니다. 이 신화를 발굴한 사람은 아돌프 엘레가르트 옌젠Adolf Ellegard Jensen 이라는 독일 사람이에요. 인도네시아는 처음에는 인도의 영향을 받다가, 그 다음에는 중국의 영향을 받았고, 13세기부터는 이슬람교를 믿었습니다. 17세기 말부터는 유럽의 강국들, 그러니까 스페인, 영국, 포르투갈, 네덜란드 등 열강의 침략을 받았어요. 맨 마지막에는 네덜란드가 인도네시아를 차지합니다. 네덜란드는 17세기 말부터 1949년까지, 인도네시아가 독립연방을 만들 때까지 거의 3백여 년 동안 인도네시아를 식민통치 했습니다. 당시 네덜란드와 독일은 그렇게 친하지는 않지만, 아돌프 엘라가르트 옌젠은 네덜란드 정부의 도움을 받아서, 쉽게 말하면 인도네시아 세람 섬에 네덜란드의 통치기구가 있었는데, 그곳 관리들의 도움을 받아서 세람 섬의 신화를 발굴할 수 있었어요. 그래서 이 신화는 아이러니하게도 처음부터 독일말로 기록된 것이고, 또 제가 독일어를 조금 아는 관계로 이 책을 보게 된 거예요. 인도네시아 사람들도 독일학자인 옌젠에 의해서 이런 신화가 채록되었는지도 모르는 사람이 대부분입니다.

옌젠은 세람 섬의 원주민들이 하는 이야기를 들리는 대로 '하이누웰레Hainuwele'라고 적었어요. '하이'의 '하ha'는 나뭇가지, '이'는 삼인칭 소유격 접사이고, '누웰레nuwele'는 '야자나무'라는 뜻이에요. 그러니까 '하이누웰레'는 '야자 나뭇가지 처녀'라는 뜻이죠. 옌젠은 1939년에 이 책을 출간했는데, 그때는 나치 시대였어요. 옌젠은 나치에 협조하지 않는다는 이유로 한동안 핍박을 받았어요. 부인이 유태인이어서 이혼하라는 압력도 받았어요. 그런데 그것을 거부했기 때문에 학계에서 퇴출당하고 전쟁터로 차출되어갔어요. 그 바람에 안타깝게도 그의 책도 퇴출되어서, 당시 학계에서 유명세를 타지는 못했어요. 인도네시아 사람들에게도 안타까운 일이죠.

자, 이제 본격적으로 하이누웰레 소녀 이야기를 들려드리겠습니다. '하이누웰레 소녀의 죽음과 환생'이라고 제가 부제를 붙였는데요, 하이누웰레 소녀는 살해당해서 죽었다가 다시 환생하기 때문이에요. 옛날에 아메타라는 한 남자가 있었는데, 어느 날 야자나무 위로 올라갔다가 손가락을 다쳐서 피가 났어요. 그 핏방울이 공교롭게도 야자나무 꽃 위에 떨어져서 꽃즙과 엉켰어요. 그리고 꽃즙과 엉킨 핏방울에서 한 여자아이가 태어났는데, 그 여자아이는 태어난 지 3일 만에 결혼할 수 있는 처녀가 되었어요. 이 기이한 처녀가 더욱 기이한 것은 용변을 보면 값진 보물들이 나오는 것이에요. 아까 처음 본 그림처럼 말입니다. 그녀의 아버지는 금세 부자가 되었고 마을사람들도 다퉈가면서 보물을 받아갔어요. 그러다가 어찌된 일인지 마을사람들이 그녀를 갑자기 언짢게 여기기 시작했어요. 저는 여기까지 읽으면서 〈황금거위〉 생각이 났어요. 황금을 한 번에 가지려고 과욕을 부리는 이야기 말이에요. 그런데 이것은 그런 이야기가 아니었어요. 그 마을에는 달 밝은 밤에 장소를 바꿔가며 아홉 번이나 열리는 축제가 있었는데, 축제가 열릴 때마다 그녀는 춤판 가운데 앉아서 보물을 나눠주곤 했어요. 그 전까지 마을사람들은 보물을 받아가며 막 좋아했는데, 웬일인지 갑자기 언짢게 여겨서 자기들끼리 계략을 꾸며요. 축제가 열릴 때마다 마을사람들은 마로춤이라는 윤무^{輪舞}를 추었는데, 이 마로춤이 연구할 만한 가치가 있어요. 발을 구르면서 남자와 여자가 팔짱을 끼고 동심원을 그리며 추는 춤이에요. 나는 동심원으로 도는 게 우리나라 강강수월래만 있나보다 생각했었는데, 그런 춤이 아프리카에도 있고 인도네시아에도 있었던 거예요. 그런데 이 마로춤은 죽음의 춤이에요. 특히 달 밝은 밤에 춰요. 아홉 번째 밤, 마을사람들은 춤을 추면서 그녀를 동심원 가운데로 몰고 가서 미리 파놓은 구덩이에 밀어넣고 묻어버려요. 하이누웰레 소녀가 살해된 거죠. 아침이 되어도 딸이 돌아오지 않자, 아버지가 딸을 찾아서 춤추던 장소로 와서 딸의 시신을 찾아요. 그 다음이 아주 그로테스크합니다. 딸의 시신을 찾은 아버지는 울고불고 하는 게 아니라, 소녀의 몸을 부위별로 절단해서, 동심원 아홉 라인에 한 조각씩 묻어요. 마로춤이 아홉 겹 동심원을 만들며 추는 춤이거든요. 좀 으시시하죠? 소녀는 그렇게 절단당해서 땅에 묻혔어요. 그런데 다음에 가보니, 그녀의 사체 조각들을 묻은 자리에서 그녀의 몸을 닮은 여러 구근^{球根} 식물들이 자라났어요. 이게 〈하이누웰레〉 신화의 기본 테마예요. 그녀의 엉덩이를 묻은 자리에서는 엉덩이를 닮은 구근이 나오고, 그녀의 가슴을 묻은 곳은 가슴을 닮은, 그녀의 머리에서는 머리를 닮은, 눈에서는 눈을 닮은, 귀에서는 귀를 닮은, 음부에서는 음부를 닮은 갖가지 구근들이 자라났어요. 우리는 카사바 하나만 알고 있잖아요. 〈하이누웰레〉에는 이상한 이름의 구근들이 많이 나와요. 여하튼 중요한 것은 그 구근들은 아직 세상에 없던 식물들이었고, 장차 세람 섬 사람들이 먹게 될 최초의 식용작물이 되었다는 것이죠. 우리가 식물이라고 말하는 것과 작물이라고 말하는 것이 다르지요. 식물은 그냥 식물이에요. 작물은 경작해서 먹는 먹을거리라는 뜻이죠. 이렇게 해서 세람 섬 최초의 식용작물이 탄생하게 된 거예요. 경작해서 먹을 수 있는 새로운 먹을거리가 생겨난 것이죠. 여기까지가 〈하이누웰레〉 신화 전편에 해당합니다.

앞의 이야기가 구근작물의 농경 기원신화라면, 다음 이야기는 종족 및 저승 기원신화에 해당합니다. 하이누웰레의 사체를 땅에 묻은 아버지는 유독 딸의 두 팔은 남겨요. 다른 시신 부분들을 땅에 묻은 아버지는 딸의 그 두 팔을 가지고 당시 마을의 지도자였던 사테네 Satene 라는 소녀에게로 가지고 가요. 이 사테네는 마을에서 가장 나이가 어린, 이 마을의 지도자예요. 나이가 가장 어린 소녀가 마을의 지도자가 된다는 것이 지금 우리에게는 이해가 안 가지만, 〈하이누웰레〉 신화의 세계에서는 가장 나이 어린 존재가 가장 싱싱한 생명력을 상징한다고 이해할 수 있어요. 아무튼 하이누웰레의 죽음을 알게 된 사테네는 최초의 살인에 분노하면서, 춤판을 닮은 아홉 겹 동그라미가 있는 동심원 문을 만들고 마을사람들을 모두 불러 모은 다음, 하이누웰레의 두 팔을 들고 동심원 문 뒤에 서서 마을사람들에게 차례로 그 문을 통과해서 자신에게로 오라고 명령해요. 그리고 문을 통과한 사람들을 하이누웰레의 팔로 한 대씩 때리고 두 편으로 나눠, 한편은 다섯 개의 대나무 기둥을 뛰어 넘어가게 하고 다른 한편은 아홉 개의 대나무 기둥을 뛰어 넘어가게 해요. 얼마 전에 뉴기니 남성들의 성인식을 보니까 물소를 열 마리 또는 스무 마리 쭉 세워놓고 그 위를 뛰어넘게 하는 것을 본 적이 있는데, 그렇게 대나무 뛰어넘기를 시킵니다.

다섯 개의 대나무를 뛰어넘은 사람들은 이때부터 '파타리마 Patalima', 즉 '다섯족'으로 불리게 되었어요. 그리고 아홉 개의 대나무를 뛰어넘은 사람들은 '파타시와Patasiwa', 즉 '아홉족'이라고 불리게 되었어요. 이때 '리마'는 인도네시아 세람어로 다섯이라는 뜻이고, '파타'는 '부족'이라는 뜻입니다. 당연히 '시와'는 아홉이라는 뜻이지요. 동심원 문을 통과하지 못한 사람들도 있었어요. 이 사람들을 '살인을 한 사람'으로 단정해서 말하기는 어렵지만, 문맥상 그렇게 이해가 되는데요, 그들은 동물이나 정령이 되어 숲속으로 들어갑니다. 사테네는 이렇게 사람들을 다섯족과 아홉족으로 분류하고, 아울러 동물과 정령을 구분하죠. 그러니까 이 신화에서 무엇 무엇이 탄생했나요? 구근작물이 생겼고, 종족이 분리됐죠. 그리고 동물이 생겨나고 정령도 생겨났어요.

그 다음 사테네가 인간세상을 떠나야 한다고 말해요. 살인이 일어났기 때문에 자신은 다른 곳으로 가야 된다고 말합니다. 그리하여 사테네는 죽음의 땅인 살라후아Salahua 산으로 갑니다. 살라후아는 가장 높은 산인데 그곳의 니투가 됩니다. 니투는 정령의 일종이에요. 사테네는 그때부터 살라후아에서 새로운 생명을 탄생시키는 일을 합니다. 그리고 그때부터 사람들도 죽은 후 먼 여행을 거쳐 살라후아로 가게 되었어요. 사테네는 자기를 만나려고 하면 살라후아로 오라고 했거든요. 이게 무슨 말일까요? 죽어서 오라는 뜻이겠죠. 이렇게 해서 이승의 지도자였던 사테네는 죽음의 심판을 끝내고 저승의 여신이 되는 거예요. 즉, 새로운 세계, 저승이 생겨났다는 얘기가 추가된 것이죠.

하이누웰레 소녀의 죽음과 제의적 살해

다음 장에 있는 그림! 이상하게 보이시죠? 조금 전에 말씀드렸던 동심원 문과 대나무 뛰어넘기를 그려놓은 그림이에요. 세람 섬 원주민이 그린 그림이에요. 뭐처럼 보이세요? 날개를 단 사람처럼 보인다고들 하던데요. 여기 나선형 동그라미가 사테네가 만든 그 동심원 문이에요. 마을사람들이 마로춤을 추면서 돌던 윤무 형태를 본따서 아홉 겹 동심원을 문으로 만들어 세운 형태지요. 이 밑에 물루아 사테네가 서 있어요. 물루아Mulua라는 말은 처녀라는 뜻이에요. 물루아 사테네가 하이누웰레의 두 팔을 들고 있죠. 사테네가 하이누웰레의 팔을 들고 있는 것은, 제 생각에 사테네가 하이누웰레화 되었다는 뜻이라고 생각해요. 만약에 사테네를 샤먼으로 본다면 샤먼이 신칼을 든 형상이라고 볼 수 있어요. 사테네는 죽음을 경험하지 못했지만, 이제 죽은 하이누웰레의 두 팔을 들고 있음으로써 하이누웰레의 죽음을 자신의 몸에 싣게 된 거죠. 샤먼이 자신의 몸에 신을 실어 강신하는 것처럼 말이에요. 그러므로 사테네는 판정을 할 수가 있었어요.
그 다음 왼쪽의 이 이상한 주먹 같은 형태는 다섯 개의 대나무예요. 손가락이나 무슨 주먹이 아니라, 다섯 개의 대나무와 길을 그려

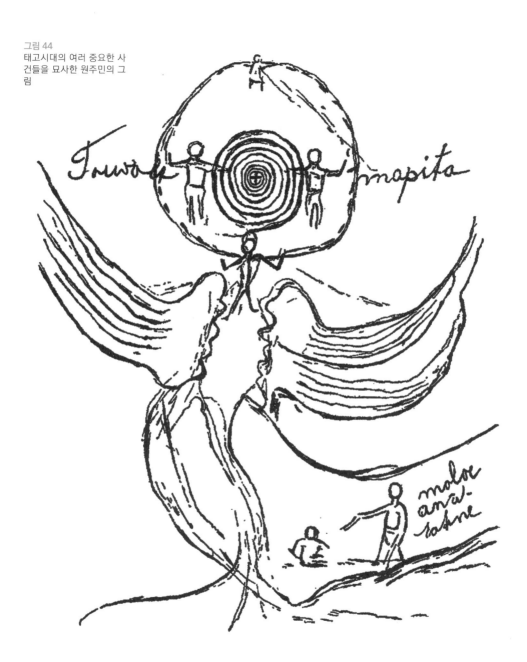

그림 44
태고시대의 여러 중요한 사
건들을 묘사한 원주민의 그
림

놓은 거예요. 오른쪽이 아홉 개의 대나무와 길입니다. 그리고 맨 위에 두 남자가 있는데, 왼쪽의 남자는 투왈레^{Tuwale} 라는 신인데, 바나나송이로 최초로 인간을 만든 신이에요. 오른쪽의 마비타^{Mabita}는 투왈레의 친구예요. 둘 다 하늘의 존재들이죠.

그리고 이제 이 그림에서 가장 중요한 부분과 관련해서 조금 더 집중해서 이야기하려고 합니다. 여기 동심원 문양 가운데에 십자가처럼 보이는 '+' 표시 보이시죠? 물론 기독교의 십자가가 아니라, 원시인들이 무덤을 표시하던 기호들 중 하나입니다. 처음 공부할 때는 이 기호를 채 알아보지 못했는데, 여기가 바로 하이누웰레가 묻힌 자리입니다. 이제까지의 내용을 다시 정리해볼게요. 하이누웰레의 신화적 의미는 다음의 네 가지로 정리할 수 있어요. 첫째, 〈하이누웰레〉는 기원신화입니다. 구근작물의 기원, 동물과 정령의 기원, 종족의 기원을 말하는 신화라고 이해할 수 있어요. 둘째, 하이누웰레의 죽음이 타살이라는 점이에요. 『구약성경』의 〈카인과 아벨〉의 이야기에서, 카인의 살인에 하느님이 굉장히 노하셨다는 그런 대목이 있지요? 이 최초의 살인이 하이누웰레의 신화에서도 굉장히 중요한 의미를 갖는데, 그 이전까지 사람들에게는 죽음이 없었어요. 그러니까 『구약성경』하고 비교하면, 세람 섬에 구근작물이 생겨나 먹을 것이 생겼지만, 달리 말하면 그때부터 일을 하게 되었다는 것과 똑같고, 그 다음에 죽음이 없었던 사회에 죽음이 생겨났다는 거예요. 여기까지는 『구약성경』과 비슷하게 이해할 수 있어요. 그런데 〈하이누웰레〉 신화에서는 타살^{他殺}이 새로운 탄생의 전제조건이라는 점이 특징적이에요. 그냥 죽는 사람들은 〈하이누웰레〉 신화에서 아무런 가치가 없어요. 다른 사람의 손에 살해되어야 해요. 그래서 세람 섬에 있는 소년들은 성인식을 할 때, 이 〈하이누웰레〉 신화를 재현합니다. 즉, 성인식의 의례로 〈하이누웰레〉 신화가 반복되는 거죠. 제의에서 최초의 신화를 재현하는 것은, 최초의 그 순간, 그 창조의 신성함을 이어받고자 하는 염원입니다. 따라서 성인식을 통해 어른으로 다시 태어나고자 하는 소년들은 마로춤을 추다가 소녀를 생매장하는 신화를 재현합니다. 그들이 부르는 노래가 무엇이냐 하면, "아직 죽이지 않은 자는 죽여야 한다. 아직 낳지 않은 자는 낳아야 한다"입니다. '아직 죽이지 않은 자'는 소년이고, '아직 낳지 않은 자'는 소녀죠. 오늘날 소년들이 어른이 되었다는 것을 우리는 어떻게 아나요? 주민등록증이 나오면 어른인가요? 성년의 날에 꽃 스무 송이 받으면 어른이 되는 건가요? 그런데 옛날 사람들도 소녀가 어른이 되었다는 것은 금세 알 수가 있어요. 소녀가 생리를 하면 어른이 된 것이에요. 그럼 남자는요? 잘 알 수가 없거든요. 그래서 소년들은 어른이 되기 위해 사냥을 해오는 것인데, 그게 바로 '타살'을 행하는 것이에요. 이때 타살은 그냥 살해 행위가 아니라 전사가 되는 것이에요. 전사로서 새롭게 태어나는 것이죠. 그래서 아직 죽이지 않은 자는 죽여야 하는 것이에요. 그냥 죽는 것은 아무 소용이 없고, 타살을 해서 죽여야 하고, 죽는 대상도 타살을 당해 죽어야 의미가 있어요. 이걸 보면서 하나 재미있는 생각을 했어요. 왜 화려해 보이는 〈신데렐라 이야기〉에 살해 모티프가 있을까 하는 생각이었어요. 〈신데렐라 이야기〉 다들 아시죠? 전 세계에 700편이 넘는 이본이 있어요. 그러니까 거의 모든 나라에 한두 편씩은 다 있다는 얘기죠. 우리나라에도 〈콩쥐팥쥐〉가 있잖아요. 뒤에 다시 말씀드리겠지만, 콩쥐도 살해됩니다. 그냥 죽는 것이 아니라 살해되는데, 물론 다시 살아나죠. 이렇게 살해된 여성이 환생하는 스토리들도 이 '타살의 의미'에서 출발하지 않았나 하는 생각을 바탕으로 간단한 논문 한 편을 써본 적이 있어요.[2] 세 번째는 〈하이누웰레〉 신화의 가장 중요한 모티프인데요, 여성살해와 매장, 저승의 기원 등 죽음과 관련된 생각들로부터 종교적인 개념이 발생했다고 볼 수 있죠. 그냥 함부로 막 죽이거나 또는 먹기 위한 사냥이 아니라, 새로운 생명의 탄생을 기리는 의례로서, 신이나 신을 대신하는 제물을 살해하는 것을 신화에서는 제의적 살해라고 합니다. 어른들은 아시겠지만 '대수대명代數代命'이라는 말을 들어보신 적이 있을 겁니다. 굿같은 데서 허약하거나 운이 나쁘다고 생각되는 사람 대신, 닭 같은 동물을 죽여서 바치는 의례가 대수대명입니다. 기독교에서도 '번제'라고 하는 유사한 의례가 있습니다. 이삭을 바치라는 하느님의 준엄한 명령에 아브라함은 100세가 되어서 겨우 얻은 독자인 이삭을 제단에 묶고 칼을 들어 죽이려 합니다. 그때, "아이에게 손대지 말라"는 여호아의 사자의 목소리를 듣고, 마침 주변에 있던 숫양을 대신 번제해서 바칩니다.

이런 제의적 살해는 대지모大地母 사상의 연장으로 이해할 수 있습니다. 세람 섬 가까이에 뉴기니라는 섬이 있어요. 뉴기니의 마린드아님MarindAnim 족은 '데마Dema'라고 불리는 소녀를 한 명 뽑아요. 그리고 그 소녀를 신으로 정해 귀하게 보호하다가 어느 특정한 날에 땅에 생매장시켜 죽이는데, 이때 이 데마 여신을 그냥 죽이는 것이 아니라, 땅에 묻기 전에 여러 남성들과 성관계를 시켰다고도 해요. 그것은 그녀의 생명력, 즉 생식력을 북돋아주는 행위이지 그녀를 겁간하

2   이혜정, 「신데렐라와 달-소녀」, 『비교민속학』 제55집, 비교민속학회, 2014.

거나 욕보이는 행위가 아닙니다. 외형적으로 완화된, 보다 세련된 데마 여신 신화가 있어요. 그리스의 〈데메테르와 페르세포네〉 신화가 이에 해당합니다. 데메테르Demeter의 '데de'는 '땅'이라는 뜻이고, '메테르meter'는 '어머니'라는 뜻입니다. 그러니까 데메테르는 '땅-어머니'이죠. 이 땅-어머니, 데메테르에게 페르세포네라는 딸이 있었어요. 데메테르는 지상의 생육을 관장하는 신으로서 제우스의 누이였는데, 제우스와의 사이에 페르세포네라는 딸이 있었어요. 페르세포네는 아름답게 잘 자랐어요. 그런데 어느 날 페르세포네가 강가에서 목욕을 하고 있는데 마침 지상에 볼일이 있었던 저승의 신 하데스가 지나가다가 그녀를 봐요. 하데스는 그녀가 자기 조카이건 말건[3] 너무나 아름다워서 불문곡직 잡아끌고 땅속으로 들어가 버립니다. 데메테르는 딸을 찾아서 그리스 전역을 울면서 돌아다녀요. 데메테르가 땅의 생육을 살피지 않자 그리스 전역에 기근이 들고 동물의 새끼 하나도 태어나지 않았다고 합니다. 그래서 제우스가 이래선 안 되겠다고 생각하고 헤르메스를 보내서 하데스와 모종의 계약을 맺어요. 재미있는 것은 최고신인 제우스도 명계冥界에 함부로 갈 수 없어요. 그리스 신화에서 저승을 갈 수 있는 것은 헤르메스밖에 없습니다. 헤르메스는 왜 갈 수 있냐 하면, 헤르메스는 지역을 넘나드는 특징을 가지고 있어요. 헤르메스에게는 세 개의 특징적인 물건이 있는데, 날개 달린 모자와 날개 달린 지팡이와 날개 달린 신발이 있어요. 온통 날개가 달린 것들이에요. 날개가 세 개나 되는 거죠. 어디든지 갈 수 있다는 뜻이지요. 그래서 어디든 순식간에 갈 수 있는 능력으로 헤르메

---

3   하데스는 제우스와 마찬가지로 크로노스의 아들이다.

그림 45
페르세포네를 납치하는 하데
스(18세기)

스는 제우스의 전령 노릇도 하고 저승에도 갈 수 있었기 때문에 헤르메스가 중재에 나서요. 하데스는 페르세포네에게 지상으로 돌려보내주겠다고 회유하며 석류를 먹여요. 요새 중년 여자들이 좋아하는 게 석류죠. 사실 석류는 저승의 음식이었는데, 저승의 음식을 먹은 자는 지상으로 돌아갈 수 없었어요. 그래서 하데스가 페르세포네를 속여서 먹인 거예요. 나중에 헤르메스가 데리러 갔을 때, 하데스는 페르세포네가 석류를 먹었기 때문에 돌아가지 못한다고 그러는 것이에요. 그래서 헤르메스가 중재에 나서서, 일 년 중에 지상에서 3분의 2, 지하에서 3분의 1, 또는 반 년씩 지내기로 하죠. 신화가 버전마다 조금씩 달라요. 이렇게 페르세포네 신화는 지중해성 기후의 기원을 말하는 신화예요. 페르세포네가 하데스와 함께 있는 기간은 밀의 수확이 끝난 6월 초부터 10월 초까지의 기간이에요. 때로는 페르세포네가 귀환하는 시기를 봄으로 착각하기도 하는데, 지중해 연안의 기후는 6월부터 9월까지 넉 달 동안은 불볕더위로 작물들이 자랄 수 없는 기간이에요. 따라서 페르세포네는 밀의 파종기인 10월 초에 지상으로 귀환했다가 수확기인 6월 초까지 지상에 머문다고 생각했던 거죠. 지중해 농법은 우리와 반대입니다. 그들은 가을에 파종하고 초여름에 수확합니다.

그런데 이 신화에서 특히 재미있는 것은 조금 전에 말씀드렸던 것처럼, 페르세포네가 석류를 먹었다는 거예요. 왜 하필 석류일까요? 석류는 복숭아나 자두랑 모양이 비슷하죠? 복숭아와 자두는 여성 성기를 뜻하는 개념이에요. 석류도 마찬가지입니다. 하필 석류를 먹었다는 것은 그녀가 이제 소녀가 아니라 여자가 되었다는 뜻이죠. 석류의 붉은 색은 생리를 뜻하기도 합니다. 원래 페르세포네가 땅속으로 끌려 들어가기 전에는 '꼬레'라고 불렸어요. 소녀라는 뜻이에요. 페르세포네라는 이름은 명계로 들어갔다가 나온 이후에 붙여진 '무서운 저승의 여왕'이라는 뜻이에요. 꼬레였던 그녀가 이제 저승의 여왕이 된 거죠. 그래서 페르세포네의 귀환은 데메테르 신화의 하이라이트입니다. 아테네의 공식적인 축제 중에 페르세포네의 귀환을 기리는 엘레우시스 밀교Eleusinian Mysteries 라는 의례가 있는데, 그때 소녀들의 입사식入社式 4도 함께 합니다. 이런 의례들은 죽음과 삶, 농경과 여성의 자연순환적 의미가 융합된 거대 담론의 반영이라고 할 수 있어요. 땅속으로 끌려 들어간 그녀들은 그냥 죽지 아니하고 환생합니다. 환생신화는 바로 이런 관념에서 출발했다고 봅니다. 여기에 한 가지 더 추가된 요인이 달이에요. 하이누웰레는 찢겨서 동심원에 묻혔다

---

4 통과의례의 절차를 뜻하는 용어의 하나로, 가령 무당이 되려고 신(神)의 딸이 되는 의식 같은 것을 말한다.

가 구근작물로 환생했지만, 일반 여성들은 어떨까요? 어떻게 환생할까요? 우리도 한 달에 한 번씩 죽었다가 환생합니다. 원시인들은 여성의 생리를 엄청 무섭고 두렵게 생각했어요. 그래서 그녀들이 생리를 하게 되면 땅을 밟지도 못하게 하고 풀 한포기도 만지지 못하게 하고, 생리의 집에 격리시켜요. 숲속에 있는 생리의 집에 격리되었다가 사흘을 보내고 나올 수 있어요. 미르치아 엘리아데[5]는 이 격리기간 동안 소녀들은 마녀같이 무서운 노파에게서 결혼에 관한 여러 가지, 그러니까 신방을 치르는 방법이나 남자를 즐겁게 해주는 방법 또는 옷감 짜는 방법 같은 것을 배웠다고 합니다. 달이 왜 연관이 있냐하면, 달은 변화하기 때문이에요. 태양은 아침에 떠서 저녁에 지지만 언제나 같은 모습이잖아요. 달은 어때요? 처음에는 초승달, 반달, 보름달 그러다가 나중에 그믐달이 되고, 보이지 않다가 삼일 후 다시 나타나잖아요? 그믐의 삼일을 지나고 나면 다시 반짝이는 초승달로 돌아오거든요. 죽어서 사라졌던 달이 다시 살아서 돌아온 거죠. 이런 생각들을 바탕으로 여성과 달과 농경신화는 하나의 카테고리, 죽음에서 환생하는 하나의 신화적 카테고리로 발전했다고 볼 수 있어요. 성경에도 "한 알의 밀알이 땅에 떨어져 죽지 아니하면 한 알 그대로 있고, 죽으면 많은 열매를 맺느니라"라는 말이 있잖아요. 그렇게 죽어야만 환생이 되는 것이거든요. 모든 신화나 민담에서 여성들이 수난을 겪게 되는 시기는 바로 12세에서 15세 사이입니다. 잠자는 숲속의 미녀도, 신데렐라도 그 나이예요. 그 나이가 바로 소녀들이 생리를 시작할 나이이기 때문이죠.

---

[5]   미르치아 엘리아데(Mircea Eliade; 1907~1986): 루마니아의 종교학자, 철학자, 소설가.

매장과 농경과 식인

그러면 시신을 땅에 묻는 매장의 의미에 대해 좀 더 이야기해 볼까요? 앞에서 보여드렸던 원시인이 그린 그림 생각나시죠? 그 동심원 문은 하이누웰레가 묻혔던 동심원 자리를 뜻해요. 언뜻 보면 아이 장난 같은 그림이지만, 아주 중요한 정보를 가지고 있어요. 거기서 플러스+ 기호를 보셨는데, 아리엘 골란^{Ariel Golan}이 쓴 『신화와 상징』[6]이라는 책에도 이 + 기호가 있는 그림이 여러 개 있는데, 이 기호는 무덤 표시입니다. 매장의 기원을 거슬러 올라가면, 구석기시대의 네안데르탈인들을 언급할 수 있어요. 그들은 가족의 사체를 매장하고 그 안에 그들이 쓰던 활이나 도구를 함께 묻었다고 합니다. 무덤은 어떤 의미에서든지 환생을 기리는 염원을 가지고 있는 상징물이죠. 세계의 장례 형태는 물론 집집마다 다르고 나라마다 다를 수도 있지만, 크게 둘로 나눈다면 매장과 화장으로 나눌 수 있어요. 매장은 농경지대와 관련이 깊다고 생각이 듭니다. 유목민들은 한 자리에 머물지 못하고 계속 이동해야 되죠. 한 장소에 오래 머물지 못하고 떠돌아다녀야 하니까, 한곳에 매장해 놓고 어쩌고 할 수가 없잖아요. 그래서 그들은 주로 화장을 했다는 생각이 들어요. 매장을 하는 지역에서는 한곳에 오랫동안 정착했기 때문에 무덤을 만들고 치장하고 하면서 그 의미가 점차 집약되었을 거예요. 왕가의 무덤들이 크고 아름다운 것은 그만큼 환생의 염원이 깊어지고, 그 염원이 하늘이나 신과 같은 뭔가 신성한 개념과 연관되었다는 뜻입니다. 하이누웰레가 묻혔던

---

[6]   *Myth and Symbol: Symbolism in Prehistoric Religions*.

자리도 그냥 아무런 의미가 없는 곳이 아닙니다. 그곳은 바로 저승으로 들어가는 입구라고 생각했던 거예요. 그래서 세람 섬 원주민들은 동심원 가운데에 + 표시를 해놓은 거죠. 하이누웰레는 아무 곳에나 묻힌 것이 아니라, 저승으로 갈 수 있는 그곳에 묻힌 것이죠. 따라서 + 표식은 그곳이 저승의 입구라는 의미입니다. 이 의미는 좀 더 강력한 의미와 결합하면서, 처음엔 그곳에 지신인 여신이었다가, 나중에 태양의 시대로 변화하면서 그곳에 태양이 있다는 인식의 전환이 발생했다고 합니다. 아리엘 골란은 卐 기호는 + 기호에서 발전된 태양 상징이라고 말했어요. 우리는 부처님 표시라고 알고 있잖아요? 부처님이 태양신 계통이기 때문입니다.[7]

〈하이누웰레〉 신화에서 가장 조심스럽고 미묘한 문제는 '식인'의 문제예요. 식인은 사람을 먹는 것, 카니발리즘cannibalism 이죠. 제가 식인의 개념을 첫째, 영양공급원, 둘째, 영적인 접촉, 셋째, 환생의 의미, 이렇게 세 가지 형태로 구분해 봤습니다. 우선 세 번째부터 이야기하겠습니다. 〈하이누웰레〉의 식인 문제는 하이누웰레가 묻혔던 자리에서 자라난 구근작물 때문이에요. 하이누웰레 소녀의 주검에서 구근작물들이 생겨났잖아요? 즉, 사람들은 소녀의 주검을 먹은 거예요. 주검이 변형된 것을 먹은 것이죠. 우리가 모두 땅에서 태어난 것들을 먹고 있듯이, 세람 섬 최초의 구근작물은 하이누웰레의 주검인 것이에요. 〈하이누웰레〉에 이런 문장이 있어요. "네가 나를 죽였으니까, 나를 먹기도 해야 된다." 결국 구근작물을 먹는 것은 그녀의 주검을 먹는 것과 마찬가지예요. 바로 이 점에서 식인의 개념이 발생하고

---

7 아리엘 골란, 정석배 역, 『선사시대가 남긴 세계의 모든 문양』, 푸른역사, 2004, 550~558쪽.

나아가 식인과 식인종 문제를 조금 다른 시각으로 이해할 수 있는 여지를 발견할 수 있어요. 〈하이누웰레〉에는 굉장히 많은 식인종들이 나와요. 예쁜 식인종, 못생긴 식인종, 착한 식인종, 악마 같은 식인종, 갖가지 식인종들이 마구 나오는데, 저는 총체적으로 그들에게는 식인종들이 자연순환의 연금술사 같은 개념이 아니었을까 생각해 보았습니다.

다시 첫 번째로 돌아가서, 영양공급원으로 식인을 하는 것에 대해 말해보기로 하죠. 우선 배가 고파서 먹는 것은 신화의 대상이 아닙니다. 하지만 첫 번째와 두 번째 개념을 통합시킬 수 있는 이야기를 하나 들려드릴게요. 여러분, 〈얼라이브alive〉라는 영화 보셨어요?[8]

옛날 영화인데요, 남미 우루과이의 미식축구 대표선수들이 비행기를 타고 가는데 비행기가 안데스 산맥에 불시착하면서 두 동강이 났어요. 구조대가 여러 번 출동했으나, 너무 높은 곳에 있어서 그들을 찾지 못해요. 조난자들이 처음엔 희망을 가지고 있었지만 점점 배고픔과 추위에 죽어가는 거예요. 부상자들이 먼저 죽어가고, 남은 이들도 며칠은 구석구석에서 나온 최소한의 양식으로 버틸 수 있었지만, 나중에는 먹을 게 하나도 없게 되고, 드디어는 누군가가 사체를 먹자는 제안을 해요. 처음에 사람들은 그럴 수는 없다고 말했지만, 점차 분위기가 흉흉해지고 폭력적이 되어가는 거예요. 그때 다리가 아파서 죽어가던 한 친구가 말해요. "내가 죽으면 나를 먹어라. 그러면 마치 예수님이 '이건 내 살이요. 내 피요.' 하면서 주는 것과 같은 의미가 된다"라고 말해요. 친구들은 그런 말 하지 말라고 하면서 친구를 위

8   프랭크 마샬 감독. *Alive: The Miracle Of The Andes*. 1993년 작.

로하며 잠을 재워요. 아침에 일어나보니, 그 선수가 죽어 있어요. 친구들은 막 울면서 하루 이틀을 더 기다려봐요. 그러다 마침내 그 친구의 사체 일부분을 절단해가지고, 도시락처럼 갖고 두 명의 특공대가 산을 내려갑니다. 그래서 자신들이 'alive 살아 있다'는 것을 세상에 알립니다. 실화를 바탕으로 한 영화랍니다. 나중에 구조대가 그곳에 가보았더니 몸의 일부가 없는 시신이 있었지만, 아무도 거기에 대해 말하지 않았다고 합니다. 이 영화의 의미를 다시 생각해보면, 그들이 비록 배가 고파서 먹었으나 그것은 친구가 허락한 것이며 그 친구와 합일되는 것이죠. 상징적이긴 하지만, 예수님의 살이요 피요 하면서 성체를 모셨을 때, 그것은 식인을 하는 것이 아니라, 영적인 접촉, 즉 대상과의 합일을 의미하는 것이죠. 이렇게 우리는 조상을 먹기도 하고 성인을 먹기도 합니다.

그림 46
루벤스의 〈아들을 잡아먹는 크로노스〉

이와 관련된 재미있는 설화가 독일의 〈지그프리트〉 전설이에요.[9] 지그프리트가 용을 죽이다가 용의 피를 흠뻑 쓴 다음, 입술에 묻은 피를 살짝 핥아먹는 순간, 새들의 말이 들리고 세상의 모든 일을 통찰하는 통찰력을 갖게 됩니다. 그런 것들이 영웅이나 전사가 영혼을

<hr />

[9] 지그프리트(Siegfried) 전설: 중세 게르만 민족의 서사시 〈니벨룽겐의 노래〉의 주요 설화.

접촉하기 위해서 받아들이는 의식이라 할 수 있어요. 신화를 공부하다 보면 같은 모티프인데 역으로 홀랑 뒤집힌 이야기들도 있어요. 그리스 신화의 크로노스의 이야기가 바로 그런 예라고 볼 수 있어요. 크로노스는 자기의 자식들을 태어나는 족족 모두 꿀떡 삼켜버려요. 루벤스Peter Paul Rubens 와 고야Francisco José de Goya y Lucientes 의 그림을 보면 크로노스가 자기 자식의 목을 물어뜯지만, 실제 신화에서는 그냥 통째로 꿀떡 삼킵니다.

그리고 나중에 제우스가 먹인 약을 먹고 모두 다 홀랑 토해내게 돼요. 이런 것을 설화에서는 '삼킴과 토함'의 모티프라고 말하는데, 이런 모티프가 동화처럼 바뀌어 아이들 버전으로 나타난 게 〈피노키오〉라고 할 수 있어요. 피노키오가 아버지 말을 안 듣고 돌아다니다가 고래 뱃속에 들어가고 나서 반성을 하고 다시 나오는 것이죠. 그렇게 삼켜지면서 아버지의 부성, 남자로서의 본성을 이어받고 토해져서 성인남자가 되는 개념으로 이해할 수 있어요. 이렇게 〈하이누웰레〉의 식인 문제와 연관해서, 우리가 구근작물을 먹는 것을 일종의 식인으로 이해할 수도 있으며 또한 종교적 개념과 결합해서 이해할 수 있다고 간략하게 말씀드립니다.

〈하이누웰레〉 유형의 설화들

인도네시아에만 〈하이누웰레〉 유형의 신화가 있는 것은 아니에요. 가장 비근한 이야기가 일본에 있어요. 일본에는 우리나라의 『삼국유사』에 해당하는 『고사기古事記』라는 책과, 우리나라의 『삼국사기』에 해당하는 『일본서기日本書紀』라는 책이 있어요. 『고사기』에는 오호게츠히메^{大宜都比売}라는 여신이 나오는데, 이 여신은 곡물을 관장하는 여신이에요. 『일본서기』에는 우케모치^{保食神}라는 여신이 나오는데, 음식을 관장하는 여신이에요. 오호게츠히메 여신은 삼귀자^{三貴子} 중의 막내인 스사노오에 의해 죽임을 당하고, 우케모치 여신은 삼귀자의 둘째인 쓰쿠요미에게 죽임을 당합니다. 일본신화의 주역인 세 신을 삼귀자라고 하는데, 제일 중요한 첫 번째 신이 태양신 아마테라스 오미카미^{天照大神} 여신이죠. 보통 태양신은 남신인데, 일본은 태양신이 여신이에요. 둘째가 달의 신인 쓰쿠요미 노미코토^{月讀命}, 셋째가 폭풍과 바다의 신인 스사노오 노미코토^{須佐之男命}예요. 『고사기』에서 이 스사노오가 오호게츠히메 여신을 방문해요. 오호게츠히메 여신은 삼귀자의 막내가 오셨으니, 아주 귀한 분이 오셨잖아요? 그래서 맛있는 음식을 해드리려고 해요. 그런데 그 방법이 아주 기괴합니다. 하이누웰레처럼 싸기도 하고 또 토해서 음식을 만들어요. 스사노오가 그것을 보고 더러운 것이라고 칼로 쳐서 죽이고 하늘로 돌아가요. 그 후 오호게츠히메 여신의 몸에서 오곡이 자라나요. 그래서 가무무시라는 사람이 그 오곡들을 다 모아서 최초로 농사를 시작합니다. 『일본서기』의 우케모치 여신 이야기에는 조금 더 재미있고 복합적인 이야기가 들어있어요. 아마테라스는 태양의 신이고 둘째 쓰쿠요미는 달의 신이에요. 어느 날 아마테라스가 쓰쿠요미에게, 우케모치에게 좀 가보라고 했어요. 우케모치 여신도 성스러운 삼귀자 중 둘째 분인 쓰쿠요미가 오셨기 때문에 싸고 토해서 음식을 준비해요. 바다를 보고 토하고 산을 보고 토하고, 오호게츠히메보다 더 많이 토하고 더 많이 싸서 더 많이 만들었어요. 쓰쿠요미도 역시 더럽다고 단칼에 찔러 죽이고 아마테라스에게 가서 우케모치를 죽여버리고 왔다고 말해요.

그러자 아마테라스가 "이 잔인한 녀석아. 너하고 다시는 상종하지 않겠다." 그래서 그때부터 이 두 신은 다시는 서로 만나지 않는 거래요. 해와 달처럼 같은 하늘에 있지 않는다는 거죠. 이렇게 해와 달이 분리하게 된 기원담이 생겨났답니다. 아마테라스는 우케모치가 어찌 됐는지 가보라고 다른 신을 보내요. 그랬더니 그녀가 죽은 자리에 소, 말, 오곡, 누에 등등 온갖 것들이 생겨났어요. 그것들을 하늘로 가져가니, 아마테라스가 너무 기뻐하면서 "장차 이것들로 하여 인간들을 먹이게 하라." 이렇게 해서 농경이 시작되었고, 특히 누에는 아마테라스가 자기 입속에 넣어요. 자기 입속에 넣어 길러서 실을 뽑아요. 그래서 아마테라스를 농경의 신이라고도 말하고 직조의 신이라고도 말해요. 직조신이면서 농경의 신의 면모를 볼 수 있는 모티프를 잘 보여주고 있는 신화입니다.

여기 재미있는 그림이 또 있어요.

토우土偶 아시죠? 진흙으로 빚어 만든 사람이나 동물의 형상을 말합니다. 여기 이 토우들은 일본의 토우들이에요. 일본은 특히 조몬繩文 시대에 토우가 많았어요. 우리나라는 워낙 오래 전부터 도자기를 만들었고 또 흔하게 아주 잘 만드는 나라였기 때문에, 선사시대의 도자기들이 잘 보존되지 않았지만, 일본은 우리보다 도자기를 늦게 만들어서인지, 선사시대의 도자기들도 꽤 많이 보존되어 있답니다. 일본의 조몬 시대는 흙덩이를 새끼줄같이 길게 늘인 다음 그것들을 돌려가면서 쌓아올리는 초기 방식으로 도자기를 만든 시대예요. 그 다음 야요이彌生 시대는 영화 〈사랑과 영혼〉에 나오는 것처럼 판을 놓고 돌려가며 도자기를 만들기 시작했어요. 일본 토우는 주로 조몬 시대에 제사에 사용되던 모신母神이에요.[10] 그러니까 직접 여성을 살해하고 토막내서 땅에 묻는 하이누웰레적인 것이 아니라, 사체 대신 사용할 수 있는, 여성을 대신할 수 있는 토기를 만든 거지요. 배가 불룩하고 가슴도 불룩한 그런 풍요로운 모신을 땅에다 묻었어요. 죽은 모신의 몸에서 작물이 난다고 생각하는 하이누웰레적인 발상 때문에 여신을 땅속에 묻는 거예요. 그래서 유방이나 풍만한 배를 강조해요. 그러다 보니 아주 못생겼어요. 중요한 것은 그냥 묻지 않았다는 거예요. 다 깨부셔서 묻어요. 하이누웰레처럼요. 우리가 감자 심을 때 다 잘라서 심잖아요? 그런 것처럼 합니다. 전 세계적으로 신석기시대의 토기들이 출토되고 있는데, 신석기인들은 어떻게 매끄러운 곡선이 강조된 형태의 토기를 만들었을까요? 그 에스 라인은 어디에서 왔을까요? 토기는 토우의 윗부분이 잘린 모양입니다. 밑부분이 남은 거죠. 여성의 생산력에서 가장 중요한 부분이 가슴일까요, 배일까요? 당연히 배죠. 그래서 배 부분을 강조한 겁니다. 그게 바로 토기예요. 최초의 토기들은 흙 속에 파묻어놓고 사용했답니다. 바로 어머니의 뱃속에서 음식을 꺼내듯이, 어머니의 배에서 음식을 보관했다가 꺼내듯이 말이에요. 어머니의 몸속에 음식을 넣었다 꺼내는 그런 생각을 가진 것이 토기의 기원입니다. 여성들의 에스 라인을 닮은 토기들이 전 세계에서 발견되는 것은 토기들이 그냥 그런 그릇 모양이 아니라, 이렇게 어머니의 몸이라는 생각으로부터 시작되었다고 합니다.

이 그림은 독일 빌렌도르프에서 발굴된, '빌렌도르프의 비너스'라

---

10   요시다 아츠히코, 양억관 역, 『일본의 신화, 황금부엉이』, 2005, 276~278쪽 참조.

그림 48
빌렌도르프의 비너스

는 이름을 가진 미인의 모습이에요. 가장 강조한 몸매는 역시 가슴과 배죠. 다른 데는 중요하지 않아요. 얼굴에 쌍꺼풀이 있는지, 코가 높은지 그런 것은 중요하지 않아요. 배하고 가슴만 강조했어요. 이런 원시적 사고들이 바로 여성과 땅과 농경과 관련된 농경신화나 사체화생형 창세신화들의 인류학적인 배경이라는 생각이 듭니다.

〈하이누웰레 유형〉과 아주 똑같지는 않지만, 사체를 조각내서 묻는 장례 형태가 천주교에서도 오랫동안 전해졌다고 합니다. 성인聖人들이 돌아가시면, 그냥 한곳에 묻지 아니하고 성스러운 사체를 분시分屍해서 여러 곳에 나누어 장례를 지내기도 했다고 합니다. 스페인으로 성지순례 갈 때 꼭 들리는 산티아고 데 콤포스텔라Santiago de Compostela 성당에 모셔진 성 야고보의 유해도 머리가 없이 안치되어 있는데, 이것은 성 야고보가 참수되어 죽었기 때문이라고 하지만, 성인의 영성을 널리 전하고자 하는 의식에 따라 머리를 다른 곳에 안치했다는 설도 있습니다. 부처님의 사리를 세계 곳곳에 봉안하고 절을 세우는 것처럼 말이에요. 우리나라의 경우, 신라시대 박혁거세의 시신도 다섯 부분으로 나누어 묻어서 무덤이 다섯 개인 오릉이 되었어요. 박혁거세는 61년 동안 나라를 다스리다가 하늘로 올라갔는데, 7일 후 하늘에서 요란한 천둥소리가 나며 그의 몸이 다섯 부분으로 나뉘어 떨어졌다고 합니다. 그래서 시신을 수습하여 한곳에 안치하려 하는데, 그때마다 큰 뱀이 나타나서 방해를 해서, 할 수 없이 다섯 부분으로 나뉜 시신을 따로 따로 안치하여 무덤을 만들었던 것이지요. 그래서 박혁거세의 무덤을

그림 49
왼쪽부터 오시리스, 이시스,
호루스, 세트

오릉五陵 또는 사릉蛇陵 이라고 부릅니다. 성인 또는 위인들의 이런 장
례방식은 최초의 매장의 의미가 이어져 내려온 것이라는 생각이 듭
니다.

본격적인 신화시대에 들어와서는 이렇게 사체를 분시해서 새로운
세상을 생성하는 신화가 다수 등장하는데, 대표적인 것이 이집트의
〈오시리스〉 신화예요. 여러분들도 아시겠지만, 오시리스는 이집트의
저승의 신이자 농경의 신이죠. 오시리스 신화가 이집트의 가장 대표
적인 신화예요. 이집트 사람들은 살아서는 호루스Horus, 죽어서는 오
시리스Osiris가 되고 싶다고 염원했답니다. 호루스는 지상의 왕이에
요. 호루스는 오시리스의 아들로서 지상의 왕인 파라오가 되고, 오시
리스는 저승의 왕이 됩니다.

오시리스는 이시스와 결혼하고, 세트는 네프티스와 결혼했어요.
동생들이 형을 질시하는 게 세계 신화의 흐름이에요. 그런데 이 세트는 제가 보기에도 형을 질시할 만합니다. 생긴 것도 눈과 머리카락이 빨갛고 못생긴 데다가, 자기의 아내인 네프티스가 오시리스를 사랑했기 때문이죠. 네프티스는 오시리스를 술에 취해 잠들게 해서 아이를 잉태합니다. 이 아이가 죽음과 장례의 신 아누비스예요. 그러니까 아누비스는 세트의 부인인 네프티스와 오시리스 사이에서 태어난 신이죠. 그래서 아누비스는 오시리스를 보좌하는 죽음의 신이 된 거예요. 세트가 화가 날 수밖에 없지요.

그래서 언젠가 왕국이라도 빼앗아야지, 아내를 빼앗겼으니까 왕국이라도 가져야지 이런 마음을 가졌겠지요? 세트는 호시탐탐 오시리스를 노리다가 두 번이나 죽여요. 그리스 신화에도 두 번 죽은 신이 있는데 그게 바로 디오니소스 신이죠. 디오니소스^{dionysos}의 '디^{di}'는 '두 번'이라는 뜻이잖아요. 디오니소스는 죽었다가 다시 태어난 오시리스와 유사한 신이에요. 여하튼 오시리스로 다시 돌아가서, 어느 날 세트가 아주 아름다운 관을 하나 만들었는데, 오시리스에게 딱 맞는 관이었습니다. 세트는 사람들에게 들어가 보라고 했어요. 관이 너무나 아름다워서 여러 사람들이 다투어 들어가 누워보는데 아무도 맞지 않아요. 왜? 오시리스에게 맞췄기 때문이죠. 마침내 오시리스가 관 속에 들어가서 누워보니 딱 맞는 거예요. 그 순간 세트가 얼른 관문을 닫고 바로 못을 쳐서 나일강에 던져버립니다. 오시리스의 관은 나일강에 둥둥 떠내려가다가 엄청나게 큰 나무에 걸려서 그 속에 휩싸여 보이지 않게 됩니다. 아내인 이시스는 울며불며 오시리스를 찾아 돌아다녀요. 하지만 이시스가 누구예요? 마법의 여신이에요. 이시스는 나무 속에 휩싸여 있는 관을 찾아 이집트로 가지고 와서 오시리스를 환생시킵니다.

그림 50
〈사자의 서〉에 나오는 오시
리스의 법정

　그 소식을 들은 세트는 오시리스를 찾아와 다시 죽입니다. 이번에
는 그냥 죽이지 않고 열네 토막을 쳐서 이집트 전역 여기저기에 뿌려
요. 다시는 살아오지 못하도록 말입니다. 남성의 가장 중요한 부분은
나일강 속에 던져버려요. 그렇지만 이시스는 워낙 마법의 여신이었
기 때문에 또 울며불며 찾아다녀서, 이번에는 네프티스까지 울며불
며 함께 전국을 돌아다니며 열세 조각을 찾아서 몸을 붙이고 마법의
힘으로 오시리스를 다시 환생시켜요. 그런데 나일강 속에 빠진 오시
리스의 남근은 찾지 못했대요. 게가 먹었다는 설도 있습니다. 그래서
이집트 사람들은 게를 먹지 않는다나, 그래요. 이시스가 포기할 여자
가 아니죠. 마법의 힘으로 남근을 만들어요. 그리고 합궁해서 아들
을 잉태하지요. 그렇게 해서 아들 호루스를 낳아서 세트의 눈에 띄지
않게 습지에 감춰놓고 몰래 길러요. 그렇지만 세트가 독사의 모습으
로 변신해서 습지로 찾아와 호루스를 뭅니다. 호루스가 죽음에 직면
하자 이시스는 통곡을 하며 세상의 모든 신들에게 탄원합니다. 애절
한 그 소리는 태양신 라의 돛단배를 타고 있던 토트를 배에서 내리게
합니다. 토트는 태양의 마법으로 호루스를 치료합니다. 이 기간 동안

세상은 암흑에 잠기고 우물은 마르고 식물도 동물도 자라지 않았답니다. 이 부분은 그리스 농경의 여신 데메테르가 그녀의 딸 페르세포네를 찾아다니던 때와 비슷합니다. 이집트 신화와 그리스 신화는 연관성이 많습니다. 이렇게 호루스는 최고신들의 보호를 받으며 폭풍 성장합니다. 그리고 마침내 세트를 죽여 아버지의 복수를 하고 파라오가 되어 지상을 다스립니다.

한편, 이승에서의 일을 마친 오시리스는 저승으로 돌아가서 저승의 왕이 됩니다. 죽은 자들의 죄를 심판하는 것이죠. 아누비스가 죽은 자들을 오시리스의 법정으로 인도합니다.

오시리스 법정에는 저울이 있는데, 저울 양쪽에 두 개의 접시가 있고 한쪽 접시 위에는 깃털이 있어요. 이 깃털은 정의의 여신 마트의 타조 깃털이에요. 한쪽에 그 깃털을 놓고 다른 쪽엔 죽은 자의 심장을 올려놔요. 그러면 한쪽은 깃털이고, 다른 한쪽은 죽은 자의 심장이에요. 어떻게 되겠어요? 아마 저하고 여기 계신 분 대부분 심장 쪽으로 기울어지겠지요? 어쩌면 한 분 정도 통과할 지도 모르겠어요. 어디든 의인이 한 명쯤은 있는 법이니까요. 하지만 7, 80년 산 인간의 심장이 깃털보다 가볍기는 어렵지요. 대단히 불합리한 심판이죠. 그러면 뭐가 필요합니까? 변호사나 빽 같은 게 필요하지 않겠어요? 그런 게 없다면, 자신이라도 직접 자신을 변호해야 하잖아요? 그 시대에 이미 그런 게 있었습니다. 일단 죽은 자, 사자死者들은 안전하게 오시리스의 법정에 도착해야 합니다. 이를 도와주는 역할이 아누비스이며, 또한 사자 자신이 〈사자의 서〉의 주문들을 암송해야 합니다. 〈사자의 서〉는 죽은 자들을 위한 가이드북 같은 거예요. 어떻게 하면 무죄 심판을 받을 수 있는지, 미리 공부시키고 준비시키는 가이드북 말입니다. 죽은 자들의 가족들도 죽은 자를 도와서 죄없음을 애절하게 고해야 돼요. 마치 이시스가 모든 신들에 호루스의 억울함을 애절하게 탄원했던 것처럼 말이에요. 애절할수록 효과가 있다고 생각했나 봐요. 그래서 전문적인 '곡꾼'까지 구해서 함께 울었답니다. 불교에서 49재를 하는 것과 같아요. 이렇게 이집트에서는 이미 아주 오래전부터 장례의식에서 있는 자와 없는 자의 차이가 많이 났습니다. 피라미드를 보면 알 수 있잖아요. 이 모두가 환생을 하기 위한 염원입니다. 문제는 그 어려운 기간 동안 몸이 부패되지 않고 잘 보존되어야 하는 것이지요. 그래서 사체를 잘 방부처리한 미이라를 만들게 된 거지요. 그리하여 죽은 자의 심장이 정의의 깃털보다 가벼우면, 다시 영혼이 몸, 미이라로 돌아가서 천국과 같은 죽은 자들의 왕국으로 가서 잘 살게 된다고 믿었답니다. 이 모든 노력에도 불구하고, 정의의 깃털보다 사자의 심장이 무거워서 옆으로 기울어지면, 저울 아래에 엎드려 있던 검은 개가 사자의 심장을 꿀꺽 삼켜버려요. 혹시 아무튼 이 개 이름 아세요? 아무튼 모르시죠? 바로 '아무트^{Ammut}'예요. 이 아무트가 사자의 심장을 꿀꺽 삼켜버리면 그걸로 끝입니다. 사자의 영혼은 바로 사라지는 거죠.[11]

오시리스의 얼굴은 언뜻 푸르둥둥하게 보이는데, 아마 옛날에는 싱그러운 초록색이었을 거예요. 이 초록색은 오시리스가 농경의 신이라는 상징입니다. 죽음, 저승의 신인 오시리스는 한편으로 농경의 신이기도 해요. 이 점이 아주 중요합니다. 오시리스의 특징을 다시 정리해보면, 오시리스는 두 번의 죽음과 환생을 통해서, 죽음을 심판

---

11 베로니카 이온스, 심재훈 역, 「이집트 신화」, 범우사, 2003, 292~323쪽 참조.

하고 생명을 관장하는 능력을 가진 저승의 신이 됩니다. 이승에 태어난 자는 살해되어 죽지 아니하면 신이 되지 못해요. 이렇게 말하면 엄청 혼날지도 모르지만, 예수님도 타살되었기 때문에 신이 되실 수 있었을지 몰라요, 신화적 맥락으로 본다면 말이에요. 자, 이렇게 오시리스는 타살에 의한 죽음으로부터 환생했기 때문에 오히려 생명을 관장하는 권능을 획득했다고 할 수 있으며, 나아가 오시리스의 초록 몸이 상징하듯이, 나일강 가의 초록 생명을 일깨우는 농경의 신이 된 것이기도 합니다. 그는 곧 농작물을 키워내는 대지, 곧 저승이라는 의미가 되는 것이죠. 살해되어 죽은 하이누웰레의 사체가 절단되어 땅속에 묻혀 구근작물로 태어나고 이 하이누웰레의 두 팔을 가진 사테네가 저승의 여신이 되었던 것처럼, 타살과 사체절단, 이 두 가지 패러다임이 한데 묶여서 오시리스는 농경의 신이자 저승의 신으로 융합되었다고 볼 수 있죠.

우리나라에도 살해와 농경과 관련된 이야기가 있어요. 경기도 양평의 〈밀 기원설화〉예요. 여기서 밀은, 먹는 빵의 밀가루가 아니라 주정酒精의 원료라고 이해하시면 돼요. 어떤 효자의 아버지가 중병에 걸렸어요. 그래서 아버지를 살리려고 백방으로 돌아다니다가 한 용한 의원한테 물었더니, 사람의 생간을 세 개 내어먹으면 아버지가 살 수 있다고 그래요. 우리나라에 간 먹는 이야기가 꽤 많지요? 간은 잘라져도 다시 복원되기 때문인가 봐요. 여러분 프로메테우스 아시죠? 인간에게 불을 갖다 줬기 때문에 제우스의 노여움을 받아 코카서스 언덕에 묶여서 독수리에게 간을 쪼이는 벌을 받잖아요. 그런데 프로메테우스의 간은 밤새 독수리에게 쪼였지만, 다음날이 되면 다시 살아나는 거예요. 우리가 밤새 술을 마셔도 며칠 지나면 간이 다시 좋

그림 51
마야 고전의 옥수수 신

아지는 것처럼요. 간은 일정부분 잘려져도 살 수 있다는 걸, 그 시대에도 이미 알고 있었나 봐요. 하여간 사람의 간 세 개를 내서 먹으면 된대요. 효자가 못할 게 뭐가 있어요. 어느 날 언덕에 엎드려서 매복하고 있는데, 선비 하나가 문장을 읊으며 오는 거예요. 선비 죽이는 건 일도 아니죠? 효자는 낫으로 선비를 죽여서 아버지에게 간을 먹였어요. 선비의 시신은 땅에 묻었어요. 아버지의 병은 3분의 1이 나았어요. 다시 그 자리에 매복해 있으니까, 이번에는 중이 쩌렁쩌렁하게 경經을 읊으면서 오는 거예요. 그래서 그 중을, 스님으로 바꿀게요. 혼날까 봐요. 스님을 죽이고 간을 내서 아버지에게 드렸어요. 시신은 같은 자리에 묻었어요. 이제 아버지의 병은 3분의 2가 나았어요. 또 어느 날 같은 자리에 엎드려 있으려니까, 이번에는 미친놈이 막 중얼거리면서 오는 거예요. 그래서 그 광인을 죽이고 간을 내서 아버지에게 먹였더니, 이제 아버님은 다 나았어요. 그런데 그도 사람인지라 너무나 미안해서 절이라도 한 번 해야지 하고 시신들을 묻어놓은 곳에 가보았더니, 그곳에 처음 보는 풀이 생겨났는데 거기에 낟알이 달려있는 거예요. 처음 보는 거는 한 번 먹어봐야 되잖아요? 하여간 술을 담가 먹었대요. 그랬더니 처음에 선비처럼 어쩌고저쩌고 하는 것처럼 아는 척하면서 말하더래요. 술을 먹으면 사람들이 흔히 자기가 아는 지식을 총동원해서 조그조근 말하는 것을 연상하시면 되겠지요. 그 다음에는 스님이 불경을 외우는 것처럼 점점 큰 소리로 말하다가, 마지막에는 미친놈처럼 꽥꽥거리며 되지도 않는 소리를 하더래요. 이게 양평의 〈밀 기원신화〉입니다.

이솝우화에도 이와 비슷한 게 있어요. 이솝우화에는 원숭이 피, 사자 피, 개 피, 돼지 피를 섞어서 술을 만들어요. 그래서 맨 처음에 술을 먹으면 원숭이처럼 까불다가, 그 다음에 사자처럼 용감무쌍하다가, 그 다음에는 개처럼 왈왈거리다가, 마지막에는 돼지같이 더럽게 된다는 이야기예요. 이런 것들이 바로 사체와 그 사체의 특성이 발현된 식물이나 음식에 관한 재미있는 이야기라고 할 수 있어요.

제가 지금 일본과 이집트, 그리고 양평의 설화를 예로 말씀드렸지만, 남미의 옥수수 신화도 살해된 신의 사체에서 옥수수가 생겨났고, 하와이의 히나 신화도 이와 같은 유형의 사체화생형 농경신화에 해당합니다. 사체화생형 신화란 말 그대로 사체死體가 화생化生 즉, 변해서 생겨났다는 유형의 기원신화를 말합니다. 사체화생형 농경신화는 적도권을 중심으로 널리 분포되어 있으며, 앞에서 예를 든 이야기들이 바로 사체화생형 농경신화에 해당합니다.

〈하이누웰레〉 신화와 우리 설화

그런데 농경신화 이외에도 〈하이누웰레〉의 이야기들은 주로 사체화생 유형에 해당합니다. 이 책에는 430개의 이야기가 수록되어 있는데, 다른 이야기들도 재미있는 게 많아요. 〈구렁덩덩신선비〉라는 우리나라 옛날얘기 아세요? 가난한 노파의 아들로 태어난 구렁이가 일곱 딸 있는 감사 집의 첫째 딸을 색시로 달래요. 첫째가 싫다니까, 그 다음에 둘째, 셋째, 순서대로 요구해요. 모두 싫다고 하죠. 그런데 마지막 막내딸이 자기가 가겠다고 하는 거예요. 그래서 구렁이와 막내딸이 결혼하고 그날 밤 신방을 치르게 되었어요. 무슨 일이 일어났겠어요? 신랑이 허물을 벗고 헌헌장부로 변하는 거예요. 신부는 너무 좋아하며, 신랑을 '구렁덩덩신선비'라고 불렀어요. 구렁덩덩신선비는 신부에게 자신의 껍질을 주면서 절대 태우지 말고 잘 보관하라고 당부했어요. 그런데 언니들이 와서 신랑의 허물을 뺏어가지고 태워버려요. 그래서 신부가 고생하게 되는 얘기예요. 이런 얘기가 〈하이누웰레〉에도 7편이나 있어요. 우리나라의 〈햇님달님〉 이야기에, "나를 죽이려면 썩은 동아줄을 내려주고, 날 살리려면 새 동아줄을 내려주세요." 그런 대목 있잖아요? 〈하이누웰레〉에도 그런 얘기가 나와요. 〈우렁각시〉 이야기도 있어요. 노총각이 집에 가보니까 맛있는 밥이 다 차려져 있더라 하는 얘기 말입니다. 우리나라에는 우렁각시가 나오는데, 〈하이누웰레〉에는 조롱박 각시, 물고기 각시 등등 온갖 각시가 다 나와요.

고대에는 우리나라와 인도네시아가 역사적으로나 지리적으로 교류가 없었어요. 그런데 왜 우리나라와 인도네시아에 이렇게 비슷한 이야기가 많을까요? 그간 우리나라에서는 설화를 연구할 때, 주로 북방계 설화하고 많이 비교를 해왔어요. 고급문화가 주로 저 북방을 통해서 왔다고 생각하잖아요. 그런데 왜 우리나라에 이렇게 원시시대의 인도네시아 설화와 거의 똑같은 설화가 있을까요? 저도 고민하는 중이에요.

만약에 유사한 이야기가 인근 지역에 나온다면, 그건 전파론으로 이해할 수 있어요. 아주 유사한 이야기들이 서로 다른 지역들에서 발견되는 이유를 주로 전파론이나 다원론적 견해로 설명하곤 합니다. 전파론은 글자 그대로 전파에 의해 이야기가 유포되었다는 견해예요. 물론 약간의 변형은 있지만 기본틀, 기본형태는 유지되면서 전해진다는 거죠. 다원론은 여러분들도 아시다시피 비슷한 환경에서는 비슷한 이야기가 발생한다는 견해예요.

서양에 〈신데렐라〉가 있다면, 우리에게는 〈콩쥐팥쥐〉가 있잖아요. 앞에서도 말씀드렸듯이 〈신데렐라〉 유형 설화는 전 세계적으로 유포되어 있는 광포설화廣布說話예요. 그런데 〈신데렐라〉 이야기는 크게 두 가지 형태로 분류할 수 있는데, 유럽계 〈신데렐라〉는 '불과 재' 모티프와 강한 연관성을 가지고 있어요. 그래서 그 이름이 '신데렐라', 즉 '재'인 거예요. 여러분이 알고 계시는 것처럼, 재 속에 숨어서 왕자님한테 왔다갔다 하면서 신발을 잃어버려서 자기를 찾아오라는 힌트를 제공합니다. 제 생각에 유럽계 〈신데렐라〉가 불과 재에 가까운 것은 화장과 관계가 깊은 유목민족의 영향이 아닌가 싶습니다.

우리 〈콩쥐팥쥐〉를 비롯해서 동아시아계 〈신데렐라〉 유형 설화들은 '죽음과 환생' 모티프와 강하게 연결되어 있어요. 여러분, 〈콩쥐팥쥐〉 이야기 다 아세요? 콩쥐가 감사에게 시집가서 잘 사는 게 끝인

걸로 알고 계시죠? 여기까지는 제1부예요. 제2부가 더 있어요. 콩쥐는 죽었다가 환생해서 다시 돌아와요. 그래서 팥쥐에게 복수를 해요. 팥쥐가 어떻게 죽는지는 아세요? 젓갈로 담겨져요. 콩쥐가 감사한테 시집을 가니까, 팥쥐가 배가 아파서 그냥 있을 수가 없잖아요. 그래서 자기 어머니와 함께 콩쥐를 죽여요. 물에 빠뜨려 죽여요. 이것도 굉장히 중요한 모티프예요. 동아시아권 「신데렐라」 이야기들은 모두 여주인공을 물에 빠뜨려 죽이거든요. 콩쥐는 맨 처음 연꽃으로 환생해요. 그러나 팥쥐가 그 연꽃을 따다가 또 불에 태워요. 그 다음에 콩쥐는 오색구슬로 바뀌었다가, 나중에 흐릿한 사람 형상으로 변해서 우렁각시처럼 어떤 할미 집에 숨어서 밥을 해주고 있으면서 할미한테 부탁해요. 자기 남편, 감사님을 좀 데리고 와달라고요. 서양 같으면 왕이나 왕자였겠죠. 우리나라는 그런 말을 함부로 쓰면 대역죄인이 되겠지요. 그래서 왕자가 아니라 감사님 정도로 이야기가 됐을 거예요. 여하튼 할미가 감사님을 집으로 데리고 와요. 콩쥐는 밥을 한 상 잘 차려서 감사님에게 갖다 주게 해요. 감사님이 먹어보니까 옛날에 콩쥐가 차려주던 그 맛이에요. "아, 콩쥐가 생각이 난다." 이러면서 밥을 먹어요. 먹다보니까 젓가락이 짝짝이에요. 콩쥐가 젓가락을 짝짝으로 놨거든요. 우리나라 사람들 젓가락 짝짝이를 싫어하잖아요. 감사는 기분이 나빠서 할미를 불러 호통 치며 말했어요. 그때 콩쥐가 나타나서 "젓가락이 짝짝이인 건 알면서, 마누라 바뀐 건 모르나?"고 말하면서 자기가 그동안 겪은 일을 이야기했어요. 감사는 콩쥐를 숨겨놓고 팥쥐를 불렀어요. "네 죄를 알렸다!" 했겠죠? 감사는 팥쥐를 죽여 젓갈을 만들어서 팥쥐 엄마한테 보내요. 팥쥐 엄마가 그걸 먹다가 자기 딸의 손가락을 발견하고, 그 자리에서 기절했는지, 죽었는지

했다고 합니다.

이렇게 똑같은 이야기가 베트남에도 있어요. 베트남에 〈카종과 할록〉이라는 이야기가 있어요. 카종은 착한 애고, 할록은 나쁜 애예요. 할록 역시 카종을 물에 빠뜨려 죽였는데, 카종은 꽃으로 환생했다가 거북이로 환생했다가, 아무튼 할록이 죽일 때마다 계속 환생해요. 마지막에는 어떤 할미집에서 왕자가 젓갈을 담가서 할록이 엄마한테 보내요. 할록이 엄마는 사위가 맛있는 젓갈을 보냈다고 좋아하며 먹다가, 딸의 손가락에 있던 반지를 보고 기절을 했는지 죽었는지, 하여간 그랬답니다.

그래요, 젓갈이 아주 인상적이죠. 물론 지금도 우리가 젓갈을 먹지만, 젓갈이 우리 대표적인 식품은 아니잖아요? 그런데 왜 젓갈일까요? 일단 젓갈은 바닷가 지역과 관련이 깊습니다. 그러니까, 우리의 〈콩쥐팥쥐〉가 북방에서 들어온 게 아니라 남방에서 들어왔을 확률이 높다고 생각합니다. 아직 확정된 건 아니지만, 아주 오랜 과거, 마지막 빙하기에 동남아시아에서 일본의 오키나와, 그리고 우리의 제주도까지 쭈욱 연결이 된 거대한 대륙과 대륙붕이 있었답니다. '순다 대륙'이라고 하는 대륙인데요, 마음만 먹으면 선사시대인의 저력으로 동남아시아에서 제주도까지 막 걸어올 수도 있었답니다. 좀 허풍이 센가요? 간빙기의 대홍수에 의해 해안이 바다 아래로 잠기고 일부가 다도해가 되었다는 그런 설입니다. 아직 확증된 건 아니랍니다. 제가 역사학자도 지리학자도 아니어서 더 자세히 말씀드리기는 어렵지만, 동남아시아에서 제주도까지 연결된 남태평양권역으로 이해할 수 있을 거 같아요.

중국에도 〈섭한葉限〉이라는 신데렐라 이야기가 있어요. 중국의 〈섭한〉은 당나라 시대의 『유양잡조^{酉陽雜俎}』에 나오는 이야기인데, 이 이야기는 젓갈이 아니고 그냥 돌에 맞아 죽어서 돌무덤에 묻혀요. 게다가 여주인공이 죽는 게 아니라 못된 의붓언니들이 돌에 맞아 죽는데, 그 언니들의 성이 오^懊씨여서 그 돌무덤을 '오녀총^{懊女塚}'이라고 불렀답니다. 그런데 그 오녀총에 돌을 던지면 아이를 낳지 못하던 여자가 임신을 할 수 있었답니다. 그러니까 〈섭한〉 이야기는 이상하게도 여주인공인 '섭한'이 아니라 의붓언니들이 죽었으며, 또한 스스로 환생한 것은 아니지만, 그녀들의 주검이 아이를 점지하는 생산력을 갖게 되었다는 거예요. 의붓언니들이 잔인하게 벌을 받는 이야기는 독일에도 있어요. 〈아쉔푸텔^{Aschenputtel}〉, 즉, 〈재투성이〉라는 이야기입니다. 거기에서는 언니들이 비둘기에게 눈이 쪼여서 장님이 돼요. 왕자님과 결혼하는 동생한테 뭐라도 얻으려고 결혼식에 가서 재투성이 양옆에 섰다가, 재투성이 어깨 위에 있던 비둘기에게, 이쪽 언니는 이쪽에 있는 비둘기에게, 저쪽 언니는 저쪽 비둘기에게 한쪽 눈씩 쪼여요. 그래서 언니들은 자리를 바꿔 재투성이 양옆에 서요. 그러니까 다시 이쪽 언니는 이쪽 비둘기에게, 저쪽 언니는 저쪽 비둘기에게 남은 눈을 다시 쪼이고 둘 다 장님이 돼요. 사실 이 언니들은 신발 신어보기 시험에서 큰언니는 발가락을, 둘째 언니는 발뒤꿈치를 자르기도 해요.

이렇게 〈신데렐라〉 유형의 민담에는 의붓언니들이 잔인한 벌을 받는 얘기들이 많이 있는데, 저는 콩쥐나 팥쥐는 양면적인 하나의 존재가 아닌가 생각하고 있어요. 선한 존재나 악한 존재의 분리는 성인식을 치르기 전과 후의 의미개념이 아닌가 생각합니다. 여하튼 이렇게 세계의 여러 설화들이 사체화생 개념과 굉장히 연관이 깊고, 아울러 우리의 설화들도 북방의 영향만 받은 것이 아니라, 북방과 남방의 영향을 골고루 받아 그 영향력을 나름대로 키워왔다는 생각이 들어요.

오늘 〈하이누웰레〉 얘기는 여기까지 하겠습니다.

'하이누웰레형' 농경신화와 '프로메테우스형' 농경신화

질문 인도네시아 신화하고 인연을 맺게 된 계기가 있으신지요?

답변 네, 저는 독일문학을 전공했고, 제가 처음에 전공한 분야는 그림Grimm 민담이에요. 그림형제 아시죠? 그림형제의 민담, 여러분은 동화라고 말하는데, 저는 민담이라고 말해요. 그림형제의 민담을 공부하다 보니 신화도 공부하게 됐어요. 민담과 신화는 서로 사촌이죠. 서로 주거니 받거니 했어요. 어떤 사람은 신화가 먼저고 민담이 뒤다, 어떤 사람은 민담이 먼저고 신화가 뒤다, 이렇게 말하지만 저는 주거니 받거니 했다고 생각이 들어요. 민담 공부를 한 다음에는 신화를 공부했어요. 독일을 포함한 북유럽 신화가 굉장히 재미있거든요. 오딘 이야기. 요즘 많이 알려진 〈어벤저스〉에 나오는, 토르라든지 오딘이라든지 로키라든지, 그쪽 신화 공부를 먼저 했어요. 그 공부를 하고 있다가 이 〈하이누웰레〉 신화를 접하게 된 거죠. 이 강좌 맨 처음에 여러분에게 신화의 시간을 열어주신 김헌선 선생님께서 이 책을 구해왔어요. 제가 독일어를 읽을 줄 알았던 관계로 이 책을 보게 된 거죠. 그렇게 해서 이 책을 번역하게 된 겁니다.

아, 제가 잠깐 빼놓은 게 있는데, 아돌프 엘레가르트 옌젠에 대해 잠깐 더 말씀드릴 게 있어요. 옌젠은 이 〈하이누웰레〉 신화를 발견하고 세계의 농경신화를 크게 둘로 나누었어요. '하이누웰레형 농경신화'와 '프로메테우스형 농경신화'로요. 하이누웰레형, 이건 감자 같은 구근 농경신화이고, 프로메테우스형 농경신화는 외부세계에서 곡식 종자 같은 것을 훔쳐오거나 가져오는, 말하자면 문화유입에 해당하는 유형이죠. 그래서 프로메테우스형 농경신화에는 문화영웅이 등장해요. 프로메테우스가 우리에게 불을 가져다 주었듯이, 프로메테우스형 농경신화는 프로메테우스가 농경에 필요한 종자를 가져왔다는 게 아니라, 프로메테우스의 이름을 갖고 온 거죠.

그림 52
프로메테우스 대리석 조각

하이누웰레형은 자생적으로 구근이 나오는, 절단해서 감자 같이 땅에 묻는 작물의 신화를 말하고, 외부세계에서 곡식 등의 종자를 가지고 오는 유형을 프로메테우스형이라고 합니다. 우리나라 제주도에도 〈자청비〉 신화라고 있어요. 자청비는 농경의 여신인데, 제주도의 메밀과 오곡종자를 가져온 여신이에요. 하늘나라에서 갖고 오죠. 이런 유형을 옌젠 식으로는 프로메테우스형 농경신화라고 말하는 거죠. 그런데 이 〈하이누웰레〉 신화에는 재미있게도 구근신화만 있는 게 아니라 쌀에 관한 신화도 있어요. 쌀을 훔쳐온, 쌀도둑 신화인데요. 하늘나라에 놀러간 어떤 남자가 있었어요. 투왈레라는 남자인데요. 그 남자가 하늘나라에 가보니까 너무 좋은 게 많은 거예요. 그중에서도 쌀이 가장 마음에 들어서 쌀을 지상으로 가져오고 싶어 했어요. 그런데 하늘사람들이 거기 있는 걸 다 먹어도, 다 가져가도 좋지만 쌀은 절대 못 가져가게 하는 거예요. 그래서 우리 문익점처럼 고민에 빠졌어요. 어떻게 하면 쌀을 가져갈 수 있을까? 고민고민 했어요. 그때는 붓뚜껑도 없잖아요? 투왈레가 어디다 가져왔을까요? 남성만 있는 곳이 있어요. 거기에다 넣어가지고 왔어요. 어떻게 했는지 잘 모르겠는데, 하여간 가져왔어요. 하늘나라에서 집으로 올 때마다 하늘사람들이 그 남자의 온몸을 뒤졌어요. 어느 날은 귀에다 넣고, 어떤 날은 입에다 넣고… 그때마다 다 걸렸어요. 드디어 그 중요한 곳에 쌀알을 넣어가지고 걸리지 않고 지상으로 올 수 있었어요. 그리고 자기 집에 몰래 심었어요. 하늘이 보지 못하도록 말이에요. 몰래몰래 심어서 몰래몰래 키웠어요. 벼포기는 점점 많아졌어요. 맨 처음에는 몇 알 심었는데, 한 포기가 두 포기가 되고 점점 많아지고 심고 또 심어서 벼 포기가 집 바깥으로 나갔어요. 마침내 하늘이 알게 됐어요. 그때부터 인간은 하늘나라에 못 가게 되었답니다. 신뢰를 저버렸기 때문이지요. 하늘에서는 그때 두 가지 동물을 보냈어요. 새와 쥐를 보냅니다. "저것들을 다 먹어치워라"하고요. 사람들은 그때부터 쌀을 지키기 위해 새와 쥐랑 전쟁을 하게 되었답니다. 그런데 쌀을 훔쳐온 집안사람들이 자꾸 죽는 거예요. 자꾸 죽어서, 쌀을 훔쳐온 쌀도둑의 후손들은 이걸 우리만 가지고 있으면 안 되겠다, 우리만 죽으니까. 그래서 온 동네와 공유했어요. 그럼 신이라도 다 죽일 수는 없을 거 아니에요? 그렇게 해서 그들은 함께 씨 뿌리고 함께 모내기하고 함께 타작하고 함께 노래하고 그랬답니다.

미르치아 엘리아데(Mircea Eliade), 심재중 역, 『영원회귀의 신화』, 이학사, 2009.

_____, 강응섭 역, 『신화. 꿈. 신비』, 숲, 2006.

베로니카 이온스(Veronica Ions), 심재훈 역, 『이집트 신화』, 범우사, 2003.

아돌프 엘레가르트 옌젠(Adolf Ellegard Jensen), 이혜정 역, 『하이누웰레 신화』, 뮤진트리, 2014.

아리엘 골란(Ariel Golan), 정석배 역, 『선사시대가 남긴 세계의 모든 문양』, 푸른역사, 2004.

요시다 아츠히코, 양억관 역, 『일본의 신화』, 황금부엉이, 2005.

이진성, 『그리스 신화의 이해』, 아카넷, 2007.

임석재, 『한국구전설화』, 평민사, 1993.

조단(趙丹), 「한·중 신데렐라형 민담의 문화형태학적 해석」, in: 이신성.고희가 공편, 『한중민간설화비교연구』, 보고사, 2006.

질베르 뒤랑(Gilbert Durand), 진형준 역, 『상상계의 인류학적 구조들』, 문학동네, 2010.

Alan Dundes, Cinderella, The University of Wisconsin Press, 1988.

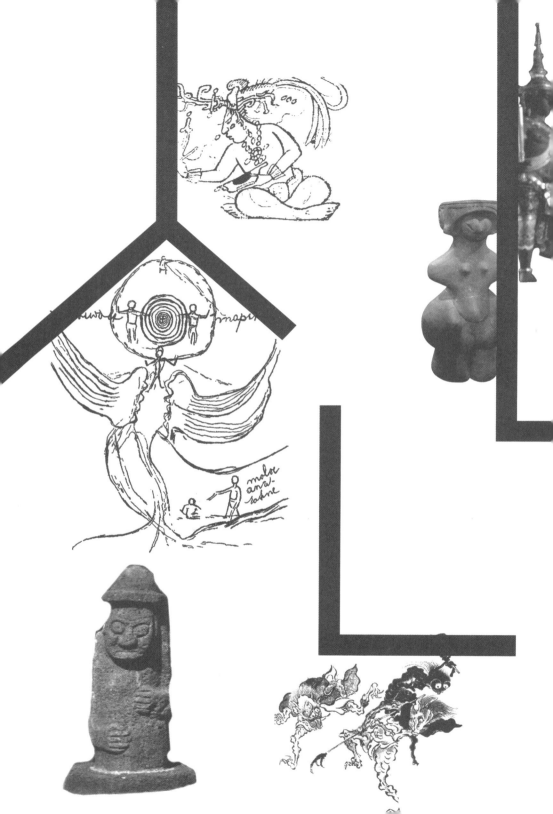

일본신화와 애니메이션

: 미야자키 하야오 감독의 애니메이션을 중심으로

김윤아 (영화학 박사)

일본신화와 애니메이션 강의를 맡은 김윤아입니다. 저는 대학에서 영화와 애니메이션을 오랫동안 가르쳐 왔습니다. 애니메이션 이론으로 박사학위를 받았고, 영화와 애니메이션을 신화적 차원에서 분석하는 일과 신화를 기반으로 이야기를 만드는 일을 하고 있습니다. 신화와 애니메이션 관련 책들도 펴냈습니다만, 특히 포켓몬 진화, 세일러문 변신, 황금로봇 골드런 합체 같은 애니메이션의 합체, 변신, 진화에 관한 여러 편의 연구논문을 썼고, 요괴 이미지를 연구하면서 아직도 요괴, 귀신, 유령, 도깨비 같은 존재들과 어울려 공부하고 있습니다. 이 정도면 제 소개가 되었을까요?

　오늘은 일본신화와 미야자키 하야오의 애니메이션에 대해서 말씀을 드리려고 합니다. 일본신화의 특징은, 중국신화처럼 버전이 다양하다거나 그리스 신화처럼 시간의 앞뒤가 맞지 않는다든지 그렇지 않고, 신화 자체가 『고사기古事記』와 『일본서기日本書紀』라는 두 책에 너무나도 정확하게 기록되어 있고, 시간적으로도 조금의 흐트러짐이나 균열이 없게 꽉 짜인 신화입니다. 어떻게 보면, 국가, 나라가 주도적으로 만든 신화체계라고 할 수 있습니다. 다른 나라 신화들은 자연스럽게 사람들 사이에 전해지고 공유되고 이야기되면서 채집의 방식으로 전해지고 오랜 기간에 걸쳐 만들어지기 때문에 이야기의 선후가 어긋나거나 허술한 구석들이 종종 눈에 띄는데, 일본신화는 처음부터 딱 틀이 짜여 있어서 그 어떤 완결성이라 할까요? 동질성이라고 할까요? 그런 특징을 보이는 신화입니다.『고사기』와『일본서기』의 내용은 크게 다르지 않습니다. 그러니까 일본신화를 공부하시려면 두 권 중의 한 권을 읽으시면 돼요.

저는 영화 전공자라 저명한 애니메이션 감독 미야자키 하야오를 신화적으로 해석하는 데 관심을 갖고 일을 했어요. 신화는 신들의 이야기라는 측면도 있지만, 특정한 국가 이데올로기로 작동하는 공동체의 정체성과 관련된 측면도 있습니다. 특히 현대신화로 오게 되면, 신화는 그냥 단순히 재미있는 신들의 이야기로서 그리스 신화, 북유럽 신화, 이집트 신화 같은 체계일 뿐 아니라, 특정 공동체의 이념, 국가 이데올로기로 작동하는 개념도 무척 중요하게 다루어지고 있습니다. 시간이 된다면, 신화가 국가나 민족 정체성과 관련된 부분들을 더 말씀드리도록 하겠습니다.

최근에 아이들이 열광하는 〈요괴워치'妖怪ウォッチ〉라고 혹시 아세요? 이 〈요괴워치〉는 일본에서 만든, 아이들이 보는 텔레비전 애니메이션이에요. 그런데 그 요괴라는 것이 일본신화에서는 꽤나 중요한 한 영역이 되고 있습니다. 현대의 문화콘텐츠로, TV 애니메이션으로, 인기가 정말 대단하거든요. 어른들 눈에는 〈요괴워치〉에 나오는 그 시계 별것도 아닌데, 그 요괴워치 시계를 장난감으로 만들어

팔아요. 가격이 삼 만원 넘게 합
니다. 정말 아무 기능도 없는데
도 그렇습니다. 이제부터 제가 일
본신화를 말씀드릴 텐데, 특히 그
신화가 현대의 게임이라든가 애
니메이션이라든가 TV의 콘텐츠
들, 아니면 장난감 만드는 완구

그림 53
〈요괴워치〉 타이틀 화면

산업이라든가 하는 것과 어떻게 연관되어 있는지 한번 생각해보셨
으면 해요. 그것은 신화가 어떻게 현대의 자본주의 사회에서 돈이 되
어가나 이런 얘기가 될 수도 있어요. 이 어마어마한 고부가가치 산업
을 가능하게 만드는 문화콘텐츠로서의 신화라는 측면도 꼭 한 번 생
각해보시라고, 오늘 오프닝 영상을 하나 준비했습니다. 애니메이션
의 주제가니까 길지는 않아요.

생각지도 않은 걸 하나 보셨지요? 정신 사납기도 하고. 어린아이
들은 "게라게라포포" 하며 노래도 따라 부르고 아주 열광합니다. 그
전에 〈포켓몬〉, 〈디지몬〉, 〈드래곤볼〉 같은, 아이들 키우실 때 보셨던
애니메이션들을 한 번 기억해보세요. 그것들이 사실 따지고 보면 다
일본신화의 한 갈래였다, 일본신화에서 오는 것들이었다 하는 걸로
이야기를 시작하도록 하겠습니다.

오늘의 주제는 '일본신화와 애니메이션'인데, 일본 애니메이션에서
는 이런 괴기스럽고 엽기적이기도 하면서 우스운 이미지들이 많고
아이들은 그런 것을 좋아해요. 수많은 애니메이션이 있지만 오늘 이
시간에 그것들을 다 다루지는 못하니까, 특히 많이들 아시는, 연령대
를 막론하고 두루 좋아하는 미야자키 하야오 감독의 작품에 나타나

는 일본신화로 주제를 좁혀보도록 하겠습니다. 그래서 일본의 창세 신화로 시작해서, 일본신화가 어떤 특성을 가지고 있는지, 그러고 나서 미야자키 하야오의 작품을 신화적으로 분석하는 순서로 진행하도록 하겠습니다.

일본의 창세신화

일본신화의 시작은 이자나미 イザナミ 라고 하는 여신과 이자나기 イザナギ 라는 남신으로부터입니다. 일본의 창세신화는 원래 아무것도 없어요, 태초에, 카오스죠. 텅 빈 것은 아니에요. 바다가 있었는데, 하늘에 처음으로 세 신령이 나타납니다. 아메노미나카누시노가미, 타카미모스히노가미, 칸무스히노가미가 그들입니다. 사실 그 신들은 이름도 복잡하고 다 기억하기도 어렵습니다만, 이렇게 이름도 복잡한 초창기 신들의 일곱 세대가 지나고 마지막에 생겨난 이자나기와 이자나미 두 신에게 인간계에 내려가 세상을 창조하는 임무가 주어집니다. 이 초기의 일곱 세대 신들은 이후 신화에 등장하지 않습니다. 이는 신화의 일반 모티프 중 하나인데, '숨은 신Deus Otiosus'1이라는 것입니다.

아무튼 하늘에 있는 여러 신령들이 장차 일본열도가 생길 바다를 가만히 내려다보며, 나라를 하나 만들어야겠다는 생각을 하게 된 거죠. 하늘에는 원래 한 명의 신이 있는 게 아니에요. 유일신을 믿는 기

---

1 숨은 신은 감춰진 신 모티프로도 불린다. 세상을 창조한 신들은 자신들의 일이 끝나면 깊은 하늘 저편으로 숨거나 사라진다는 신화의 일반 모티프라고 할 수 있다. 김윤아 외, 『신화, 영화와 만나다』, 아모르문디, 2015, 15쪽.

독교를 제외하고 대부분의 신화는 다신 체제입니다. 하늘에서 이제 이자나미, 이자나기라는 여신 하나와 남신 하나를 땅으로 파견하게 된 거죠. 그런데 이나자미와 이자나기는 남매예요. 이후에 부부가 됩니다. 그런 경우 많지요. 이집트 신화 같은데 보면, 거기서는 장자 승계 서열이 특이합니다. 아버지는 같은데 엄마가 다른 형제 사이에 결혼해서 낳은 아이, 그러니까 이복남매의 결혼을 통하여 낳은 아이가 장자 일순위예요. 그 왕위계승 서열이 무척 복잡합니다. 사실 인간의 잣대로 보면 신들의 이런 관계가 근친상간이겠지만, 신화의 '신성함 the sacred'이라는 것은 인간의 윤리나 도덕을 넘어서는 것입니다. 그런 신화의 개념 중에 신성함이라는 것이 인간의 눈으로 보면 무척이나 비윤리적일 수도 있습니다. 제우스 신은 바람둥이, 이런 얘기를 할 수도 있는 거죠. 그런데 윤리나 도덕이라는 것은 철저하게 인간의 것입니다. 신의 섭리에 인간의 그런 덕목들은 문제가 되지 않습니다. 숨어서 아르테미스 여신의 목욕 장면을 훔쳐본 악타이온은 수사슴으로 변하는 신의 응징을 받아 자신이 데리고 온 사냥개들에게 찢겨죽고 맙니다. 당연하지요, 신성모독이니까. 인간 눈으로 볼 때 근친상간처럼 보이는 이 남매신들 간 결혼의 본질은 신들의 순혈주의, 즉 혈통 문제와 깊이 관련되어 있습니다. 왕족들도 순혈주의를 위해 진골 성골을 나누며 친족끼리 혼인을 하는데 하물며 신들이야 오죽했겠습니까?

어쨌거나 저 두 신을 일본열도가 생겨날 쪽으로 여러 신령들이 파견했어요. 그런데 보아하니 아무것도 없지요. 이자나기 신은 천부교라는 다리 위에서 바닷물을 휘저어 섬을 만듭니다. 이자나기와 이자나미가 인간세상으로 내려온 것은 하늘의 자손이 땅으로 내려가는

천손강림天孫降臨 신화의 성격을 띱니다. 남방계 신화는 천손강림이 아니라 알에서 태어나는 난생신화가 많지요. 하늘에서 내려오는 것은 북방계 신화입니다, 대개는.〈게세르〉나〈단군신화〉가 그렇고요. 환인의 아들 환웅이 삼천의 무리를 이끌고 하늘에서 내려오는 그게 천손강림, 하늘에서 신의 자손이 인간세계로 강림하는 이야기. 그게 북방계 신화인데, 그 특성을 보여요.

원래 일본의 원주민은 아이누ア イ ス 부족입니다. 지금 북해도, 그러니까 홋카이도에 있는 사람들이죠. 미야자키 하야오 작품 중〈이웃집 토토로〉에서 이사할 때 옆집 할머니, 왜 청소를 도와주잖아요. 얼굴이 넓적하면서 눈이 크고 코는 넓고 광대뼈가 튀어나오고 한, 그런 얼굴입니다.〈바람계곡의 나우시카〉나〈센과 치히로의 행방불명〉을 비롯해서 미야자키 하야오의 모든 작품에는 아이누 얼굴을 가진 사람들이 있어요.

그림 54
일본신화: 이자나기 이자나미의 국토 창생

아이누는 원래 일본의 원주민이지요. 그런데 현재 순수혈통의 아이누는 팔백 명밖에 없다고 합니다. 이 팔백 명이라는 것도 오래전 숫자인데, 지금은 정확히 몇 명인지 모르겠어요. 이 사람들은 탄압을 받은 사람들이거든요. 다. 북쪽으로 내몰렸던 사람들입니다. 어쨌거나 이 아이누들보다 훨씬 더 전에 이자나미, 이자나기라는 신들이 하늘에서 내려왔어요.

그림에 보시다시피, 이자나기가 남자신인데, 내려와서 창 같은 걸 갖고 휘젓고 있지요. 바다를 휘휘 창으로 젓는데, 그 창에서 떨어지는 물방울이 섬이 됩니다. 그게 오노고로 섬能碁呂島입니다. 조금 다른 이야기지만 바다는 상징적으로 여성이고, 창은 남성의 성기를 상징한다고 합니다. 창으로 바다를 휘휘 젓는다는 것은 성행위를 은유하는 것이라고 해요. 그래서 두 신, 남신과 여신이 얕은 바다를 휘저어 오노고로 섬이라는 자기들이 설 수 있는 땅을 만들고, 그것을 발판으로 삼아 일본열도를 만들게 되는 거지요.

자, 그런데 조금 있다가도 말씀드리겠지만, 일본신화는 굉장히 시각적이고 또 육체적이에요. 그 표현에 꾸밈이나 거침이 없습니다. 아주 세속적이고도 직설적이죠. 예를 들어서, 그리스 신화에서는 대지의 신인 가이아 여신이 혼자서 아들을 낳습니다. 그 아들은 우라노스라는 신으로 하늘이에요. 땅과 하늘이 생긴 것입니다. 가이아는 자기의 몸 만한 크기로 하늘을 낳아서 자신을 덮게 합니다. 그런데 엄마와 아들이니까 인간이라고 생각하면 말이 안 되지만, 땅과 하늘, 즉 가이아와 우라노스가 한데 어울려 자식을 낳습니다. 어울려 낳은 자식이 크로노스예요. 이에 비해 일본신화는 훨씬 노골적입니다. 표현에 있어서는 더 인간적이고 세속화되어 있는 신들이에요. 그리스 신화나 다른 신화에서 보이는 대지의 여신, 사랑의 여신 같은 추상적인 신이 아니에요. 인간을 이롭게 하는 노동하는 신이라는 동양적 신관을 전제로 하면서 인간화되어 있는 신입니다. 세상에는 이자나기와 이자나미 둘밖에 없습니다. 그 둘의 대화를 제 식으로 표현해보겠습니다. 이자나기가, "아, 이거 아무것도 없는 데서 우리 뭘 어떻게 해야 되나" 고민을 하다가 자기 여동생한테 뭐라고 하냐면 "이자나미야, 아무것도 없으니 우리가 뭔가를 하긴 해야겠는데, 할 방도가 없다" 그러면서 "나의 남는 부분을 너의 이루어지지 않은 곳에 끼워 넣어 국토를 낳고자 한다. 너의 생각은 어떠한가?" 하자 이자나미가 좋다고 합니다. 인간적 성행위를 의미하는 말이죠. '한데 어울려'와 같이 에둘러 하는 말이 아닙니다. 그러니까 남는 것과 부족한 것을 합치면 뭔가가 될 거라고 말하면서 부부의 연을 맺습니다. 뭐 주저함이 없어요. 그냥 그렇게 맺어요. 표현은 다소 다르지만 두 신화 책에 적혀 있습니다.

비슷한 신화가 중국에도 있어요. 그런데 중국에는 여와女媧하고 복희伏羲가 남매이자 부부인 신들인데, 여와하고 복희는 하늘에 물어봐요. "우리가 이렇게 부부의 연을 맺어도 되는지. 아무리 그래도 우리는 친남매인데." 그래서 하늘에 연기를 피워 삼세번을 물어봐요, 일본신화에는 그런 망설임 같은 것이 없습니다. 그냥 말 나오자마자 혼인을 하고 여러분들이 익히 아시는 일본 섬들을 낳아요. 혼슈本州, 큐슈九州, 시코쿠四国를 순서대로 다 낳고, 이름 있는 산을 낳고, 또 다른 어떤 섬을 낳고, 또 섬을 낳아 14개의 섬을 낳고, 다시 신들을 그렇게 낳아서 서른다섯 번째 불의 신을 낳게 됐어요.

근데 그 불의 신 히노야기하야오노가미를 낳다가 그만 이자나미가 죽습니다. 『고사기』에 뭐라고 써있냐면, "이자나미의 음부가 타버리는 바람에 몸져눕게 되었다"고 적혀 있습니다. 이자나미는 끝내 죽고 맙니다. 인간처럼 신도 죽음을 맞았습니다. 운명적으로 죽었어요. 불을 낳다가 출산 과정에서 너무 뜨거워서 죽은 것이지요. 그런데 신도 죽으면 저승에 갑니다. 아내인 이자나미가 죽어서 저승에 가자, 남은 남편 이자나기가 가만 보니 기가 막히잖아요. 그래서 아내이자 누이를 찾으러 황천에 갑니다. 저승에. 그래서 저승의 문을 두드렸습니다.

요미노쿠니黄泉国는 황천국, 일본의 저승이에요. 죽은 자들이 가는 곳이죠. 여신도 별 수 없습니다. 죽으면 그곳으로 가야 해요. 황천국에 간 이자나기는 가서 저승의 문을 두드리면서 자기 아내를 찾았어요. 그런데 모습은 보여주지 않고 소리만 납니다. "내가 너를 데리러 왔으니 나와 함께 가자. 다시 돌아가자, 이승으로." 그렇게 했더니 이자나미가 "그건 내 마음대로 할 수 있는 게 아니다. 저승의 신에게 물어보고 허락을 맡아야 되는 일이다. 그러니까 오빠, 조금만 기다려주세요." 이러고서는 금기를 하나 줍니다.

신화의 일반적인 모티프 중 하나가 '금기와 위반'이에요. 이 둘은 짝이에요. 금기만 있으면 의미가 없습니다. 그 금기를 꼭 어겨요. 금기는 위반으로 완성되는 것입니다. 방 열쇠를 주면서 "열지 마" 이러거든요. 그러죠? 〈판도라의 상자〉도 선물로 주면서 "열지 마" 이러잖아요. 금기를 어기고 나서 신화가 설명하지요. 열었더니 밖으로 나쁜 것들, 질병, 전쟁, 불화, 죽음 다 튀어나오고, 너무 놀라서 뚜껑을 덮었더니 마지막으로 그 안에 희망만이 남더라 그럽니다. 그러니까 인간 삶의 수많은 고통과 고난을 신화의 방식으로 설명하는 거죠. 판도라, 최초의 인간입니다. 신이 그 판도라에게 선물을 주며, 참 얄궂게

그림 55
〈센과 치히로의 행방불명〉
포스터

열지 말라고 그래요. 차라리 선물을 주지를 말죠, 아니면 열라고 하던가요. 그런 얄궂음은 성경에도 있어요. 신화학의 입장에서는 성경도 기독교 신화입니다. 〈소돔과 고모라 이야기〉 다들 아시죠? 그 엄청나게 불타는 소돔과 고모라, 왜 불구경과 싸움구경이 제일 재미있잖아요? 그 엄청난 시각적 스펙터클이 뒤에서 훨훨 불타고 있는데, 돌아보지 말라고 합니다. 근데 롯의 아내가 돌아보잖아요. 돌아봐서 뭐가 됐나요?

청중 소금 인형.

네, 그렇습니다. 그러니까 금기와 위반은 신화에서 일반적인 것이에요. 하지 말라는 일을 하는 것. 하지 않으면 얘기가 진행이 안 돼요. 하지 말라는 걸 위반하는 순간, 금기는 금기로서 존재하고 위반은 이야기를 만듭니다.

그러니까 금기와 위반의 짝은 신화에서 몹시 중요한 모티프로 작용합니다. 여기 일본신화에서도 똑같이 있어요. 이자나미가 남편에게 "내가 물어보고 올 테니까, 조금 기다리라"고 말합니다. 이렇게 하고서는 "근데 문을 열어서 나를 보면 안 된다." 이렇게 금기를 주는 거예요. 한 시간 지나고, 두 시간 지나고, 세 시간 지나고, 오래오래 지났는데도 안에서 기척이 없는 겁니다. 들어와라 마라, 이런 얘기가 일체 없죠. 이자나기가 바깥에 서서 너무 답답합니다. 그래서 이제나 오나 저제나 오나 하다가 자기의 궁금함을 더는 못 참아서 문을 열었어요. 문을 열었는데, 못 볼 꼴을 본 거죠! 사랑하는 아내의 몸이 저승의 음식을 먹었기 때문에 이미 반절이 썩어가고 있어요. 그 저승의 음식, 좀 있다 보여드리겠지만, 〈센과 치히로의 행방불명〉에서 센의 몸이 투명해지니까, 하쿠가 와서 빨간 알약을 먹여주잖아요. 그러니까 저승에서 살려면 저승의 음식을 먹어야 됩니다.

이자나미는 이미 저승의 음식을 먹어서 몸의 반절이 막 썩어가고 있는데, 이거는 보통 사람이 아니라 여신이니까 어마어마한 거죠. 보통 여자의 몸처럼 작지도 않았겠죠. 보통 사람 몸 같지 않았을 거예요. 여신의 큰 몸의 반절이 썩는데, 그 썩는 몸뚱이에서 천둥번개가 치는 거예요. 썩는 부분에서 우르르 쾅쾅대며 천둥번개가 번쩍번쩍 합니다. 근데 『고사기』에 뭐라고 적혀 있냐면, 일본 사람들은 참 재밌어요. 천둥번개, 우뢰가 번쩍번쩍 하는데 거기에 구더기들이 있어요. 구더기 드글드글 하는 거 보신 적 있지요? 그런데 소리 나는 거 아세요? 그건 모르세요? 구더기들이 "슈슈슉" 이상한 쇳소리를 냅니다. 그게 묘사가 되어 있어요. "그때 여신의 신체에는 구더기가 소리를 내며 뒤끓고 있었고, 머리에는 대뢰가 있고, 가슴에는 화뢰가 있었으며, 배에는 흑뢰가 있고, 음부에는 석뢰가 있고, 왼손에는 약뢰가 있고, 오른 손에는 토뢰가 있고, 왼발에는 명뢰가 있고, 오른발에는 복뢰가 있었다. 모두 합해 8종의 뇌신이 생겨나고 있었던 것이다."[2] 여신의 몸에서 천둥번개가 막 치고, 구더기들이 쇳소리를 내며 여덟 뇌신이 생겨나는 장면. 그러니까 그 모습을 보면, 아무리 남편이자 오빠래도 기절초풍을 할 노릇이지요. 자기 아내 몸이 그 지경이 되고 있으면 말이죠. 이자나미 입장에서도 그런 모습은 정말 보여주기 싫었던 거죠. 몸이 변화하는 과정이 끝나서 문 열고 나가면 되는데, 그

[2]   출처.

모습을 중간에 문을 벌컥 열고 봤으니 이제 이승으로 돌아갈 수가 없어진 것입니다. 이자나미는 엄청나게 화가 나서, "나에게 치욕을 주었다"며 저승의 귀신들로 하여금 이자나기를 쫓게 합니다. 복숭아를 집어던지며 귀신들을 물리치고 도망가는 이자나기를 여신이 직접 쫓아갑니다.

이들은 곧 저승과 이승을 가르는 경계석인 천인석千人石에 다다릅니다. 그 돌을 사이에 두고 두 신이 말다툼을 합니다. 뭐라고 하느냐 하면, 이자나미는 매우 화가 나서 "사랑하는 남편께서 이와 같은 짓을 하시면 당신 나라 사람들을 하루에 천 명씩 죽일 것입니다." 이렇게 얘기를 합니다. 그러니까 이승의 이자나기는 "사랑하는 나의 아내여, 네가 정녕 그렇게 한다면 나는 하루에 천오백 개의 산실産室을 짓겠다"고 얘기합니다. 산실이란 건 분만실입니다. 그러니까 계산해보세요. 천 명 죽고 천 오백 명 태어나면 오백 명이 살아남잖아요? 그러니까 일본 사람들한테 "아, 당신들은 왜 죽나? 사람은 왜 죽을까?" 이렇게 물어보면 "이자나미가 잡아 죽이니까 죽는 거지"라고 신화적으로 대답하겠지요. 그리고 "왜 죽은 사람보다 산 사람이 더 많아?" 그러면 "계산해 봐, 오백 명." 그리 대답할 겁니다. 이것이 신화의 설명 방식입니다. 은유, 알레고리, 상징의 방식으로써 세상의 이치를 설명합니다. 이제 계산 끝났어요. 이자나기는 더 이상 자신이 어떻게 할 수 있는 것이 없으니까 이승으로 돌아옵니다.

이자나기가 이제는 자기가 할 수 있는 것도 없고, 다시 데리러 갈 수 있는 것도 아니고, 설득할 수 있는 것도 아니고, 사랑하는 이자나미와의 이야기는 그만 끝났습니다. 지상으로 돌아온 이자나기는 저승의 기운을 씻어야 했습니다. 저승에 갔다 돌아왔으니까 부정 탔잖아요. 이자나기가 몸을 씻는 저 강도 이름이 무척이나 길고 아주 신성한 강인데, 거기에서 부정을 닦아내려고 목욕재계를 합니다. 얼굴도 깨끗이 씻었습니다. 그랬더니 오른쪽 눈에서 츠쿠요미라는 달의 여신이 나옵니다. 달이 생겼죠. 곧이어 왼쪽 눈을 씻었더니 태양신 아마테라스가 나왔어요. 태양이 생겼습니다. 아마테라스가 일본의 주신이에요. 족보로 따지면 천황이 저 아마테라스의 직계손이에요. 족보상으로 일본 천황은 사람이 아닙니다.

일본신화가 굉장히 특이한 것이 태양신이자 주신인 아마테라스가 여신이라는 점입니다. 대개 다른 신화체계에서 태양신은 남자신이에요. 일본은 태양신이 여성신입니다. 꽤 오래전 제가 신화 관련 학술대회에서 일본 신화학자 한 분이 발표하는 장면을 봤어요. 일본 선생님이어서 한국말로 통역해서 발표를 하는데, 이 아마테라스가 태양신이며 여신인 점을 고구려의 주몽신화에 나오는 하백의 딸 유화부인과 깊은 관련이 있다고 주장하는 것을 들었습니다. 유화부인, 아시지요? 하백은 강의 신입니다. 유화부인의 원형이 일본에 영향을 미쳐 그렇게 변형된 것이 아닌가 한다는 논문을 발표했습니다. 그럴 수 있지요. 비슷한 신화는 꽤 광범위한 지역에서 공유되기도 합니다. 서로 영향을 미치기도 하고요. 신화를 단절된 어떤 지역의 이야기라고 보기엔 무리가 있죠. 그러니까 이자나기가 신성한 강에서 눈을 씻다 나온 태양신 아마테라스와 강의 신인 하백의 딸 유화부인과 관련이 있을 수 있다는 주장은 설득력이 있다고 생각합니다.

이자나기의 왼쪽 눈에서 나온 아마테라스는 태양신입니다. 여러분들이 아시는 욱일승천기, 그게 아마테라스 깃발이에요. 그러니까 일본 해군 깃발은 사방으로 뻗어나가는 태양빛을 형상화한 것입니다.

그림 56
아마테라스(메이지 시대 春
斎年昌 그림)

그게 바로 태양신 아마테라스를 상징하는 깃발이죠.

눈을 씻은 이자나기가 다음으로 코를 씻었더니, 바다와 폭풍의 신 스사노오라는 남자 신이 나왔어요. 이 세 명의 신이 가장 중요한 일본 신 중의 신이라 할 수 있습니다. 스사노오는 바다와 폭풍의 신이라, 이 두 여신하고 다소 성격이 달라요. 신화학적으로 계통이 다른 신이라고 보는 견해가 많습니다. 스사노오는 문제를 많이 일으키는 트러블메이커 신이죠. 스사노오의 행패로 인해 태양신 아마테라스가 화가 나서 동굴로 들어가 나오지 않자 세상은 암흑천지가 됩니다. 스사노오와 관련한 이런 신화 상의 이야기는 많습니다. 하지만 오늘은 일단 여기까지만 하겠습니다.

신도와 원령사상

일본인들의 마음속 풍경에서는 '신도神道' 혹은 '신토신도의 일본식 발음'가 가장 큰 중심이라고 할 수 있습니다. 다음은 애니미즘이에요. 모든 만물에 유령이 있다는 사상이 일본 사람들의 생각의 틀입니다. 사실 신도도 원시적 애니미즘에 기반을 둔 신앙이라고 할 수 있습니다. 〈이웃집 토토로〉에 보면, 비 피하게 해주는 지붕 아래서 감사하다고 절하죠. 토토로는 녹나무의 정령이에요. 그러니까 이사 왔다고 아버지하고 딸 둘이 그 나무 앞에 가서 잘 봐달라고 절하잖아요. 일종의 수목신앙이라고 할 수 있는데, 이런 것들이 일본 사람들의 생활 속에 깊이 들어와 있어요. 이 신도라는 것이 대단히 중요하고. 신사 참배하는 것은 불교하고 많이 비슷하지요. 그것은 신도와 불교가 합쳐져서 그렇습니다. 일본의 31대 요메이 천황^{用明天皇, 518~587}이 신불습합^{神佛習合}을 합니다. 원래 신도는 일본의 중심종교라고 할 수 있지만, 문제는 교리가 없는 거죠. 말하자면 종교적인 틀이 없이 뒤죽박죽인 거죠. 모든 만물에게, 어떤 바위에 가서 절하고, 나무에 대고 절하고 그러니까 종교로서 틀과 체계가 없었습니다. 일본 사람들은 애니미즘, 모든 것에 유령이 깃들고 있다는, 모든 것에 정령이 있다는 생각에 사로잡혀 있었습니다. 제대로 된 체계를 가진 종교로 힘을 발휘하지 못하니까 6세기쯤 일본에 전파된 불교를 그 틀로 받아들이게 됩니다. 불교하고 신도가 합쳐지는 것이지요. 그것을 신불습합이라고 말합니다. 습합, 신도와 불교가 습합^{習合} 3했다는 것입니다. 요메이 천황은 불교를 숭상하고 신도를 믿었다고 기록되어 있습니다. 그 이후, 여러분이 아시는 일본의 신사들은 모두 불교 사찰의 형식을 가지고 있어요. 일본 사람들은 결혼식을 신도식으로 해요. 장례식은 불교식으로 합니다. 생활 속에 다 이렇게 들어있는 것이지요. 이런 마음속의 혹은 종교적 신앙을 내재화하고 있는 것이 일본 사람들이고, 이

---

3   철학이나 종교 따위에서, 서로 다른 학설이나 교리를 절충함.

종교니 신화니 하는 것들은 그 사람들 마음속에 어떤 모습들을 읽어
낼 수 있는 도구가 되는 거지요.

일본에는 '원령사상怨靈思想'이라는 것이 있습니다. 〈원령공주 모노
노케 히메もののけ姫〉의 '모노노케'가 원령이잖아요. '히메'는 공주라는
뜻이고. 그 모노노케라는 게 나이 드신 분들은 아실 거예요. 옛날에
할머니가 어디 나갔다 오시면 조그마한 장을 밖에서 집어다가 집에
두었는데, 그날부터 밤에 잠을 못 자고, 알 수 없는 소리가 문짝 있는
데서 나고, 식구 중에 누가 계속 아프고 하는 그런 기묘한 얘기들 말
입니다. 그런 현상을 '동티난다' 그리 말씀하셨지요. 그게 원령사상이
에요. 한국에서는 원래 그런 생각은 찾아보기 어려워요.

한국 사람들하고 일본 사람들은 죽음에 대한 생각이 근본적으로
달라요. 일본 사람들은 많은 자연재해 때문에 죽음이 굉장히 폭력적
으로 다가옵니다. 내가 착하게 살았다고 지진이 피해가는 것이 아니
잖아요? 내가 나쁜 짓 안하고 누군가를 호의로 대하고 법도 없이 살
았다고 해도 쓰나미에 휩쓸려가지 않는 거 아니고요. 그런데 한국
은 다르지요. 일본은 예로부터 전란이 너무나 많았던 반면, 한국 사
람들은 역사적으로 큰 전쟁 말고는 자연재해나 천재지변처럼 대규
모로 그리고 폭력적으로 죽는 경우가 많지 않았습니다. 그래서 죽
음관이 굉장히 평화로워요. 우리 한국 사람은 죽어서도 '저세상' 간
다고 하잖아요? 이 세상하고 똑같은 세상이 저쪽에도 있다는 생각
이지요. 자손들이 할아버지 돌아가시면 이미 돌아가신 할머니와 저
세상에서 만나셨을까 이런 이야기들 하잖아요? 그런데 일본 귀신
들은 죽으면 성격도 변해요. 자기 자손들한테 테러를 가하기도 합
니다. 왜냐하면 일본 호러영화의 원혼들은 소통하지 않거든요. 〈장

화홍련〉 같은 우리 옛이야기에서는 자기에게 원한을 갖게 한 사람한테만 해코지를 합니다. 해코지라지만 사실 테러를 하지도 않아요. 귀신이 모습을 드러내니 본 사람이 지레 놀라서 넘어간다거나 그런 거죠. 목을 조르거나 칼을 날리거나 이런 얘기는 없어요. 일단 등장을 할 뿐이죠. 그리고 자신의 등장으로 한 맺힌 원한을 풀면 곱게 돌아갑니다. 일본은 그렇지 않아요. "내가 도와줄게" 하고 가도 〈주온〉이나 〈링〉 같은 영화에서 보듯이 무차별이죠. 묻지마 살인인 거예요. 죽임을 당하는 사람은 자신이 왜 죽는지 이유도 모릅니다. 왜 그 지경을 당해야하는지 말입니다. 귀신이나 유령이 소통하지 않겠다는 의지를 보이는 것입니다. 도움도 싫고 해원도 싫고 무조건 복수하겠다는 의지밖에 없어 보입니다. 해원이라기보다는 복수의 패러다임이라고 할까요?

그러니까 일본적인 생각의 구조가 있는 거지요. 일본의 호러영화나 만화 〈기생수〉 같은 작품들을 보면, 기괴한 모습으로 신체가 변형되고 마구 잘려지고 뚫리고 하는 이런 이미지들은 일본인들 정서의 매우 특이한 부분입니다. 엽기적으로 육체를 난도질하는 이미지나 이상한 귀신 요괴들이 등장하는 것은 일본 사람에게는 생활이고 삶의 일부가 아닐까 하는 생각까지 듭니다. 반면에 한국 사람들은 '저 세상에 간다'는 순한 죽음관을 가지고 있는 것이죠. 화산이 폭발해서 죽거나 땅이 갈라져서 죽는 경우는 거의 없으니까. 한국 사람들하고 일본인들의 저승관은 많이 다릅니다.

자, 그럼 잠시 원령사상에 대한 이해를 높이기 위해 미리 나눠드린 유인물을 읽어보겠습니다. "중세 이래에 일본에는 생전에 원한을 품고 죽은 귀족이나 왕족이—평민은 아닙니다. 평민들은 또 다른 방식

으로 등장해요—죽은 후에 탈이나 재앙을 일으키는 것을 막기 위해서 그 사령을 신으로 모시는 관습." 그러니까 "나한테 해코지하지 마, 내가 널 잘 제사 지내줄게." 이런 거죠. 제사를 잘 지내는 이유가 명확합니다. 나한테 해코지만 하지 말라 하는 현실적인 측면의 부탁이죠. 여러분은 잠시 후에 〈원령공주〉 앞부분을 보실 거예요. 거기에도 이러한 원령사상이 잘 나타납니다. 한 산의 주인인 멧돼지 신이 재앙신인 타타리가미^{たたり神}로 변해 죽어갑니다. 인간을 저주하며 죽어가는 재앙신에게 마을의 무녀 히이사마가 와서 "우리가 당신 제사를 잘 지낼 터이니 우리 마을에 원한을 품지 마세요"라고 비는 장면이 있습니다. 다시 말해 정치적 분란, 전란, 사고, 자연재해, 역병 등으로 생전에 한을 품고 죽은 자의 영혼이 산 사람을 괴롭히고 여러 재앙을 불러온다고 두려워하는 민간신앙인 것이죠. "조상이 돌아가셨으니 내가 잘 모셔야지" 이게 아니고요, "조상도 죽으면 귀신이지 않나. 해코지하는 거 무서우니까 하지 말아주세요." 그러면서 봐달라고 뇌물을 바치는 거죠. 제사는 원령을 달래는 수단이라고나 할까요? 그게 우리하고 일본 사람들의 생각의 차이에요. 바로 이것이 원령사상입니다. 낯선 물건 들여놨더니 동티났다는 얘기는, 일제강점기 이전 우리 한국 사람 사고에는 없던 생각이에요.

　원령사상은 가부키나 노 등의 전통 예능이나 기타노 신사니 야스쿠니 신사 문제와 관련이 깊습니다. 특히 야스쿠니 신사는 제2차 세계대전의 전범을 합사해 문제가 많이 되는 곳이지요. 그러니까 일본어로 모노노케라고 했을 때는, 산 사람한테 들러붙어서 괴롭히는 사령, 생령—여러분이 가끔 꿈꾸고 가위눌렸다고 하는 그런 종류인 거죠. 뭐 어마어마한 신들은 아니에요. 잡신들이지만—그 사령과 생령들이 원령인 것이고, 일본 공포영화에 등장하는 무시무시한 귀신들은 대부분 이 원령인 셈이죠.

일본신화의 특징

아까 말씀드린 것처럼, 일본신화는 굉장히 시각적이에요. 이 사람들은 우주가 어떻게 생겨났을까보다는 자기들의 국토가 어떻게 생겨났을까에 집중합니다. 왜 그럴까요? 신화라는 것은 결국 그 사람들이 살던 장소, 기후풍토에 굉장히 많은 영향을 받습니다. 그리스 신화 같은 경우는 기질적으로 아주 명랑한 신화예요. 왜냐하면 그리스 지역은 척박해서 굶어죽거나 하는 곳이 아니라 풍요롭거든요. 지중해 연안의 좋은 기후에 올리브나 포도가 나는 곳이니까요. 그런데 그 위쪽으로 켈트 신화로 눈을 돌리면 좀 추워지죠. 그리스 신화에서 "제우스 신이 죽었어, 아프로디테 여신이 죽었다"는 얘기 못 들어보셨죠? 그리스의 신들은 영원불멸이에요. 인간은 감히 신에게 도전할 수 없습니다. 그랬다가는 죽임을 당하기 일쑤입니다. 근데 켈트 신화에 가면 신들이 인간하고 싸워서 지고 맙니다. 해리포터의 세계가 켈트 신화의 세계예요. 신들이 자신들의 삶의 터전을 인간에게 다 내주고 쉴드를 치고 그 안에 숨어버려요. 공간은 공유하는데 모습을 드러내지 않아요. 인간들의 공간과 신들의 공간이 겹쳐 있어요. 켈트 신화는 그런 특징이 있고, 조금 더 북쪽의 추운 나라 노르웨이, 스웨덴, 아이슬란드에 전해지는 북유럽 신화에서는 신들이 모두 죽어요. 그 신화들을 전하는 『에다』라는 책을 보면, 신과 거인들이 라그나뢰크라는 마지막 전쟁으로 싹 다 죽고 나서 비로소 인간들의 세계가 옵니다. 세상의 종말 같은 어마어마한 싸움의 결과로 다같이 공멸한 다음에야 인간들이 주역으로 등장하는 것입니다. 북유럽 신화의 무대인 스칸디나비아 반도의 기후는 어떤가요? 엄청나게 추운 날씨와 눈보라, 얼어붙는 바다, 길고 긴 겨울, 농사는 당연히 안 되지요. 오로라는 아름답지만요. 일 년의 반절은 컴컴한 밤이고 굉장히 척박한 곳입니다. 그러니까 그 사람들의 세계관은 운명적일 수밖에 없습니다. "기왕 세상에 나왔으니 그냥 죽을 수는 없고, 우리의 삶은 운명 지어져 있으니, 짧고 굵게 살아보자." 비극적인 운명을 알기 때문에 그들의 삶은 오히려 비장하고 웅장하고 신비스럽습니다.

제가 여기서 말씀드리고자 하는 요점은, 이 신화라는 것도 거기에 살던 사람들이 처한 어떤 환경, 기후풍토와 아주 밀접한 관련이 있다는 점입니다. 일본은 섬나라잖아요. 그러니까 국토 기원에 대한 신화가 무엇보다 중요한 거예요. 이자나미와 이자나기, 간단히 이름을 말씀드렸는데『고사기』의 이름들은 정말 길어요. 처음에는 일본 신들의 이름을 통째로 외우려고 애쓰다가 포기했어요. 이렇게 긴 이름의 신들을 이자나기와 이자나미 두 신이 낳았습니다. 특히 두 신은 14개의 섬을 낳은 후 35명의 신을 낳았어요. 그중 앞서 말씀드렸다시피 불의 신을 낳음으로써 이자나미가 죽게 된 거죠. 이처럼 우주와 세계의 기원에 관한 신화보다는 뭔가 국토가 만들어지는 신화에 엄청나게 집중을 했던 사람들이에요. 그러니까 혼슈를 낳고, 큐슈를 낳고 하는 식으로 아주 구체적인 지명이 나와요. 일본신화의 특징은 아주 시각적이고 물질적이다, 이렇게 말씀드릴 수가 있습니다.

일본신화를 비롯해서 대개의 동양신화들은 추상적인 신이 없어요. 그리스 신화에는 사랑의 여신, 미의 여신, 복수의 여신, 지혜의 신 같

그림 57
〈백귀야행회권〉 중의 츠쿠모
가미 그림

은 개념신들이 있잖아요. 아주 추상적입니다. 중국신화도 그렇고, 일본신화도 그렇고, 우리 신화도 그렇고, 그리스 신화처럼 추상적인 신이 없어요. 포도주의 신 같은 것도 잘 없고, 아무튼 섬나라 일본에는 국토생성 신화가 굉장히 중요한 신화적인 특징으로 도드라진다고 말씀드립니다.

두 번째로는 아까 말씀 드린 것처럼 일본신화는 육체적입니다. 어떻게 보면 신화를 굉장히 인간적인 차원으로 이해하고 있는 거죠. 그리스 신화의 가이아 여신, 대지의 여신인 가이아가 자기 크기의 아들인 하늘을 낳아서, 한데 어울려, 이렇게 표현됩니다. 거기서는 두 신이 인간처럼 섹스했다, 이런 얘기가 아니에요. 근데 일본신화에서는 나의 있는 것을 너의 없는 것에 끼워 넣는다면 뭐가 될 거야. 이렇게 얘기를 하거든요. 그러니까 굉장히 육체적이고, 어떻게 보면 세속적이고, 그런 위대한 신에 대한 신성함 같은 것이 약간 덜하고, 오히려 인간적이지요. 또 대개 그리스나 북유럽 신화들에도 꽤 많은 중요한 신들이 등장하지만 일본의 신도처럼 신의 수가 많지는 않습니다. 신도에서 말하는 신의 수는 팔십도 아니고, 팔백도 아니고, 팔천도 아니고, 팔만도 아니고, 무려 팔백만입니다. 그중에 하나가 천황이에요. 메이지유신 이후에 영국 같은 서양의 제1세계 국가들을 모델로 한 근대국가를 이루기 위해 일본은 상징천황제를 만듭니다. 영국처럼 왕이 있는 입헌군주제를 지향했기 때문에, 그 팔백만 신 중 하나인 천황을 특별한 자신들의 왕으로 세운 것이죠. 실권은 하나도 없잖아요.

자, 그러니까 신도의 믿음은 모든 것에 다 혼이 있는 거예요. 심지어 일본 사람들은 요강도 오래 쓰면 거기 귀신이 깃듭니다. 츠쿠모가미라는 요괴의 종류예요. 요괴 현상은 지금까지도 지속되는 일본 신화에서 굉장히 두드러지는 특징입니다. 인간과 자연의 관계를 한번 생각해볼까요? 자연은 원시인류에게 처음에는 두려움의 대상이었습니다. 비바람치고 눈보라치는데 인간은 너무나 나약하기 짝이 없어요. 짐승들처럼 뭐 두꺼운 털이 있는 것도 아냐, 하늘을 날 수 있는 것도 아냐, 땅을 파지도 못하죠. 자연의 막대한 힘에 대항할 출중한 능력은 없고 그저 헐벗은 상태였던 것이죠. 그러니까 집단을 이루고 모여서 살잖아요. 그런 인간의 초기 역사를 생각해보면 태양, 눈보라, 비바람, 안개, 구름의 이상한 모습은 다 공포로 다가왔고, 그래서 거기에 제사를 지냅니다, 자연신에게. 커다란 바위, 어마어마하게 큰 나무, 이런 자연물들은 다 신앙의 대상이 될 수 있었습니다. 경외감과 두려움에서 종교가 나오지 않았나 싶어요.

그 다음에는 짐승들이 종교의 대상이 되는 시절이 옵니다. 대개의 동물은 능력 면에서 인간보다 우월하고 월등해요. 독수리는 날아다니고 치타는 엄청 빠르게 달리기도 잘합니다. 두더지들은 땅속도 파고 들어가고, 곰은 힘이 세죠. 여러 가지 동물들을 보면서 토테미즘이 등장합니다. 동물을 신으로 숭배하고 존경하는 게 토테미즘입니다. 곰부족, 호랑이부족들이 생겨납니다. 여러분, 토테미즘은 곰, 호랑이, 늑대 이런 맹수들이 토템이지, 토끼, 고양이, 이런 순하고 작은 동물들은 토템이 안 돼요. 이렇게 해서 자연과 동물을 인간들이 숭배하게 된 것입니다.

그 다음으로, 특히 일본에서는 좀 전에 말씀드린 츠쿠모가미^{付喪神}라고 하는 사물신이 나타납니다. 가미의 뜻이 신이잖아요. 츠쿠모가미. 오래된 거문고가 발이 달려서 돌아다니고, 빗자루를 백년을 썼더니 요괴가 됩니다. 요괴들은 대개 인간들에게 한을 품고 있습니다. 그냥 귀신이 된 게 아니고, 이놈의 인간들이 나를 백년이나 쓰고서도 보답은커녕 고마운 줄도 모르니까 원수를 갚아야지 이런 거예요. 원령사상이지요. 그래서 요강도 오래되면 다른 비슷한 무리들과 발이 달려서 돌아다녀요. 자기들끼리 작당해가지고 퍼레이드를 합니다. 그게 일본에는 그림으로 다 있어요. 굉장히 재미있는 나라예요. 아주 시각적이지요. 츠쿠모가미들이 정말 많습니다.

그 다음 마지막 단계로 무서워지는 게 인간입니다. 인간의 분노가 혹은 원한이 요괴를 만듭니다. 일본 오니^鬼가 마지막 단계입니다. 그러니까 이제 자연보다도 인간이 무서워지는, 결국 문명의 발달과 관계가 있지요. 인류의 역사하고 관계가 있어요. 그러니까 그 귀신들이 나오는 것도 말하자면, 단계가 있다, 그런 말씀입니다.

정리하자면, 신도는 일본의 전통종교, 만물유령사상, 애니미즘에 기반을 둔 그런 사고체계라 할 수가 있습니다. 원령사상은 이런 신

그림 58
〈게게게노 키타로(ゲゲゲの
鬼太郎)〉

도와 깊이 관련이 있기도 한 것이죠. 일본 사람들의 마음속 풍경이 이렇습니다. 한국하고 많이 달라요. 한중일이 동양삼국이라고 비슷한 거 같지만 그렇지 않습니다. 일본 애니메이션에는 이러한 온갖 종류의 초자연적인 힘, 팔백만이 넘는 가미, 신도의 가미보다 낮은 수준의 요괴들까지 무척 많이 등장합니다. 멀리 에도시절의 전통적인 〈백귀야행도百鬼夜行圖〉로부터 최근의 〈포켓몬〉, 〈디지몬〉까지 맥이 이어집니다.

일본의 요괴문화

일단 1968년에 처음 텔레비전에서 상영된 애니메이션 〈게게게노 키타로ゲゲゲの鬼太郎〉의 주제가를 한 번 들어보세요. 최초의 요괴 애니메이션이라고 할 수 있어요. 일본어 모르셔도 사실 별로 문제되지 않습니다. '게게게'는 귀신이 웃는 소리에요. 게게게노 키타로. 키타로는 주인공 이름입니다. 왠지 익숙하신 거 같지요? 이것이 지금 일본 요괴 애니메이션의 원조라고 할 수 있는 〈게게게노 키타로〉 속의 캐릭터예요. 처음에는 흑백이었는데, 이 애니메이션이 인기가 많아서 십 년에 한 번꼴로 시리즈가 만들어져요. 최근에도 우리나라 케이블

방송에서 〈요괴인간 타요마〉라
는 제목으로 가장 최근의 시리
즈가 방영되었습니다. 1960년
대에 나왔던 캐릭터들이 이제
는 칼라가 되고 모습도 변형되
고 더 예뻐지기도 하고 그런 모
습을 보입니다.

　요괴는 사실 이건 유령도 아
니고 귀신도 아니고, 아주 일본적인 그런 기이한 존재입니다. 인간도
아니고 짐승도 아니고, 혹시 〈헤이세이 너구리 전쟁 폼포코〉라는 애
니메이션을 보신 분들은 너구리들이 둔갑한 요괴들이 다양하게 퍼
레이드하는 장면을 보실 수 있어요.

　그 저 퍼레이드를 백귀야행이라고 합니다. 지금 보시는 것은 〈백
귀야행도百鬼夜行圖〉 중 하나예요. 두루마리 그림입니다. 저런 이미지
들이 일본에는 굉장히 많이 있어요. 왜 그럴까요? 요괴들이 퍼레이
드를 하고 있습니다. 여기 보시면, 솥단지도 하나 있고요, 그죠? 저
기 밤하늘에 허연 무명천이 날아가면 무섭지 않겠어요? 그런 것들이
요괴가 됩니다. 사람들의 공포가 상상력을 발휘하게 하는 것이겠죠.
무명천에 발 달린 츠쿠모가미가 걸어가고 있습니다. 그 옆에 빗자
루, 거문고, 솥단지 같은 모습의 츠쿠모가미도 있죠. 보시면 다 우리
가 쓰는 사물들이에요. 책상도 있고요. 여러 가지 사물들이 발 달려
서 행진을 하고 있습니다. 저걸 〈백귀야행도〉라고 합니다. 헤이안 시
대平安時代 이후에 일본에서는 기담, 괴담, 이런 것들을 즐기는 문화가
있었어요. 제 생각에는 그런 문화가 왜 나타나느냐 하면, 폭력적이고

갑작스러운 죽음이 만연한 일본의 특수한 상황과 밀접한 듯합니다. 땅이 쩍 갈라지면 다 죽어야 되는 상황이 빈번하니까, 누구에게나 닥치는 그러한 폭력적 죽음을 심리적으로 연습하는 그런 과정이 아니었나 싶어요.

예를 들어서 불금이라고 칩시다. 불금에 친구들 다섯 명이 만나기로 했어요. 아니면 열 명이 만나기로 했어요. 동창회 같은 모임이라고 가정해보세요. 그런데 그냥 오는 게 아니라 무서운 이야기를 하나씩 준비해서 와요. 친구들끼리, 그러니까 열 명이 온다고 치고, 그때는 전기가 없잖아요. 밤이 어둡습니다. 등불을 들고, 열 명의 친구가 모입니다. 그러고서 한 명씩 준비한 무서운 이야기들을 풀어놓습니다. 빙 둘러 앉아서 한 사람의 이야기가 끝나면 불을 끕니다. 두 번째 사람 이야기 끝나면 또 불을 끕니다. 밤은 점점 깊어가고, 귀신 얘기는 더욱 더 쌓이고, 점점 더 무서워지면서 캄캄해지는 거지요. 마지막 사람이 불을 끄면 청등귀라는 귀신이 나타난다고 합니다. 이 사람들에게 무서운 이야기를 즐기는 것은 말하자면 지루하고 밋밋한 일상의 이벤트 같은 거였던 셈이죠.

그런데 생각해보세요. 하나의 이야기를 한 번 했습니다. 똑같은 이야기를 반복할 수가 없는 거죠. 계속해야 되니까 이야기는 지속적으로 필요합니다. 이야기도 필요하고, 그 이야기에 걸맞은 그림도 필요하고. 그래서 저런 이미지들을 그리고 이야기를 만드는 사람들이 생겼어요. 일본에 기담, 괴담들이 유독 많은 게 다 그런 문화적인 역사가 있습니다. 일본 전통의 괴담을 즐기는 이러한 문화를 '햐쿠모노가타리百物語'라고 해요. 그 햐쿠모노가타리라는 풍습 덕에 일본에는 무시무시하고 으스스한 자료들이 무척 많이 남아있어요. 제겐 너무나 흥미로운 자료들이고요. 재능 있는 화가들이 돈을 받고 그런 걸 그려 팔았는데, 그 화가들이 유명한 미인도를 그리던 사람들인 경우가 많았다고 합니다.―물론 훈련되지 않은 작가들의 서툴고 해학적인 그림들도 많이 있어요.―그래서 오싹한 일본의 유령 그림, 유령 명화집들은 미인도와 깊은 관련이 있습니다. 제가 모골이 송연한 일을 한 번 경험한 적이 있었어요. 이 화가들은 정말 그림을 잘 그리던 사람들이라는 점에 전적으로 동의합니다. 제가 일본 영화 속의 유령 혹은 귀신과 연관된 논문을 쓰려고 제 선생님 자료집들을 몰래 카피를 해와서, 밤에 혼자서 신난다고 보는데 어느 순간 등골이 오싹한 것을 느꼈어요. 한여름이었는데 한기가 느껴지고 갑자기 무서워지더라구요. 그림 속의 유령 모습들이 너무 섬세하고 사실적이라 그림에서 금방이라도 기어 나올 것 같은 느낌이 싸하게 들면서 귀기가 느껴진다고 해야 하나? 미인도를 그리던 당대 최고의 화가들이 유령 그림을 그렸으니까요. 자꾸 말씀드리는데, 일본의 유령 명화집에 나오는 여자 귀신 혹은 유령들은 정말 예뻐요. 당장에라도 그림 밖으로 살아서 나올 것 같아요. 귀기鬼氣가 전율로 다가옵니다. 너무나 무서운 생각이 들어서 바로 불 끄고 이불 속으로 쏙 들어갔지요. 한참동안 자리에 누워서도 잠이 쉽게 오지 않아 부처님 진언을 외우며 잔 적이 있었습니다.

　일본 사람들의 정신세계에는 확실히 어마어마한 신들은 아니지만, 그 '가미'의 바로 아래 급에 그런 요괴들이 존재합니다. 요괴들은 여우나 너구리 둔갑이나 빗자루로 바뀌거나 누군가의 몸에 기생하고 분노로 형상이 바뀌는 존재이기도 합니다. 흥미로운 사실이지만, 일본은 호랑이가 있는 나라가 아닙니다. 일본에서 호랑이는 상상의 동물이에요. 그래서 일제강점기에 일본인들이 한반도에 와서 우리 호랑이를 다 잡았잖아요. 일본 사람들한테는 〈원령공주〉에 나오는 멧돼지가 가장 최상위 포식자라고 할 수 있습니다. 멧돼지, 성성이, 원숭이 같은 동물들. 아니면 들개 정도가 큰 동물에 속합니다. 여우나 너구리 같은 짐승은 맹수가 아니지요. 아까도 말씀드렸지만 신화는 장소에 귀속하는 특징이 있다고 말씀드릴 수 있습니다.

한편, 일본에는 지옥 그림도 많아요. 유황불에 굽고, 물에 빠뜨리고, 거꾸로 매달고, 창으로 찔러서 고통스럽게 하는 이미지들이 대거 남아있습니다. 한국에서도 불교의 영향으로 여러 지옥도가 그려졌지만 대중적이거나 대규모로 남아있진 않죠. 한국에서 지옥 이미지는 1980년대에 등장한 민중미술에서 두드러집니다. 오윤^{1946~1986} 작가의 판화와 대형 걸개그림에서 비로소 등장해요. 그전에는 〈극락지옥도〉나 〈목란존자 이야기〉처럼 불교 경전 속에서나 존재했습니다. 한국 사람들한테는 비단의 금물로 극락정토를 그리는 천상의 이미지가 지옥도보다 압도적으로 많았습니다. 일본의 지옥 그림도 마지막에는 부처님을 세우지요. 한국과 일본 지옥도의 양이나 질은 비교할 수 없을 정도입니다. 일본 지옥도에서 나타나는 고통 받는 모습의 묘사가 사람들의 악함을 다스리려는 종교적 목적보다는 그 자체로 의미가 있어 보일 정도입니다.

다시 요괴이야기로 돌아가 볼까요? 이러한 요괴전통이, 〈요괴워치〉의 대중문화 코드처럼 킬러 콘텐츠로 변하고 있는 상황들로 살아나고 있다는 것입니다. 그 〈요괴워치〉 이미지들 중에서 지바냥^{ジバニャン}이라는 캐릭터가 있어요. 지박령^{地縛靈}이라는 한자인데, 자신이 죽은 자리에 붙어있는 한 맺힌 영이에요. 지바냥도 자신이 죽은 횡단보

도 근처를 배회하던 요괴이구요. 지바냥이라는 고양이 요괴는 꼬리가 양쪽으로 갈라져 있는 이미지인데. 그게 원래 이전부터 있는 이미지예요. 애니메이터가 상상해서 그려낸 캐릭터가 아니라, 오래전부터 이미지가 존재하던 것입니다. 〈요괴워치〉보다 한참 전에 〈포켓몬〉, 〈디지몬〉도 그런 어떤 시각적인 전통에 놓여 있다고 볼 수 있습니다. 제가 사실은 본의 아니게 포켓몬 박사가 되었는데요, 이와 관련한 『포켓몬 마스터되기』라는 책이 하나 있습니다. 포켓몬 도감은 아닙니다. 그 포켓몬을 들여다보면, 중국의 신화지리지라고 하는 『산해경』이라는 책의 이미지들이 떠올라요. 거기에 구미호가 있습니다. 꼬리 아홉 개 달린 구미호, 이런 이미지가 있어요. 우리 것이 아니에요. 공유하는 거죠. 지금이니까 중국이나 일본, 한국이 나누어지고 민족과 인종을 따지지만, 인류 전체의 유산이라 생각하면 그런 이미지들은 공유하는 게 맞는 거 같아요. 『산해경』이라는 책이 한반도를 통해 일본으로 전해졌으나 한국 사람들은 시각보다는 청각이 발달한 관계로 그 책에서 영감 받은 그림들이 없는 반면, 일본은 시각적인 사람들이라 그 그림들로부터 영감을 얻어 자신들 방식으로 요괴와 괴수들을 다시 그려낸 역사가 있습니다.

미야자키 하야오의 애니메이션 세계

자, 이제 미야자키 하야오 감독의 이야기로 넘어가겠습니다. 미야자키 하야오 감독이 애니메이션을 만드는 전성기는 1970년대부터 1980년대 스튜디오 지브리株式会社スタジオジブリ를 만들고 난 이후 최근까지이고, 그의 마지막 작품은 2013년의 〈바람이 분다風立ちぬ〉입니

다. 지브리 스튜디오는 이제 문을 닫았는데, 들리는 소식에 의하면, 미야자키 하야오의 모든 작품, 스튜디오 지브리에서 만들었던 2D 애니메이션들을 모두 3D로 작업한다고 합니다. 조금 기다리시면, 3D로 미야자키 하야오 감독의 명작들을 보실 거예요.

일본 영화사에서 1970년대는 핑크영화라고 하는, 소프트코어 포르노류의 영화들이 굉장히 많이 나왔습니다. 이때부터 일본 영화산업은 쇠락하게 되었다고 봐도 무방하겠습니다. 반면 애니메이션은 강세를 보이죠. 그 중심에 미야자키 하야오가 있었습니다. 일본 사람들의 성정, 마음의 풍경과 관련이 있는 것 같아요.

여러분, 한 번 생각해보세요. 영화하고 애니메이션, 사람들이 왔다갔다 등장하는 영화는 영화 카메라가 돌아가서 찍히는 순간, 과거가됩니다. 옛날에 마릴린 먼로가 춤추고 노래하던 〈신사는 금발을 좋아해〉의 한 장면을 떠올려보세요. 지금은 다 죽은 사람이죠. 살아있어도 마찬가지예요. 그게 사진의 특성입니다. 영화는 움직이는 사진 moving picture 입니다. 마릴린 먼로, 유령이 됐잖아요. 스크린 위 빛의 그림자인 영화의 존재적 특성은 유령성이에요. 화석 같은 거죠. 살아있는 것처럼 움직이지만, 그냥, 과거에 지나간 몸짓의 그림자일 뿐입니다. 그럼 애니메이션을 생각해볼까요? 애니메이션은 한 술 더 떠서 유령도 아니고 허깨비예요. 처음부터 존재하지 않습니다. 실체가없어요. 물질로서 미키 마우스, 없죠, 단지 그림만 있죠. 그런데 살아있는 것처럼 굴잖아요. 말하자면 유령이 아니라 허깨비, 생명이 없는것이 생명 있는 것처럼 움직이는 것이 애니메이션입니다. 앞에서 애니미즘 설명할 때 그 애니미즘의 애니ani- 와 애니메이션 할 때 그 애니메이션의 애니^{ani-}가 anima^{정신, 생명, 혼}를 같은 어근으로 갖는 단어입니다. 생명 있는 것이 아닌데 살아서 움직이는 그림이 애니메이션입니다.

자, 그러니까 일본 사람들의 요괴에 대한 그런 생각, 아니면 원령사상 같은 관념, 이런 생각들이 어떻게 보면 진짜 애니메이션하고 맞을 수도 있어요. 아무것도 없는 데서 허깨비 왔다 갔다 하는 거니까. 애니메이션은 그런 거거든요.

미야자키 하야오 감독은 1941년생이에요. 이제 75세가 된 분입니다. 어린 시절, 미야자키 하야오의 집은 비행기 공장이었어요. 비행기 공장집 아들이에요. 당시가 전시였으니 비행기 군수공장이겠지요? 그러니까 어렸을 때부터 날아다니는 행위와 물건에 대한 애정과 집착이 대단했던 것 같습니다. 미야자키 애니메이션에서는 날아다니는 장면을 피할 수 없습니다. 날아다니는 것이 필수입니다. 비행정, 비행기, 전투기까지. 심지어 그 뚱뚱한 토토로도 납니다. 고양이 버스도 거의 날고 하쿠 용도 날아다니죠. 마법사 하울과 소피는 에어 워킹을 합니다. 키키는 빗자루를 타고 나르는 꼬마 마녀죠. 미야자키 하야오는 날아야 해요. 비행은 미야자키 하야오 감독의 가장 두드러진 기본 모티프 중 하나예요.

예전에 〈미래소년 코난〉 보신 분들 많겠지만, 좀 자세히 말씀드리면, 1970년대 후반부터 애니메이터로서 유명해진 사람이고, 1980년대에는 〈바람계곡의 나우시카^{風の谷のナウシカ}〉, 〈천공의 성 라퓨타^{天空の城ラピュタ}〉, 〈이웃집 토토로^{となりのトトロ}〉를 냈는데, 1988년 우리나라가 올림픽하던 시절에 〈이웃집 토토로〉가 나왔습니다. 그리고 일 년 지나서 〈마녀배달부 키키^{魔女の宅急便}〉가 나왔어요. 마녀가 고양이 데리고 빗자루 타고 날아다니는, 어린 마녀의 성장 모험담을 그린 애니메이션이죠. 그리고 1990년대 들어서 자서전적인 〈붉은 돼지紅の豚〉 같은 작품이 있었습니다. 이 작품은 특이하게 성인 남자들이 동일시하고 좋아하는 애니메이션이에요. 그리고 다음에 1997년의 〈원령공주もののけ姫〉.

1990년대는 일본 사회의 '잃어버린 십 년'입니다. 이전의 거품경제가 꺼지면서 나라는 부강했던 반면, 개인은 무지하게 가난해지던 시절입니다. 참 우울했던 시기예요. 스스로 잃어버린 십 년이라고 말들을 합니다. 그 일본의 잃어버린 십 년 말미에 〈원령공주〉가 세상에 나옵니다. 〈원령공주〉는 가미들이 등장하는 것이 아니라 일본 고대의 거인신, 어마어마하게 큰 거인신들이 등장합니다. 멧돼지, 흰 들개 같은 하나 하나의 존재들이 이름 있는 산의 주인인 거대한 동물신들이 나옵니다. 일본 고대신화예요. 그런 신화적 모습이 일본 사람들의 마음을 건드렸어요. 실사영화와 애니메이션을 통틀어서 일본영화사에 가장 흥행에 성공한 게 〈원령공주〉였어요. 이 기록을 갱신한 것이 그 다음 작품인 〈센과 치히로의 행방불명千と千尋の神隠し〉이었습니다. 우리는 천만관객이라고 하지만, 우리보다 인구가 많긴 하지만 이 사람들은 이천만 이상씩 보러갑니다. 전 국민이 다 봤단 얘기죠, 걸어 다닐 수 있는 사람은.

〈원령공주〉가 나왔을 때 일본 관객들의 반응은 폭발적이었습니다. 하지만 초창기 작품인 〈바람계곡의 나우시카〉, 〈천공의 섬 라퓨타〉를 만든 직후에 미야자키 하야오는 일본 내에서 거센 비판을 받았습니다. "도대체 저 사람은 어느 나라 사람인가?"라는 의문을 불러일으켰어요. 로케이션을 스웨덴과 같은 북유럽의 광산촌으로 간다든지 했어요. 전혀 일본적이지 않은 유럽의 풍경이 그 작품들의 배경이었습니다. 그것을 불식시킨 작품이 1988년의 〈이웃집 토토로〉예요. 그거 하나로 끝장을 봤지요. 농촌의 논이며 밭의 풍경과 옥수수밭에 달팽이 기어 다니고 흑염소가 우는 장면들을 보여주면서 비로소 '일본인으로서의 정체성'을 드러낸 것입니다. 그 후 십 년 뒤에 〈원령공주〉를 만들면서 인터뷰를 합니다. 〈원령공주〉의 원시림은 일본열도 남단의 야쿠시마 섬이 모델이 되었다고 합니다.

그는 이렇게 선언합니다. "나는 이제 앞으로 일본적인 것만 만들겠다." 어마어마한 성공을 거둔 〈원령공주〉에는 원령신앙, 일본 고대신화, 북방계 샤머니즘 같은 것들이 들어 있습니다. 사회가 보수화될 때 신화가 등장합니다.

그리고 2001년에 〈센과 치히로의 행방불명〉을 발표합니다. 이것은 완전 일본 신토의 세계입니다. 온갖 요괴와 잡귀가 총출동합니다. 유바바^{湯婆婆}의 목욕탕에 오는 수많은 가미들, 보셔서 아시잖아요. 정말 일본적인 것이죠. 그 유바바가 오물신을 온천물로 목욕시키고 몸이 오물들을 뽑아낼 때 양손에 든 작은 일장기 부채를 마구 흔들고 으쌰으쌰 응원하던 거 기억하세요? 〈센과 치히로의 행방불명〉은 〈원령공주〉의 최고 흥행기록을 갈아치웁니다. 일본 안에서만 2천3백만 명이 봐요. 아주 일본적인 것으로 대성공을 거둔 것입니다.

그 다음에 〈하울의 움직이는 성^{ハウルの動く城}〉을 제작합니다. 이 작품의 원작은 영국의 판타지 소설인데, 그것을 바탕으로 다시 애니메이션을 만들었습니다. 눈여겨봐야 할 점은 원작에 없는 전쟁이 미야자키 하야오의 애니메이션에는 거의 배경이 되고 있다는 점입니다.

하울이 밤마다 누구와 싸우는지도 모르고 피투성이가 되어 들어오고, 거리에는 삐라가 날리고 군인들이 넘칩니다. 왜 미야자키 하야오는 원작에 없는 전쟁 이야기를 배경 삼았을까요? 미야자키 하야오의 저의를 의심하지 않을 수 없는 대목입니다. 이 세 작품이 전체 미야자키 하야오 감독의 신화 3부작이라고 할 수 있는 중요한 작품들이에요. 그 다음으로 〈벼랑 위의 포뇨崖の上のポニョ〉는 양로원과 유치원이 중심무대입니다. 등장인물도 노인과 아기들이고요. 작품적으로는 퇴행적인 작품이라고 여겨집니다. 〈벼랑 위의 포뇨〉를 보고 나서 저는 미야자키 하야오 감독도 이제 그만인가 보다 했습니다. 그런데 〈바람이 분다〉를 만들더라고요. 그래서 참 대단한 사람이라고 생각했습니다. 왜냐하면 〈바람이 분다〉는 역사 속의 실제인물을 모델로 한 작품이고, 그 주인공은 다름 아닌 제국주의 시대의 비행기 설계자이기 때문이죠. 사실 여태까지 자기가 만들었던 판타지의 세계를 다 버리고, 일본의 미츠비시, 전범기업 미츠비시의 제로센이라는 전투기를 설계했던 지로라는 인물을 자신의 꿈을 이룬 대단한 청년이라고 얘기하는 애니메이션이에요. 사실 저는 〈바람이 분다〉를 보러 갈 때, 아주 강력한 양가감정에 사로잡혀서 마음이 이중이었어요.

"아, 보아하니, 미야자키 하야오는 제국주의자가 맞는데. 마지막에 그냥 가만히 마무리 지으면 될 걸, 왜 저렇게 본색을 드러내나" 하는 안타까운 마음이 한 갈래고, 다른 갈래의 마음은 "이것 봐, 내가 맞았네. 그의 정체는 제국주의 일본을 그리워하고 전쟁의 책임이나 인정을 낭만주의로 뒤덮어버린 거였어" 하는 것이었습니다. 그의 작품을 지극히 사랑해서 연구의 대상으로 삼았던 제 시간들이 배신당한 기분이었다고 할까요. 사랑하면서도 미워하는 양가적인 감정을 췄던 작품이었는데, 그 작품을 마지막으로 스튜디오 지브리는 문을 닫았죠. 그렇게 스튜디오 지브리와 미야자키 하야오는 전설이 됐습니다.

〈이웃집 토토로〉. 토토로는 사실 곰도 아니고, 토끼도 아니고, 모르모트도 아니고, 녹나무의 정령이에요. 메이하고의 관계는 아픈 엄마의 대체물이랄까. 그리고 〈원령공주〉에 나오는 스케일이 남다른 아름답고 거대한 숲. 그 디테일이 어마어마하잖아요. 많은 애니메이션 학과 학생들은 요즘도 미야자키 하야오의 화집을 몇 만원씩에 사서 봅니다. 예전에는 사기 전에는 열어보지도 못하게 비닐로 싸여 있었어요. 미야자키 하야오, 즉 스튜디오 지브리는 한국에 애니메이션 하청을 안 주기로 유명해요. 자기들이 다 직접 작업합니다. 어느 정도의 디테일이냐 하면 물걸레질을 쫙 하면, 걸레 지나간 자리의 물자국이 쫙 났다고 생각하시면 돼요. 금방 마르죠. 오히려 인물들은 2D로 단순하게 그리면서 숲이나 나뭇잎의 세부묘사는 정교하기 이를 데 없습니다. 이것은 철학적으로는 '풍경의 발견'인 동시에 '자아의 재발견'이라고 할 수 있습니다. 일본의 철학자 가라타니 고진[4]의 개념으로 설명이 가능합니다. 이러한 것들은 미야자키 하야오의 형식적 내용이 담고 있는, 우리가 읽어낼 수 있는 무의식적 특징입니다.

미야자키 하야오 감독의 또 하나의 특징은 소규모 인간공동체입니다. 이것은 미야자키 하야오의 사상적인 지점, 젊었을 때 도에이 동화에서 노조 활동을 했던 이력으로 짐작할 수 있습니다. 〈바람계

---

[4] 柄谷行人. 1941년생. 일본의 문예평론가, 사상가. '풍경의 발견'은 그의 저서 『일본근대문학의 기원』(박유하 역, 민음사, 1997)에 나오는 개념으로, 풍경의 묘사는 근대의 산물이라는 것이다. 왜냐하면 풍경의 묘사는 있는 그대로를 그리는 것이라기보다는, 그 풍경 자체를 낯설게 만들고 그 과정을 통해 대상을 새롭게 인식하는 '낯설게 하기'의 방식으로 리얼리즘을 실현하기 때문이다. 그러므로 풍경의 출현은 내적 풍경 바로 그 자체인 동시에 '자의식'과 같은 것이다.

곡의 나우시카〉의 바람계곡도 하나의 작고 독립적인 공동체입니다. 〈붉은 돼지〉에도 노동자가 여자들만으로 이루어진 비행기 공장이 나와요.

세 번째로는 아까 말씀드린, 이게 가장 크지요, 날아가는 모티프. 〈붉은 돼지〉에 나오는 포르코 로쏘Porco Rosso라는 인물은 직업이 비행사예요. 제2차 세계대전 기간의 이탈리아가 주무대인데, 인간들이 하는 짓거리가 마음에 안 든다고 스스로 돼지로 변신해버렸어요. 그래서 돼지의 모습으로 살아가는 중년의 비행사입니다. 그리고 다음으로 보시면 토토로, 날아가죠. 그리고 〈바람계곡의 나우시카〉의 나우시카 공주도 작고 하얀 비행정을 타고 다닙니다. 〈바람이 분다〉는 아예 노골적으로 비행기를 설계했던 사람의 꿈을 그리고요. 날아가는 장면은 누구에게나 굉장히 기분이 좋지요. 자유로운 해방감과 초월적인 느낌을 표현하는데 하늘을 날아가는 장면만한 것이 없습니다. 꿈에서 난다면 정말 기분이 좋잖아요. 〈센과 치히로의 행방불명〉에서는 비행기는 안 나오지만 용이 날지요. 그 나르는 하쿠 용을 센이 타고 다니잖아요.

그리고 강인한 여성 주인공들이 등장합니다. 미야자키 하야오 감독의 작품 필모그라피의 뒤로 갈수록 여성 주인공은 아주 독립적이고 똑똑하고 강하게 변화합니다. 남자들이 오히려 보조적인 인물이 됩니다. 〈센과 치히로의 행방불명〉의 센, 〈벼랑 위의 포뇨〉의 어린 물고기까지요. 포뇨는 꼬마 물고기인데 사람 다리를 가지고 있어요. 어떻게 보면 인어공주의 조금 다른 버전이라고 할 수 있겠고, 〈하울의 움직이는 성〉에서 주인공 소피는 마녀의 저주를 받아서 할머니가 되어버리잖아요. 이 작품은 하울의 신부찾기라는 측면에서 얘기해볼 수도 있는 작품인데, 재밌죠. 원래 제목 〈Howl's Moving Castle〉처럼, 돌아다니던 성이 아주 인상적이죠.

미야자키 하야오와 일본신화의 세계

이제부터는 작품을 보도록 하겠습니다. 영화 클립 감상 5

[〈원령공주〉 감상]

〈원령공주〉는 일본의 거인신들, 고대 거대신들의 이야기부터 시작합니다. 나라가 살기 힘들어지면, 이런 신화가 어마어마하게 작동을 하는 것이 인간사회의 원리 같아요. 그래서 일본이 힘들었던 그 시절에 신화를 바탕으로 애니메이션을 만들고, 그것이 일본 사람들의 마음을 움직여서 흥행에 일등을 하는, 일종의 국가 신화로 기능했다고 해야 할까요?

배경을 조금 말씀드리면요, 무로마치 시대室町: 1336~1573입니다. 이야기가 시작되는 곳은 아마 홋카이도 정도 되는 것 같아요. 일본의 북쪽이에요. 거기는 원래 아까 말씀드린 아이누 원주민들이 살던 지역이고. 그 옷차림이나 이런 걸 보면 오히려 아메리카 인디안들이랑 굉장히 비슷해요. 이 사람들이 조몬 토기를 사용하던 원래 일본의 원주민이었는데, 한반도에서 건너간 쌀농사를 짓는 야요이인들이 주류가 되면서 수렵 채집생활을 주로 하던 아이누족들은 다 쫓겨서 홋카이도 쪽으로 이동합니다. 그러니까 배제된 사람들이죠. 그런데 재

---

5   영화 클립 상영 중에 강사가 설명을 하는 방식으로 진행되었다.

앙신이 나타나요. 재앙신은 서쪽에서부터 뭔가 원한과 분노에 차가지고 북쪽으로 왔어요. 몸 안에 철탄환이 박혀서 괴로워하다 재앙신이 된 것입니다. 이는 일본에 철기가 도래하는 역사하고 관련이 있습니다. 마구잡이로 만들어진 이야기가 아니에요. 그리고 총포를 사용해요. 시대적인 배경은 무로마치 막부 시절입니다. 아시타카라는 북쪽에 사는 종족의 수장인 젊은이가 자기의 저주를 풀려고 서쪽으로 서쪽으로 여행을 하는데요. 토토로 같은 아기자기한 애니메이션을 만들던 미야자키 하야오 감독이 〈원령공주〉 같은 스케일의 작품을 만들었습니다. 첫 장면은 조금 놀랍습니다. 일본 고대신화에는 거대한 동물신들이 산을 하나씩 차지하고 있습니다. 그들이 각각 그 산의 주인이에요. 사슴신 시시가미의 숲이 나옵니다. 그 산 하나가 사슴신의 소유이지요. 재앙신으로 변한 멧돼지신은 자기가 살던 곳을 버리고, 공포와 분노 때문에 포악하게 성질이 변합니다.

중요한 장면입니다. 아시타카라는 마을의 촉망받는 젊은이가 길을 떠납니다. 저기 사슴뿔 꽂아놓은 거 보이시죠? 샤먼의 표시입니다. 북방계 샤머니즘적 성격을 보여줍니다. 아시타카는 죽음의 저주를 풀기 위해서 서쪽으로 여행을 시작합니다. 도중에 여러 마을을 지나 이제 타타라성이라는 곳에 이르렀는데, 자연을 개간해서 철을 만드는 마을이에요. 사슴신의 숲에서 원령공주라 부르는 들개신 모로의 딸을 운명적으로 만나지요. 말하자면 자연과 인간의 문명이 대립하는 상황이 됩니다.

저 여자아이가 주인공인 원령공주입니다. 인간이 버린 아이를 들개가 키운, 생긴 것만 사람인 인물이라고 할까요. 아시타카와 서로 한 번씩 살려주면서 각별한 관계가 됐지만, 러브라인이라거나 이런 건 아닌 것 같고요. 그리고 저 커다란 꼬리 두 개 달린 흰 들개는 원령공주의 엄마예요. 원래 아이누의 시조신화를 보면, 관녀 유와나이가 흰 개와 정을 통해 낳은 아이가 아이누의 조상이라고 합니다. 아이누는 들개족인 셈이지요. 〈원령공주〉는 확실히 일본의 원주민이라고 하는 아이누 신화와 관련이 깊습니다.

저런 거대한 짐승신들이 인간들의 자연파괴에 대항해서 숲을 지키기 위해 싸우는 이야기지요. 나고신이 오프닝에 나온 재앙신으로 나와서 죽은 멧돼지신이에요. 사슴신 시시가미는 생명을 관장하는, 짐승신들 가운데 최고의 신이에요. 생명을 이렇게 줬다 뺐었다 하는 역할을 하죠. 이제 동물신들 사이에 자중지란이 일어난 상황이에요. 죽은 재앙신, 나고신의 엄마인 오콧토누시입니다. 멧돼지신 중 가장 큰 오콧토누시가 인간처럼 말을 합니다. 그러니까 신들도 인간의 말을 한다는 생각을 해요. 여기 등장하지는 않지만 아이누의 신화 중에는 곰신, 카무라는 곰신이 가장 최고신이에요. 멧돼지들은 인간에게 대항해서 싸우기로 해요. 몰살되더라도 자기들은 마지막까지 싸우겠다고 합니다. 멧돼지들은 다 몰살당합니다. 그리고 마지막 남은 오콧토누시까지 재앙신이 되어갑니다. 재앙신으로 변하려는 오콧토누시의 몸에 산이 빨려 들어가고 있습니다. 지금 저기 나오는 사람들은 탄환, 화약을 쓰죠. 자연을 개간하고, 파괴를 하고 하는 것도 인간이 살기 위해선 어쩔 수 없던 상황이었던 겁니다. 빨간 옷 입은 무사들은 조금씩 힘을 갖게 되는 천황의 군대들이에요. 지코보 シコ坊는 사슴신의 목을 잘라가기를 원하는 천황의 부하입니다.

지코보는 천황의 군대 책임자죠. 사슴신이 목이 늘어나며 다이다라봇치 ダイダラボッチ 로 변하는데, 저 사슴신의 목을 잘라가려는 게 저

사람입니다. 에보시는 철을 만드는 타타라성의 여자 지도자예요. 인간도 살기 위해서는 산을 개간해야 하는 것입니다. 누가 나쁘다고 하기 어려운 상황입니다. 에보시를 앞세워서 지코보는 사슴신의 목을 잘라가려고 합니다. 사슴신은 물 위를 걷죠. 물 위를 걷는 장면은 예수님 이미지처럼 보입니다. 사슴이 중요한 이유는 뿔이 나뭇가지를 연상하게 하는데 수목숭배는 인간세계에 거의 예외 없이 나타납니다. 얼굴은 사람 얼굴이에요. 스케일이 커요. 〈원령공주〉는 자연과 인간의 관계가 역전이 되는 과정을 보여주고 있습니다. 대단한 것 같습니다. 아, 그리고 사슴신은 달빛을 받으면 다이다라봇치라는 거대한 거인신으로 변합니다.

그런데 무척 냉혈한처럼 보이지만 에보시라는 인물도 미워할 수 없는 인물이죠. 인간이 자연을 개간하며 살아야 하는 입장에서, 리더로서는 무척 훌륭한 인물이에요. 〈원령공주〉가 좋은 애니메이션이란 생각이 드는 게, 에보시를 일방적인 악당으로만 그리지를 않아요. 잘 만든 멜로드라마는 사실 악당이 없어야 하거든요. 무얼 봐도 이해가 되면 그 에토스가 고조되죠. 그런데 여기에서 사슴신을 지키려고 하는 세력과 자연을 개간하고 문명화의 대상으로 삼는 두 세력들 간의 갈등은 아직도 끝난 이야기가 아닙니다. "우리는 왜 자연을 보호해야 하나?"와 "우리는 자연을 개간해서 인간의 영역을 넓혀야 해" 하는 보호와 개발의 문제들을 다시 환기시킵니다. 저기 하얗게 떨어지는 '코다마'들은 산에 사는 숲의 정령들이에요. 사슴신이 달밤에 거인신으로 변하면 반기는 그런 숲의 구성원 중의 하나지요. 들개신 모로의 잘린 목은 에보시의 팔을 잘라 먹어버렸죠. 지코보라는 인물은 천황의 뜻대로 사슴신의 머리를 잘랐으나 사슴신이 재앙신으로 변해서 자기의 머리를 찾으려고 안간힘을 쓰자 거기에 굴복하고 어쩔 수 없이 머리를 돌려줍니다.

햇빛을 보면서 쓰러진 사슴신은 어쨌거나 자기 목을 되찾았습니다. 삽시간에 숲의 모든 생명을 다 앗아갔다가 자신의 목을 되찾고는 푸른 생명을 돌려줍니다. 자연이 회복되는 장면이 펼쳐지고 있죠. 애니메이션을 끝까지 보시면, 이 대목에서 콧날이 시큰해져요. 여기에서 메시지는 그래도 우리가 살아야 한다, 살아남아야 한다는 것입니다. 어떻게 보면 그 메시지는 저주를 받았어도 끝까지 살아야 한다는 것입니다. 일본인들의 생명에 대한 관념들이 짐작됩니다. 이게 〈원령공주〉입니다. 1997년 미야자키 하야오는 자기들의 고대신화로 애니메이션을 만들어서 엄청난 반향을 일으키며 흥행에 성공했고, 전 세계적으로도 아주 호평을 받았습니다.

[〈센과 치히로의 행방불명〉 감상]

〈센과 치히로의 행방불명〉을 보겠습니다. 신토와 어떤 식으로 연결이 되는지 눈여겨보시기 바랍니다. 치히로라는 여자아이가 엄마 아빠를 따라서 유바바라는 마녀가 사는 귀신세계로 들어가게 되는데, 거기에서 엄마 아빠는 돼지로 변해버립니다. 이제 치히로는 혼자 남아 엄마, 아빠를 인간으로 되돌려서 돌아가야 하는 미션이 생깁니다. 철딱서니 없는 아이가 모험을 겪으면서 철이 들어가는 성장담입니다.

센이 일하는 곳은 그 유바바라는 마녀의 목욕탕입니다. 가미들의 목욕탕이라는 설정이 재미있습니다. 일본 전통사상 중에 시욕施浴이라는 것이 있습니다. 목욕봉사라고 할 수 있는데, 다른 사람들을 정

성껏 목욕시켜 주면 큰 덕을 쌓는 일이라고 생각해요. 유바바의 목
욕탕에는 온갖 요괴와 가미들, 팔백만의 신들이 다 옵니다. 목욕하고
쉬고 가는 곳이에요. 센이 일을 한 지 얼마 안 되어서, 악취를 풍기는
어마어마한 오물신이 욕장에 옵니다. 유바바는 하필이면 센에게 이
곤란한 손님을 맡깁니다. 시험을 하는 것이지요. 목욕탕에 정체를 알
수 없는 가오나시[6]가 약수를 쓸 수 있는 패를 여러 개 가져다주고, 센
은 성심껏 오물신의 목욕을 돕습니다.

　지금 보이는 것이 유바바라는 마녀입니다. 일종의 마츠리^{축제}를 줄
다리기처럼 보여줍니다. 이 장면을 보고 많은 사람들이, 미야자키
하야오 감독을 환경주의자라고 이야기하는데, 글쎄요, 그런 측면이
있기는 하지만 애니메이션의 한 장면을 보고 환경주의자라고 말하
는 것은 적절하지 않아 보입니다. 전체 작품들을 보면 제 눈엔 오히
려 문명주의자 같습니다. 자연풍광들을 정밀하게 묘사하기도 하지

---

⁶　무로마치(室町) 시대: 1336~1573.

만 기계장치들을 재현하는 작업에 무척 경도되어 있습니다. 아, 오물신이 선물을 하나 주고 갔어요. 사금이 넘칩니다. 오물신은 알고 보니 커다란 강의 신, 용이기도 합니다. 요괴들의 마쯔리, 모두 기뻐서 춤을 추네요. 동양에서의 용은 서양 용과는 아주 다릅니다. 서양 용은 불과 관련이 있고, 동양 용은 물과 관련이 있어요. 물을 통제하는, 치수治水의 신입니다. 저기 저 하쿠, 유바바의 심복입니다. 유바바 아래에서 일을 하는 하쿠라는 아이가 있는데, 자기 자신이 누군지 몰라요. 이름을 잃었습니다. 주인공 치히로도 유바바에게 이름 두 자를 빼앗겨 센이라는 이름으로 유바바의 세계에서 살아갑니다. 자신의 진짜 이름은 잃은 것이지만 완전히 자기 이름을 잊은 것이 아니에요. 유바바한테 가면 이름을 뺏겨 자기가 누군지 까먹게 만듭니다. 유바바의 세계로 편입되는 것입니다. 이론적으로는 '호명interpellation'의 개념으로 설명할 수 있습니다. 누군가를 그 이름으로 부르는 것은 그 세계 안에서 위치 지어진다는 의미입니다.[7] 하쿠는 자신이 누군지 몰랐는데, 센이 자신의 이름을 기억해내고 자기가 누군지 깨달으면서 유바바의 손아귀에서 벗어날 수 있는 상황이 되는 것이죠. 동양의 용은 이 작품 안에서 굉장히 아름답게 표현되고 있습니다.

　어린 아이들이 보는 것이 애니메이션이라는 생각을 깬 게 미야자키 하야오의 장편 애니메이션입니다. 어른들도 보면 재미있고 감동적이기까지 하니까요? 거기다가 밑바닥에는 신화가 쫘악 깔려있는 거죠. 멋진 용 캐릭터들도 있고요. 자유롭게 하늘을 날아가죠. 물을 치수하는 일을 하고, 번개, 천둥, 농업 이런 것과 관련이 있는 신이적

7　? 축제-

존재가 용이에요. 이제 하쿠가 자기 자신을 기억을 해내고 있는 거죠. 언젠가 만났었는데, 어디서 만났는지 몰랐는데, 센이 어린 시절 물에 빠졌을 때 구해준 강의 신인 거예요. 물에 빠졌었는데 그걸 이제 기억을 해요. 저 장면에서 신발은 에로스, 삶의 욕망을 의미합니다.

신화적으로 신발은 생명을 상징하는 게 많아요. 자살할 때, 배운 적도 없고 매뉴얼도 아닌데, 신발 벗어놓잖아요. 신데렐라의 유리구두나 콩쥐의 꽃신, 남자들이 여자를 찾으려고 하면 신발의 주인을 찾습니다. 살아있는 것들에게는 에로스, 에로티시즘, 그게 삶의 본능이거든요. 유령들은 섹스 안 하죠. 그러니까 생명과 어떤 성적인 것, 사실은 같은 것이라고 봐야죠. 죽을 때 신발을 벗어놓고, 그러니까 생명을 벗어놓고 가는 거겠죠. 여기서도 센이 물에 빠졌을 때 신발을 잃어버렸다가 찾았어요. 죽다 살았다는 얘기죠. 거기에 있었던 게 하쿠입니다. 하쿠라는 강물에 빠진 것입니다. 그리고 영화 중간에 보면 센이 신발을 벗는 장면이 있어요. 가마할아범의 용광로 앞에서 운동화를 벗습니다. 그렇게 신발을 벗고서 유바바의 목욕탕에 일하러 들어갑니다. 유바바의 세계는 살아있는 사람들의 세계가 아닙니다. 말하자면 센은 인간의 몸을 가지고 있지만, 죽은 것들의 세계에 들어가는 것이거든요. 유바바의 욕장에 처음으로 들어갈 때도 숨을 참으라고 합니다. 기억나세요?

재밌게도 유바바라는 마녀가 집착하는 것은 자신의 갓난아기 보에요. 이 갓난아기 보는 맨날 엄마가 세상에 병균이 많다고 방 밖으로 못 나가게 해서 세상 구경을 한 번도 못했어요. 제니바라고 유바바의 쌍둥이 언니인데, 그녀의 마법으로 뚱뚱한 작은 쥐로 바뀌어서 유바바의 비서인 파리새와 함께 센을 따라 길을 떠납니다. 센의 어깨에 타고 제니바의 집, 자기 이모집이죠. 거기까지 갔다오는 여행을 하면서 성장을 하는 캐릭터죠. 다녀와서는 자기 엄마인 유바바한테 충고를 합니다. "엄마, 치사하게 굴지 마세요"라고. 이 애니메이션에서는 모든 캐릭터들이 다 자라나요. 생각이 성숙해지고, 철이 들고, 이런 궤적을 보여주는 애니메이션이에요.

센의 부모는 식탐 때문에 돼지로 변했습니다. 신화적으로는 지옥의 음식을 먹으면 그곳에 살아야 합니다. 그런 음식을 먹고 돼지가 되었습니다. 이게 아까 말씀드린 지옥의 음식을 먹어서 모습이 괴상해지는 이자나미를 연상시킵니다. 신화적인 영향을 혹은 신화에서 힌트를 받은 거라고 볼 수 있지요. 작가의 머리에서 나온 순수창작의 내용은 아닌 거 같아요. 최근에 개봉한 〈검은 사제들〉이라는 영화가 있어요.[8,9] 거기에 보시면 하얀 새끼돼지, 그 돼지한테 악령을 가둡니다. 순수하지만 무지한 영혼이라고 해야 할까요? 그런 돼지의 몸에 악령을 가둡니다. 여기서도 엄마 아빠가 모두 돼지로 변하고 있습니다. 물론 두 영화에 등장하는 돼지가 다르긴 하지만 보편적으로 많은 사람들이 공유하고 있는, 배우거나 한 것이 아니지만 느낌으로, 선험적으로 알고 있는 집단무의식이 아닌가 싶습니다.

이렇게 해서 치히로는 자기 엄마 아빠를 구했습니다. 모두 작별인사를 하고 다시 인간세계로 돌아갑니다. 신화의 일반 모티프들만 아셔도 상당히 재미있는 장면해석을 하실 수가 있습니다.

---

[8] 프랑스의 마르크스주의 철학자 루이 알튀세르(Louis Althusser)가 발전시킨 이데올로기 이론에서, 'interpellation'(소환 혹은 호명)은 이데올로기가 인간 개체를 주체화하는 과정을 말한다.
[9] 장재현 감독, 김윤석, 강동원 주연. 2015년 작.

이 다음 작품이 〈하울의 움직이는 성〉인데, 오늘 보여드리기엔 시간이 부족합니다. 보신 분들은 기억을 해보시기 바랍니다. 저는 개인적으로 센과 작별인사를 하는 하쿠가 여기에서 할 일이 남아있다고 안 가잖아요. 하쿠가 마법을 잘 배워가지고 하울이 된 게 아닐까 생각합니다. 똑같이 생겼어요. 아주 미소년이죠. 여자 주인공은 점점 안 예뻐지고, 심지어 할머니가 되고요. 엄마 아빠는 다 기억이 없어요. 이게 재미있는 설정인 게, 애니메이션의 첫 부분 이야기의 시작은 이 식구들이 이사를 가는 중이라는 설정이에요. 자기 집을 떠나서 새집으로 가는데 그 집을 찾아가다가 샛길로 빠져서 저런 상황이 된 거거든요. 일상을 벗어나는 환상의 세계에서 모험을 수행하고 성숙하는 주인공의 영웅담. 다시 귀신세계에서 일상으로 돌아오는 그런 내용입니다. 어떻게 보면 탐욕을 경계하는 얘기일 수 있고요. 그리고 무사히 새 집으로 돌아갔겠죠? 그렇게 보면 통과의례로서의 모험이라고 할 수 있을 것 같습니다. 터널을 다시 돌아와서 보면 저기 돌 하나가 가운데 서 있죠? 저것이 이승과 저승을 가르는 돌, 천인석입니다. 이자나미와 이자나기가 말싸움을 하던 경계입니다. 돌 석상은 지금 어두컴컴해서 잘 안보이지만 얼굴이 양쪽에 있어요. 똑같은 얼굴이, 그러니까 어떻게 보면 센과 치히로는 같은 사람의 양면인 것이죠. 어쩌면 도플갱어 관계로 이자나미, 이자나기로 해석할 수도 있고. 그러면서 사실은 제목도 〈센과 치히로의 행방불명〉이라는데, 행방불명이 아니라 신들의 세계로 숨었다가 오는 이런 의미예요. 한국말로는 잘 번역이 안 된다고 그러더라고요. 센하고 치히로는 다른 인물이 아니라 한 인물인 거죠. 이것도 도플갱어 모티프 같은 걸로 해석이 가능합니다. 제가 오늘 준비한 건 여기까지입니다.

참고자료

김윤아, 『미야자키 하야오』, 살림, 2005.

김윤아, 『예술로서의 애니메이션』, 일지사, 2010.

김윤아, 『포켓몬 마스터 되기』, 살림, 2003.

김윤아, 『영화 스토리텔링』, 아모르문디, 2016.

김윤아, 「요괴 캐릭터 연구」, 『만화애니메이션연구』 제16호, 한국만화애니메이션 학회, 2009.

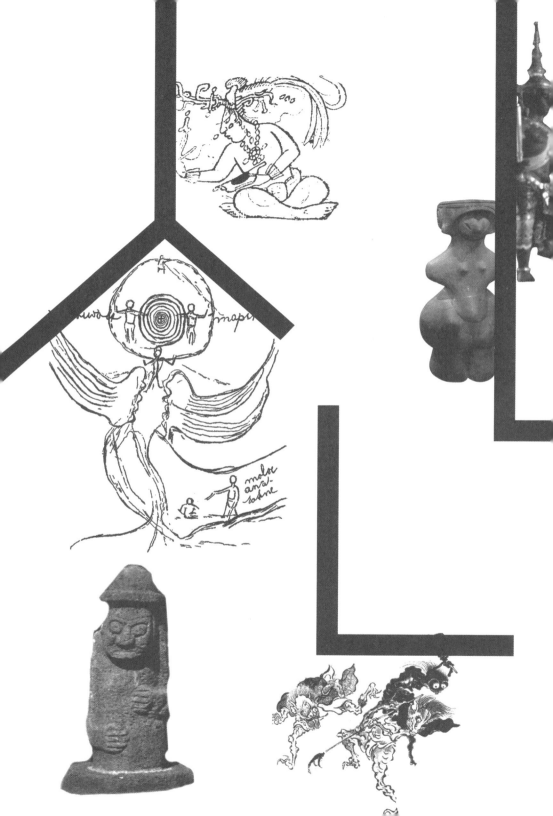

신화와 웹툰

: 한국신화와 〈신과 함께〉

주호민 (만화가)

만화가의 길

만화가 주호민입니다. 제가 그린 〈신과 함께〉라는 만화는 제주도 신화를 바탕으로 한 작품입니다. 어떠한 생각으로 그런 만화를 기획 했고, 연재 중에는 어떠한 에피소드가 있었고, 연재 후에는 어떠한 성취와 반성이 있었는지, 신화를 바탕으로 한 만화 제작 전반에 대해 이야기를 해드리고자 합니다.

일단 제 소개를 드리면, 만화를 그린 지는 올해로 딱 10년이 되었 습니다. 2005년에 데뷔를 했는데, 첫 데뷔작은 〈짬〉이라는 만화였습 니다. 그때 제가 군대를 갔다 와서 백수로 지내고 있었습니다. 사실 일을 하고 있었는데, 일하던 곳이 없어졌거든요. '까르푸'라는 대형할 인마트였는데, 지금 JTBC에서 방영되고 있는 드라마 〈송곳〉의 배경 이 되는 '푸르미'라는 곳이 '까르푸'가 원래 모델입니다. 그곳에서 일 을 하다가 일을 그만두게 되고 백수로 지내던 와중에, 군대에서 있었

그림 61
〈짬〉 책표지

던 일들을 만화로 그려서 인터넷에 올려보면 재미있겠다고 생각했습니다. 그래서 올렸던 만화가 〈짬〉이었습니다. 이 만화는 당시 네이버 웹툰이 생기기 전이어서 그냥 여기저기 공개된 게시판에 올렸는데, 네티즌들 반응이 상당히 좋아서 한 두 달 정도 후에 정식으로 출간제의를 받았습니다. 그때까지만 해도 만화가가 되겠다거나 이걸 책으로 내겠다는 생각 같은 건 전혀 없어서 대강대강 그렸습니다. 그래서 출간제의를 받은 후에는 앞부분을 전부 다시 그려야 했습니다.

베개에 낙서도 늘어났고요, 왼쪽 아래에 보면 사람도 미묘하게 깔끔해졌습니다. 어쨌든 이런 식으로 작업을 해서 첫 책이 나오게 되었습니다.

그 출판사에서 당시 표지 시안 다섯 개를 보내줬었는데 그 중 세 개는 무척 당황스러웠습니다. 이게 군대만화잖아요? 첫 번째 것은 군대만화라는 느낌이 전혀 없었고요, 두 번째 것은 너무 슬펐어요. 막 낙엽도 날리고. 세 번째 게 제일 당황스러웠는데요. 부모님이 저에게 보내주신 위문편지 봉투를 그대로 스캔해서 표지에 넣었습니다. 그런데 저희 집 주소가 그냥 나와 있습니다. 그 아파트 동, 호수까지 나와 있어요. 굉장히 당황스러웠습니다. 결국은 이게 표지가 되었습니다.

전역하고 집에 돌아가는 버스를 기다리는 장면이고요, 저 아래쪽 띠지에 보시면 '논산훈련소 PX 20% 할인권 증정'이라고 되어 있는데, 모르겠습니다. 책은 꽤 많이 팔린 편인데, 저걸 썼다는 분을 아직 한 분도 보질 못했습니다. 그리고 책을 사면 건빵을 줬어요. 당시에.

아무튼 이 작품으로 독자만화대상 신인상을 받았는데, 사실 이 상은 권위가 없는 상입니다. 왜냐하면 수상자에게 이 상을 받았다는 사실조차 알려주지 않았습니다. 저도 이 상을 받고 6개월 정도 지난 후에 검색을 통해 우연히 제가 이 상을 받았다는 사실을 알게 되었습니다. 상장도 없고 상금도 없는 그런 상이었습니다. 하지만 무척 기뻤습니다. 왜냐하면, 물론 학창시절에 상을 받아본 적은 있지만, 이 상은 학교를 졸업하고 나서, 어른이 되고 나면 상을 받을 일이 그렇게 많지 않은데, 어른이 되고 나서 받은 상이라서, 그리고 스스로 뭔가 좀 능동적으로 주체적으로 만들어내서 받은 상이어서, 권위는 없었지만, 기분은 좋았습니다. 반면 이때부터 정체성의 혼란이 시작되었습니다. 제가 〈짬〉이라는 만화를 11개월 동안 연재했는데, 그냥 아마추어 연재였기 때문에 원고료를 단 한 푼도 받지 못했습니다. 뭐 정식 연재처에 연재를 한 게 아니었으니까요. 그런데 책이 나오고 상도 받고 하니까, 나는 지금 만화가인가 아닌가에 대한 혼란이 굉장히 컸었어요. 그런 슬럼프가 조금 있었습니다, 초반에.

그리고 두 번째로 그린 것은 〈무한동력〉이라는 만화였습니다. 이 만화는 2008년에 야후 코리아에 그린 만화인데요. 당시 제 친구들이 전부 대학교 졸업반이거나 취업준비를 하고 있었습니다. 그래서 항상 술자리에서 나누는 이야기가 "너 취업 어떻게 됐냐?", "공무원 시험 잘 봤냐?" 이런 얘기였고, 그런 친구들의 모습을 한 번 만화로 그려보고 싶었습니다. 그러던 와중에 〈세상에 이런 일이〉라는 프로에 자기 집 마당에 무한동력 장치를 만든 아저씨가 한 번 나온 적이 있습니다. 저는 이걸 무척 재미있게 봤는데요, 보통 무한동력 만드는 분들은 대체로 이게 돌아간다고 믿고 있어요. 사실은 물리학적으로 불가능한데요. 근데 이 아저씨는 이론적으로 안 된다는 것을 알고 있었습니다. "아는데 왜 하는 걸까?"라는 의문이 생겼는데 그걸 몇 번 돌려보면서 알게 됐어요. 이 아저씨는 이걸 만들 때 가장 즐거워 보였습니다. 그것은 저를 비롯한 제 친구들에게서는 굉장히 찾아보기 힘든 모습이었습니다.

그래서 이런 괴짜 발명가와 사회초년생들인 제 친구들의 모습을 비교하면 뭔가 재미있지 않을까 싶어서 시작하게 된 만화였습니다. 기계는 좀 더 만화적인 느낌으로 다시 그렸습니다. 취준생, 공시생, 아르바이트생, 이렇게 세 명의 청년이 등장합니다. 보통 〈세상에 이런 일이〉 같은 프로를 보면 괴짜분들이 굉장히 많이 나오는데요, 항상 가족들 인터뷰를 따거든요. "아빠가 저러는 거 어떻게 생각해요?", "동생이 저러는 거 어떻게 생각해요?" 그러면 항상 뭔가 좀 한심하다는 듯한, 진작 포기했다는 듯한 인터뷰를 많이 듣게 됩니다. 저도 그런 괴짜와 사는 가족 간의 갈등을 그려보면, 이야기에 좀 더 층이 생길 것 같아서 질풍노도의 시기에 있는 딸과 아들을 등장시켰습니다.

만화의 핵심대사는 "죽기 전에 못 먹은 밥이 생각나겠는가, 아니면 못 이룬 꿈이 생각나겠는가"라는 대사인데요. 사실 2008년에 이 만화를 그릴 때에는 꿈에 방점을 찍고 쓴 대사였습니다. 그런데 7년이 지난 지금은 누가 저렇게 물어보면, 그냥 망설임 없이 밥이라고 대답을 할 겁니다. 왜냐하면 그 7년 사이에 세상이 많이 변했다고 느껴서요. 살기가 굉장히 더 힘들어지고, 확실한 저성장국가가 되었지요. 그사이 어느 영화 시나리오 작가분이 자기 자취방에서 시신으로 발견된 적이 있는데, 포스트잇을 방문에 붙여놨습니다. 남는 밥과 김치가 있으면 문 좀 두드려 달라고 씌어있었지요. 올해도 연극배우 두

분이 생활고로 자살을 하시고, 저번 주에도 일러스트레이터 한 분이 유서를 남기고 자살하셨습니다. 그림값이 전혀 오르질 않는다고 하면서. 그런 것들을 보면서 지금은 꿈이라는 게 최소한의 밥이라도 먹어야지 꿀 수 있는 거구나라는 생각으로 완전히 바뀐 상태입니다.

뮤지컬로 만들어져서 대학로에서 공연 중입니다. 두 번 보고 왔는데요. 굉장히 잘 만들어졌습니다. 노래도 좋고, 제가 하고 싶었던 이야기도 잘 전달이 된 것 같습니다.

〈신과 함께〉 창작과정

그리고 오늘의 주제인 〈신과 함께〉를 2010년부터 그렸습니다. 보신 분도 계시고, 안 보신 분도 계시겠지만. 처음부터 여러분이 보셨던 〈신과 함께〉의 형태는 아니었습니다. 저는 주로 만화소재를 다큐멘터리에서 얻는 편인데요. 특히 휴먼다큐에서 많이 얻고 있습니다. 한번은 〈인간극장〉에서 무속인을 다룬 적이 있었습니다. 그래서 무속에 관심이 생겨서, 그쪽에 관련된 책을 보면서 만화도 준비하고 있었습니다. 그래서 준비한 게 이런 형태였습니다.

어떤 소녀 무당과 그 무당이 모시는 장군신 두 명이 여행을 하면서 여러 가지 모험을 하게 된다는 설정으로 시작했는데, 자료를 모으고 준비를 하면 할수록 재미있게 그릴 자신이 없어졌습니다. 왜냐하면 무속이라는 소재 자체가 너무 마이너하기도 하고, 좀 더 대중적으로 재미있게 만들 수 있는 요소가 턱없이 부족해 보였습니다. 그래서 방향을 좀 바꿨습니다. 무당에서 무당이 모시는 신들 쪽으로 관심을 옮겼습니다. 그러다보니 자연스럽게 한국신화에 대해서 알게 됐고, 또

한국신화에 대한 책을 읽어보니까 저로서는 굉장히 재미있었습니다. 반면 저도 그랬지만 많은 사람들이 잘 모르고 있었습니다. 그 이유는 제주도 신화여서 그럴 수도 있고, 그 신화를 이용한 2차 창작물이 거의 없었기 때문이기도 했습니다. 그래서 오히려 저는 이 한국신화를 가지고 만화를 만들어보면 재미있겠다고 생각했습니다. 그런데 이야기의 양도 방대하고 나오는 신들도 많아서 한꺼번에 등장시키시면 뭔가 정신없을 것 같았어요. 그래서 저승편, 이승편, 신화편, 이런 식으로 삼부작으로 나눠서 기획을 했습니다. 저승편에서는 한국의 저승신과 한국의 전통 저승관을 보여주고, 이승편에서는 한국의 가택신앙, 그리고 마지막 신화편에서는 저승편과 이승편에 나왔던 신들이 어쩌다가 신이 되었는지에 대한 과거의 이야기를 보여주면 뭔가 짜임새가 있겠다는 생각이 들었습니다. 그렇게 해서 저승편부터 시작을 했습니다.

저승편-보편적인 정서

저승편은 보편적인 정서라는 부제를 붙여봤는데 사실 이 삼부작에서 저승편이 인기가 가장 많았습니다. 아무래도 지옥의 이야기다 보니까, 끊임없이 당신은 어떤 죄를 지었는가를 묻게 되는 구조였거든요. 만화를 읽는 독자들이 나는 이 지옥에서 걸릴까 안 걸릴까를 생각하실 테고, 그런 부분에서 많은 공감을 얻었던 거라고 나름대로 분석하고 있습니다.

한국의 전통 저승관은 불교의 세계관을 따르고 있습니다. 그중에서도 가장 주목할 만한 캐릭터는 지장보살이라는 캐릭터였습니다.

지장보살은 보살입니다. 부처님이 아닙니다. 보살은 부처가 되기 전 단계라고 보시면 됩니다. 왜 보살이냐면, 이미 부처가 될 수 있는 공덕은 전부 쌓았습니다. 그런데 지옥에서 고통 받는 중생들을 보고 충격을 받습니다. 그래서 지옥에 있는 사람들을 모두 구원하기 전까지는 성불을 하지 않겠다고 맹세를 합니다. 그 설정에서 굉장한 매력을 느꼈습니다. 하지만 지장보살이 직접 등장하면 불교적인 색채가 너무 강해질 것 같았습니다. 그래서 지장보살이 혼자만의 힘으로 모두를 구원하기에는 힘이 부친다는 걸 깨닫고 죽은 사람들을 일대일로 변호해주기

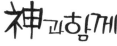

그림 62
〈신과 함께〉저승편 타이틀

위해서 법률대학교를 세웠다는 게 〈신과 함께〉의 설정입니다. 이제 지장보살이 변호사들을 양성하기 시작했고, 지장보살이 만든 그 학교를 졸업한 진기한 변호사와 마흔 살에 과로사로 죽게 된 김자홍 씨 이 두 사람의 저승 여정이 이야기의 큰 한 축을 이루고 있습니다.

실제로 이 진기한 변호사란 캐릭터는 지장보살을 염두에 두고 있기 때문에 여러 가지 불화에서 모티프를 따왔습니다. 일본 교토에 있는 시전사의 지옥도에서는 지장보살이 구원을 하는 보살이기 때문에 누군가를 건지고 있는 모습으로 많이 묘사가 되어있습니다. 제 만화 〈신과 함께-저승편〉에서 이 지옥도의 한 장면을 그대로 만화에 사용하기도 했습니다.

참고로 이 그림은 파주 보광사에 있는 명부전冥府殿의 지옥도입니다.

보통 큰 절에 가시면 메인 건물을 대웅전이라고 하고, 구석에 명부전이라는 작은 사당이 하나씩 있는데 명부冥府는 지옥을 뜻합니다. 그래서 지장보살을 모시고 있는 사당이고, 명부전 또는 지장전地藏殿

이라고 부릅니다. 지장전의 벽면에는 지옥
도가 많이 그려져 있는데, 제가 본 지옥도
의 90% 이상은 같은 구도를 취하고 있었
습니다. 한쪽 상단에는 그 지옥을 다스리
는 대왕의 모습이 그려져 있고, 하단에는
굉장히 끔찍한 형벌이 벌어지고 있는 장면
이 그려져 있습니다. 혀를 뽑는다거나 칼
로 찌르고 있다거나. 반대쪽 상단에는 지장보살이 나타나 있습니다.
지장보살이 나타나면 염라대왕마저도 굉장히 불편한 표정을 지으면
서 합장을 하고 예를 표합니다. 중앙에 있는 판관들은 또 왔다 하면
서 굉장히 괴로워하는 모습을 보여줍니다. 아래쪽에는 끔찍한 형벌
을 받고 있는 죄인들이 지장보살을 보면서 미소 짓고 있는 장면이 그
려져 있습니다.

이렇듯 지옥도에는 각 캐릭터 간의 관계나 설정들이 잘 드러나 있
습니다. 그래서 저도 이런 것들을 만화에 그대로 계승했습니다. 지
장보살이 변호사를 계속 양성해서 무죄판결을 이끌어내고 망자들을
도와주니까 거기에 자극을 받은 염라대왕이 자기는 이제 검사학교
를 만들었다며 포부를 밝히는 장면이 있습니다. "우리는 검사를 키운
다"라는 대사로 끝나는데, 이게 법률용어의 그 검사인데, 그걸 이해
못하는 초등학생 독자들이 댓글로 난 마법사, 난 사제, 난 주술사, 이
런 댓글을 달아준 게 기억이 납니다.

제가 문헌으로 전해지는 저승의 구조를 살펴보니 총 열 개의 지옥
이 있어요. 그 열 개의 지옥을 각각의 대왕이 다스리고 있습니다. 그
열 명의 대왕을 저승 시왕十王이라고 합니다. 염라대왕은 그중 다섯

번째 지옥인 '발설지옥拔舌地獄'을 다스리고 있고, 나머지 아홉 명 대왕의 우두머리입니다. 저승 입구는 '초군문初軍門'이라는 문에서 시작하게 되는데, 저는 이승에서 저승 입구인 초군문까지 지하철로 이동한다고 설정했습니다. 그것도 3호선 종점인 대화역에서 출발한다고 설정했는데요. 그건 제가 일산 주민이라서 그랬기도 하지만, 종점이 주는 이미지가 죽음과 맞닿아 있다는 생각이 들었습니다. 지하철의 '지하'가 주는 느낌도 죽음과 맞닿아 있는 듯한 생각이 들고, 마침 거기 백병원 장례식장도 있고요. 그래서 지하철이 다니지 않는 새벽 세 시에서 다섯 시 사이에 지옥도가 벽면에 잔뜩 프린트가 된 저승행 지하철이 들어오면 굉장히 신비롭지 않을까, 그런 상상으로 그런 설정을 해봤습니다.

우리가 흔히 "삼도천三途川을 건넌다"고 하면 곧 죽는다는 뜻이지요. 동양과 서양의 신화에서 공통점이 많이 발견되는데, 강을 건너는 걸 죽음이라고 생각합니다. 그리스 신화에서 스틱스 강Styx이 나오죠. 한국의 저승에는 두 개의 강이 있습니다. 삼도천과 업강業江이라는 강이 있는데, 둘 다 아주 오랫동안 배로 건너야 하는 위험한 강으로 묘사가 되어있습니다. 그렇게 해서 건너간 저승에는 총 열 개의

그림 64
〈신과 함께〉 저승편: 초군문

세 번째는
송제대왕의 한빙지옥.

이 재판에서 패소하면
얼음감옥에 갇힙니다.

주로 불효쪽
전문이죠.

네 번째는 오관대왕의 검수지옥.
잎사귀가 칼인 숲속에 있습니다.

다섯 번째는
염라대왕의 발설지옥.

위기에 처한 이를
외면한 죄를 다스리고…

이 분은 저승시왕의 아이콘인데…
입으로 지은 죄를 심판하죠.

여섯 번째는
변성대왕의 독사지옥.

마지막 일곱 번째는 태산대왕의 거해지옥.
거해란 톱으로 썰어서 분해한다는 뜻이죠.

이 양반은 살인, 강도 등
강력범죄 전문이죠.

상법 전문입니다.

*통도사 시왕도

그림 65
〈신과 함께〉 저승편: 지옥 설명

지옥이 있는데, 보통 일곱 개의 지옥에서 재판이 끝나게 됩니다. 일곱 개의 지옥에선 하나의 지옥마다 각각 일주일씩 재판을 받게 되는데요. 그래서 칠칠 사십구$7×7=49$ 해서 사십구재를 지내게 되는 것입니다. 49일이 지나면, 육도환생六道還生 이라고 해서 여섯 가지 문 중 하나로 들어가게 됩니다. 죄에 따라서 '인간문'도 있고, '축생문', '지옥문', '아귀문', '수라문', '천상문' 이런 식으로 있어서 인간으로 다시 태어날 수도 있고, 짐승으로 다시 태어날 수도 있습니다. '아귀문'은, 아귀라고 많이 들어보셨지요? 굶어죽은 귀신이라는 뜻이지요. 배가 고픈데 목은 바늘구멍만해서 음식을 아무리 먹어도 삼킬 수가 없어서 항상 배가 고픈 상태입니다. '천상문'이라는 문도 있는데, 그게 제일 좋은 것이냐 하면은 또 그렇지도 않습니다. 불교에서 최고의 가치는 아예 환생을 하지 않는 것입니다. 육도환생의 굴레에서 벗어나는 것, 그걸 이제 열반이라고 합니다.

이렇게 열 개의 지옥 중 일곱 번째 지옥에서 보통 재판이 끝나게 되고 저도 일곱 개의 지옥만을 그렸습니다. 그 이유는 두 가지가 있는데 앞의 일곱 개 만으로도 한국인들이 보편적으로 느끼는 죄책감을 모두 다룰 수 있었기 때문입니다. 더 큰 이유는 이 뒤 세 개의 지옥은 지금의 가치관과 너무 맞지 않아서 도저히 그릴 수 없었습니다. 예를 들면, '풍도지옥風途地獄'같은 경우는 결혼하지 못한 죄를 다스리고 있습니다. 그리고 마지막 '흑암지옥黑闇地獄'은 아이를 낳지 못한 죄를 물어 지옥으로 보내기 때문에, 당연히 동의하지도 않거니와, 만약에 저대로 그렸다가는 저는 아마 가루가 되지 않았을까 싶습니다. 요즈음 '헬조선'이라는 말이 굉장히 유행하고 있잖아요? 실제로 한국에서는 결혼하기도 힘들고 아이를 낳기도 힘들지 않습니까? 그래서 지금 한국의 모습은 오히려 한국전통의 저승을 그대로 계승하고 있는, 그런 '풍도지옥'과 '흑암지옥'이 펼쳐지고 있는, 그래서 헬조선이라는 말이 뭐 그런대로 맥락이 맞는다고 생각합니다.

그리고 한국의 저승관에서 빼놓을 수 없는 캐릭터가 저승차사인데요. 보통 우리가 저승사자라고 생각하는 이미지는 〈전설의 고향〉에 나오는 검은 두루마기를 입고 검은 갓을 쓴, 다크서클이 굉장히 진하게 내려와 있는, 그런 창백한 모습의 저승사자인 경우가 대부분입니다. 하지만 한국신화, 그중에서도 제주도 신화인 〈차사본풀이〉에 묘사된 저승차사는 그것과는 좀 다른 모습이었습니다. 복색도 굉장히 화려하고 인간적인 면모가 도드라졌는데요. 일단 실수가 굉장히 많습니다. 죽어야 할 사람인데 안 데려간다거나 안 죽어야 할 사람인데 데려간다거나, 뭘 얻어먹고 못 데려간다거나, 아니면 데려가려고 집에 들어갔는데 너무 무섭게 생겨서 다시 나온다거나. 그래서 이런 인간적인 모습들을 많이 살리려고 했습니다. 다만 만화적으로 고쳐야 할 부분도 많이 있었습니다. 원전에서는 "셋 다 우락부락하게 생긴 사내들이라 가운데 섰는지 좌우에 섰는지 보고 구별한다"고 되

저승삼차사

일직차사
이덕춘　　강림도령　　일직차사
　　　　　　　　　　　　해원맥

그림 66
〈신과 함께〉저승편: 저승삼
차사

어있습니다. 그런데 그렇게 그렸다가는 망할 것 같았습니다. 그래서 세 명의 개성을 좀 더 뚜렷하게 부여해야 했어요. 그래서 이러한 모습이 되었습니다.

강림도령입니다. 저승삼차사의 리더이고, 주먹이 굉장히 센 사람으로 묘사되어 있습니다. 〈신과 함께〉에서도 제 주먹의 힘을 과신하는 열혈쾌남의 모습으로 묘사했습니다. 나머지 차사, 일직차사 해원맥과 월직차사 이덕춘입니다. 이 둘에 대한 묘사는 거의 없습니다. 그냥 뭐 저승길에 밝다, 이 정도만 묘사가 되어있어서, 이 두 캐릭터는 많은 부분을 상상력으로 채워야 했습니다. 강림도령이 뜨거운 캐릭터이기 때문에 해원맥은 상대적으로 좀 차가운 캐릭터를 만들어야겠다고 생각했습니다. 그래서 이런 모습이 되었고요. 그려놓고 보니까 조폭느낌이 나더라구요. 이렇게 된 김에 칼도 하나 있으면 좋겠다고 생각해서, 칼도 하나 쥐어주게 됐습니다. 사인참사검四寅斬邪劍이라는 칼인데, 인년寅年 인월寅月 인일寅日 인시寅時, 호랑이가 네 번 겹치는 시간, 12년에 두 시간이 돌아옵니다. 그 시간에 담금질을 해서 칼을 만들면 사악한 것들을 벨 수 있다는 그런 설정입니다. 칼의 한쪽에는 북두칠성이 입사入絲 되어 있고 반대쪽에는 주문이 적혀 있습니다. 뭐 사악한 것들을 벤다, 이런 주문들이지요. 지금도 대령에서 준장으로 진급할 때 대통령에게 사인검을 모델로 하여 만든 삼정검三精劍을 수여 받습니다. 마지막 이덕춘은 여자로 바꿨습니다. 원래 셋 다 남자였는데 그러면 너무 칙칙하잖아요? (웃음) 월직차사의 '월'이 주는 이미지가 여자 같기도 하고, 이덕춘이라는 이름도 여자 같아서 여자로 바꿨습니다. 그런데 만화가 끝날 때까지 여자인 줄 몰랐다는 분도 계십니다. 제가 이렇게 그려가지고요. 이덕춘이라는 캐릭터는 저승차사의 가장 인간적인 면모를 담당하는, 눈물도 많고 정도 많은 그런 캐릭터로 묘사했습니다.

다른 이야기의 한 축은 원귀와 저승차사 간의 추격전을 그리고 있는데요. 원귀는 말 그대로 원한이 맺혀 죽은 귀신입니다. 저는 원귀를 군대에서 의문사를 당한 병사로 설정했는데요. 그 이유는 가장 억울한 죽음

그림 67
〈신과 함께〉저승편: 군 의문사

이 뭘까 생각을 해보니 군대에서 죽는 거였습니다. 그리고 제가 군대만화로 데뷔를 했는데, 군대만화를 몇 년 그리면서도 군대의 어두운 면들을 많이 부각시키지 못했어요. 즐거운 추억담 정도로 그렸기 때문에, 그런 부분에서 약간 부채의식을 느끼고 있었습니다. 그래서 그런 어두운 면을 보여주기 위해서 군대에서 의문사 당하는 병사를 원귀로 설정하고, 실제로 있었던 일을 바탕으로 해서 꾸몄습니다. 나중에 신화편에 나오는 캐릭터들을 복선으로 보여줘야 하는 작업도 필요했기 때문입니다.

〈신과 함께-저승편〉은 변호사가 기상천외한 방법으로 지옥의 여

러 난관을 헤쳐나가는 그 지혜로움이 이야기의 큰 재미를 담당하고 있는데, 결국 그 지혜로움이라는 것, 제가 생각해야 하는 거잖아요. 변호사가 굉장히 똑똑해 보여야 되는데, 그럴려면 제가 똑똑해야 되잖아요? 제가 그리는 거니까. 그런 부분이 굉장히 어려웠습니다. 예를 들면, 두 번째 지옥을 지나면 업관이라는 관문을 지나게 되는데, 원전에서는 업관을 지날 때 도깨비가 손과 발을 잘라간다고 되어있어요. 대부분의 죄는 손과 발로 짓기 때문이지요. 그런데 이게 만화의 초반입니다. 일곱 개의 지옥문을 그려야 되는데 두 개를 지나고 이런 게 나온 거였어요. 앞으로 다섯 개 남았는데, 앞으로 손과 발을 안 그려도 되는 건가 고민을 했었는데, 그건 아무래도 이상하겠더라고요. 아, 손과 발을 어떻게 붙이지, 엄청 고민했는데 다른 신화, 〈이공본풀이〉나 〈자청비〉 신화에 보면 서천꽃밭이라는 꽃밭이 나오더라고요. 거기에 있는 꽃들은 뼈와 살을 재생시키고, 피를 다시 돌게 하고, 죽은 사람을 다시 살리는 그런 신비한 꽃들입니다. 여기에 있는 꽃들을 이용해서 붙이면 되겠구나. 이런 식으로 〈신과 함께〉는 별 상관이 없는 여러 신화들을 이어붙이는 작업이었습니다. 만화를 만드는 과정에서도 그 연결고리를 붙이는 부분이 굉장히 재미있었습니다. 그래서 그 꽃들을 이용해서 이걸 하나 해결을 했습니다.

참고로 손이 잘린 장면이 나오는데, 동료작가가 그 장면을 보더니 쓰레빠인 줄 알았다고 하셨어요. 너무 귀엽게 잘렸어요. 원래 신체 절단이 나오면 보통 만화가 19금이 되는데 제 만화는 너무 귀엽게 잘려서 끝까지 전체관람가였습니다. 그래서 굉장히 훌륭하다는 칭찬을 받았습니다. 여기 이 꽃들에 대한 설명이 잠깐 나오는데요.

이 캐릭터는 한락궁이입니다. 〈이공본풀이〉에 나오는 캐릭터구요.

서천꽃밭을 관리하는 꽃감관입니다. 한락 궁이는 나중에 신화편에 나오게 되는데, 저 승편에 잠깐 등장하게 됩니다. 저승이 근대 화되었다는 설정이 있기 때문에 서천꽃밭 은 만화 속에서 서천식물원으로 나오고 꽃 감관이라는 직책도 여기서는 서천식물원 장으로 바뀌어 있습니다. 유치원생들이 견

그림 68
〈신과 함께〉 저승편: 한락궁 이

학을 와서 여기에 있는 꽃들에 대해서 설명을 해주는 에피소드가 있 는데요. 어떤 유치원생이 묻습니다. "여기에 있는 꽃들 다 있으면, 죽 은 사람도 살릴 수 있냐"고 물어보는데 한락궁이가 잠깐 멈칫하더니 "네, 살릴 수 있습니다"라고 대답합니다. 그 이유는 〈이공본풀이〉에 서 한락궁이는 잔혹하게 살해당한 자신의 어머니를 이 꽃들을 이용 해서 살리고 꽃들을 이용해 끔찍한 복수를 한 전력이 있기 때문입니 다. 그래서 이러한 질문을 받았을 때 그때 생각이 잠깐 스쳐지나갔을 것이라는 복선으로 그린 장면이지요. 서천꽃밭의 꽃들은 굉장히 직 관적으로, 유치하게 디자인을 했습니다. 피살이꽃은 꿀 대신 피가 모 여 있지 않을까 해서 이렇게 그렸어요. 뼈살이꽃은 그냥 치킨 뼈로 그렸습니다. (웃음) 그리고 살살이꽃은 꽃잎 한 장 한 장이 스테이크인 그런 굉장히 훌륭한(?) 모습으로 그렸습니다. 〈신과 함께-저승편〉은 2010년에 이렇게 끝을 내게 됩니다.

이승편-가택신앙과 재개발

이듬해에 그렸던 〈신과 함께-이승편〉은 가택신앙과 재개발이라는

부제를 붙여봤습니다. 이승편은 가택신앙에 대해서 다루고 있는데, 2009년에 있었던 용산참사가 모티프가 된 만화입니다. 한국의 가택신앙은 집안 곳곳에 신이 깃들어 있다는 설정입니다. 부엌에는 조왕신이 있고, 뒷간에는 측신이 있고, 마당에는 지신, 문에는 문왕신, 그리고 뭐 외양간에는 마부왕, 이런 식으로 집안 곳곳에 신들이 깃들어 있다고 생각합니다. 이 신들에게 어떠한 시련이 닥치면 이야기가 될까 하고 생각해보니까 무엇보다 집이 없어지는 거였어요. 마침 용산참사 이후 강제이주와 재개발 문제에 관심이 있었는데, 그런 이야기와 엮으면 제법 이야기가 만들어지겠다고 생각했습니다.

주인공은 고물을 주우며 살아가는 할아버지와 그 손자입니다. 그리고 그 집에 있는 성주신, 조왕신, 측신, 이렇게 세 명의 신들이 인간의 모습으로 현신해서, 이들을 쫓아내려는 철거용역과 맞서 싸운다는 설정입니다. 엎친 데 덮친 격으로 할아버지의 수명이 다해서 저승차사도 할아버지를 데리러 오는데요. 제가 봤던 원전에서는 이렇게 묘사되어 있습니다. "가택신들은 저승차사가 그 집에 있는 사람을 데리러 올 때, 혼신의 힘을 다해 저항한다"라고 되어있습니다.[1] 저는 이 부분이 굉장히 찡했습니다. 왜냐하면 항상 졌다는 거잖아요. 사람은 언제나 죽으니까요. 그래서 저는 질 걸 알면서도 계속 싸워준다는 게, 뭔가 좀 찡했습니다. 그래서 그런 부분들을 묘사해보려고 했어요.

재개발지역의 이미지들은 제 어렸을 적 기억과 실제 요즘 철거지역 사진들을 참고해서 그렸습니다. 취재 도중 굉장히 충격적인 기사를 접한 적이 있는데, 대학생들이 방학기간을 이용해서 철거용역 아

---

1   한림대학교 인문학연구소, 『동아시아 기층문화에 나타난 죽음과 삶』, 민속원, 2001.

르바이트를 한다는 르포 기사였습니다. 철거
민들을 강제로 쫓아내는 작업인데요, 체육학
과나 경호학과 같은 몸 좋은 학생들이 방학
기간을 이용해서 이러한 일을 한다는 기사를
보고 굉장히 씁쓸했던 기억이 났습니다.[2] 그
런데 이 학생들은 그 일을 안 하면 등록금을
못 내는 상황이에요. 사회적으로 핀치에 몰
린 사람들끼리 링 위에 올려놓고 싸움을 붙
이는 느낌을 받았습니다. 그런 점들이 굉장
히 씁쓸해서 대학생 용역 알바도 등장시켰습
니다.

그림 69
〈신과 함께〉 이승편 타이틀

　〈신과 함께-이승편〉은 무엇보다 사라지는 것들에 대한 이야기라
고 생각했습니다. 우리나라의 가택신앙이 많이 없어진 이야기는 크
게 세 가지가 있는데요. 조선은 오랫동안 유교국가였는데, 유교는 즉
괴력난신怪力亂神을 논하지 말라고 해서 귀신이야기나 신화이야기라
는 것을 무척 낮게 봤습니다. 그리고 일제강점기 때 민족문화말살정
책으로 많이 또 없어졌고, 마지막으로 새마을운동을 하면서 집이 근
대화가 되면서 자연스럽게 많이 없어졌습니다. 뒷간도 따로 있고 부
엌도 따로 있을 때야 신들이 거기 있다고 믿었을 텐데, 집과 마을이
다 근대화가 되니까 결국엔 없어졌지요. 다만 제주도는 그런 것들에
대해서 상대적으로 자유로웠기 때문에, 많이 남아있습니다. 또 사실
제주도 가보셔서 아시겠지만 굉장히 땅이 척박하고 바람도 많이 불

2　〈시사인〉 2011년 8월 22일 월요일. 〈오마이뉴스〉 2010년 1월 21일자.

고 살기 힘든 환경이었기 때문에, 이런 초자연적인 것들에 대한 의지가 더 필요했던 것으로도 보입니다. 저 또한 〈신과 함께〉에서 다섯 개의 제주도 신화와 하나의 경기도 신화를 차용했습니다. 결국은 잊혀가는 것들에 대한 이야기라는 생각이 들어서, 오히려 신들은 잊혔을 때 소멸한다고 설정했습니다. 그래서 그런 것들에 대한 이야기를 그렸던 것입니다.

마지막에는 새 명부가 나오면서 끝이 나는데 철거지역에서 한날한시에 여섯 명의 죽음이 예정되어 있다는 엔딩입니다. 이건 제가 용산 참사를 모티프로 시작했기 때문입니다. 그때 돌아가신 분이 여섯 분이거든요. 철거민 다섯 분과 경찰 한 분이 충돌 과정에서 화재로 돌아가셨습니다. 그래서 그 여섯 분을 암시하면서 이야기는 끝이 나게 됩니다. 〈신과 함께-이승편〉은 첫 장면과 마지막 장면이 같습니다.

그 이유는 너무 자주 봐서 익숙해지는 것들에 대해 그리고 싶었기 때문입니다. 무뎌지는 것들. 그러니까 사회적인 부조리라든지 이런 것들에 대해서 너무나 자주 일어나는 일이라서 체감도 안 되고 느껴지지 않는데, 타이틀 그림은 만화가 주 2회 연재가 되었기 때문에 웹툰을 클릭하면 무조건 봐야 하는 그림이거든요. 마지막 그림도 똑같이 끝내서, 저거 어디서 많이 봤던 그림인데 하면서 다시 만화를 위로 끝까지 올려서 저 타이틀 그림을 보면 좋겠다고 생각했습니다. 일종의 은유인데요, 너무 자주 봐서 익숙해진 것들을 다시 한 번 봤으면 좋겠다는 뜻에서 저런 식으로 구성을 하게 됐습니다.

신화편-지금과 여기의 이야기

　마지막은 〈신과 함께-신화편〉입니다. 신화편은 "지금과 여기의 이야기"라는 부제를 붙였는데요. 신화편은 사실 쉽게 그릴 수 있을 줄 알았습니다. 왜냐하면 원전 신화가 있기 때문에 그대로 만화로 옮기면 될 것 같은데, 고민이 많이 생겼습니다. 그대로 그릴 것인가, 아니면 각색을 할 것인가, 그런 고민이 많았어요. 결국 신화라는 게, 지금과 여기에 사는 사람들에게 필요한 이야기라고 생각했습니다. 그래서 아주 옛날 사람들이 만든 신화와 당연히 지금은 가치관이 다를 수밖에 없고, 그래서 그런 부분들을 지금 시대에 맞게 좀 변형을 해야겠다는 생각이 들어서 많은 각색을 하기로 했습니다. 그리고 신화를 그대로 그렸다면 그건 〈신과 함께〉가 아닌 그냥 〈만화 한국신화〉가 될 것 같았습니다.

　예를 들면, 한국의 창세신화는 이렇습니다. 하늘에 해와 달이 두 개씩 떠 있어서 살기가 굉장히 힘들었는데, 천지왕의 아들 대별왕이 각각 활로 하나씩 떨어뜨립니다. 그래서 살기 좋아졌다는 그런 내용인데요. 저는 이게 뭐 자연을 정복한다거나, 아니면 두 개의 세력이 있었는데 하나가 몰락하고 하나가 떠올랐다거나 이러한 걸로 해석하고 있었습니다. 그런데 그런 이야기를 지금 하는 게 의미가 있을까 싶었습니다. 그래서 저는 한날한시에 평범한 모든 사람들이 해와 달을 향해 활을 쏴서 떨어뜨리는 걸로 바꿨습니다. 원전에서는 동생 소별왕의 청을 받은 형 대별왕이 혼자서 떨어뜨리지만, 여기서는 그냥 평범한 모든 사람들이 하늘을 향해 활을 쏘는 시늉을 하자 활이 생기고, 동시에 활을 쏴서 태양과 달을 떨어뜨리는 걸로 바꿨습니다. 저는 이걸 투표에 비유한 거였습니다. 민주주의와 참여에 대해서 이야기하는 게 자연정복 같은 것보다 지금 필요한 가치들이라는 생각이 들어서 이런 식으로 각색을 했던 것입니다.

동서양 신화의 재미있는 공통점이 하나 있는데요. 세상이 혼탁해진 이유를 어떤 한 캐릭터의 잘못으로 전가하는 그러한 설정이 있습니다. 예를 들면, 서양에는 〈판도라의 상자〉라는 이야기가 있습니다. 판도라가 호기심을 이기지 못하고 상자를 열어서 온갖 나쁜 것들이 튀어나오고 그 상자 안에는 희망만이 남았다는 이야기입니다. 한국 신화에도 비슷한 게 있습니다. 대별왕과 소별왕이 누가 이승을 다스리냐 내기를 했는데, 대별왕은 훌륭했고 소별왕은 좀 찌질한 캐릭터였습니다. 그런데 소별왕이 속임수를 써서 내기에서 이깁니다. 그런 소별왕이 이승을 다스려서 지금 이승이 이렇게 되었다. 이게 한국신화의 설정이고 무척 재미있는 설정인데, 저는 이 캐릭터를 좀 변호해주고 싶었습니다. 왜냐하면 "누구 때문에 세상이 이렇게 되었다"라는 말은 신화 속 이야기뿐만 아니라 지금 우리도 굉장히 흔하게 하고 있는 말이거든요. 뉴스의 댓글만 봐도 이게 다 누구 때문이다, 저게 다 누구 때문이다, 말합니다. 이런 댓글들을 보면서 과연 세상이 혼탁해진 게 어떤 누구, 어떤 한 캐릭터의 잘못일까, 거기에 나의 책임은 없는가에 대한 이야기를 하고 싶었습니다. 그래서 소별왕을 약간 변호해주는 대사도 소별왕을 연상시키는 캐릭터의 입을 통해서 말하는 장면도 있습니다.

신화편을 그리면서 어려웠던 점은, 옛날이야기가 좀 그렇습니다만, 이야기 설정에 구멍이 좀 많아요. 이 캐릭터가 도대체 왜 이런 행동을 할까에 대한 설명이 없는 경우가 많습니다. 예를 들면, 〈이공본풀이〉라는 신화에서는 지상에서 왕자로 살고 있던 사라도령이 옥황상제의 부름을 받고 천상의 꽃감관이 되기 위해서 천상으로 가는 길을 떠납니다. 거기에 임신한 아내를 데리고 가거든요. 가다가 아내는 만삭이 되어서 중간에 애를 낳게 되는데 남편은 떠납니다. 남겨진 아내와 아이는 수십 년 동안 노예생활을 하게 되고, 아내는 결국 비참한 죽음을 맞게 되지요. 이런 끔찍한 이야기인데, 왜 저런 생고생을 할 결심을 했을까, 이런 부분들이 묘사가 되어있지 않았습니다. 그냥 옥황상제가 오라고 하니까 가는 거예요. 제 만화는 그런 부분들에 좀 더 어떤 개연성을 부여해야 했습니다. 그런 부분들을 상상력으로 채우는 작업이었어요. 저는 결국 이게 미래의 행복을 위해서 현재를 포기하는 것이 의미가 있는가에 대한 이야기라는 생각이 들어서 그런 쪽으로 가닥을 잡아서 해석을 해봤습니다. 그런데 이게 다른 사이트에서 편집이 되어 유머 자료로 돈 적이 있습니다. 여기 대사가 "미래의 행복을 위해 현재를 포기하는 것, 그것이 얼마나 어리석은 일인지를 깨닫는데 너무나 많은 눈물을 쏟았소. 이제부터 난 지금의 행복을 좇기로 했소." 그리고 여기서 "디아블로3를 결제할 것이오." 뭐 이런 식으로 편집이 되어가지고, 한때 게임 사이트에서 유행한 적이 있습니다. 원래는 아내가 흘리는 눈물이 행복해서 우는 거였는데, 한심해서 우는 걸로 바뀌었고요. 저도 기억에 남는 게, 그때 한참 이걸 연재를 하고 있었기 때문에 그 게임을 결제하지 못했습니다. 미래의 행복을 위해서 현재를 포기했었죠. 그런 주제에 이런 대사를 썼던 것이지요.

〈신과 함께〉는 3년 동안 이런 식으로 작업을 하게 됐는데, 전통 콘텐츠를 이용해서 만든 저의 첫 번째 작업물이었습니다. 그리면서 느꼈던 것은 크게 세 가지입니다. 첫 번째는 신선한 소재를 사용할 것, 두 번째는 지금과 여기를 이야기할 것, 세 번째는 '왜를 채워넣기'입니다. 첫 번째 신선한 소재는 사실 한국신화 자체가 많은 분들이 다루지 않았던 소재였기 때문에 좋아하셨던 것 같습니다. 그리고 요즘 사극의 트렌드이기도 하고요. 사실 기존의 사극은 어떤 한 인물에 집중하는 경우가 많았습니다. 뭐, KBS 대하사극 시리즈는 언제나 왕들의 이야기였죠. 건국 얘기였죠. 항상 최수종 씨가 연대만 바꿔가면서 계속 왕을 하셨죠. 아니면 허준이라든지 아예 캐릭터의 이름이 제목인 그러한 사극이 대세였는데, 그래도 지금은 많이 다양해졌습니다. 몇 년 지났지만, 〈추노〉 같은 드라마는 노비 사냥꾼이라는 특이한 소재를 가져왔고, 〈뿌리깊은 나무〉도 원래 세종의 업적으로 지나가는 한글창제에만 집중을 해서 스릴러로 풀어내기도 하고요. 예전에는 조연으로 지나갈 사람들이 주인공이 되기도 했죠. 정도전이나 유성룡 같은 사람들은 예전 사극에서는 당연히 조연이었을 겁니다. 근데 지금은 그들을 주인공으로 해서 그들의 시점에서 이야기를 풀어나가고 있지요. 너무 많이 우려먹어서 수명이 다한 소재도 있다고 저는 생각을 하거든요. 예를 들어서, 홍길동이나 구미호를 가지고 뭐를 만든다고 하면 이제는 전혀 기대가 되지 않습니다. 그 두 개로 만든 것 중에 재미있게 본 게 하나도 없어요. 그리고 두 번째는 지금과 여기. 사극이든 판타지든 지금과 여기에 대한 이야기를 해야 재미도 있고 의미도 있다는 생각을 하게 되었고요. 마지막 세 번째, 왜를 채워넣기. 옛날이야기는 개연성 부분을 점프하는 부분이 많기 때문에 도대체 이 캐릭터가 왜 이런 행동을 할까를 상상력으로 채우면서 이야기의 실마리를 잡을 수 있다. 뭐 이런 것들을 느끼게 되었습니다.

제가 자주 받는 질문 중 하나가 "〈신과 함께〉 준비하시면서 어떤 책을 보셨어요?"라는 것이에요. 한 대여섯 권 되는데 다 알려드리면 안 봅니다. 그래서 딱 한 권을 알려드리는 게 차라리 낫습니다. 건국대 국문학과 신동흔 교수님이 쓰신 『살아 있는 한국신화』라는 책이 있어요. 이 책이 제가 본 책 중에서 제일 쉽고 재미있게 잘 쓰인 것 같습니다. 저는 이 책을 추천해드리겠습니다. 이 책을 가장 많이 참조를 했습니다.

〈신과 함께〉 이후

〈신과 함께〉는 연재가 끝난 후 여러 가지 매체로 이식이 되거나 되고 있습니다. 일단, 책은 굉장히 많이 팔렸습니다. 현재 60쇄 정도를 찍었습니다. 한 35만권 정도가 팔렸구요. 지금도 꾸준히 팔리고 있다고 합니다. 그리고 지난 여름에 뮤지컬로 만들어져서 예술의 전당에서 2주간 공연을 했습니다. 그때도 반응이 굉장히 좋아서 전석 매진을 기록했습니다. 재공연이 확정이 되었어요.

그리고 일본에서 리메이크가 됐는데요. 제가 연재한 잡지는 『영 간간ヤングガンガン』이라는 잡지인데, 여기서 나왔던 유명한 만화로는 〈강철의 연금술사〉가 있습니다. 저는 여기에서 원작자로 들어가고 일본의 신인 만화가인 미와 요시유키三輪ヨシユキ라는 여자 작가가 만화를 일본식으로 다시 리메이크해서 그렸습니다. 그 결과, 원작의 김자홍 씨는 열 살이 젊어졌습니다. 완전히 일본만화처럼 되었지요.

원작에 없던 캐릭터 두 명이 등장합니다. 그 이유는 청년지는 말 그대로 청년들이 보는 잡지인데요. 〈신과 함께〉에는 여자가 안 나와요. 그래서 좀 그들에게 어필할 수 있는 여성 캐릭터가 필요하다고 생각을 해서 원작에는 없던 오리지날 캐릭터가 들어갔습니다. 이름도 저보고 지어달래요. 그리고 일본 사람들은 받침이 있으면 발음하기 힘들다고, 받침이 없는 이름으로 지어달라고 그런 주문이 왔습니다. 그래서 저는 하이에나 같이 물어뜯는 검사가 됐으면 좋겠다고 생각해서 '하유나'로 지었습니다. 원작에서는 변호사와 노총각 두 명의 여정인데, 여기서는 저승여행 가이드가 한 명 더 추가되었습니다. 삼인조로 여행을 하게 되고, 안경도 끼고 있습니다. 딱 봐도 느껴지는게, 이 둘 중에 네가 좋아하는 여자가 있겠지 라는 느낌으로 독자들에게 어필하고 있습니다.

그럼에도 불구하고 일본에서는 그렇게 큰 인기는 없었습니다. 결국 한 2년 연재를 하고 완결이 됐습니다. 총 단행본 네 권으로 완결이 되었습니다. 현재 한글판도 나와 있습니다. 한글판은 2권까지 번역이 되어 나온 상태인데 원작과 비교해서 보시면 재밌을 것 같습니다. 내용이 똑같은데 이상하게 재미가 없어요, 일본판은. 제가 나름대로 분석을 해봤는데, 제가 의도한 장치들이 많이 깎여 나갔어요. 예를 들면, 저는 저승 가는 지하철에 잡상인이 등장을 해서 내복을 판다는 설정을 넣었습니다. 내복이라는 아이템 자체가 뭔가 좀 촌스럽기도 하지만, 우리가 첫 월급을 탔을 때, 부모님께 사드리는 선물이기도 하고, 그런 풍습이 있잖아요. 우리는 그런 것들을 알고 있기 때문에, 내복이라는 아이템을 봤을 때 뭔가 짠함을 느끼게 되는데, 일본에서는 이게 PPL이 들어가면서 유니클로 히트텍으로 바뀌었어요. 그래서 원작에서는 할머니가 그 내복을 잡고 울면서 "내복을 보니까 먼저 두고 온 영감이 생각나. 혼자서 연탄도 못 가는 양반인데. 덜덜 떨고 있진 않을지." 연탄이라는 아이템 자체도 굉장히 한국적이고, 옛날스러운 아이템인데, 그 대사가 일본판에서는 어떻게 바뀌었냐면, 내복을 잡고 울면서 "영감도 히트텍을 좋아했었지"로 바뀌었어요. 그런 부분에서 제가 의도했던 정서들이 많이 깎여 나가지 않았나, 그런 생각이 들었습니다.

또 이야기의 큰 한 축이 군대에서 의문사를 당한 병사잖아요. 그런데 거긴 징병제가 아니잖아요. 그러다보니까 군대에 간다는 게 어떤 의미인지, 거기서 죽는다는 게 어떤 의미인지, 그런 것들에 대한 어떤 공감이 좀 부족하지 않았나, 그래서 어필을 못하지 않았나 생각하기도 했습니다. 다분히 한국적인 정서로 가득했던 만화였기 때문이죠. 이렇게 글로벌에서는 큰 성과를 거두지 못했습니다. 중국에서는 불법복제 때문에 실패했습니다. 또 중국에서는 귀신이 나오는 콘텐츠를 만들 수가 없습니다. 〈천녀유혼〉은 홍콩영화예요. 중국은 공산당, 유물론적 사상이기 때문에 귀신이 나올 수 없습니다. 영화나 그런 거에. 그리고 부패한 공무원이 나오면 안 되고 범죄자가 나오면 꼭 잡혀야 됩니다. 몇 년 전 최동훈 감독의 〈도둑들〉이라는 영화 있잖아요? 그 영화도 중국판은 마지막에 자막이 나온다고 합니다. "여기 나오는 도둑들은 모두 잡혔습니다." 정식으로 진출하기는 그런 점에서 애로사항이 있지 않나 생각하고 있습니다.

현재 영화가 만들어지고 있습니다. 확정이 된 배우는 강림도령에 하정우 씨가 캐스팅이 되었습니다. 영화는 2017년 여름, 2018년 여름에 이부작으로 나눠서 개봉할 예정이라고 합니다.

〈신과 함께〉는 이런 식으로 끝났습니다. 그 이후에도 여러 작업을 했는데, 많은 분들께서 〈신과 함께〉를 너무 강렬하게 기억하셔서 그 런지, 주호민은 도대체 '신과 함께' 뭐하고 있냐 하는 질문을 많이 받 아요. 그 이후 만화를 세 개나 더 그렸습니다. 네이버에서 안 하니까 사람들이 잘 몰라요. 그 이후에는 올레마켓웹툰이나 피키캐스트, 이 런 곳에서 하다보니까 사람들이 계속 놀고 있는 줄 아는데 저는 한 번도 쉬어본 적이 없습니다. 〈셋이서 쑥〉이라는 만화를 그렸는데, 2013년에 〈신과 함께〉를 완결하고 나서 얼마 후에 아이가 태어나서 육아과정을 그렸던 만화고요.

지금은 〈만화전쟁〉이라는 만화를 연재하고 있습니다. 제가 파주에 살거든요. 거기서 대북 풍선을 날립니다. 뉴스를 보면 북한에서 화내 면서 총 쏘거든요. 그 뉴스를 볼 때마다, 저기에 저런 거 매달아서 보 내지 말고, 내 만화책이나 매달아서 보내면 참 재미있게 볼 텐데, 이 런 생각을 했어요. 거기서 출발한 만화입니다. 어떤 설정이냐면, 남 한에서 인기 없는 만화가의 원고가 우연한 계기로 풍선을 타고 북한 으로 넘어가게 됩니다. 그 만화가 북한에서 빵 터집니다. 본인은 꿈 에도 모르고 있고요. 북한 사람들에게 굉장히 인기 있는 만화가 되다 보니까 국정원과 북한의 국가안전보위부에서 그 만화의 내용에 개 입하기로 합니다. 자신에게 유리한 선전매체로 이용하기 위해서. 그 래서 국정원과 국가안전보위부에서 각각 요원을 그 만화가의 작업 실에 문하생으로 위장취업을 시켜 그 만화의 내용을 바꾸려고 한다 는 내용입니다. 예를 들면, 저 만화가가 괴수 만화를 그리고 있거든 요. 괴수의 얼굴을 국정원 요원은 김정은의 얼굴로 그리려고 하고, 보위부 요원은 이름을 댈 수 없는 그분의 얼굴로, 참신하게 여성으로 해보면 어떻겠습니까, 이러면서. 그런 식으로 서로에게 유리하게 바꾸는 소동을 그리고 있습니다. 현재 피키캐스트에서 보실 수 있습니다.

아직 못 그린 신화가 굉장히 많습니다. 제가 〈신과 함께〉를 그리면서 여섯 개의 신화를 추렸는데 재미있지만 연결고리를 만들기가 약간 애매해서 못 그린 신화들도 조금 있습니다. 예를 들면, 〈자청비 신화〉라든지, 아니면 〈바리데기〉 이야기라든지, 이런 것들은 굉장히 매력적인 이야기인데 좀 고쳐야 할 부분들이 많이 있습니다. 특히 바리데기 같은 경우는 모험담이긴 하지만, 지금 시점으로 보면 자기를 버린 부모를 위해서 온갖 고생을 하는, 굉장히 여성차별적인, 지금의 페미니즘의 시각으로 보면 어처구니없는 얘기거든요. 그런 점들을 어떻게 보완을 해서 그릴 수 있을까, 그런 것들에 대한 고민을 통해 앞으로도 전통 콘텐츠와 만화를 접목하는 작업을 계속 해나갈 생각입니다.

질문과 답변

질문 지난 시간에 미야자키 하야오의 만화를 쭉 보면서 부럽다는 생각도 많이 했습니다. 오늘은 주 선생님의 작품을 보면서, 과연 그럼 우리가 우리 콘텐츠를 가지고, 일본만큼은 아니겠지만, 신화나 아니면 그런 우리의 전통적인 콘텐츠 자체를 가지고, 많은 사람들이 볼 수 있는 애니메이션이나 그런 작품들이 가능할지, 작가님의 생각은 어떠신지 궁금합니다.

답변 저는 사실 한국신화가 더 사랑을 받고 알려지려면 저 같은 창작자들의 몫이 굉장히 크다고 생각하거든요. 그리스로마 신화나, 아니면 〈서유기〉나 〈삼국지〉, 이런 옛날 고전 콘텐츠들이 지금도 꾸준히 사랑을 받는 이유는 그것들을 이용해 새로운 콘텐츠가 계속 만들어지기 때문이라고 생각하거든요. 〈퍼시 잭슨〉이라든지 〈삼국지〉는 뭐 게임을 비롯해서 여러 가지 형태로 계속 끊임없이 만들어지고 있는데요. 그런데 〈신과 함께〉와 비슷한 시기에 〈고스트 메신저〉라는 한국 애니메이션이 나왔습니다. 비슷한 한국신화의 설정을 따르고 있어요. 그런 식으로 점점 재미있는 콘텐츠가 더 많이 만들어지면, 거기에서 또 자극을 받은 창작자가 또 다른 콘텐츠를 만들게 되고, 그런 식으로 계속 재생산이 되면 결국은 더 많은 사람들이 즐길 수 있게 되지 않을까 생각하고 있습니다.

질문 강의 잘 들었습니다. 저는 〈신과 함께〉를 제 동생이 먼저 보고 "누나, 이거는 정말 대작이니까, 꼭 보라"고 추천해줘서 보게 됐는데요. 정말 재밌게 잘 봤습니다. 아까 강의 내용 중에 신화를 이어붙여서 스토리를 만들었다고 하셨잖아요. 그 이어붙이는 과정에서 본질적인 신화의 내용이 흐트러질 수 있고, 작가가 상상력을 발휘해서 어떤 거를 넣으면 본질적으로는 그게 흐려질 수 있는데, 그걸 어떻게 조절하시는지 궁금합니다.

답변 신화를 소재로 했지만, 제가 추구하는 본질은 만화이기 때문에, 결국 저는 재미를 추구하고 있습니다. 만화적인 재미. 그래서 원래 신화가 말하고자 했던 내용이나 그런 부분들이 조금씩 바뀌는 거는 어쩔 수 없다고 생각했습니다. 이 만화를 그리면서 가장 우려를 많이 한 부분이 한국신화가 워낙 생소하다 보니까 〈신과 함께〉를 보고 나서, 독자들이 한국신화에 대해서 다 안다고 말을 할까 봐 그게 너무 걱정이 됐습니다. 그래서 만화 후기나 작가의 말에도 썼지만, 이것은 어디까지나 한국신화를 인용한 2차 창작일 뿐이고, 한국신화는 원전을 반드시 봐야 한다고 명시했는데 잘 모르겠습니다. 그런 부분에 대해서는 앞으로도 더 많은 고민들을 가지고 균형을 맞춰가야 할 거라고 생각합니다. 하지만 결국은 제가 추구하는 건 만화적인 재미이기 때문에, 어느 정도 변형이 있는 건 어쩔 수가 없다고 생각합니다.

참고
자료

주호민, 웹툰 신과 함께.
한림대학교 인문학연구소, 『동아시아 기층문화에 나타난 죽음과 삶』, 민속원, 2001.
현용준, 『제주도 신화』, 서문당, 1996.
신동흔, 『살아있는 한국신화』, 한겨레출판, 2014.

신화와 스토리텔링

김남일 (소설가)

제가 신화에 대해 관심을 갖게 된 계기부터 말씀드리겠습니다. 몇 년 전에 제가 큰병에 걸려 오랫동안 누워 지내야 했습니다. 그때 처음에는 책 읽을 힘도 없었는데, 한 고비를 넘기면서 겨우 책을 읽을 수 있게 되었어요. 손에 잡히는 대로 온갖 책을 다 읽었지요. 평소 읽기 싫었던 고전이라든지 시간이 부족해 못 읽었거나 한 번 더 읽고 싶었던 대하소설도 그참에 마구 읽어치웠습니다. 그러던 중 차츰 제가 평소 관심을 갖고 있던 아시아에 대해 집중적으로 공부해 보고 싶다는 생각이 들었어요. 쉽게 말해 아시아의 소설을 읽어야겠다는 생각이 들었다는 것입니다. 따지고 보니까 그때까지 아시아아의 소설에 대해 읽은 게 거의 없다는 생각이 들었어요. 그나마 저는 1995년에 〈베트남을 이해하려는 젊은 작가들의 모임〉이라는 걸 만들어 활동해 오면서 나름대로 관심을 갖고 공부해 온 사람인데도 말입니다. 중국, 일본을 제외하면 사실 저 역시 아시아의 다른 나라 사람들이 어떤 생각을 갖고 어떤 문학을 하는지 아는바가 없다고 해도 과언이 아니었죠. 그때부터 닥치는 대로 아시아 작가가 쓴 소설이나 아시아를 배경으로 한 소설을 읽었습니다. 번역된 책이 많지 않았으나 그럭저럭 읽은 만큼은 되었으니까요. 예를 들어 프랑스 작가 앙드레 말로나 영국 작가 조지 오웰에게도 아시아를 무대로 한 작품들이 있었거든요. 그러다가 어떤 인도 작가의 작품을 읽었는데, 그 속에서 재미있는 이야기에 대해 설명하는 걸 봤는데 그게 바로 인도신화였어요. 정확히 기억나지는 않지만, 아마 〈라마야나〉였던 것 같습니다. 그 이름이 언젠가 한두 번 듣거나 봤던 기억이 나더라구요. '라야마나'인지 '라마야나'인지 정확히는 몰랐어도. 사실, 그 이름이 약간 헷갈리잖아요. 어쨌든 궁금해서 번역된 책을 구입해 한 번 읽어보기 시작했었습니다. 그리고 깜짝 놀랐습니다. 너무 재미있었어요. 인도에 한번 간 적이 있었는데, 그곳 힌두교 신앙이 울긋불긋 좀 낯선 신이나 형상들로 표현되는 걸 보고 썩 마음이 가닿지는 않았는데, 인도신화 책을 읽고 났더니 느낌이 전혀 달라지는 거였어요. 게다가 거기에 나오는 하누만이라는 원숭이 장군이 어디선가 본 기억도 나고. 그렇지요, 바로 〈서유기〉에 나오는 손오공이었어요. 나중에 확인한 사실이지만, 〈라마야나〉의 주인공 하누만이 손오공의 모델이라는 설이 유력합니다. 어쨌든 그때 좀 억울한 생각도 들었어요. "내가 젊은 시절에 이걸 봤으면 내 소설이 그렇게 재미없지는 않았겠다." 이런 생각까지 들었으니까요. 그러니까 저는 어떤 면에서 보면 시대의 희생자라고 할까요, 우리 세대가 그런 면이 많은데, 좀 주체적으로 자신 있게 살아가기 어려웠습니다. 세상 속에서 해야 할 일을 해야 한다는 의무감이 너무 강했지요. 그러다 보니까 자연스레 내 소설도 좀 딱딱하고 재미가 없었는데, 신화를 접하고 나서는 상상력이 무엇인지를 알게 됐습니다. 어렸을 때는 저도 굉장히 좋아했을 텐데, 그 상상력이란 게 내 소설 속에서 전부 사라져버렸었어요. 세상을 있는 그대로 써야 한다는 의무감, 그것만이 세상을 올바르게 살아가는 방법이라고 생각했던 것입니다. 아프기 직전 마지막으로 2010년도에 썼던 소설이 『천재토끼 차상문』이라는 책인데요. 그게 〈시크릿가든〉이라는 드라마에서 현빈이 들고 있던 책입니다. 주인공이 토끼입니다. 사람이 싫어서 토끼를 주인공으로 했는데. 아마 그때 제가 어떤 과도기였던 것 같습니다. 그러니까 나만의 경직되고 좁은 세상에서 새로운 세상으로 나아가는 과도기에 그 소설을 썼고, 그러고 나서 아팠고, 심하게 아픈 다음에 새롭게 눈을 뜰 때 신화가 제게 다가왔던 것 같습니다. 그 다음부터는 시간이 굉장히 많았으니까, 아주 많은 신화를 보고 공부를 하고 또 몸이 좀 나아지고 나서는 여러 가지 신화 관련 일들을 할 수 있었습니다. 얼마 전에 개관한 광주 '아시아문화의전당'의 개관을 준비하는 과정에서 신화 파트를 제가 맡아서 데이터베이스를 만들어준다든지 하는 일들도 했습니다. 그때 신화를 공부한다는 게 굉장히 중요하다는 걸 새삼 알게 되었습니다. 서론이 좀 길었습니다.

신화와 쓸모

신화에 대해서 간단히 얘기를 해보면, 신화니까 보통 아주 오래된 이야기, 그리고 아무 쓸데도 없고 거짓말, 이런 생각을 하시지요? 신화는 우리가 생각하는 역사적 사실하고 다른 것들, 사실과는 무관한 이야기가 아닌가, 신화를 배워서 뭐하지, 이런 생각을 가질 수 있는데 소설가로서 저는 쓸모가 꼭 필요하다고 생각하지는 않습니다. 모든 일이 꼭 쓸모가 있어야지만 좋다고 생각하지는 않는데, 신화에 대해서는 흔히 오해가 많습니다. 신화는 거짓말이고, 실제 있었던 일이 아니고, 이런 식으로 생각하는 경우가 많이 있거든요. 꼭 그렇다고 생각하지는 않습니다. 신화는 그 당시 처음 그 신화의 싹들이 피어났을 때는 굉장히 쓸모가 있게 태어났다는 것이에요, 의외로. 요즘은 여러분이 쓸모를 찾으려면 뭐 인터넷에서 정보를 찾는다든지 이렇게 하지 않습니까? 예전 사람들은 그런 통로가 없었습니다. 그래서 자기들이 갖고 있었던 생각을 자식들한테 손자들한테 넘겨줄 때 어떤 방식으로 넘겨줬겠어요? 이야기를 했던 거죠. 끝없이 이야기를 통해서 넘겨주고 했을 텐데, 신화도 바로 그 이야기 속에서 중요한 한 부분이었습니다. 그런데 그 이야기가 할머니가 들려주던 옛날 이야기처럼 무조건 재미만 추구하는 그런 이야기만 있었던 건 아니었을 겁니다. 그중에서도 신화는 굉장히 실제적인 것이었다, 이렇게 생각할 수 있겠습니다. 처음에 수렵 생활을 하던 인류가 이제 정착을 해서 농사를 짓게 됩니다. 그런데 농사를 짓게 되면서 신화는 더욱 활발하게 만들어지기 시작합니다. 예를 들어서, 농업이라는 건 뭐지요? 밭에다가 씨를 뿌려서 곡식이 자라야 됩니다. 그 당시에는 다른 것이 없었기 때문에 목숨을 걸고 곡식을 잘 가꾸는 것이 가장 중요했지요. 수확을 잘하는 것이 최고였지요. 그런데 그게 맘대로 그렇게 쉽지는 않지요. 끝없이 위협이 닥칩니다. 날이 가문다든지, 홍수가 진다든지, 또는 병충해가 생긴다든지, 이래서 죽음이 생명이라는 농업을 위협하게 됩니다. 그렇겠죠. 거기에 맞서서 인간은 끝없이 싸우게 됩니다. 벼라든지 보리라든지 밀과 같은 농작물은 그것들이 단순한 먹을거리 차원을 넘어서 이 사람들의 어떤 정신, 이게 잘 자라

344 아시아신화여행

기 위해서는 우리가 기도를 잘해야 한다, 이런 식으로 정신적 힘이 그 속에 투영이 됐다고 볼 수가 있는 거죠. 그러다가 어떤 신성한 신이 그 속에, 그 농작물 속에 들어가 있다. 실제로 그렇게 생각하기도 했습니다. 그 신성한 곡식을 더 잘 가꾸기 위해서, 그 당시 초기 농경 사회를 이끌었던 농민들이 생각했던 게 뭐냐면 우리가 정성을 다해야 한다. 그 정성이라는 것은 바로 성性하고도 연결된다고도 생각했습니다. 그래서 처음 밭에다가 씨를 심을 때 남녀가 정갈하게 목욕을 하고 성교의식을 하는 것이 세계 곳곳에서 발견됩니다. 결국 농업이라는 것은 단순히 먹을거리를 생산하는 것일 뿐만 아니라 인류가 갖고 있던 어떤 정신적 상태, 특히 무엇보다도 죽음과 삶이 끝없이 갈등을 겪으면서 새로운 생명을 창조해내는 과정이라고 볼 수 있겠습니다.

예를 들어보겠습니다. 그러니까 과연 옛날 사람들의 신화 속에서 농업하고 신화가 어떻게 연결되는지 간단히 보도록 하겠습니다. 요즘 세계에서 가장 시끄러운 지역, 중동지역을 보면 이라크 지역에 기원전 3, 4천 년 전부터 문명이 있었습니다. 지역을 따라 메소포타미아 문명이라고도 하는데, 두 강 사이, 티그리스 강과 유프라테스 강 사이에 비옥한 충적토에 문명이 싹텄습니다. 그걸 '비옥한 초승달 지역Fertile Crescent'이라고도 합니다.

그 지역의 초기 문명을 달리 수메르 문명이라고 하는데, 수메르인들이 일으킨 문명이기 때문에 그렇게 부르는 것이지요. 이 수메르 사람들이 그 당시 점토, 즉 진흙에다가 갈대나 뼈 같은 걸로 긁어서 글을 쓰기 시작했습니다. 문자의 모양이 쐐기를 닮아서 쐐기 문자라고 하는데, 나중에 그걸 판독을 해보니까 그 속에 신화가 많이 들어

그림 70
메소포타미아의 '비옥한 초
승달' 지역

가 있었습니다. 그중에 가장 유명한 신화가 이난나Inanna라는 여신에 관한 신화입니다. 이 이난나가 어느 날 저승에 가기로 합니다. 명계冥界라고도 하는데 저승, 또는 지하세계, 이렇게도 이야기할 수 있습니다. 나쁜 의미로는 지옥이 되겠지요? 그 저승으로 여행을 떠납니다. 여행을 떠나는데 문 앞에서 문지기가, 저승의 문지기가 계속 막아요. 당신은 살아있는 사람이기 때문에 안 된다. 여기는 죽은 사람만 올 수 있는 곳이다. 못 들어온

다. 이렇게 얘기를 합니다. 그런데 나는 저승을 다스리는 에레슈키갈Ereshkigal이라는 여신의 동생이다. 가야 된다. 그래서 그 문지기가 저승의 여왕한테 가서 허락을 맡고 오지요. 조건이 붙습니다. 자, 여기는 그대로 들어올 수 없다. 지상에서 있었던 모든 것을 벗어버리고 와야 한다. 문을 하나 넘어올 때마다, 하나씩 벗어야 합니다. 처음에는 왕관을 벗어던집니다. 두 번째는 목걸이를 던집니다. 이렇게 해서 일곱 개의 관문을 통과합니다. 마지막에는 알몸으로 가게 되죠. 알몸으로 가서, 언니를 딱 보니까, 언니가 불같이 화를 냅니다. 왜 그럴까요? 혹시 이 동생이 자기 권좌를 뺏어갈지 몰라서 막 화를 내고 재판을 합니다. 재판을 해서 사형을 선고합니다. 그래서 갈고리 있지요? 정육점에 있는 갈고리로 꿰서 벽에다가 걸어놓습니다. 죽인 거

죠. 그런데 그런 일이 있을 줄 알고, 이 이난나가 떠나기 전에 시종들에게 혹시라도 그런 일이 있으면, 내가 며칠 동안 돌아오지 않으면 이런 일을 해라, 미리 이렇게 일러놓았어요. 그래서 바깥에서 시끄럽게 하고 사자使者를 보냅니다. 그랬더니 어쩔 수 없이 이난나를 돌려보내게 됩니다, 지상으로. 하늘의 신까지 구명운동에 나섰거든요. 근데 조건이 있습니다. 저승의 여왕이 내건 조건은, 너 대신 누구 다른 사람을 내게 보내라, 그겁니다. 누군가를 볼모로 잡히라는 거죠. 이난나가 그래서 저승사자들하고 같이 지상으로 올라왔어요. 올라와서 저승사자들이 아무나 데리고 가도 되니까, 저 하인을 데려가자고 그래요. 그런데 이난나가 말해요. 하인이 자기를 위해서 울음을 슬피울었는데, 왜 내가 하인을 내려 보내는가 하고 거부를 해요. 사실 신하들이 이난나를 위해서 통곡을 하고 그랬거든요. 저승사자들도 마음이 약해서 데려가지 못합니다. 그런데 저기 보니까, 나무 밑에서 낄낄거리면서 놀고 있는 사람이 한 명 있었어요. 여자들하고 같이. 알고 봤더니, 그게 자기 남편이었어요. 양치기 신이었는데, 두무지Dumuzi라고 합니다. 당연히 화가 났겠죠. 그러니까 이난나가 제 남편 두무지를 데려가라고 했죠. 저승사자들이 막 쫓아가서 붙잡으니까 황급히 도망가다가 도랑에도 숨고 했지만, 결국 붙잡혀서 끌려 내려갑니다. 자, 두무지가 끌려 내려간 다음, 땅에는 어떤 일이 생겼을까요? 곡식이 다 죽어버리기 시작합니다. 이 양치기 신이 농업의 신이기도 하고 목축의 신이기도 하거든요. 그래서 땅 위에서 자라던 식물이나 이런 것들이 다 죽어버려요. 그러니까 세상에서 사람들이 살 수가 없어요. 이런 소리를 듣고, 또 마음이 약한 저승의 여왕이 대신 또 제안을 합니다. 그럼 너도 올라가되, 육 개월만 여기 있고, 육 개월은 지상에 가라. 대신 네가 지상에 가있는 육 개월 동안은 누군가를 내려보내라고 합니다. 그래서 두무지가 자기랑 잘 놀던 여자를 내려보냅니다. 게슈틴안나Geshtinnana라고 하는데, 그의 누이였어요. 어쨌든 그렇게 해서 상황이 마무리되었는데, 땅에는 어떤 일이 벌어졌을까요? 두무지가 지상으로 올라와 있으면 곡식이 잘 자라요. 반대로 지하로 내려가 있으면 다 죽어버려요. 무슨 뜻이죠? 이게 바로 겨울과 여름이에요. 지역에 따라서 이게 우기와 건기일 수도 있는데, 아무튼 두무지가 올라오면 지상의 곡식이 잘 자라고, 내려가면 그러지 않았다. 그러니까 농업의 신에 대한 믿음 같은 것들이 더욱 더 강해질 수밖에 없었던 거죠.

원시인과 현대인

이런 전설, 이런 신화들이 세계 곳곳에 퍼져 있습니다. 레비스트로스Claude Lévi-Strauss라고 프랑스의 인류학자입니다.[1] 구조주의 인류학자라고 하는데, 그가 젊은 시절 아마존 원시림에 가서 우리가 말하는 소위 원시인들, 야만인들이죠? 그 사람들하고 함께 지내고 그랬어요. 그러다보니까 이 사람들이 의외로 논리적이라는 걸 알았습니다. 우리가 볼 때는 아마존의 식인종이라든지 이런 사람들은 그냥 되는 대로 짐승처럼 산다고 생각하는데 전혀 그러지 않았습니다. 일정하게, 특이한 자기 식의 논리적 체계에 따라서 생활을 하고, 의식을 치르고, 그렇게 한다는 걸 알았습니다. 예를 들어서, 이 사람들이 코

---

[1]   레비스트로스(Claude Lévi-Strauss, 1908-2009). 설명 추가. 여기 소개한 내용은 특히 클로드 레비 스트로스 저, 강주헌 역, 『우리는 모두 식인종이다』, 아르테, 2015. 참고.

에 코걸이를 끼웠잖아요? 소뼈로 만든 코걸이를 끼우고, 귀에도 끼웠어요. 우리가 보면 그건 너무 아플 것 같고, 보기 싫기도 하고, 현대의 눈으로 보면 말이 안 되지 않습니까? 물론 요즘에는 일부러 피어싱도 하지만, 사실 그렇게 큰 뼈를 끼우고 하진 않죠. 그런데 왜 그걸 하는가를 나중에 알고 봤더니, 생명과 죽음에 관해서 이 사람들이 굉장히 깊이 있게 생각을 했다는 것입니다. 우리 몸에서는 부드러운 부분과 딱딱하고 썩지 않는 부분이 있잖습니까? 그것을 죽음과 삶으로 생각했어요. 특히 몸에서 물렁물렁한 부분 중에서도 가장 취약한 부분이 구멍이잖아요. 콧구멍, 귓구멍, 이런 데에는 악마가 들어올 수 있다고 생각한 겁니다. 그 악마를 물리치기 위해서는 부드러운 부분에다가 딱딱한 것을 놓아두면 막을 수 있겠구나, 이렇게 논리적으로 생각했다는 거죠. 지금의 입장에서 보면 그래서 악마를 막을 수 있겠는가 이렇게 생각할 수 있겠지만, 그 사람들의 사유체계 속에서는 그것이야말로 악마를 막는 가장 중요한 방법이었다고 생각했던 것이지요.

옛날 무덤들을 보면 여러 가지가 있는데, 가장 특이한 것 중 하나가 옹관甕棺입니다. 항아리 무덤. 왜 굳이 저 속에 사람을 넣어서 매장을 했을까. 예전엔 저도 별로 생각해보지도 않았거든요. 그런데 이제 생각을 해보니까 사람이 저 속에 들어가면 어떻게 되지요? 이렇게 꼬부라지게 됩니다. 몸이, 머리와 다리가 이렇게 다 꼬부라지겠죠. 그 모양이 무엇과 같죠? 뱃속에, 자궁 속에 들어있는 아이 같지요? 뱃속에 들어있는 아이하

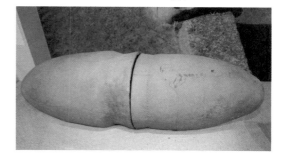

그림 71
옹관

고 똑같아요. 그 아이는 생명이란 말입니다. 새 생명이 뱃속에서 나오는 거지 않습니까? 그러니까 사람들을 그냥 묻는 것보다 옹관에다 묻으면 혹시 더 부활하기가 쉽지 않을까 이렇게 생각을 했던 것입니다. 생명, 새 생명이 태어나는 것처럼.[2] 그것 자체가 아주 원시적이고 미개하다 이렇게 생각할 수 있겠지만, 자기들의 입장에선 굉장히 논리적이고 생각을 많이 한 결과입니다. 예를 들어서, 식인종하면 우리는 무조건 나쁘고 어떻게 사람이 사람을 먹어 이렇게 생각을 하잖아요? 이것도 신화적인 맥락에서 보면, 이해가 가능한 거죠. 그 사람들이 먹었던 거는 무조건 사람이 맛있어서나 또는 먹을 게 다 떨어져서 이런 것이 아니라, 어떤 경우에는 풍부하게 먹을 것이 있는데도 불구하고 잡아먹기도 했거든요. 그 이유는 그 사람의 영혼을 자기가 대신 받아들인다, 기를 받아들인다고 하죠. 그런 생각도 가졌다고 합니다. 레비스트로스는 이렇게 말합니다. "가까운 친척의 시신을 먹는 것이 고인에 대한 사랑과 존경을 표현하는 한 방법이었다"고 말합니다.[3]

이런 얘기들을 하는 것은, 뭐 저도 인류학이나 이런 데 대해서 잘 알지 못합니다만, 이 레비스트로스라는 프랑스의 인류학자는 세계적인 학자인데, 이 사람이 그런 다음 내세웠던 가설이 원시인하고 현대인하고 크게 다르지 않다는 얘기였습니다. 이게 세계적으로 굉장한 충격을 던져줍니다. 이제까지 서양의 문명은 모든 것이 낮은 단계에서 높은 단계로 점진적으로 발전을 한다. 이래서 원시시대로부터 지금까지 엄청난 발전이 이루어졌다고 생각을 했죠. 여러분도 아마 그렇게 생각하실 것입니다. 아, 저 시골의 못사는 나라, 저 방글라

2   김열규, 『한국의 신화』, 일조각, 1980. 참고.
3   클로드 레비스트로스 저, 강주헌 역, 『우리는 모두 식인종이다』, 아르테, 2015, 123쪽.

데시 못 사는 나라에 비하면 우리는 잘살고, 우리가 옛날 '1988' 시절보다, '응답하라' 그 시절보다 지금은 몇 배나 잘산다, 이렇게 생각할 겁니다. 문명은 끝없이 발전한다고 생각해왔죠. 인류는 그렇게 생각해왔습니다. 그런데 이 사람은 그런 생각에 대해서 제동을 겁니다. 꼭 그런 것만은 아닐지도 모른다. 이렇게 운을 떼죠. 그게 바로 원시인이 갖고 있는 사유의 방식, 생각하는 방식이 의외로 논리적이고 치밀하다는 것입니다. 말하자면 그것과 현대인의 사고방식이 비슷한 부분이 많다는 겁니다. 내용은 달라도 형식이, 생각하는 틀이, 생각의 구조가 비슷한 게 많다고 했어요. 사물을 개별적으로 보면 다 달라 보여도, 전체 체계나 구조 속에서 보면 다른 사물과의 관계에 따라 기능이 비슷하다고 볼 수 있는 측면이 생긴다는 거죠. 그 다음부터는 언어학이라든지 문학이라든지 신화학이라든지 많은 학문 분야에서 이 사람의 생각이 퍼져나가게 됩니다. 그걸 구조주의라고 합니다. 오늘 이 정도까지만 말씀드리도록 하겠습니다. 중요한 것은 신화를 공부하는 우리의 마음은 신화는 낡아빠진 것이다, 오래된 것이다, 쓸모없는 것이다 이런 생각을 갖지 말고, 신화가 오늘날 우리의 삶에도 영향을 많이 줄 수 있다 이렇게 생각하는 게 좋겠습니다.

다시 레비스트로스의 말을 들려드리겠습니다. 아마존에 가서 느낀 감정을 적은 글입니다.

"우리는 인간의 손이 가해지지 않은 야성 그대로의 자연에 대해서는 아무것도 아는 것이 없다. 왜냐하면 우리들 자신이 알고 있는 풍경이란 우리들의 욕구와 필요에 전적으로 복종되어 있기 때문이다."[4]

---

4   레비스트로스 저, 박옥줄 역, 『슬픈 열대』, 삼성출판사, 1990. 121쪽.

신화를 공부하는 자세는 어쩌면 이처럼 이제껏 익숙했던 눈길을 버리고 새로운 눈길, 새로운 시선으로 세상을 바라보는 훈련일지도 모르겠습니다.

신화와 역사

특히, 신화하고 비교되는 것이 역사입니다. "햇빛에 바래면 역사가 되고, 달빛에 물들면 신화가 된다"라는 멋진 글이 있어요. 이 글이 어디에 나왔느냐면, 이병주[1921~1992]라는 소설가의 『산하』라는 대하소설 맨 앞에 제사題詞로 쓰여 있던 글입니다. "햇빛에 바래면 역사가 되고, 달빛에 물들면 신화가 된다." 제가 수원에 살 때, 대학시절로 기억합니다. 학교 갔다 와서 북문 쪽으로 가다보면 헌책방이 하나 있었는데 거기 가면 꼭 책을 사고 그랬어요. 그때 월간 『세대』라는 잡지하고 『사상계』라는 잡지를 사고 그랬는데, 월간 『세대』라는 잡지를 보다가 이병주의 소설에 빠졌어요. 『지리산』이라는 소설도 있었고 『산하』라는 소설도 있었는데 그 『산하』 속에 이 제사가 있었습니다. 어렸을 때도 좋아서 기억을 했었는데, 나중에 신화를 공부하다 보니까, 이게 딱 여기에 맞는 글이구나 하는 생각이 들었습니다.

신화하고 역사는, 바로 이 차이입니다. 어느 게 우열이 있다고 말하기는 어려운 거죠. 낮이 없고 밤만 있어도 안 되고, 밤이 없고 낮만 있어도 안 되지 않습니까? 밤과 낮은 이렇게 순환되고 돌아가는 겁니다. 신화의 세계라는 것은 순환적 세계관을 따르고 있습니다. 아까 얘기했듯이 직선적으로 수직적으로 올라가는 것은 역사의 시간관이고요. 원시시대부터 이렇게 현대까지 발전됐다고 생각하는 것이 역사적 시간관이겠죠. 근데 신화에서는 그러지 않아요. 시간은 빙빙 도는 경우가 더 많습니다. 종말이 왔다고 해서 완전한 종말이 아니고, 다시 또 새로운 세상이 열리고 합니다. 인도신화에서는 최고신 브라흐마가 잠을 자면 세상이 끝나고 눈을 뜨면 새 세상이 열립니다.

어쨌든 신화와 역사를 우리가 이렇게 구분해볼 때 역사는 엄격합니다. 냉혹하고, 있는 사실만, 팩트만을 보여줘야 합니다.『조선왕조실록』을 보면 그 얘기들 많이 하지 않습니까. 사관들은 아무 별 볼일 없는 사람이지만, 왕이 실수로 잘못 얘기했고, 뭐 허튼소리 한 것도 다 씁니다. 그렇죠? 나중에 임금이 지워달라고 해도, "아, 그 말, 내가 실수했다"고 해도 못 지웁니다, 절대로. 사관들은 목숨을 걸고 자기가 들었던 것을 기록하는 거죠. 그러니까 그만큼 역사는 엄격한 겁니다. 반면 신화는 낮이 아니고 밤의 산물입니다. 여러분이 낮에 학교 다니고 회사 다니고 하다가 저녁에 집에 들어갈 시간이 되어 땅거미가 지고 하면 마음이 뭔가 조금 달라지죠? 환한 대낮의 시간에서부터 네 시나 다섯 시쯤 되면, 그걸 서양에서는 개와 늑대의 시간, 또는 마법의 시간, 그런 얘기를 하죠. 저 멀리 언덕 위에 개하고 늑대가 나타났는데, 이게 개인지 늑대인지 구별이 잘 안 된다 그런 뜻입니다. 또 낮이 밤으로 바뀌는 순간이기 때문에, 어떤 마법적인 시간이라고도 얘기했었습니다. 그만큼 신화라는 것은, 환한 대낮의 산물이 아니기 때문에, 우리들을 논리적인 것이 아니라 좀 더 감정적으로 감상적으로 만들어주는 그런 부분이 굉장히 강합니다.

그런데 서양 사람들 중에서는 그런 신화를 무시하는 사람들이 많았습니다. 특히 독일의 유명한 철학자 헤겔이라고 있는데요. 그 사람은 서양 근대철학의 아버지 격이죠. 그럼에도 불구하고 이 사람이 갖고 있던 편견이 굉장히 심합니다. 그중 하나가 신화에 대한 편견인데, 이 사람은 역사가 중요하지, 신화나 민요, 이런 것들은 제대로 된 게 아니다, 이렇게 비판합니다. 그는 우리 게르만 민족은 그런 것 필요 없고, 우리는 오로지 역사만 중요하다, 이런 식으로 얘기를 합니다.

"설화, 민요, 전기는 이와 같은 근본적 역사에서는 배제되지 아니하면 안 된다. 왜냐하면 그것들은 아직도 불투명한 것이며, 그 점에서 미개민족의 관념에 속하는 것이기 때문이다."[5]

반면, 아까 얘기했던 레비스트로스는 신화라는 것은 그 사람들이 미개사회에서 주술적이고 신화적 사고를 하지만, 합리성이라는 측면에서 따져보면 오늘날의 생각하고 크게 다르지 않다는 거죠. 합리적이라는 것은 무슨 뜻일까요? 자판기라고 생각하시면 돼요. 백 원을 넣었을 때, 백 원짜리 물건이 나오는 게 합리적인 거잖아요. 백 원을 넣었을 때, 이백 원이나 삼백 원이 나오면 자판기가 고장난 거 아닙니까? 이치에 맞게 이루어지는 일이죠. 부분이 전체를 구성하는 것하고 마찬가지입니다. 그런데 옛날 사람들이 생각한 건, 내가 백 원을 넣으면 이렇게 백 원만큼 무엇이 나오리라 생각한 것하고, 현대인의 합리적인 사고하고 내용은 다를지 모르지만 형식은 비슷한 점이 많다는 겁니다. 그래서 신화를 무시해서는 안 된다는 말을 하고 있고, 이때 신화를 '야생적 사고'라고 이야기하고 있습니다. 미신적 풍습과 과학적 지식에 기반을 둔 행위 간의 경계가 우리가 쉽게 생각하는 만큼 그렇게 큰 게 아니라고도 말합니다. 그래서 만약에 식인풍습을 무조건 비판한다면, 현대에서 해부학실습 같은 것도 비난해야

---

5   G.W.F. 헤겔 저, 김종호 역, 『역사철학강의(1)』, 삼성출판사, 1982. 66쪽.

하지 않는가, 이 사람은 이렇게 얘기를 하고 있습니다.

신화를 대하는 몇 가지 태도

자, 조금 더 초점을 맞춰가도록 하겠습니다. 신화에 다가서는 여러 가지 방법들이 있습니다. 우선 주술적인 부분이 있습니다. 원시인들이 많이 보여줬는데요, 우리나라에서도 지금도 제주도 같은 데는 당굿 같은 형태로 여전히 많이 남아있어요. 제주도에서는 심방이라고 해서 무당들이 아직도 신화적 세계를 현대에 풀어내고 있습니다. 그렇게 주술적이거나 또는 어떤 차례를 지내거나, 의식을 통해 신화가 전승됩니다. 이때 잠깐, 여러분들이 머릿속에서 잠깐 좀 바꿔주셔야 될 게 뭐냐면, 신화의 신은 꼭 제우스만 생각하는 경우가 많아요. 그리스로마 신화의 그 엄청난 제우스 신 있잖아요? 그게 아니지요. 귀신도 신이에요. 귀신. 우리 주변의 그 귀신들도 따지고 보면 다 신인데, 동양의 귀신은 무시를 당하고, 서양의 귀신은 굉장히 떠받들고 하지요. 그렇게 생각하지 마시고 세계 곳곳에 민족에 따라 신이라는 것은 다양한 형태로 존재한다, 이렇게 보면 좋겠습니다. 어쨌든 그 신들에 대해서 차례를 지낸다든지, 제사를 지내는 것, 이런 것들이 다 주술적인 제의가 되겠습니다. 그런 방식으로 신화를 대하는 것은 결국 온몸으로 신화를 사는 방식이라고 말할 수 있겠죠.

또는 학술연구 대상으로 신화를 공부하는 경우도 많습니다. 고고학이라든지 인류학, 문학, 이런 데 다 들어가 있고, 특히 20세기 들어와서 정신분석학에 의해서 인간의 무의식을 파악하는 데 신화가 굉장히 큰 역할을 합니다. 예를 들어서, 이건 꼭 신화는 아니지만 어린 시절에 읽었던 〈개구리 왕자 이야기〉 아세요? 한 소녀가 공놀이를 하는데 공이 우물에, 연못에 퐁당 빠졌어요. 근데 건질 수가 없었어요. 갑자기 개구리가 펄떡 나오더니, "내가 건져주면 나랑 결혼해주세요." 이래요. 그러니까 소녀는 개구리가 하는 말이니까 그냥 허투루 듣고 "그래, 그러지 뭐" 이랬습니다. 그랬더니 개구리가 공을 갖고 폴짝 나왔어요. 공을 줬습니다. 소녀가 가려고 해요. 그랬더니 개구리가 불러요. "저하고 같이 가야죠." 이래요. 약속대로 결혼을 하자는 거예요, 흉측하게 생긴 개구리가. 아, 그래서 때리기도 하고 막 이러는데 계속 쫓아와요. 아버지한테 갔어요. 아버지한테 여차저차하다고 얘기를 했어요. 어땠을까요? 결혼하라고 그럽니다. 네가 말을 잘못했으니까 결혼하라고 해서 결혼을 했어요. 첫날밤에 개구리를 보니 억장이 무너졌겠죠. 막 뒤집혔습니다. 화가 나서 개구리를 내던집니다. 벽에다가. 그럼 개구리가 죽어야 되지요? 안 죽고 펑하면서 왕자가 돼버렸어요. 자, 이게 뭘까요? 이게 인간의 무의식 속에 잠재되어 있던 어린 소녀가 이제 어른이 된다는 뜻이라고 해석합니다. 정신분석학에서는, 이 〈개구리 왕자 이야기〉를 오이디푸스 콤플렉스에 억눌려 있던 어린 자아가 이제 새롭게 어른이 되는 과정 속에서 피치 못하게 무엇인가 한 번 부딪힐 수밖에 없었다는 거죠. 그게 바로 개구리 왕자고, 그걸로 인해서 이제 성숙한, 이제부터는 슬픔과 괴로움과 아픔을 다 갖고 있는 어른으로 성숙했다는 거죠. 그 얘깁니다. 어른이 되기 위해서는, 껍질을 깨야 된다고 그러잖아요. 아픔이 있어야되는 거죠. 어린 시절엔 아픔이 없었던 거죠.[6] 그것이 바로 무의식인

---

6   조셉 캠벨 저, 이윤기 역, 『천의 얼굴을 가진 영웅』, 민음사, 2004, 69~73쪽.

데, 무의식에 대해 연구할 때, 동화도 역할을 하지만 신화도 굉장히 크게 역할을 합니다. 융Carl Gustav Jung, 1875~1961이라는 정신분석학자는 꿈을 계속 이야기하면서, 이것은 단순히 개인적인 특수성에서 나온 꿈이 아니다, 인류가 갖고 있었던 보편적인 무의식일 수도 있다, 이렇게 생각합니다. 내가 어젯밤에 꿨던 그 이상야릇했던 꿈이 단순히 내가 특수한 상황에 처해서 그것의 반동으로 나왔던 꿈이 아니고, 인류가 어렸을 때부터 갖고 있었던, 잠재되었던 무의식들이 숨어 있다가 나온 것이다. 이렇게 해석하는 경우가 많습니다. 개인의 무의식과 구별되는 그 집단무의식을 원형prototype이라고 얘기하죠, 원형. 인류가 갖고 있었던 어떤 원형적 사고방식이 여러 가지 형태로 바뀌어져 나왔다고 얘기하는 겁니다. 인간은 이것을 까마득히 오래전부터 대대로 물려받았다고 말합니다. 빙산을 보면 물속, 밑에 있는 게 10분의 9인가 그렇듯이, 의식, 밖으로 드러난 인간의 의식은 10분의 1밖에 안 됩니다. 나머지 10분의 9, 무의식을 모르고서는, 우리의 의식세계도 제대로 알기 어렵다고 볼 수 있는 거죠. 그때 바로 꿈이나 신화가 굉장히 역할을 많이 한다고 얘기합니다.

신화는 또 이데올로기로서도 많은 역할을 합니다. 나쁜 경우가 많지요. 신화를 잘못 이용하면 국수주의적이 됩니다. 예를 들어서 〈단군신화〉 같은 경우도 너무 강조하다보면 배타적이 되고, 나만 옳고 다른 사람은 무조건 나쁘다고 얘기한다든지 하는 경우를 종종 목격하게 됩니다. 특히 일본신화 같은 게 그렇습니다. 일본신화를 보면 굉장히 체계적이고 그렇게 재미있을 수가 없어요. 재미라기보다는 화려해요. 체계적이에요. 세계 신화에서 아마 가장 체계적인 신화가 일본신화일 텐데, 『고사기古事記』 또는 『일본서기日本書紀』라는 책 속에

다 정리가 돼있어요. 너무나 정리가 잘 돼있고 딱 순서가 매겨져 있습니다. 우리나라 신화들은 여기 저기 파편적으로 전해오는데, 그것도 짤막하게 말이지요.『삼국유사』에 조금, 어디에 또 조금, 구전되어오는 것은 제주도에 조금 남아있는 그런 정도입니다. 일본신화는 딱 틀이 짜여 있어서 엄격하게 지켜집니다. 그 이유는 뭐냐면 인류가 처음, 모든 신화는 세상이 처음 열리고, 자기 나라가 처음 어떻게 만들어졌는지부터 이야기하지 않습니까? 그것부터 시작해서 오늘날의 천황까지 일대기를 쓴 거였죠. 신화를 역사적으로 기술한 것이 일본신화입니다. 그러다보니까 굉장히 체계적이고 한데, 이것이 좋은 방향으로만 이용되는 것이 아니라, 우리가 많이 볼 수 있지만, "신을 위해서 인간들이, 천황을 위해서 일본인들이 옥쇄를 하자", 이런 말이 어떻게 가능합니까? 말이 안 되는 거 아닙니까? 일억옥쇄一億玉碎. 어떻게 신을 위해서 일억 명이, 팔팔한 사람들이 다 죽어야 되고, 그 속에서 왜 애꿎은 조선 사람들이 죽어야 합니까? 신주불멸神州不滅, 신의 나라는 절대 멸망하지 않는다더니 말입니다. 바로 이런 식의 이데올로기로 이용되는 게 굉장히 많았습니다. 독일에서도 그럼 남용이 있었지요. 히틀러의 나치즘이 한창 극성을 부릴 때 어떻게 했냐면, 게르만 민족이야말로 가장 뛰어난 민족이다, 수없이 강조했어요. 그래서 중세신화 〈니벨룽겐의 노래Das Nibelungenlied〉, 거기에 나오는 지그프리트Siegfried 와 같은 영웅들을 찾아냅니다. 그래서 세계 어느 나라보다도 이 영웅이 순수하고 강하다. 그가 게르만 민족이며 따라서 게르만 민족이야말로 세계사의 중심민족이 돼야 한다, 크고 강한 것이 아름답다고 말하게 됩니다. 독일이 유럽에서도 가장 위대하고 본질적인 정신을 순수하게 지켜왔다, 그래서 우리는 그 순수함을 위해 기꺼이 죽을 각오를 해야 한다고도 했지요. 당연히 다른 민족이나 인종은 배척하게 되는 것이고요. 그러니까 신화를 잘못 이용하면 국수주의적이거나 파시즘이 되거나, 이런 문제점이 나올 수도 있습니다.

그림 72
용과 싸우는 지그프리트
(Arthur Rackham 그림)

스토리텔링으로서의 신화

그런데 저는 능력에 부쳐서 이런 것들을 다 설명드리기는 어렵고요. 다만 소설가로서, 신화를 스토리텔링의 측면에서 주로 말씀드리고자 합니다. 그중에서도 다른 부분은 지난 시간까지 많이 보고 들으셨을 테니까, 문학을 중심으로 이야기하겠습니다. 먼저 스토리텔링 자체가 왜 중요한지에 대해서 말씀드리도록 하겠습니다. 인간을 호모 사피엔스라고 부르죠? 생각하는 인간. 인간은 호모 사피엔스Homo Sapiens다, 그렇게 이야기합니다. 또는 인간의 특징을 인간이 도구를 사용할 줄 안다 해서 호모 파베르Homo Faber라고 부르기도 해요. 도구를 사용하는 인간. 또 하나가 호모 나랜스Homo Narrans라는 말이 있습니다. 인간은 기본적으로 이야기하는 동물이다, 이 뜻입니다. 단순히 이야기를 좋아한다는 뜻을 넘어서, 이야기를 해야만 존재한다는 겁니다. 무엇인가 이야기를 만들어내지 않으면 안 된다는 겁니다. 이야기는 인간존재의 특징이자 존재조건 그 자체라는 것이지요. 이때의 이야기라는 것은, 단순히 할머니가 손자를 무릎에다 앉혀놓고 들려주는 그런 옛날이야기만 말하는 것이 아니고, 좀 더 큰 범위를 말합니다. 시간과 중간과 끝이 있는 모든 이야기, 이걸 서사敍事라고 하거든요. 그런 의미에서의 이야기. 시작이 있고 끝이 있는 모든 이야기를 말합니다. 호모 나랜스라는 것은 최근 들어서 점점 더 중요성을 갖는데, 단순히 정보만이 중요한 게 아니라, 정보를 좀 더 가공하고 주관적으로 만드는 능력이 있는 게 중요하다고 얘기를 합니다. 요즘 전철 안에서 모든 사람들이 스마트폰을 보고 있지요. 끝없이 정보가 이 속으로 들어와요. 주식시세부터 시작해서 시시각각 온갖 연예가 소식, 세계 곳곳의 뉴스도 들어오는데, 이것들은 다 정보라고 할 수 있습니다. 그런데 정보와 이야기는 달라요.

발터 벤야민^{Walter Benjamin}이라는 사람이 이런 얘기를 합니다.[7] "매일 아침 우리들은 지구의 새로운 사건들을 알게 되지만 정작 진귀한 이야기에는 빈곤을 겪고 있다. 그 까닭은 우리들이 알게 되는 모든 일이란 하나의 예외도 없이 이미 설명이 붙어져서 전달되기 때문이다." 그게 정보라는 뜻입니다. 정보들이 끝없이 들어오는데, 그것이 우리를 과연 얼마나 행복하게 해주는지, 과연 우리를 얼마나 풍부하게 해주는지 생각해보자, 이런 이야기입니다.

제가 자주 쓰는 비유인데요, 간단하게 얘기하고 넘어가겠습니다. 병원에서 죽는 죽음과 집에서 죽는 죽음이 얼마나 다른지에 대해서 제가 설명을 하거든요. 병원에서는 뭐라고 하죠? 맥박이 끊어졌어요. 이제 당신은 죽게 됐으니까 마음의 준비를 하세요. 가족들한테도 그렇게 얘기를 합니다. 그럴 때 할머니들이 어떻게 얘기를 하지요? "나 좀 집으로 데려가 다오." 그러시지요. 집에 가서 돌아가시고 싶다고 그럽니다. 가능하면 말입니다. 그 이유가 병원에서 죽으면 허연

---

7   (Walter Benjamin). 소개 추가. 발터 벤야민 저, 반성완 역, 『발터 벤야민의 문예이론』, 민음사, 1983. 중 「얘기꾼과 소설가」 참고. 172쪽.

벽밖에 남질 않죠. 그리고 그것으로 끝이에요, 과학적으로. 의사가 맥박이 끊어진 순간, 당신의 세상은 끝났습니다. 당신의 끌고 왔던 80 인생은 끝났고, 이제 아무것도 없습니다. 이게 과학이죠. 그런데 할머니가 집으로 돌아와서는 입가에 미소가, 아무리 고통스러워도 생길 것입니다. 그 꺼져가는 의식 속에서 벽을 바라보면 그 벽에 얼룩이 져있고, 어린 시절 아들이 써놓았던 낙서가 있고, 그렇지 않습니까? 그리고 주변에는 자식들이 다 와서 임종을 지켜보거든요. 이렇게 되면, 이 죽음은 어떤 뜻일까요? 끝인가요? 아니죠. 이때 죽음은 거기서 끝이 아니기 때문에 편하게 죽을 수가 있어요. 내가 죽어도 "그래, 내 추억이 남아있고. 내 추억들을 품고 우리 아들딸들이 또 살아갈 거야. 나는 그렇게 살아남을 거야." 말하자면 새로운 삶이 시작된다고 판단을 할 수도 있는 거죠. 죽음이 끝이 아니라 새로운 삶이라고 넉넉하게 생각하고 돌아가시는 거죠. 바로 이러한 임종에 대한 생각 때문에, 집에서는 '이야기'가 있다고 말하는 것입니다. 여기선 남편하고 싸웠던 흔적, 아들하고 딸하고 지지고 볶았던 이야기들이 남아있는데, 병원에는 이야기 자체가 없죠. 맥박과 심박동 수치와 이런 정보들만 있다는 거죠. 몇 씨씨 몇 퍼센트 이런 정보만 있다는 거죠. 정보도 물론 중요하지만 이야기를 끝없이 찾아내고자 하는 노력들이 필요하고, 이것이 인간이 호모 나랜스인 이유입니다. 이야기의 세계에서는 죽음이 모든 것의 끝이 아닙니다. 그것이 바로 새로운 것하고 이어져요. 신화는 바로 이 죽음으로부터 시작을 했던 것입니다. 신화는, 세계의 모든 신화는 결국 죽음과 맞부딪친 인류가 안 죽으려고, 어떻게 해서든 다시 살아날 수 있을까, 물리적 죽음 너머의 세계를 찾는 노력이었습니다. 그것이 바로 신화를 만들어냈던 거죠.

신화의 주인공들은 결코 죽음에 굴복하지 않습니다.

앞서서 다른 연사들이 많이 이야기하셨겠습니다만, 이야기라는 측면에서도 최근 들어서 신화에 대한 관심이 더 커지고 점점 더 중요해지고 있습니다. 요즘 세상은 하드웨어, 즉 딱딱한 것들보다 소프트웨어, 즉 부드러운 게 더 중요해졌어요. 자동차나 텔레비전 백 대 만드는 것보다 이야기 하나를 잘 만들어내면 돈을 훨씬 많이 벌어요. 중국의 알리페이Alipay라고 하는 것은 딴 게 아니에요. 결제하는 방식이에요. 결제할 때 편하게 하는 방식이 없을까 생각해서 그 방식을 개발했다는데, 세계 최고의 부자가 된 거예요. 구글도 마찬가지고 페이스북도 소프트웨어예요. 부드럽고 말랑말랑한 거예요. 그전까지는 공장을 짓고 굴뚝을 세우고 거기서 뭘 만들고 눈앞에 보여야지만 돈을 번다고 생각을 했는데, 그건 한계가 있어요. 우리도 마찬가지예요. 반도체도 벌써 한계에 다다르고, 조선산업도 한계에 부딪혔다고 그래요. 삼성 갤럭시 잘 만든다고 그러면서도 위기감을 느낀다고 그러잖아요. 왜 그럴까요? 애플의 소프트웨어를 따라갈 방법이 없어요. 그 속에 들어가는 운영체계, 이런 건 만들어내지 않고, 겉만 만들어냈거든요. 콘텐츠, 내용, 소프트웨어, 부드러운 것, 정신적인 것, 문화적인 것, 이런 것들을 너무 우습게 여겼던 거죠. 제가 생각하기에 우리나라가 2000년대 초반에 IT혁명이 한 번 일어납니다. IMF 이후에 벤처산업이 갑자기 발전하고 모든 사람들이 막 벤처, 벤처 하면서 핸드폰을 만들기 시작하고 컴퓨터 이런 걸로 게임도 만들고, 급속히 한 번 발전했다가 이제 어느 정도 침체가 돼있어요. 그럼 또 한 번 발전하기 위해서 이때 중요한 건 뭐냐면 그러한 동력에다가 문화가 들어가야 된다는 거죠.

이야기가 들어가야만 좀 더 새롭게 한 단계 도약할 수 있다고 생각합니다. 예를 들어서, 〈아바타〉라는 영화는 인도신화 이야기예요. 근데 그걸 가지고 돈을 버는 건 할리우드입니다. 인도 사람들은 저걸로 돈 하나도 못 벌었어요. 할리우드에서는 엄청나게 벌고, 제임스 카메론 감독은 다음 편도 준비하고 있다고 합니다. 인도신화를 바탕으로.

그림 73
〈아바타〉 포스터

그런데 무조건 돈을 잘 벌려고 신화를 공부해야 한다, 이렇게 말하는 것도 제 본뜻하고는 다릅니다. 그저 그럴 수 있겠다 정도로 받아들이시면 좋겠습니다. 이제 방향을 조금 바꿔서, 조금 재미있게 스토리텔링으로서의 신화에 대해 이야기를 하고자 합니다.

공차기를 좋아한 마야의 쌍둥이

우스갯소리이지만, 제 생각에 신화가 필요한 이유 중 하나가 아파트 층간소음 문제를 해결하는 방식이 신화에 답이 있어서 그런 것 같아요. 중남미 마야신화에 보면 그 이야기가 나와요.[8] 쌍둥이 형제가 있었어요. 훈 후나프, 부쿱 후나프 해서 형제가 있었는데, 형제가 하루 종일 하는 일은 공을 차는 거였어요. 매일같이 공을 찼어요. 그랬더니 어느 날 지하세계에서 견디질 못하는 거예요. 신화의 세계는 이렇게 우리 눈앞에 보이는 세계만 있는 게 아니지 않습니까? 아까도

---

[8]   고혜선 편역, 『마야인의 성서 포폴 부』, 여름언덕, 2005. 참고.

얘기했지만, 이난나가 내려갔던 저승도 있는 거고, 하늘길도 있고. 우리는 땅 밑에 무엇이 있는지 생각하지 않고 살지만, 아닙니다. 신화의 세계에서는 땅속에도 엄연한 세계가 존재해요. 그 땅속에 살고 있던, 지하세계의 신이 화가 났어요. 애들이 공을 너무 시끄럽게 차가지고 견디질 못했어요. 그래서 사자를 보냅니다. 부엉이였는데, 부엉이가 올라와서 얘기를 합니다. "너희들이 그렇게 뿔을 잘 차면, 한 번 우리 대왕님이 내기를 하자신다." 이렇게 얘기를 하니까 좋다고 내려갑니다. 내려가니까 몇 가지 관문이 있어요. 마지막 관문이 불이 붙은 담배와 장작을 주면서 밤새 꺼뜨리지 말라는 거였습니다. 그걸 무슨 수로 안 꺼뜨립니까? 결국 실패하죠. 그래서 결국은 시험을 통과하지 못하고 고깃덩어리로, 또 아까 이난나처럼 나무에 걸리는데, 쌍둥이 형은 해골만 걸립니다. 동생은 땅속에 묻히고요. 그런데 소문이 날 거 아닙니까? 지하세계에 소문이 나니까 그곳 사람들이 다 그 해골을 구경하러 와요. 그 속에 누가 있냐면, 지하세계 한 군주의 딸이 있어요. 그 딸이 신기해서 보고 있는데, 해골이 갑자기 침을 찍 뱉어요. 이게 무슨 뜻일까요? 사정을 한다는 뜻입니다. 침을 뱉으니까, 배가 불러오기 시작해요. 소문이 날 거 아니에요? 결국 신들이 그 사실을 알고 불러서 추궁합니다. 너 누구랑 무슨 나쁜 짓을 했어, 막 이럴 거 아니에요? 그런데 억울하잖아요. 자기는 아무 일도 안했는데, 해골한테 침 맞은 거밖에 없는데 말입니다. 어쨌든 화가 난 왕이 쫓아내버립니다. 지상으로. 딸이 배가 이렇게 불러가지고 지상으로 와서, 어디로 찾아가겠습니까? 바로 훈 후나프 형제의 집으로 찾아가죠. 그래서 "내가 며느리입니다" 하고 쌍둥이의 엄마한테 얘기를 해요. 그랬더니 엄마가 처음에는 거부하다가 몇 가지 시험문제를 던져

그림 74
마야의 공놀이장 벽화

서 통과하니까 며느리로 받아들여요.

여기까지가 1부입니다. 자, 이제 2부가 이어집니다. 딸이 해산날이 되어서 애를 낳는데 또 쌍둥이였어요. 어떻게 되겠습니까, 요놈들이? 열 살쯤 되니까 또 공을 차기 시작해요. 물론 할머니가 숨겨놓은 공을 찾아내는 과정도 있지만 생략하겠습니다. 어쨌든 공놀이를 엄청나게 좋아해서 하루 종일 공을 차는데 밑에서 또 올라와요. 그래서 또 내려가죠. 이때는 두 번 당하지 않습니다. 모든 방법을 연구하고 내려가서, 결국 내기에서 이겨요. 그래서 지하세계를 장악하게 됩니다. 바로 지금 우스갯소리처럼 이야기했던 층간소음 신화 이야기가 이난나 이야기하고 똑같은 거예요. 지하세계를 신이 잘 다스리면 지상의 곡식이, 마야에서는 옥수수가 잘 자란대요. 이왕 우스갯소리를 덧붙이면, 중남미 지역의 멕시코나 이런 나라들이 축구를 잘하잖아요? 옛날부터 이런 신화가 있었기 때문에 아마 축구를 잘하는 것 같아요. 실제로 벽화나 도자기 그림 같은 것들을 보면 이런 식의 공차는 장면이 계속 나오는데, 옛날부터 실제로 경기장도 그럴싸하게 다 있었습니다. 중남미 축구가 강할 수밖에 없는 이유가 있는 거죠. 제가 여러분들께 이런 확인되지 않을 이야기까지 들려드리는 이유는, 신화에 대해 흥미를 가지시라고 하는 뜻입니다. 신화의 세계가 무궁무진해요. 그리스로마 신화만 하더라도 재미있는 게 지천인데, 다른 나라의 신화들까지 합쳐보세요. 얼마나 이야기가 풍부한지. 그런데 우리나라에서는 그리스로마 신화 이외의 신화는 거의 알려지지 않았지요. 이 점은 무척 아쉽습니다.

인도의 창세신화 이야기

여러분은 신과 악마 하면 금방 신은 착하고 악마는 나쁘다, 이렇게 생각하실 텐데요. 저도 그랬습니다. 그런데 꼭 그런가, 이렇게 질문을 해보고 싶은데요. 인도의 창세신화를 보면 〈우유의 바다 휘젓기〉라는 신화가 있습니다. 인도의 창세신화, 세상을 만들어낸 이야기가 바로 〈우유의 바다 휘젓기〉라는 건데요. 옆에 그림을 보세요. 아마 보신 분들도 있을 것입니다. 그런데 아마 보고도 무슨 뜻인지 몰랐을 분들이 더 많을 겁니다.

태국 방콕에 가면 국제공항 안에 있는 조각이에요. 이게 바로 〈우유의 바다 휘젓기〉라는 인도신화를 형상화한 것입니다. 오른쪽을 보면 하얀 사람들이 있고, 왼쪽에 약간 까만 사람들이 있지요. 왼쪽은 악마고, 오른쪽은 신들이에요. 맨 위에는 더 우뚝하게 신 한 명이 있고, 가운데에는 이렇게 기둥이 있어요. 맨 밑에는 거북이가 있어요. 신과 악마가 줄다리기를 하는데, 줄은 뱀이에요. 이 장면은 태국뿐만 아니라 캄보디아에서도 볼 수 있어요. 앙코르와트 들어가는 입구 양쪽 다리에 있어요. 한쪽은 신, 한쪽은 악마예요. 그들이 다 같이 잡고 있는 게 뱀입니다. 앙코르와트 내부에도 벽에 부조로 이 장면이 새겨져 있습니다. 왜 제가 이 이야기를 하냐면, 이 인도의 창세신화, 그러니까 분명히 힌두교의 창세신화일 텐데, 그것이 비단 인도에 머물러 있는 것이 아니라 동남아시아 전체로 다 퍼졌어요. 그래서 여러분이 동남아시아를 여행

하시다 보면, 캄보디아, 태국, 라오스, 인도네시아, 말레이시아 어느 나라를 가더라도 인도신화를 잘 아시면 훨씬 이해하기가 쉽다는 뜻입니다.

〈우유의 바다 휘젓기〉 이야기를 잠깐 해드리겠습니다. 신들의 왕 인드라가 코끼리를 타고 가다가 어떤 성자를 만나게 됩니다. 그 성자에게 꽃다발을 전하는데 코끼리가 그 냄새를 맡고 흐응 하면서 몸을 떨었어요. 그러다보니까 그 꽃다발이 떨어지고 말았지요. 성자가 화가 나요. 여러분들 생각에 성자는 굉장히 성스럽고 화를 안 내는 사람인 줄 알지만 얼마나 욕심이 많은지 모릅니다, 인도의 성자들은. 이 성자가 자기가 준 꽃다발이 떨어졌다, 실수잖아요? 실수를 못 참아요. 이 사람은 모든 실수를 참지 못해서 저주를 합니다. 인드라는 신들의 왕이거든요. 인드라한테 저주를 해요. 어떤 저주를 하냐면 "신으로서 지녔던 힘이 없어져라." 이렇게 저주를 내립니다. 나중에 신들이 악마하고 싸움을 하게 됐습니다. 그런데 저주를 받았으니까, 신이 약해져서 옛날엔 다 이겼는데 도무지 이길 수가 없어요. 할

수 없이 신들이 최고신 비슈누에게 가서 도움을 요청합니다. 비슈누가, 그럼 어쩔 수가 없다, 영생의 약 암리타를 얻어야 하는데, 그것을 만드는 게 쉽지가 않다. 우리 신들의 힘만으로는 안 되니까 악마들도 같이 부르자. 이렇게 해서 악마를 작업에 끌어들이는 겁니다. 그래서 줄다리기를 해야 되는데, 그 당시의 세상은 우유처럼 묽게 돼 있었어요. 그 속에서 영생의 약을 만들어내기 위해서는 휘저어야 됩니다. 휘젓기 위해서는 기둥이 필요했습니다. 뭘 기둥으로 삼았냐면 성산 히말라야를 뽑아왔어요. 히말라야 산을 거꾸로 집어넣으니까 그게 기둥이 됐습니다. 그걸 기둥으로 해서 뱀의 신 바슈키를 줄다리기용 줄로 삼은 겁니다. 그래서 양쪽에서 잡아당기면 비벼지면서 무엇인가가 나오게 되겠지요. 바로 그런 방식으로 우유의 바다를 휘젓기 시작했습니다. 그 과정에서 모든 종류의 사물들이 나오는데, 생명의 암소도 나오고, 모든 게 다 나오는데 마지막으로 신들의 의사 단반타리라는 신이 바로 그 영생의 약을 든 호리병을 들고 나왔습니다. 신들이 만세를 불렀습니다. 그 순간 악마들이, 교활한 악마들이 호리병을 먼저 혹 빼앗아갔어요. 큰일 났죠. 그 고생을 해서 얻어낸 영생불멸의 호리병을 빼앗겨버렸으니까. 최고신 비슈누가 작전을 씁니다. 절세의 미모를 지닌 모히니 여신으로 변해요. 그래서 악마 아수라들을 유혹합니다. 유혹에 약하거든요, 악마들은. 눈을 제일 오랫동안 감고 있는 사람하고 결혼하겠다고 얘기합니다. 유치하지만, 사실입니다. 그러니까 악마들이 일제히 눈을 감죠. 그 사이에 병을 빼앗습니다. 모히니, 즉 비슈누가 그걸 빼앗아서 자기가 타고 다니는 신조神鳥 가루다라고 큰 새가 있는데, 그 새에게 이걸 빨리 갖고 가서 신들에게 줘라, 이랬어요. 그런데 너무 급히 날다 보니까 딱 네 방울이 떨어져버렸어요. 영생의 암리타가 말입니다. 그곳들이 지금 신성한 장소가 돼요. 인도에서는 이 네 군데 신성한 장소에 지금도 계속 사람들이 수십만 수백만 명씩 몰려서 종교의식을 지냅니다. 사람도 많이 죽어요, 이때마다. 어쨌든 신들에게 다시 그 영생불멸의 약이 넘어갔습니다. 줄을 서서 차례대로 그 약을 먹을 거 아닙니까. 그런데 그때 몰래 악마 중에서 두 명이 쓰윽 끼어들어요. 마치 자기들이 신인 것처럼, 새치기를 한 거죠. 그렇게 해서 몰래 약을 받아먹는데 태양의 신과 달의 신이 그걸 봤어요. 고자질을 합니다. "아, 얘네들은 악마예요." 그러니까 약을 빼앗겼죠. 한 악마 라후는 먹다가 목구멍까지 넘어갔어요. 밑에는 아직 안 넘어가고. 신들이 머리를 싹 잘랐는데, 목구멍 아래는 죽었지만 암리타를 먹은 머리는 살았지요. 라후가 바로 복수를 해요. 고자질을 한 해와 달을 그냥 둘 수 없지요. 그래서 줄기차게 쫓아다니면서 집어삼켜요. 그게 바로 일식과 월식의 유래입니다.

이 이야기를 생각해보세요. 얼마나 무궁무진해요. 그런데 우리나라 〈단군신화〉는 근엄하죠? 단순하고 위엄이 있는데, 이런 신화들을 보면 끝없이 이야기에서 이야기를 만들어냅니다. 여기서 보면 신들이 그렇게 선하다는 느낌을 주지 않습니다. 우리 사람들하고 똑같다는 생각이 들지요. 인도에는 신이 몇 명이지요? 삼억 삼천만 명이라고도 합니다. 그만큼 많다는 거예요. 모든 데 다 신이 있다고 생각을 하는 거죠. 그런 사람들이 끝없이 이렇게 이야기를 만들어냈던 거예요. 인도의 신화는 앞으로도 발굴할 이야기가 굉장히 많다는 뜻이기도 합니다.

다섯 명의 남편을 둔 아내 이야기

또 한 편의 인도신화에 대해 말씀드리지요. 남편을 다섯 명 거느리고 있는 아내 이야기입니다. 아내를 다섯 명 거느린 남편 이야기가 아닙니다. 앞서 언급한 〈라마야나〉와 더불어 인도를 대표하는 2대 대서사시인 〈마하바라타〉라는 서사시가 있는데 거기에 나오는 이야기입니다. 인도에서는 공주가 결혼을 하게 될 무렵에는 내기를 합니다. 왕이 조건을 내걸고 경연대회를 해서 우승자에게 딸을 줍니다. 그걸 스와얌바라Svayamvara라고 하는데 어느 날 판다바 가문의 다섯 형제들이 소문을 들었어요. 그래서 스와얌바라에 참가합니다. 셋째가 아르주나라고 하는데, 활솜씨가 천하명궁입니다. 못 맞추는 게 없어요. 그래서 아무도 들지도 못하는 활을 여유 있게 구부러뜨려 결국 우승을 해서 천하 제일의 미녀 드라우파디라는 공주를 차지하게 됩니다.

자, 얻는 것까지는 좋았어요. 그런 다음 집으로 돌아갈 거 아닙니까? 이제 결혼을 해야 하니까, 모시고 갑니다. 가마에 태워서. 그래

그림 76
〈마하바라타〉의 스와얌바라

서 집에 다 왔어요. 자기네 집에 다 와서 뭐라고 그러냐면 "어머니, 우리 형제들이 어떤 보물을 갖고 왔는지 보세요." 그랬더니 엄마가 부엌에서 밥을 짓고 계셨겠죠. 뭐라고 그랬냐면 "얘들아, 좋은 보물은 항상 너희들이 공평하게 나눠가져야 한다." 이렇게 얘기했어요. 중요

한 건 뭐냐면 인도에 네 계급이 있잖습니까? 카스트 말입니다. 브라만, 크샤트리아, 바이샤, 수드라. 위의 두 계급이 귀족계급이에요. 그 사람들은 자기 말에 대해서 책임을 져야 합니다. 한 번 말한 것은 무를 수가 없어요. 엄마가 그렇게 말을 했으면 그대로 따라야 해요. 나중에 상황을 파악한 엄마도 당신이 무슨 말을 했는지 당혹해하지만, 어쩔 수 없습니다. 말에 대해 책임을 져야 합니다. 아들들도 그걸 당연하다고 생각합니다. 그 '보물'이 누구죠? 바로 공주 드라우파디입니다. 결국 드라우파디를 공동 아내로 삼게 됩니다. 그래서 역사상 전무후무하게 다섯 명의 남자가 한 명의 공주하고 살게 됩니다. 그게 〈마하라바타〉에 나오는 이야기입니다.

거기서 판다바 오형제하고 카우라바 가문 백 명의 형제하고 대결을 합니다. 친척들이에요. 그런데 뭐가 문제가 되어서 다툼이 이어지는데, 카우라바 형제들이 판다바 형제한테 나라의 좋은 부분을 빼앗기고 하니까 그걸 빼앗기 위해서 주사위 게임을 제안합니다. 그런데 판다바 오형제 중에 큰형 유디스티라는 아주 성실하고 덕망이 있는 사람인데, 주사위 게임만 보면 전혀 달라져요. 밤잠을 안 자고 즐겨요. 도박 기질이 있어요. 유디스티라가 공자 같은 사람이에요. 온 나라 사람들이 우러러보고 그러거든요. 하지만 주사위 게임만 있으면 사족을 못 써요. 그걸 알고 카우라바 형제가 자기 친척들 중 한 명인 사쿠니라는 삼촌을 데리고 옵니다. 세계 최고의 도박사예요. 이 사람은 백전백승이에요. 아무튼 주사위 게임을 시작합니다. 처음에 내기를 걸거든요. 처음에는 간단한 것부터 하다가 "이제 나는 하인을 열 명 걸겠다." 이러면서 걸어요. "그 다음에 나는 이 마을을 걸겠다." 하다가 다 잃어요. 화가 나니까 "내 왕궁을 다 걸겠다" 하죠. 왕궁도 잃어버리죠. 그러고 나니까 "내 형제를 걸겠다"고 해요. 유디스티라가 자기 동생 네 명을 다 걸죠. 다 잃었어요. 그럼 뭘 걸죠? 자기 자신을 걸어요. "나를 걸겠다." 걸어서 또 잃어요. 그럼 노예가 된 거죠? 카우라바 쪽에서 "이제 더 걸 게 없지?" 그랬더니 "아내가 있다" 해요. 그래서 아내를 걸고 또 잃어요. 주사위 게임을 이렇게 한 겁니다. 마지막에 카우라바가 그 아내를 데리고 오라고 했죠. 끌고 와서는 모욕을 주기 시작합니다. 만인이 지켜보는 가운데 옷을 벗기는 거죠. 둘둘 천으로 만 옷을 벗기는데, 드라우파디가 크리슈나 신한테 기도를 해서 "이 말도 안 되는 모욕으로부터 나를 보호해주세요." 했더니 아무리 벗겨도 옷이 또 생겨요. 그래서 옷을 벗길 수가 없었습니다. 이런 이야기입니다. 이 드라우파디 이야기는 세계 여성해방운동의 중요한 모티프가 됩니다. 남편들이 자기를 팔아버리잖아요. 그리고서 물건처럼 여성을 취급했잖아요. 그런데 이 여자가 당당하게 나는 절대로 이 게임이 올바른 게임이라고 생각하지 않는다고 자기 의견을 얘기해요. 그것이 훗날 1980년대 이후 페미니즘 이론을 확립하는 과정에서 중요한 하나의 모티프가 됩니다.

게르만 신화 속 치명적 실수

신화에 보면 치명적 실수가 몇 개 나와요. 제일 잘 알려진 게 아킬레스건이죠. 테티스 여신이 자기 아들이 영생불멸하길 바라는데, 그러면 저승을 흐르는 스틱스 강에 아들을 담가야 되거든요. 강물에 젖으면 영생불사를 해요, 신처럼. 그런데 물살이 너무 세요. 그러니까 귀한 아들이 떠내려갈까 봐, 아킬레스의 아킬레스건을 붙잡고 거꾸로 담갔어요. 결국 그 부분만 물이 안 묻었어요. 나중에 아킬레스가 죽을 때, 거기에 화살을 맞고 죽지 않습니까? 그게 바로 아킬레스건입니다. 그리스로마 신화에 나오는 에피소드죠. 이런 식의 치명적 실수가 다른 신화에도 많이 나옵니다. 게르만 신화에 나오는 〈발드르의 죽음〉이라는 게 있는데, 발드르는 여러분들이 혹시 들어보셨을지 모르는데, 게르만 신화의 최고 우두머리인 오딘이란 신의 아들입니다. 아주 천성이 착한 신이고, 모든 신들이 좋아하는 옥동자였어요. 그런데 어느 날 이 발드르가 꿈을 꿉니다.

그림 77
북유럽 신화, 〈발드르의 죽음〉

　그 꿈이 너무 사나워서 꿈 얘기를 어머니한테 했더니, "아, 이거 죽는 꿈이다"라는 해석이 떨어졌어요. 이제 그 어머니가 천지사방을 다니면서 사정을 합니다. "우리 귀한 아들을 절대 죽이지 말아다오." 협정을 맺습니다. 그래서 모든 신한테, 모든 짐승한테, 파충류한테, 모든 새들한테, 하다못해 독한테도 찾아가고, 돌한테도 찾아가고, 금속한테도 찾아가고, 흙한테도 찾아가고 해서 모두에게서 죽이지 않겠다는 도장을 받고 돌아가요. 얼마나 행복하겠어요. 모든 신들도 기뻐해요. 그들은 한 번 시험해보자고 했을 거 아니에요? 그러니까 게임이 벌어져요. 신들이 모여서 처음에는 조그만 나뭇가지를 던져요. 아무렇지도 않아요. 조금 더 큰 돌을 던져요. 아무렇지도 않아요. 나중에 칼을 던졌어요. 아무렇지도 않았어요. 더 세게 내리쳐도 안 죽어요. 신들이 박수를 치죠. 영생불사를 보장받은 거라고 생각한 것이지요. 그때 옆에서 지켜보던 악동이 있었습니다. 로키, 게르만 신화에서 얄미운 트릭스터로 나오는 로키가 있는데, 그 로키는 천성 자체가 신들이 잘 되는 꼴을 볼 수가 없습니다. 그래서 몰래 발드르의 어머니 여신을 밤에 찾아가요. 정체를 숨긴 채 변장을 하고 프리그라는 여신을 찾아가 "무슨 비법이 있었어요?"라고 물어보죠. 여신 프리그가 의기양양하게 "내가 온 세상을 다니면서 약속을 받았지요." 합니다. 그래서 로키가 "진짜 다 받았어요?" 그랬더니 "아니, 저기 서쪽 끝 거기 동토지대 얼음장 속에 있는 겨우살이는 너무 약하고 그래서 힘이 없을 것 같아서 말도 안 건넸지요." 이랬어요. 그랬더니 바로 로키가 그리로 찾아갑니다. 그래서 겨우살이 어린 나뭇가지를 갖고 와서 이 발드르의 쌍둥이 형을 찾아요. 그는 장님이라 게임을 하고 싶어도 게임을 할 수 없잖아요. 그를 꼬셔요. "왜 당신은 게임을 안 해요?" "난 보이지가 않아요." "내가 알려줄 테니까 이 나뭇가지를 던지세요." 장님 형이 동생을 향해서 그 가지를 쓱 던졌어요. 어떻게 되었을까요? 발드르가 그만 그 어린 나뭇가지에도 가슴이 뻥 뚫려서 죽어버린 거죠. 그러니까 어머니 여신이 치명적 실수를 한 거죠. 신들이 얼토당토 않는 실수도 저지르는 거죠.

게르만 신화 〈니벨룽겐의 노래〉를 보면 용사 지그프리트가 용을 죽여서 그 피를 뒤집어써서 천하무적이 되는데, 때마침 나뭇잎 하나가 톡 등에 떨어져요. 그러니 용의 피가 거기만 안 묻었어요. 나중에 지그프리트가 그게 약점이 되어 죽습니다. 그러니까 신들도 완벽하지 않아요. 특히 북유럽 신화에서는 나중에 신들이 몰살을 당합니다. 신들이 영생을 하는 것이 아니고, 몰살을 당해요. 그걸 '신들의 황혼'

이라고 부릅니다. '라그나로크'라고도 부릅니다.

이집트 『사자의 서』

인간은 누구나 다 죽습니다. 훗날 여러분이 죽게 되면, 저승세계에 가면, 이름을 잘 기억하셔야 합니다. 그래야 좋은 세상에 갑니다. 이집트에서는 이집트 〈사자의 서死者의 書〉라는 게 있습니다. 고대 이집트 사람들은 죽어서도 영생을 한다고 믿었는데, 조건이 있었어요. 주문을 잘 외워야 된다고 믿었어요. 그래서 그것을 써놓은 책이 〈사자의 서〉라는 책입니다. 그 책값은 너무나 비싸기 때문에, 처음에는 왕들이나 귀족들만 가능했어요. 나중에 점점 세월이 흐르다 보니까 장사꾼들도 돈을 벌면 이걸 사고 그랬어요. 그러면 무덤에다가 파피루스로 만든 이 책을 사서 같이 집어넣었어요. 〈사자의 서〉에서 가장 중요한 것은 죽은 자들이 관문을 통과할 때, 문지기들의 이름을 잘 불러야 돼요. 문지기의 이름이 '김남일' 이렇게 간단하지가 않아요. 굉장히 길어요. "떨림의 여주인, 성벽 안의 주, 파괴의 우두머리이자 여주인, 폭풍에게 물러가라 선포하는 자, 강탈당하고 돌아온 이들을 구해주는 자." 뭐 이렇게 굉장히 긴 이름이에요. 그러니까 수없이 많은 관문마다 그 이름들을 어떻게 다 정확하게 불러요? 그때마다 책을 펴서 읽는 거죠. 그러면 실수가 없잖아요. 관문을 통과하는 방법입니다. 그 관문들을 통과해서 마지막에 재판을 받습니다. 거기서는 저울, 천칭의 오른쪽에는 새의 깃털을 올려놓고, 왼쪽에는 죽은 사람의 심장을 올려놓습니다. 그걸 재서 평형을 이루어야만 좋은 세상으로 들어가는 거겠지요. 이렇게 험난해요. 죽어서도 좋은 곳으로 가

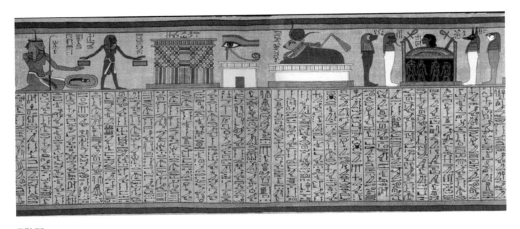

는 일이 말입니다.

'숲의 왕'과 〈지옥의 묵시록〉

신화 속에 보면 이런 일도 있습니다. 잠도 안 자고 매일같이 어떤 나무 주위를 빙빙 돌면서 눈이 충혈됐는데도 도무지 잠을 안 자요. 그를 '숲의 왕'이라고 합니다. 그 숲의 왕 이야기가 유럽에서 옛날부터 전설처럼 전해왔는데, 그 이야기를 갖고 프레이저 James Goerge Frazer 라는 인류학자가 『황금가지 The Golden Bough, 1890 』라는 인류학 저서를 씁니다. 그게 세계적인 저서가 되는데, 열 세 권짜리 대작입니다. 내용은 간단해요. 전부 그 얘기에요. 왜 이 사람이 빙빙 돌고 지키는가, 그런 전설이 꼭 유럽에만 있는가, 아니면 다른 나라에도 있는가 등등. 알고 봤더니 세계 거의 모든 나라에 비슷한 이야기가 있다는 것을 말합니다. 이것이 나중에 〈지옥의 묵시록〉이라는 베트남 전쟁을 다룬 영화의 가장 중요한 모티프도 됩니다. 숲의 왕이 왜 나무 주변을 잠도 안 자고 지킬까요? 누군가가 자기를 죽이러 올까 봐 그런 것이지요. 왕이 되면 호위호식을 다 하는데, 세월이 흘러서 왕이 병들고 늙으면 백성들이 싫어해요. 왜 그럴까요? 왕이 튼튼하고 좋아야지만 나라도 잘되고 곡식도 잘 자란다고 생각을 하는 거죠. 그래야 나라도 안정을 찾고 자기들도 잘산다고 생각하죠. 당연히 왕이 늙고 병들면 좋아하질 않지요. 그러면 새로운 자객이 다가오죠. 왕은 압니다. 누가 자기를 죽이러 올까 봐 지키고 있죠. 사실, 예전에 자기도 그렇게 자객으로 와서 먼저 왕을 죽이고 그 자리를 차지했던 것이니까요. 이게 바로 『황금가지』라는 인류학 책의 중심 이야기

그림 79
〈지옥의 묵시록〉 포스터

인데 영화 〈지옥의 묵시록〉을 보면 그 모티프를 그대로 채용해서 정보부 소속 한 미군이 악마처럼 변해버린 다른 미군 대령을 죽이러가는 이야기입니다. 새로운 왕이 낡은 왕을 죽이러가는 모티프이죠. 영화에서 낡은 왕은 말론 브란도입니다. 말론 브란도가 밀림 속에 왕국을 만들어놨어요. 그는 원래 미군에서도 가장 촉망받던 대령이었는데, 이 사람이 전쟁을 겪으면서 미군 우두머리들의 기본 생각하고 달라지고 결국 밀림으로 들어가 버리니까 죽이자는 결정을 내린 것입니다. 하나의 신화가 시대를 건너뛰어서 어떻게 또 다른 스토리로 이어지는지 좋은 예라고 하겠습니다.

신화가 우리에게 가르쳐주는 것들

마지막으로 신화를 왜 그리고 어떻게 받아들일 것인지, 정리해볼

필요가 있습니다. 우리는 지금까지 주로 신화를 스토리텔링의 관점에서 바라보았습니다. 그리스로마 신화 말고도 세계 도처에는 일단 재미있는 이야깃거리 자체가 무궁무진하다는 걸 알 수 있었죠. 그것만으로도 우리가 지녔던 편견이 어느 정도 깨져나갈 계기는 되었으리라 믿습니다. 하지만 다만 재미를 위해, 혹은 돈을 벌기 위해 신화를 받아들일 필요가 있고 신화가 중요하다고 생각하자는 건 제 강의의 본 취지는 아니었습니다. 그보다는 이토록 무궁무진한 신화의 세계를 통해 무엇보다 그동안 어딘가에 갇혀 있던 상상력을 자유롭게 해방시키는 경험을 스스로 맛보시라는 것, 나아가 이런 상상력을 인문학적으로 좀 더 나은 방향으로 전개해 보시라는 것, 이런 것들이 제 강의의 목표입니다.

신화를 통해 우리가 배울 수 있는 게 많겠지만, 그중 한 가지만 말씀드리겠습니다.

신화는 우리로 하여금 "하나의 의자에 두 사람이 앉을 수 있다"고 이야기합니다. 우리가 사는 이 가시적인 현실세계에서는 도무지 불가능한 일도 신화적 사유로는 가능할 수 있기 때문입니다. 예컨대 우리가 사는 이 세계를 이끄는 기본원리는 아리스토텔레스 식의 논리입니다. 예컨대 모순율을 따르면, A는 ~A, 즉 A가 아닌 것=非A과 양립할 수 없다고 합니다. 가령 인간은 야생염소가 아닙니다. 인간은 가자미가 아닙니다. 인간은 물푸레나무가 아닙니다. 인간이면서 동시에 야생염소이고, 가자미이고, 물푸레나무인 상태를 현실세계는 부정합니다. 한 의자에 동시에 두 사람이 앉을 수 없다는 말도 이런 뜻입니다. 하지만 신화의 세계는 차원 자체가 다릅니다. 우리가 의지하고 있는 삼차원의 세계가 아닙니다. 어쩌면 그보다 훨씬 높은 고차원의 세계일 수 있습니다. 말하자면 인터스텔라^{Interstellar 9}의 차원일지 모릅니다.

　그런 차원이라면 인간이 인간인 동시에 야생염소일 수 있습니다. 인간인 동시에 나무일 수 있습니다. 이걸 일본의 저명한 신화학자 나카자와 신이치^{中沢新一} 교수는 '대칭성'이라는 말로 풀어내고 있습니다.¹⁰ 나카자와 교수가 이 말로 의미하는 것은 신화의 세계에서는 죽음^A조차 죽음이 아닐 수 있다^{A=비A}는 뜻까지 포함합니다. 예를 들어 인간이 신화를 만들어낸 것은 죽음이라는 압도적인 현실, 그 비대칭적인 현실, 죽음이 너무 강하고 인간은 너무 약한 데서 오는 비대칭적인 공포, 눈앞에 다가온 현실적인 그 공포를 극복해보고자 한 하나의 시도였다는 뜻이기도 합니다. 하지만 그가 특히 강조하는 것은 이런 것입니다. 쉽게 말하면 우리가 지금 사는 현실세계는 압도적인 비대칭적 사유가 지배하고 있습니다. 이것은 비단 강대국과 약소국 사이, 재벌과 가난한 서민 사이에 불평등이 있다는, 비대칭이 존재한다는 뜻만은 아닙니다. 그보다는 가난한 서민도 인간인 이상 동물에 대해서, 그리고 나무에 대해서 우위를 차지하고 자기도 모르는 사이에 강자의 횡포를 부리고 있다고 생각해볼 수 있겠습니다. 우리는 스스로 만물의 영장이라고 말하면서 역사 이래 타자^{他者}에 대해 얼마나 많은 폭력을 저질렀는지 생각해본 경험이 거의 없었습니다. 20세기에 들어와 조금씩 눈을 떴지만, 이미 늦었지요. 예컨대 자연에 대해 우리 현생인류가 범한 짓들을 상기해보십시오. 자연과 인간이 조화로운 대칭관계에 있었다고

9   크리스토퍼 놀란 감독, 매튜 맥커너히, 앤 해서웨이 주연의 영화. 2014년 작.
10   나카자와 신이치 저, 김옥희 역, 『대칭성 인류학』, 동아시아, 2005.

누가 이야기할 수 있겠습니까. 엘니뇨라든지 쓰나미, 인간은 이제 그 역습을 받고 있는 것인지도 모릅니다. 우리가 신화를 제대로 생각한다면, 이런 시행착오와 실수와 범죄행위를 훨씬 줄일 수 있을지도 모릅니다.

이기심과 탐욕만이 가득한 세상에 대해 신화는 한 의자에 두 사람이 앉을 수 있다는 전혀 새로운 차원을 소개하고 있습니다.

참고자료

김남일, 방현석 공저, 『백 개의 아시아』(1, 2), 아시아, 2014.
김남일 외, 『세계신화여행』, 실천문학사, 2015.
레비스트로스 저, 강주헌 역, 『우리는 모두 식인종이다』, 아르테, 2015.
조셉 캠벨 저, 이윤기 역, 『천의 얼굴을 가진 영웅』, 민음사, 2004.
고혜선 편역, 『마야인의 성서 포폴 부』, 여름언덕, 2005.
스노리 스툴루손 저, 이민용 역, 『에다 이야기』, 을유문화사, 2013.
나카자와 신이치 저, 김옥희 역, 『대칭성 인류학』, 동아시아, 2005.

아시아 신화여행 그림 출처

[그림1] [그림2] [그림4] [그림5] [그림7] [그림8] [그림9] [그림25] [그림26] [그림 36] [그림 37] [그림 39] [그림 40] [그림 41] [그림 42] [그림 47] [그림 48] [그림 49] [그림 50] [그림 51] [그림 55] [그림 57] [그림 70] [그림 73] [그림 76] [그림 77] [그림 78] [그림 79] [그림 80] (이상 위키피디아)

[그림3] [그림 10] [그림 11] [그림 12] ⓒ국립민속박물관

[그림6] 김헌선, 「태평양 신화의 구조적 지형학 소묘 : 제주도에서 오세아니아까지, 그리고 환태평양의 신화 총체적 판도 조망」(『탐라문화』 제37호, 제주대학교 탐라문화연구소, 2010)에서 재인용.

[그림 13] [그림 14] [그림 15] [그림 16] [그림 17] [그림 18] [그림 19] [그림 20] [그림 21] [그림 22] [그림 23] ⓒ강정식

[그림 24]
정진희, 『오키나와 옛이야기』(보고사, 2013)에서 재인용

[그림29]
http://www.kuniomi.gr.jp/geki/iwai/uyagan.pdf

[그림 30], [그림 33] [그림 34] [그림 35]
ⓒ정진희

[그림31] [그림 32]
http://www.flet.keio.ac.jp/~shnomura/iriomote/iriomote.html

[그림 38]
http://www.mabuyer.com/

[그림 43] [그림 44]
아돌프 엘레가르트 옌젠, 헤르만 니게마이어 저, 이혜정 역, 『하이누웰레 신화』(뮤진트리, 2014)

에서 재인용

[그림 45] 위키피디아
Oil painting of Hades abducting Persephone. Oil on wood with gilt background. 18th century. Property of Missing Link Antiques.

[그림 46] 위키피디아
Painting by Peter Paul Rubens of Cronus devouring one of his children

[그림 52] 위키피디아
Prométhée enchaîné (Prometheus bound). Marble, reception piece for the French Royal Academy, 1762.

[그림 53]
http://www.tv-tokyo.co.jp/anime/youkai-watch/index2.html

[그림 54] 위키피디아
天瓊を以て滄海を探るの図(小林永濯・画、明治時代)

[그림 56] 위키피디아
天岩戸神話の天照大神(春斎年昌画、明治20年(1887年))

[그림 58] 위키피디아
みなとさかい交流館の巨大イラストボード
「妖怪巨大壁画」設置場所：みなとさかい交流館 壁面. 著作者：水木しげる

[그림 59] 위키피디아
河鍋暁斎による肉筆画。百鬼夜行絵巻に登場している妖怪たちを題材としている。
image scanned from Timothy Clark, Demon of painting: the art of Kawanabe Kyōsai, 64쪽

[그림60] 애니메이션 화면 캡쳐

[그림 61] [그림 62] [그림 64] [그림 65] [그림 66] [그림 67] [그림 68] [그림 69] ⓒ주호민

[그림 63] 보광사 명부전 지옥도
http://blog.daum.net/_blog/BlogTypeView.do?blogid=0IIRz&articleno=8514011&cat

egoryId=93870&regdt=20081130154816

[그림 71] 위키피디아
전남 영암 월송리에서 출토된 독널(옹관) (국립광주박물관 소장)

[그림 72] 위키피디아
Siegfried trinkt Fafners Blut Illustration von Arthur Rackham (1867-1939)

[그림 74] 위키피디아
One of a series of murals from the South Ballcourt at El Tajín, showing the sacrifice
of a ballplayer(Thomas Aleto from Riverside, PA - Tajin Sacrifice Scene)
Maya ballgame marker exhibited at Museo Nacional de Antropología e Historia,
México

* 이 서적 내에 사용된 사진 중 저작권자를 찾지 못한 경우나 불확실한 일부 사진에 대해서는 저
작권자가 확인되는 대로 계약을 맺고 절차에 따라 저작권을 해결하겠습니다.

아시아신화여행

2016년 7월 22일 1판 1쇄 찍음
2016년 7월 29일 1판 1쇄 펴냄

지은이   강정식, 김남일, 김윤아, 김헌선, 박종성, 이혜정, 정진희, 주호민
펴낸이   이영진
주간   김일영
편집   김현, 최지인
디자인   이지윤
관리   박혜영
펴낸곳   (주)실천문학
등록   10-1221호(1995.10.26)
주소   서울특별시 성북구 보문로 82-3, 801호(보문동 4가, 통광빌딩)
전화   322-2161~5
팩스   322-2166
홈페이지   www.silcheon.com

ⓒ 실천문학, 2016

ISBN 978-89-392-0755-4 03210

* 이 책은 경기문화재단의 지원을 받아 제작되었습니다.
* 이 책 내용의 전부 또는 일부를 재사용하려면 반드시 경기문화재단과 실천문학사 양측의 동의를 받아
  야 합니다.
* 이 서적 내에 사용된 사진 중 저작권자를 찾지 못한 일부 사진에 대해서는 저작권자가 확인되는 대로
  계약을 맺고 절차에 따라 저작권을 해결하겠습니다.

이 도서의 국립중앙도서관 출판시도서목록(CIP)은 e-CIP홈페이지(http://www.nl.go.kr/ecip)와
국가자료공동목록시스템(http://www.nl.go.kr/kolisnet)에서 이용하실 수 있습니다.
(CIP제어번호:CIP2016017674)